企业劳动用工
风险管理实操指南

王 勇 ◎ 主编

图书在版编目（CIP）数据

企业劳动用工风险管理实操指南／王勇主编. —— 北京：法律出版社，2025（2025.5 重印）. —— ISBN 978－7－5244－0012－7

Ⅰ. D922.5－62

中国国家版本馆 CIP 数据核字第 2025AC3112 号

企业劳动用工风险管理实操指南
QIYE LAODONG YONGGONG FENGXIAN GUANLI SHICAO ZHINAN

王 勇 主编

策划编辑 薛 晗
责任编辑 薛 晗 宋佳欣
装帧设计 汪奇峰 苏 慰

出版发行 法律出版社	开本 710 毫米×1000 毫米 1/16
编辑统筹 法商出版分社	印张 32.25　字数 552 千
责任校对 王语童 裴 黎	版本 2025 年 4 月第 1 版
责任印制 胡晓雅	印次 2025 年 5 月第 3 次印刷
经　　销 新华书店	印刷 天津嘉恒印务有限公司

地址:北京市丰台区莲花池西里 7 号(100073)
网址：www.lawpress.com.cn　　　　　　销售电话:010－83938349
投稿邮箱：info@ lawpress.com.cn　　　　客服电话:010－83938350
举报盗版邮箱：jbwq@ lawpress.com.cn　　咨询电话:010－63939796
版权所有·侵权必究

书　号：ISBN 978－7－5244－0012－7　　　　定价:98.00 元

凡购买本社图书，如有印装错误，我社负责退换。电话:010－83938349

本书编委会

主　编
王　勇

副 主 编
（排名不分先后，按姓氏笔画排序）

王晨辉　乌日娜　朱四明　朱艳翠　刘瑀琦　吴德高　杨保飞
张江多　张改云　张　瑀　房兆丽　郭　君　黄胜春　雒园园

编委名单
（排名不分先后，按姓氏笔画排序）

马凤霞	王凤如	王秋香	王顺星	尹洪玲	尹智高	左　波
田华钢	宁菊红	冯　群	任小涛	刘　乐	刘永顺	刘　兴
刘建军	刘　娜	齐冰冰	关学忠	刘立立	宋姜美	张焕焕
汤晓萌	安晓辉	孙梦迪	陈文毅	杨　坤	杨国发	杨　宝
李　贝	李　伟	李　阳	李　芬	李　勇	李　韵	肖　沛
肖津津	吴青燕	汪　群	沈　阳	宋来虎	宋　睿	张建卜
张雪松	张富云	张新文	陈宏祥	陈琳男	陈　静	范栩君
林珊景	罗丽君	金善斌	郑建设	郑素梅	赵原超	赵　曼
袁　明	梅　娜	崔玉今	董环环	谢华平	黑湘辉	程　鸣
靳雪松	谭　坤	熊　波	熊星星	常　帆	尚子涵	魏云帆

前　言 Foreword

　　劳动用工是社会生产和经济发展的基础,是现代社会经济活动的重要组成部分,它的发展水平和质量直接关系到国家的发展、社会的繁荣。

　　由于各行业用工模式的不同、各地方政策的多样性,难以将企业用工规范标准化。过去20年间,我和我的团队专注于劳动法领域的研究与实践,我们深刻认识到,无论是企业、律师还是人力资源服务从业者,大部分对于用工管理、劳动争议处理都"一知半解",在实操当中应对能力不足,经常走入误区。不知道如何合理、合规地规范用工管理,只能任由矛盾持续激化。

　　我们深入研究不同行业的发展特点和用工形态,以法律、法规、政策、司法判例、司法解释、通知、实操经验等为基础,将零散的人力资源、劳动用工法律知识点整合,以满足用人单位对劳动关系和谐发展和人力资源管理成本优化的需求,旨在为用人单位提供一套合理有效的解决方案。

　　本书深入浅出地解析了各类企业常见的用工风险点,通过简洁明了的流程图和表格解释复杂的操作步骤,精选经典案例引发深度思考,并提供实用工具以确保解决方案的有效落地执行。

　　在此基础之上,本书最大的亮点在于引入了"企业常见用工风险点测评"。"上医治未病",通过系统化的风险点检测,企业可以快速评估自身的潜在用工风险,帮助企业做到防患于未然,避免不必要的法律纠纷和经济损失。

　　希望这本书能够成为您手中的指南针,帮助您找到解决问题的答案。

　　我们也很欢迎您的联络,乐于为您提供量身定制的解决方案,帮您解决面临的疑难问题。

王　勇

2025年4月

劳动法讲习所·各地劳动法律师及专家（部分）

区域	城市	姓名	区域	城市	姓名
劳动法讲习所总部		王　勇　律师	华东	滨州	董环环
华北	天津	王晨辉　律师			李　敏
	北京	刘　乐　律师		常熟	张雪松　律师
		许仙辉　律师		常州	巢　军　律师
		罗　阳		东营	郭维群
	沧州	陈　静　律师		聊城	任小涛
	石家庄	刘芳芳		福州	洪淑贞　律师
		王翠玲		德州	王立冬
	邯郸	曹　明　律师		杭州	林珊景　律师
	衡水	赵　擎　律师		济南	朱艳翠　律师
	晋城	孙海洋　律师		连云港	朱　丽　律师
	廊坊	赵春蕾　律师		临沂	房兆丽　律师
	临汾	郇新丽　律师		龙岩	刘清山　律师
	太原	张改云　律师		马鞍山	郑　峰　律师
	唐山	李　阳		南京	曹　冉　律师
		沈　阳		南通	冒月建　律师
	邢台	代雄雄　律师		宁波	郭　侠　律师
	长治	吴新宇　律师		苏州	张宗峦　律师
华南	佛山	张红玲　律师			梅　娜　律师
	广州	曾敏华　律师		台州	胡从深　律师
	肇庆	尹洪玲		潍坊	李　伟　律师
	柳州	史　芸　律师		诸城	徐永和
	南宁	邹代懋　律师		温州	陈思思　律师
	深圳	张江多　律师		徐州	王金良　律师

续表

区域	城市	姓名	区域	城市	姓名
华中	株洲	晏卫东	西北	永康	吕毅娉 律师
华中	岳阳	吴青燕	西北	盐城	唐朝 律师
华中	武汉	舒洪 律师	西北	淄博	郭君 律师
华中	湘潭	罗丽君	西北	青岛	张静 律师
华中	长沙	吴咏梅 律师	西北	高密	张新文 律师
华中	郑州	田华钢 律师	西北	日照	陈宏祥 律师
西南	成都	冯群 律师	西北	烟台	张瑀 律师
西南	贵阳	吴德高 律师	西北	湖州	朱四明 律师
西南	贵阳	陈远航 律师	西北	合肥	周成 律师
西南	贵阳	赵单	西北	宜春	李桂英 律师
西南	贵阳	刘青青	西北	巴州	吴永梅
西南	昆明	李果霏 律师	西北	昌吉	宁菊红 律师
西南	玉溪	廖庆生 律师	西北	兰州	鞠天麟 律师
西南	遵义	况明应 律师	西北	西安	杨宝 律师
东北	沈阳	关学忠	西北	西安	左波 律师
东北	大连	雒园园 律师	西北	西安	袁明 律师
东北	大连	程鸣	西北	榆林	杨保飞 律师
东北	长春	张博心 律师	西北	西咸	张娜 律师
东北	长春	刘立立	西北	神木	宋来虎 律师
东北	大庆	王秋香	西北	乌鲁木齐	黑湘辉 律师

答疑索引

问题	页码
第一篇　招聘入职	
招聘广告是否具有法律效力？	003
招聘广告设计的虚假、夸大、不当承诺的法律风险有哪些？	003
如何规范书写招聘广告中的招聘条件和岗位要求？	004
招聘广告内容与录用通知、劳动合同等文件中的录用条件不一致的法律风险？	005
用人单位招聘录用劳动者会面临哪些法律禁止的就业歧视？	005
招聘主体应如实告知企业业务和特征吗？	011
企业分散的招聘权会带来哪些法律风险？	011
用人单位在招聘时未如实告知岗位需求和录用条件会带来哪些法律风险？	012
招聘劳动者，要求劳动者提供担保或以担保名义收取财物是否可行？	012
企业负责招聘人员是否具备员工关系管理能力？	013
背景调查是否应在得到相关授权后并在员工入职前进行？	018
背景调查的范围和方法应如何避免法律风险？	019
背景调查的结果应如何分类审核？	019
对于背景调查收集的个人隐私信息应如何保护？	019
入职体检内容是否应明确及合法合规，并在录用通知书发出前或入职前完成，且不存在乙肝、孕检等违规检测项目？	027
录用通知的内容应该怎样具体明确？	028
录用通知书发放后应如何全面履行要约义务？	028
是否应规定录用通知的有效性和时效性？	029
用人单位可以根据实际需要与劳动者约定试用期期限吗？	037
用人单位可以随意延长或缩短劳动者的试用期期限吗？	038

续表

问 题	页 码
用人单位可以因劳动者个人原因中止试用期吗？	039
劳动者职务、岗位等变化都可以让用人单位重新约定试用期吗？	040
用人单位可以与劳动者单独签署试用期合同吗？	042
试用期期间的工资福利待遇应如何确定？	042
用人单位如何设定录用条件？	042
用人单位应如何做好试用期员工考核工作？	043
试用期满后用人单位还可以作出不符合录用条件的解除决定吗？	043
劳动合同与录用通知书在试用期期限、试用期工资标准等方面约定不一致时，以哪个为准？	043
用人单位招用的劳动者是否有年龄限制？	052
用人单位是否可以招用未与原单位解除或终止劳动关系的劳动者？	053
用人单位是否可以招用与原单位仍在履行竞业限制协议期限内的劳动者？	053
劳动者一定要在用人单位登记备案文书送达地址吗？	053
劳动者提交的入职资料存在虚假，可以解除劳动合同并不支付经济补偿金吗？	053
用人单位要求劳动者体检的项目有要求吗？	054
劳动者体检报告显示已存在职业病，有什么风险？	054
用人单位对劳动者进行背景调查是否侵犯了劳动者个人信息权？	054
用人单位可以在员工入职时要求员工将部分证件原件交由公司保管，或缴纳工卡、服装押金吗？	054
用人单位仅保留劳动者入职资料复印件的会有什么风险？	054
第二篇　劳动合同管理	
签订劳动合同的适格主体是什么条件？	063
如何正确选择适用劳动合同的类型？	064
如何在法定期限内完成书面劳动合同的当面签订，并建立职工名册备查？	064
如何做好劳动合同法定必要条款和附加条款的设计？	065
如何做好劳动者拒不签订劳动合同的风险防范？	065
企业是否可以单方变更劳动合同？	084
哪些情形下，用人单位可以单方变更劳动合同？	085

续表

问题	页码
企业法人、股东等发生变更,是否需要变更劳动合同?	085
调岗员工不去,是否可以按照旷工处理?	085
劳动合同变更是否适用于"默示变更"?	086
连续订立两次固定期限劳动合同,必须续订无固定期限劳动合同吗?	096
续订劳动合同时,续订条件无法达成一致如何处理?	097
实践中如何理解"维持或者提高劳动合同约定条件"?	098
劳动合同到期后的法定续延情形包括哪些?	098
遇到法定续延情形,用人单位如何办理续延手续?	100
劳动合同中约定"合同到期后自动续延"条款,是否有效?	100
协商延长或变更劳动合同终止时间,是否计入劳动合同签订次数?	101
因法定续延致使本单位工作满10年,是否必须续订无固定期限劳动合同?	102
第三篇 薪酬管理	
工资与劳动报酬的概念区分?	121
工资总额的组成?	121
福利的类别?福利与工资的区别?	122
结构工资制在企业用工管理中的作用?	123
工资的计算方式?计薪天数与工作天数的概念?	134
什么是最低工资?适用最低工资时常见认知误区有哪些?	135
工资扣除的法定情形都包括哪些?	136
常见年终奖争议之离职员工能否不发年终奖?	137
工资的支付形式、支付周期及支付时间?	145
用人单位支付工资时是否须向劳动者提供工资条?	146
用人单位因经营困难,能否延缓或减少工资的发放?	147
未依法支付工资的法律后果有哪些?	148
法律对工资台账的保存期限是否有要求?	148
薪酬争议的仲裁时效及诉讼时效?	149
第四篇 工时休假	
标准工时制、不定工时工时制、综合工时制的区别是什么?	163

续表

问 题	页 码
采取特殊工时制度,如何按规定进行审批?	163
不同工时制度下的考勤记录如何确认?	164
不同工时制度下如何明确工作时间及休息时间?	164
加班与不认定加班的情形有哪些?	170
如何明确员工自主加班的申请及审批流程?	170
不同工时制度下,如何核算加班费?	171
如何确定加班费计算基数?	172
如何规定值班的情形?	173
企业如何依法保障员工年休假的权益?	179
哪些情形不属于年休假的情形?	180
不同情形下的带薪休假的核算方式有哪些?	180
年休假的法定补偿如何计算?	180
病假与医疗期有区别吗?	187
劳动者患病或非因工负伤,用人单位批准病假还是计算医疗期?	188
用人单位应如何规范劳动者的病假申请要求及所需提交的材料?	188
劳动者依据用人单位规章制度提出病假申请,用人单位是否有权利不批?	188
用人单位如何审核劳动者病假真实性?	189
劳动者未按用人单位规章制度申请病假,公司可以按旷工解除劳动合同吗?	189
用人单位拒不批复劳动者病假,并以旷工为由解除劳动合同是否合法?	190
病假(医疗期)期间,用人单位应如何核定工资待遇?	190
医疗期期限在法律中是如何规定的?	196
医疗期的起止计算点及计算方式是怎样的?	197
特殊疾病的医疗期期限最多只有24个月吗?	197
劳动者是如何利用医疗期规定"泡病假"的?	198
劳动者疑似"泡病假",用人单位该如何处理?	198
劳动者医疗期届满继续请病假,用人单位可否以旷工为由解除劳动合同?	199
医疗期(病假)期间劳动合同到期,用人单位可否终止劳动合同?	200
劳动者医疗期未满,劳动合同一定无法解除吗?	200

续表

问 题	页 码
女职工三期是什么？	208
女职工三期特殊保护有哪些？	208
女职工入职时隐瞒怀孕能否解除劳动合同？	209
女职工休产假需要经过用人单位审批同意吗？	209
实际工作地和用人单位所在地不同,产假期限如何确定？	209
解除三期女职工的风险是什么？	210
入职第二天可以享受婚假吗？	210
男方请陪产假(护理假),单位不批准,员工不来算旷工吗？	210
第五篇　保密与竞业限制和培训与服务期	
员工保密义务产生的要件是什么？	221
公司是否必须支付保密费用？	222
明确商业秘密的保护范围是否有意义？	222
如何明确职务成果的归属与利益分配？	222
如何确定商业秘密损失？	222
如何对涉密员工进行离职、离岗的管理？	222
对所有员工均约定竞业限制是否有效？	234
竞业限制的地域范围约定为"全国"有效吗？	235
竞业限制协议未约定经济补偿金,是否就可以不用支付了？	235
逾期支付或未足额支付或在职期间支付竞业限制经济补偿金,有效吗？	235
竞业限制期限可以超过2年吗？	236
用人单位未及时解除竞业限制协议后果是什么？	236
如何约定竞业限制违约责任？	236
用人单位提供哪种培训,可以与劳动者约定服务期？	249
违约金的数额应如何确定？	250
服务期期限是否可以超过劳动合同的期限？	250
第六篇　社会保险	
社会保险应在什么时间缴纳？	263
社会保险缴纳基数如何核定？	263

续表

问 题	页 码
哪些项目计入社会保险缴纳基数?	264
社会保险追缴是否有时效限制?	264
新入职、离职员工当月出勤未满15天,是否可以不予缴纳社会保险?	264
未依法缴纳社会保险的法律后果?	265
第七篇　规章制度	
企业劳动规章制度的生效要件包括哪些?	275
劳动规章制度在制定过程中,何为适格的主体?	276
劳动规章制度在制定过程中如何履行民主及公示程序?	276
在履行民主程序时,员工未提意见或提出相反意见,如何处理?	278
企业工会与职工代表大会有何区别?企业无工会是否影响制度生效?	278
职工代表大会或全体职工大会,能否分期、分批、分地域召开?	279
只适用于某一部门的规章制度,是否仅向该部门征求意见?	279
派遣用工及借调用工,其规章制度适用有何特别规定?	280
母子公司、总分公司的规章制度是否能通用?	280
制定规章制度是否属于法律强制性规定?	301
劳动规章制度的种类应该包括哪些?	302
员工手册与规章制度有何区别?	302
规章制度的体例架构如何设计?	302
规章制度是否对企业内的非劳动关系人员产生约束力?	303
用人单位能否利用规章制度约束员工工作时间以外的行为?	303
规章制度条款就同一内容产生冲突或理解分歧,如何适用?	304
规章制度与劳动合同内容发生冲突时,优先适用哪一个?	304
适用惩罚制度对违规员工实施处分时,应注意哪些原则?	304
规章制度内容不合法、不合理,会产生什么样的法律后果?	307
第八篇　劳动合同解除与终止	
如何明确是由员工提出还是由企业提出解除劳动合同?	321
如何使解除劳动合同的协议内容严谨、完整,协商解除协议如何具备一次性封闭式对价补偿条款、无争议确认条款等?	321
协商解除如何谨慎沟通,避免出现解除之后的风险?	322

续表

问 题	页 码
单一主体和相关主体如何一并解除劳动关系?	322
解除协议如何明确法定效力和约定效力?	323
企业如何评估挽留辞职员工的可行性、必要性?	332
如何留存员工辞职的书面材料?	333
企业是否可在30天预告期内随时通知员工办理离职手续?	333
企业如何对不辞而别员工的工资、工作交接、劳动关系解除等手续进行明确,并留存备案?	334
如何审查是否存在限制性辞职情形?	334
如何避免未按劳动合同的约定提供劳动保护或劳动条件?	346
如何及时足额向员工支付劳动报酬?	347
如何依法为员工缴纳社会保险?	351
如何制定企业合法、合理的规章制度,避免违法损害员工权益?	352
在签订劳动合同时,如何避免出现导致劳动合同无效的情形?	352
如何在劳动合同、规章制度中设置员工被迫辞职的通报程序?	352
劳动者试用期不符合录用条件,用人单位如何无成本解除劳动合同?	359
用人单位如何以"严重违反用人单位规章制度"为由与劳动者解除劳动合同?	360
用人单位如何确定劳动者严重失职、营私舞弊给企业造成重大损害?	360
劳动者兼职,用人单位可以单方解除劳动合同吗?	360
劳动者学历造假,用人单位可以单方解除劳动合同吗?	361
被依法追究刑事责任包括哪些情形?	361
患病或非因工负伤,医疗期满解除劳动合同如何符合法定条件和程序?	372
不胜任工作解除,如何符合法定条件和程序?	373
如何确定情势变更?	374
如何避免对具有限制解除情形的员工进行辞退?	375
用人单位是否要将解除理由事先通知工会?	385
解除的相关文件如何有效送达员工?	386
什么是劳动合同终止?	395
劳动合同到期是否需要续签?	395
劳动合同到期后,有哪些需要续延的情形?	396

续表

问 题	页 码
劳动合同到期后应该如何操作才能降低企业风险？	397
在第一次劳动合同到期后，如企业选择终止，是否需要提前30天进行通知，如未通知，是否会产生代通知金？	397
什么是经济性裁员？	406
经济性裁员是否需要经劳动行政部门审批同意才可以进行？	406
裁员是想裁谁就可以裁谁吗？优先留用是必须要留用吗？	407
经济性裁员后，若企业生产经营状况好转，需要重新招录人员，有什么特别要求？	407
经济性裁员的解除成本？	407
如何与离职员工进行工作交接、财务交接等事项？	413
如何及时解除离职员工在职权限？	414
员工离职交接情况如何纳入离职前绩效考核？	415
如何明确员工离职后企业、员工的后续义务？	415
企业如何及时向离职员工出具《终止、解除劳动合同证明书》？	417
离职员工的工资领取、档案转移和社保转移的手续和时间等如何符合当地规定？	417
第九篇　新用工环境多元用工形态	
员工达到法定退休年龄企业就可以与员工签订《退休返聘协议》吗？	427
企业是否有必要与符合条件的员工签订书面《退休返聘协议》？	428
退休返聘人员是否享受工伤保险待遇？	428
用人单位与退休返聘人员约定的发生伤害由退休返聘人员自行承担的免责条款是否有效？	429
退休返聘人员的收入是否需要缴纳个税？	429
解除或终止合同时是否需要向退休返聘人员支付经济补偿？	430
企业雇佣实习生是否应区分实习的性质？	438
实习生用工管理是否应区别于正式员工？	439
企业雇佣在校实习生是否应当签订书面实习协议？	439
企业是否为在校实习生缴纳工伤保险或购买雇主责任险？	440
非全日制用工超时是否会被认定为全日制用工？	449

续表

问　题	页　码
非全日制用工被认定为全日制用工的后果是什么？	450
非全日制用工是否应当签订书面合同？	450
企业是否要为非全日制员工购买工伤保险？	451
劳务派遣与劳务外包的区别是什么？	459
劳务派遣与劳务外包法律性质的差异是什么？	459
非劳动关系如何从管理权限进行界分？	460
非劳动关系风险承担的差异是什么？	460
劳务派遣用工关系是否存在一定的限制？	460
劳务派遣的连带责任判定是什么？	461
外包员工如被认定为直接用工关系，其风险和后果是什么？	461

操作指引索引

操作指引	页 码
招聘流程图	007
用人单位告知义务操作流程图	015
企业内部背景调查流程图	022
第三方背景调查合作流程图	022
体检通知流程图	031
录用通知流程图	032
试用期管理流程图	045
劳动合同订立流程图	070
劳动合同变更实操流程图	087
劳动合同临近期满的处理流程图	108
薪资结构的拆分思路图	128
薪酬支付的合法性指引图	154
执行特殊工时制的流程图	166
加班管理流程表	175
请休假流程表	182
病假申请流程图	192
医疗期满用人单位工作流程图	203
用人单位保密管理措施图	225
竞业限制要素表	238
培训与服务期流程图	252
社保实操流程图	267

续表

操作指引	页码
规章制度制定及修订流程图	287
规章制度制定注意事项图	310
协商解除流程图	326
员工主动辞职流程图	337
员工被迫辞职流程图	355
严重违规解除流程图	366
不胜任解除流程图	378
客观情况发生重大变化解除流程图	380
文书通知送达流程图	390
劳动合同到期后操作指引图	399
经济性裁员操作流程图	409
实习生用工管理流程图	443

实用工具索引

工　具	页　码
招聘广告	008
录用意向告知书	016
员工背景调查表	023
录用通知书	033
录用条件确认函	033
试用期管理制度	046
员工信息登记表	057
实际用工确认单	073
订立书面劳动合同通知书	074
终止劳动关系通知书	076
劳动合同补充协议（重要条款展示）	077
调岗调薪通知书	091
劳动合同变更协议书	092
续订劳动合同通知书	110
续延劳动合同通知书	112
薪资结构确认单	130
工资表	141
薪资支付情况确认单	156
工时制度确认单	168
加班申请单	176
加班确认单	177
带薪年休假核定确认单（入职）	183
带薪年休假核定确认单（离职）	184
病假管理制度	193
医疗期满复工通知书	204
女职工三期确认单	213

续表

工　具	页　码
保密协议	226
竞业限制协议	240
解除(终止)竞业限制义务通知书	244
履行竞业限制义务通知书	245
专项培训管理制度	254
专项培训协议	257
限期提交缴纳社会保险材料通知书	269
公司规章制度民主讨论、协商会议纪要	289
公司规章制度审核和确定会议纪要	291
规章制度告知确认书	293
规章制度培训记录表	294
规章制度考试试卷	295
奖惩管理制度	312
解除劳动合同协议书	327
辞职申请书	339
离职面谈表	340
离职交接会签表	342
违规确认单	367
违规情况申诉单	369
调岗调薪通知书	381
解除劳动合同通知书(员工)	391
解除劳动合同通知书(工会)	392
续订劳动合同征询意见函	401
终止劳动合同通知书	402
用人单位经济性裁员情况报告表	411
解除(终止)劳动合同证明书	421
退休返聘协议	433
在校生实习协议	444
非全日制劳动合同	455
派驻人员身份确认单	466

摸底小测

根据本书腰封、书签指引,联系劳动法讲习所各地合作律师及人力资源专家,获取《企业风险测评报告》。

1. 用人单位在招聘过程中,未经劳动者授权,背景调查涉及劳动者个人隐私的信息有哪些?(　　)
   A. 基本学历　　　B. 基本技能　　　C. 工作经历　　　D. 婚育情况
   E. 就医情况(工伤或职业病记录等)　　F. 保密协议或竞业限制记录
   G. 劳动争议或其他法律记录　　H. 劳动关系状态　　I. 个人征信记录
   J. 是否是其他公司法人、股东或者董事会成员
   K. 是否有其他合伙项目经营

2. 公司按照招聘流程发放的录用通知书是否可以随意撤销?(　　)
   A. 可以　　　　　B. 不可以

3. 与劳动者签订1年书面劳动合同,公司约定的试用期为多久?(　　)
   A. 不约定试用期　　B. 1个月　　　C. 2个月　　　D. 6个月

4. 关于试用期,公司有哪些做法?(　　)
   A. 将试用期期限包含在劳动合同期限内
   B. 与劳动者单独签订试用期合同
   C. 如劳动者在试用期期间表现不好,用人单位视情况延长试用期
   D. 如劳动者晋升到本单位新的岗位,将与劳动者重新约定试用期

5. 公司在试用期的薪资、社保、公积金如何操作?(　　)
   A. 员工入职工作不满3天离职的,可以不支付工资
   B. 试用期工资为转正工资的80%,但同时不低于当地最低工资标准
   C. 试用期期间不缴纳社会保险,转正后再缴纳
   D. 试用期期间不缴纳住房公积金,转正后再缴纳

6. 公司与劳动者签订书面劳动合同的时间为(　　)
   A. 用工之日　　　　　　　　　B. 用工之日起第三周

C. 用工之日起第四周　　　　　D. 试用期满转正后

E. 用工之日前　　　　　　　　F. 无书面合同

7. 公司是否与劳动者当面签订或续订劳动合同？（　　）

A. 是　　　B. 不面签但核对签字　　　C. 否

8. 劳动合同中是否对用人单位和员工的文书送达地址进行了确认？（　　）

A. 是　　　B. 否　　　C. 否,但以其他形式书面确认

9. 公司与员工签订的劳动合同有下列哪些内容？（　　）

A. 用人单位的名称、住所和法定代表人或主要负责人

B. 劳动者的姓名、住址和居民身份证或者其他有效身份证件号码

C. 劳动合同期限

D. 工作内容和工作地点

E. 工作时间和休息休假

F. 劳动报酬

G. 社会保险

H. 劳动保护、劳动条件和职业危害防护

I. 法律、法规规定应当纳入劳动合同的其他事项

J. 以上事项全有

10. 劳动合同履行过程中如涉及条款变更,公司与员工是否签订书面变更协议？（　　）

A. 是　　　　　　　　　　　　B. 否

11. 劳动合同期满,公司与员工续签劳动合同的时间为（　　）

A. 期满当日续签　　　　　　　B. 到期后一个月内续签

C. 到期后超过一个月再续签

12. 公司与员工续签劳动合同时是否会降低续签条件？（　　）

A. 是　　　　　　　　　　　　B. 否

13. 公司采取何种形式的薪酬制度？（　　）

A. 仅固定工资　　　　　B. 仅浮动工资　　　　　C. 固定 + 浮动

14. 公司是否设定了薪随岗变的薪酬模式？（　　）

A. 是　　　　　　　　　　　　B. 否

15. 公司是否要求员工对工资结构及金额予以书面确认？（　　）

A. 无确认　　　　　　　　　　B. 按月确认

C. 每 6 个月确认一次　　　　　D. 1 年确认一次

16. 公司对计件工资是否设定工作定额和计件报酬？（   ）

A. 是   B. 否   C. 只设定计件报酬   D. 不实行计件工资制

17. 针对给公司造成重大损失的员工，公司在工资处理上如何操作？（   ）

A. 一次性在工资中扣除，不足部分在下月中扣除

B. 每月扣除应得工资的20%，直至扣除完毕

C. 暂不进行操作，在离职程序中一次性结算

D. 暂不进行操作，待出现加班或带薪年假情形时进行抵销

18. 劳动合同中发放工资的时间如何约定？（   ）

A. 每月固定某日发放

B. 每月固定某时段发放

C. 无约定，视情况发放

19. 公司是否将工资台账保留了两年以上？（   ）

A. 是   B. 否

20. 员工在享受了探亲假、婚丧假、产假的情况下，还允许享受带薪年休假吗？（   ）

A. 允许   B. 不允许

21. 离职员工经折算未休完当年度带薪年休假的，公司是否向其支付未休年休假工资报酬？（   ）

A. 支付   B. 不支付

22. 员工存在应休未休带薪年休假的，公司通常如何处置？（   ）

A. 要求员工本人书面提出因个人原因不休年假

B. 公司按照员工日工资收入的200%额外支付应休未休年休假工资报酬

C. 经员工同意安排跨一年度休假

D. 年终员工所有应休未休假均作废

23. 公司对医疗期满继续请病假的员工如何处置？（   ）

A. 进行劳动能力鉴定   B. 不批病假，要求到岗工作

C. 调岗   D. 直接辞退

E. 按旷工处理   F. 不做任何处理

24. 下列哪种情况公司会解雇怀孕女职工？（   ）

A. 休病假超过医疗期   B. 客观情况发生重大变化

C. 不能胜任工作   D. 怀孕女职工严重违规

25. 针对三期女职工，公司是否随意调整其工作岗位？（   ）

A. 是　　　　　　　　　　B. 否

26. 公司怀孕女职工在劳动时间内进行产前检查,是否按正常出勤支付工资?（　　）

A. 是　　　　　　　　　　B. 否

27. 在国家规定的产假期间,女职工产假期间的生育津贴低于本人工资标准的,公司是否应向员工补足差额?（　　）

A. 依法补足　　　　　　　B. 不补足

28. 公司是否对涉密信息采取保密措施?（　　）

A. 是　　　　　　　　　　B. 否

29. 公司与下列哪些人员约定竞业限制义务?（　　）

A. 全体员工　　　B. 高级管理人员　　　C. 高级技术人员

D. 负有保密义务的人员　　　E. 无具体标准,有部分 BCD 之外的人员

30. 员工离职时,公司认为其不再需要继续遵守竞业限制义务的,单位如何处理?（　　）

A. 双方协商进行解除

B. 离职时单方通知解除

C. 离职后单方通知解除

D. 停发竞业限制补充金,以实际行动表明解除

31. 以下属于公司未缴纳社会保险的员工类型的有（　　）

A. 自身拒绝缴纳人员　　　　B. 国企停薪留职再就业人员

C. 享受街道低保待遇人员　　D. 在其他单位缴纳保险人员

E. 公司购买商业保险代替社会保险人员

32. 公司对自身未缴纳保险且拒绝公司缴纳保险的员工如何处理?（　　）

A. 说服员工缴纳　　　　　　B. 与之签订"弃保协议"

C. 以现金方式额外支付保险补助　　D. 解除劳动合同

33. 公司为员工缴纳保险的基数（　　）

A. 以社保局公布的最低社保基数为准

B. 与员工自行约定

C. 以员工上一年度月平均工资为准

D. 新入职员工以起薪当月工资收入为准

34. 公司是否为未依法在本单位缴纳社会保险的多重劳动关系员工和非全日制员工缴纳工伤保险?（　　）

A. 是　　　　　　　　　B. 否

35. 公司制定规章制度的程序是(　　)

A. 经职工代表大会讨论后颁布

B. 经全体职工讨论后颁布

C. 与工会或者职工代表平等协商后颁布

D. 总经理审批后颁布

E. 制定后直接颁布

36. 公司修改、补充规章制度的程序是(　　)

A. 经职工代表大会讨论后修改

B. 经全体职工讨论后修改

C. 与工会或者职工代表平等协商后修改

D. 总经理审批后修改

E. 直接修改实施

37. 公司规章制度对员工的公示形式(　　)

A. 员工入职时统一签收或确认　　B. 公告栏张贴

C. 作为劳动合同附件列明　　　　D. 培训学习并签到

38. 公司是否存在统一适用母公司规章制度的情形？(　　)

A. 是　　　　　　　　　B. 否

39. 公司奖惩制度中是否对违规员工设定了罚款处罚？(　　)

A. 是　　　　　　　　　B. 否

40. 员工出现违规的行为,公司何时对其进行处罚？(　　)

A. 3个月之内处罚　　　　B. 1年内处罚

C. 超过1年才处罚

41. 公司是否规定了员工代打卡的处罚措施？(　　)

A. 是　　　　　　　　　B. 否

42. 员工在个人辞职手续上是否对工作交接、劳动关系的争议问题作出承诺？(　　)

A. 是　　　　　　　　　B. 否

43. 在企业组织架构调整、经营状态恶化等情况下,公司为降本增效是否会选择直接与劳动者解除劳动合同？(　　)

A. 直接解除劳动合同

B. 与员工协商调岗无果后解除劳动合同

C. 作出降薪处理,但不解除劳动合同

D. 不做处理

44. 公司针对不辞而别的员工一般如何处理?（　　）

A. 视为自动解除劳动合同

B. 催告或通知后视为自动解除劳动合同

C. 公司直接解除劳动合同

D. 催告或通知后公司依据规章制度解除劳动合同

45. 公司是否规定员工主动辞职需要经过公司审批同意?（　　）

A. 是　　　　　　　　　　B. 否

46. 对应当支付经济补偿金的离职情形,公司何时支付经济补偿金?（　　）

A. 办结工作交接当日　　　B. 办结工作交接之前

C. 办结工作交接之后压放一段时间

47. 公司以员工试用期不符合录用条件为由解除劳动合同的决定,是否在试用期内做出?（　　）

A. 在试用期内做出　　　　B. 试用期结束后做出

48. 公司是否存在以员工同时与其他用人单位建立劳动关系为由直接辞退员工的情形?（　　）

A. 是　　　　　　　　　　B. 否

49. 公司单方辞退员工是否事先通知工会?（　　）

A. 是　　　　　　　　　　B. 否

50. 公司是否存在以末位淘汰为由直接辞退员工的情形?（　　）

A. 是　　　　　　　　　　B. 否

51. 公司是否不经体检即与从事接触职业病危害作业的员工办理离职手续?（　　）

A. 是　　　　　　　　　　B. 否

52. 劳动合同期满,公司通知员工劳动合同终止的时间为（　　）

A. 到期当日通知　　B. 到期之前通知　　C. 到期后再通知

53. 员工离职交接手续是否有对劳动争议问题予以说明?（　　）

A. 是　　　　　　　　　　B. 否

54. 员工离职手续由公司哪个部门或人员办理?（　　）

A. 员工所属部门负责人或员工直属领导负责

B. 人事部门负责

C. 无具体负责部门和人员

55. 公司是否为聘用的退休返聘人员或在校实习生购买了商业保险？（　　）

A. 否

B. 商业保险中的人身意外险

C. 商业保险中的雇主责任险

56. 企业与在校生用工过程中是否签订书面协议？（　　）

A. 是　　　　　　　　　B. 否

57. 企业对非全日制工是否严格控制平均每日不超四小时、每周累计不超过二十四小时的工作时间？（　　）

A. 是　　　　　　　　　B. 否

58. 公司是否留存与劳务派遣、劳务外包等人员不存在劳动关系的证明材料？（　　）

A. 留存外派人员身份确认单

B. 留存劳务派遣、外包单位为员工缴纳社保的缴费证明

C. 留存劳务派遣、外包单位营业执照复印件

D. 留存劳务派遣、外包单位与员工的劳动合同

E. 没有以上材料

59. 公司曾以哪些理由将劳务派遣员工退回派遣单位？（　　）

A. 派遣员工严重违反单位规章制度

B. 劳务派遣协议到期且不续签

C. 劳务派遣员工怀孕

D. 劳务派遣员工经常请病假进入医疗期

E. 劳务派遣员工所在岗位被撤销

F. 其他：_____

G. 还未退回过劳务派遣员工

60. 公司对现有的异地劳务派遣员工,采用下列哪种方式为其缴纳社会保险？（　　）

A. 劳务派遣公司缴纳

B. 劳务派遣公司在用工单位所在地的分支机构缴纳

C. 用工单位缴纳

D. 未为劳务派遣员工缴纳社保且不知劳务派遣单位是否缴纳

目 录 Contents

第一篇
招聘入职

第一章　招聘广告 003
第一节　企业常见用工风险点　　　　　　　　003
第二节　经典案例　　　　　　　　　　　　　006
第三节　操作指引　　　　　　　　　　　　　007
第四节　实用工具　　　　　　　　　　　　　008
第五节　法律法规及政策指南　　　　　　　　009

第二章　招聘主体 011
第一节　企业常见用工风险点　　　　　　　　011
第二节　经典案例　　　　　　　　　　　　　013
第三节　操作指引　　　　　　　　　　　　　014
第四节　实用工具　　　　　　　　　　　　　015
第五节　法律法规及政策指南　　　　　　　　016

第三章　背景调查 018
第一节　企业常见用工风险点　　　　　　　　018
第二节　经典案例　　　　　　　　　　　　　020
第三节　操作指引　　　　　　　　　　　　　021
第四节　实用工具　　　　　　　　　　　　　023
第五节　法律法规及政策指南　　　　　　　　024
第六节　企业用工风险测评　　　　　　　　　025

第四章　体检与录用通知 027
第一节　企业常见用工风险点　　　　　　　　027
第二节　经典案例　　　　　　　　　　　　　029

第三节　操作指引　　　　　　　　　　　　　　　031
　　第四节　实用工具　　　　　　　　　　　　　　　032
　　第五节　法律法规及政策指南　　　　　　　　　　035
　　第六节　企业用工风险测评　　　　　　　　　　　035

第五章　试用期　　　　　　　　　　　　　　　　　037
　　第一节　企业常见用工风险点　　　　　　　　　　037
　　第二节　经典案例　　　　　　　　　　　　　　　044
　　第三节　操作指引　　　　　　　　　　　　　　　045
　　第四节　实用工具　　　　　　　　　　　　　　　046
　　第五节　法律法规及政策指南　　　　　　　　　　048
　　第六节　企业用工风险测评　　　　　　　　　　　049

第六章　入职资料　　　　　　　　　　　　　　　　052
　　第一节　企业常见用工风险点　　　　　　　　　　052
　　第二节　经典案例　　　　　　　　　　　　　　　055
　　第三节　操作指引　　　　　　　　　　　　　　　056
　　第四节　实用工具　　　　　　　　　　　　　　　056
　　第五节　法律法规及政策指南　　　　　　　　　　059

第二篇
劳动合同管理

第一章　劳动合同订立　　　　　　　　　　　　　　063
　　第一节　企业常见用工风险点　　　　　　　　　　063
　　第二节　经典案例　　　　　　　　　　　　　　　066
　　第三节　操作指引　　　　　　　　　　　　　　　069
　　第四节　实用工具　　　　　　　　　　　　　　　072
　　第五节　法律法规及政策指南　　　　　　　　　　080
　　第六节　企业用工风险测评　　　　　　　　　　　081

第二章　劳动合同变更　　　　　　　　　　　　　　084
　　第一节　企业常见用工风险点　　　　　　　　　　084
　　第二节　经典案例　　　　　　　　　　　　　　　086
　　第三节　操作指引　　　　　　　　　　　　　　　087

第四节	实用工具	090
第五节	法律法规及政策指南	093
第六节	企业用工风险测评	094

第三章　劳动合同的续订、续延　　096
第一节	企业常见用工风险点	096
第二节	经典案例	103
第三节	操作指引	108
第四节	实用工具	110
第五节	法律法规及政策指南	112
第六节	企业用工风险测评	117

第三篇
薪酬管理

第一章　薪酬架构　　121
第一节	企业常见用工风险点	121
第二节	经典案例	124
第三节	操作指引	128
第四节	实用工具	129
第五节	法律法规及政策指南	131
第六节	企业用工风险测评	132

第二章　薪酬计算　　134
第一节	企业常见用工风险点	134
第二节	经典案例	137
第三节	操作指引	139
第四节	实用工具	140
第五节	法律法规及政策指南	142
第六节	企业用工风险测评	143

第三章　薪酬发放　　145
第一节	企业常见用工风险点	145
第二节	经典案例	150
第三节	操作指引	153

第四节　实用工具　　　　　　　　　　　　　　　　　155
　　　第五节　法律法规及政策指南　　　　　　　　　　　　156
　　　第六节　企业用工风险测评　　　　　　　　　　　　　158

第四篇
工时休假

第一章　工时考勤　　　　　　　　　　　　　　　　　　163
　　　第一节　企业常见用工风险点　　　　　　　　　　　　163
　　　第二节　经典案例　　　　　　　　　　　　　　　　　165
　　　第三节　操作指引　　　　　　　　　　　　　　　　　166
　　　第四节　实用工具　　　　　　　　　　　　　　　　　167
　　　第五节　法律法规及政策指南　　　　　　　　　　　　169

第二章　加班管理　　　　　　　　　　　　　　　　　　170
　　　第一节　企业常见用工风险点　　　　　　　　　　　　170
　　　第二节　经典案例　　　　　　　　　　　　　　　　　173
　　　第三节　操作指引　　　　　　　　　　　　　　　　　175
　　　第四节　实用工具　　　　　　　　　　　　　　　　　175
　　　第五节　法律法规及政策指南　　　　　　　　　　　　177

第三章　年休假管理　　　　　　　　　　　　　　　　　179
　　　第一节　企业常见用工风险点　　　　　　　　　　　　179
　　　第二节　经典案例　　　　　　　　　　　　　　　　　181
　　　第三节　操作指引　　　　　　　　　　　　　　　　　182
　　　第四节　实用工具　　　　　　　　　　　　　　　　　182
　　　第五节　法律法规及政策指南　　　　　　　　　　　　184
　　　第六节　企业用工风险测评　　　　　　　　　　　　　185

第四章　病假管理　　　　　　　　　　　　　　　　　　187
　　　第一节　企业常见用工风险点　　　　　　　　　　　　187
　　　第二节　经典案例　　　　　　　　　　　　　　　　　191
　　　第三节　操作指引　　　　　　　　　　　　　　　　　192
　　　第四节　实用工具　　　　　　　　　　　　　　　　　192
　　　第五节　法律法规及政策指南　　　　　　　　　　　　194

第五章　医疗期管理　　　　　　　　　　　196
第一节　企业常见用工风险点　　　　196
第二节　经典案例　　　　　　　　　201
第三节　操作指引　　　　　　　　　202
第四节　实用工具　　　　　　　　　203
第五节　法律法规及政策指南　　　　205
第六节　企业用工风险测评　　　　　206

第六章　女职工三期及其他假期　　　　208
第一节　企业常见用工风险点　　　　208
第二节　经典案例　　　　　　　　　210
第三节　操作指引　　　　　　　　　211
第四节　实用工具　　　　　　　　　212
第五节　法律法规及政策指南　　　　214
第六节　企业用工风险测评　　　　　216

第五篇
保密与竞业限制和培训与服务期

第一章　商业秘密保护　　　　　　　　　221
第一节　企业常见用工风险点　　　　221
第二节　经典案例　　　　　　　　　223
第三节　操作指引　　　　　　　　　224
第四节　实用工具　　　　　　　　　225
第五节　法律法规及政策指南　　　　231
第六节　企业用工风险测评　　　　　232

第二章　竞业限制　　　　　　　　　　　234
第一节　企业常见用工风险点　　　　234
第二节　经典案例　　　　　　　　　237
第三节　操作指引　　　　　　　　　238
第四节　实用工具　　　　　　　　　239
第五节　法律法规及政策指南　　　　246
第六节　企业用工风险测评　　　　　247

第三章　专项培训与服务期　　　　　　　　　　249
　　第一节　企业常见用工风险点　　　　　　　　249
　　第二节　经典案例　　　　　　　　　　　　　250
　　第三节　操作指引　　　　　　　　　　　　　252
　　第四节　实用工具　　　　　　　　　　　　　253
　　第五节　法律法规及政策指南　　　　　　　　259

第六篇

社会保险

　　第一节　企业常见用工风险点　　　　　　　　263
　　第二节　经典案例　　　　　　　　　　　　　265
　　第三节　操作指引　　　　　　　　　　　　　266
　　第四节　实用工具　　　　　　　　　　　　　268
　　第五节　法律法规及政策指南　　　　　　　　269
　　第六节　企业用工风险测评　　　　　　　　　270

第七篇

规章制度

第一章　规章制度生效要件　　　　　　　　　　275
　　第一节　企业常见用工风险点　　　　　　　　275
　　第二节　经典案例　　　　　　　　　　　　　281
　　第三节　操作指引　　　　　　　　　　　　　286
　　第四节　实用工具　　　　　　　　　　　　　288
　　第五节　法律法规及政策指南　　　　　　　　295
　　第六节　企业用工风险测评　　　　　　　　　298

第二章　规章制度的制定　　　　　　　　　　　301
　　第一节　企业常见用工风险点　　　　　　　　301
　　第二节　经典案例　　　　　　　　　　　　　307
　　第三节　操作指引　　　　　　　　　　　　　310
　　第四节　实用工具　　　　　　　　　　　　　311
　　第五节　法律法规及政策指南　　　　　　　　314

第六节	企业用工风险测评	316

第八篇
劳动合同解除与终止

第一章　协商解除劳动关系　　321
第一节	企业常见用工风险点	321
第二节	经典案例	324
第三节	操作指引	325
第四节	实用工具	326
第五节	法律法规及政策指南	329
第六节	企业用工风险测评	329

第二章　员工主动辞职　　332
第一节	企业常见用工风险点	332
第二节	经典案例	335
第三节	操作指引	337
第四节	实用工具	339
第五节	法律法规及政策指南	343
第六节	企业用工风险测评	344

第三章　员工被动辞职　　346
第一节	企业常见用工风险点	346
第二节	经典案例	353
第三节	操作指引	354
第四节	法律法规及政策指南	356
第五节	企业用工风险测评	358

第四章　企业单方解除（过失性辞退）　　359
第一节	企业常见用工风险点	359
第二节	经典案例	362
第三节	操作指引	365
第四节	实用工具	366
第五节	法律法规及政策指南	369
第六节	企业用工风险测评	370

第五章　企业单方解除（非过错性辞退）　372
  第一节　企业常见用工风险点　372
  第二节　经典案例　376
  第三节　操作指引　378
  第四节　实用工具　380
  第五节　法律法规及政策指南　382
  第六节　企业用工风险测评　383

第六章　企业单方解除的手续　385
  第一节　企业常见用工风险点　385
  第二节　经典案例　386
  第三节　操作指引　389
  第四节　实用工具　390
  第五节　法律法规及政策指南　393
  第六节　企业用工风险测评　393

第七章　劳动合同终止　395
  第一节　企业常见用工风险点　395
  第二节　经典案例　397
  第三节　操作指引　399
  第四节　实用工具　400
  第五节　法律法规及政策指南　403
  第六节　企业用工风险测评　404

第八章　经济性裁员　406
  第一节　企业常见用工风险点　406
  第二节　经典案例　407
  第三节　操作指引　408
  第四节　实用工具　410
  第五节　法律法规及政策指南　412

第九章　离职交接　413
  第一节　企业常见用工风险点　413
  第二节　经典案例　418
  第三节　操作指引　420

第四节　实用工具　420
　　第五节　法律法规及政策指南　421
　　第六节　企业用工风险测评　423

第九篇
新用工环境多元用工形态

第一章　退休返聘用工　427
　　第一节　企业常见用工风险点　427
　　第二节　经典案例　430
　　第三节　操作指引　431
　　第四节　实用工具　432
　　第五节　法律法规及政策指南　435
　　第六节　企业用工风险测评　436

第二章　在校实习生用工　438
　　第一节　企业常见用工风险点　438
　　第二节　经典案例　440
　　第三节　操作指引　443
　　第四节　实用工具　443
　　第五节　法律法规及政策指南　447
　　第六节　企业用工风险测评　447

第三章　非全日制用工　449
　　第一节　企业常见用工风险点　449
　　第二节　经典案例　451
　　第三节　操作指引　452
　　第四节　实用工具　454
　　第五节　法律法规及政策指南　456
　　第六节　企业用工风险测评　457

第四章　劳务外包与劳务派遣　459
　　第一节　企业常见用工风险点　459
　　第二节　经典案例　461
　　第三节　操作指引　463

第四节　实用工具　465
第五节　法律法规及政策指南　467
第六节　企业用工风险测评　467

附录　472
HR能力评估调查问卷　472

后记　475

第一篇
招聘入职

- 第一章　招聘广告
- 第二章　招聘主体
- 第三章　背景调查
- 第四章　体检与录用通知
- 第五章　试用期
- 第六章　入职资料

PART 01

第一章

招 聘 广 告

第一节 企业常见用工风险点

本节重点

- 招聘广告是否具有法律效力？
- 招聘广告设计的虚假、夸大、不当承诺的法律风险有哪些？
- 如何规范书写招聘广告中的招聘条件和岗位要求？
- 招聘广告内容与录用通知、劳动合同等文件中的录用条件不一致的法律风险？
- 用人单位招聘录用劳动者会面临哪些法律禁止的就业歧视？

一、招聘广告是否具有法律效力？

说明： 招聘广告通常被视为要约邀请，向符合用人单位岗位需求的候选人发出要约邀请行为，本身并不具备法律约束力。虽然招聘广告包含对职位、待遇等具体信息的描述，但这些信息并不构成具体的合同条款，因此不具备法律约束力。即使招聘广告不具有法律约束力，用人单位在发布招聘信息时仍应遵守企业社会责任和诚实信用原则，不得提供虚假或引人误解的信息，如果发生此种情形，用人单位可能会因此承担相应的法律责任。例如，如果招聘广告中承诺的薪资福利待遇和晋升职位未能兑现，可能会导致劳动合同部分无效或整体无效。

二、招聘广告设计的虚假、夸大、不当承诺的法律风险有哪些？

说明： 招聘广告设计的法律风险主要包括三方面内容：虚假宣传、就业歧视和违反法律规定。

1. **虚假宣传：** 一些用人单位为了吸引求职者，可能会在招聘广告中夸大劳动条件、劳动报酬,或直接承诺更高级的福利待遇,但是在后面劳动合同实际履行过程中,这些承诺往往无法实现,导致劳动者遭受损失,引发劳动争议。

2. 就业歧视:在招聘广告中涉及年龄、性别、地域、民族、宗教、饮食习惯、学历等方面的歧视是不被允许的。例如,不得歧视残疾人。用人单位应当尽量避免在招聘条件中包含这些歧视性内容,避免引发法律诉讼。

3. 违反法律规定:招聘广告的内容应当真实、合法和合理。用人单位应当对招聘广告内容的真实性进行审查,确保岗位职责、录用条件、薪资待遇、其他福利、工作时间、工作地点、公费教育、职业晋升和公司业务等内容的真实性,避免虚假承诺。

综上所述,设计招聘广告时,用人单位应当特别注意避免上述法律风险,确保广告内容真实、合法,同时不含有歧视性条款,避免引发不必要的法律纠纷和赔偿责任。

三、如何规范书写招聘广告中的招聘条件和岗位要求?

说明:规范书写招聘广告是吸引合适求职者并提升企业形象的重要环节,以下是规范书写招聘广告的要点和注意事项:

1. 真实合法:内容真实,招聘广告中的信息必须真实、诚信,不得发布虚假或夸大的招聘信息。

2. 明确具体:职位名称要明确写出,避免使用模糊或过于宽泛的词汇;具体描述该职位的工作内容和范围、职责范围及所需专业技能,让求职者能够清晰地了解该职位的具体要求;任职要求要明确列出应聘者的资格条件、工作经验和教育背景等。

3. 吸引求职者注意:使用吸引人的标题和简洁明了的开头,突出该岗位的独特价值和机会,激发求职者的兴趣;简要介绍公司概况、企业文化、发展前景和市场布局等,让求职者对公司及市场业务有初步的了解。

4. 突出优势:薪酬福利要明确写出薪酬范围、福利待遇和薪资结构等,让求职者了解该职位的具体待遇情况。

5. 工作环境:描述公司的工作环境、具体几个工作地点、团队构成和氛围等,可以插入企业的真实环境照片或提供视频等,让求职者感受到用人单位的吸引力。

6. 提供联系方式和及时反馈信息:明确告知求职者如何申请该职位,包括申请方式、联系人、截止时间及反馈结果时间等。

四、招聘广告内容与录用通知、劳动合同等文件中的录用条件不一致的法律风险？

说明： 在实践中，存在大量的因劳动合同约定的工资标准与录用通知书的约定不一致，员工依据录用通知书主张工资差额的劳动争议案例。建议用人单位设置浮动薪资范围，务必列明发放条件，并与用人单位的其他规章制度进行有效衔接，同时在录用通知书中列明"本通知书并非合约，劳动合同的相关细节应由双方经过进一步细致商谈后方可最终确定"。

劳动合同签订后，录用通知书并非失效，建议添加效力认定条款。例如，"合同签订之前的所有通知、协议与本合同不一致的，以本合同为准"。

用人单位发送录用通知书后反悔，候选人主张赔偿，用人单位会产生民事责任的风险，给候选人造成的入职成本、失业风险等生活成本，用人单位需要支付一定的经济赔偿。

用人单位发送录用通知书后第一候选人放弃入职，用人单位向第二候选人发送录用通知书，第一候选人反悔后，用人单位如何避免不必要的法律风险？建议用人单位在录用通知书上添加"请务必收到本通知书之日起，（　）日内书面反馈是否接受本次录用，逾期未回复的，本通知书自动失效"等自动失效条款。

用人单位人力资源部如果是从同行业竞争对手招聘的候选人，自行调查要注意的是上一家用人单位的抵触情绪，会有些不客观的评价，人力资源部需要谨慎对待。如果是公司同事内部推荐同行业的候选人，可以多从侧面与同事的沟通中了解信息。

用人单位进行候选人背景调查，如果选择第三方机构，需要谨慎考核合作伙伴服务质量的优劣、法律风险的规避情况，不要给用人单位带来法律风险，第三方背景调查更适合中高级管理人员，普通员工招聘成本太高。

五、用人单位招聘录用劳动者会面临哪些法律禁止的就业歧视？

说明： 我国的《劳动法》《妇女权益保障法》和《就业促进法》等法律法规，对就业进行了禁止性规定，如果用人单位踩到"就业歧视"的禁区，便可能引发劳动纠纷甚至是诉讼。用人单位在招聘录用劳动者时，不得出现主要包括但不限于基于种族、肤色、性别、宗教、民族、学习方式、户籍、残障或身体健康状况、年龄、身高、语言等内容的歧视，用人单位应向劳动者提供平等的就业机会和公平的就业条件。

第二节　经典案例

【案例简介】

小洪曾患小儿麻痹,后遗症导致他肢体障碍,其持有残疾人证。在深圳某公司的一次招聘中,小洪顺利通过两轮面试后收到了录用通知,被确认为运营主管岗位,工作地点在深圳。

小洪按该公司要求进行入职体检后,专门从生活、工作多年的广州搬到深圳前去报到。然而,在办理入职手续进入尾声时,该公司看到小洪体检报告显示"窦性心动过缓,需要定期复查",随即称不愿接受风险系数高的候选人,拒绝其入职。

【争议焦点】

小洪认为,该公司以其体检结果"风险系数高"为由拒绝其入职,没有依据,属于就业歧视,遂诉至深圳市龙岗区人民法院,请求判令该公司登报道歉,并赔偿自己精神损害抚慰金2万元以及搬家、租房、误工等经济损失8000余元。

庭审中,某公司辩称,小洪应聘的岗位需要出差、应酬,且经常晚上工作,因其体检报告显示窦性心律异常且需要定期复查,担心其身体存在风险。公司已向小洪明确表示过歉意,小洪也未举证证明其遭受精神损害,因此公司无须登报道歉及支付精神损害抚慰金。

【判决结果】

法院审理后认为,小洪主张招聘公司实际系因其左下肢肌肉萎缩而拒绝录用,其残疾人证也载明其存在肢体残障,该公司最终以"风险系数高"为由拒绝录用小洪,并未明确具体原因,该拒录理由未合理排除小洪主张的可能性。我国无任何法律法规规定运营主管岗位属"窦性心动过缓"患者禁止从事的工作类型,且小洪的体检报告亦载明"大多数心动过缓无重要的临床意义",即便该公司确因小洪体检报告而拒绝录用,其基于与履职内在要求无关的身体条件对小洪进行差别对待,显然违反了平等就业原则。

法院遂依法判决该公司向小洪赔礼道歉,并支付精神损害抚慰金1万元、误工费及搬家费等损失6000元。

某公司不服,提起上诉。深圳市中级人民法院二审判决维持原判。

【律师解读】

公司行使用工自主权不能逾越权利边界。

律师认为,虽然该公司主张其基于用工自主权,有权拒绝录用风险系数较高的候选人,但其行使用工自主权不能逾越该权利的边界。其基于小洪身体条件作出不合理的差别对待、排斥或限制行为,妨害了小洪作为劳动者其平等就业权的实现,亦损害了小洪的人格权。小洪要求该公司登报道歉,有事实及法律依据,依法予以支持。

第三节　操作指引

【概论】

用人单位在发布招聘广告时应注意法律风险、品牌风险、人才流失风险、招聘成本风险及信息安全风险,为保证招聘流程顺利进行,用人单位需遵守各种法规规定,确保招聘广告的真实性,选择适合的招聘渠道,并加强企业自身信息及商业秘密管理。在不得违反劳动法规的前提下,不得发布虚假广告,不得歧视特定人群。招聘广告中的职位名称、工作内容、工作地点和薪资待遇等要有明确信息,不夸大,不隐瞒,同时明确告知应聘者招聘流程、应聘条件、面试安排等,留下用人单位对接人的联系方式,如联系电话、投递邮箱等。

用人单位在发布招聘广告时,也要注意招聘成本的风险,招聘广告发布渠道要选择适当,广告内容清晰,减少筛选和面试成本,面试环节设计要合理,避免周期过长,候选人流失造成重叠性工作时间的输出。

【招聘流程图】

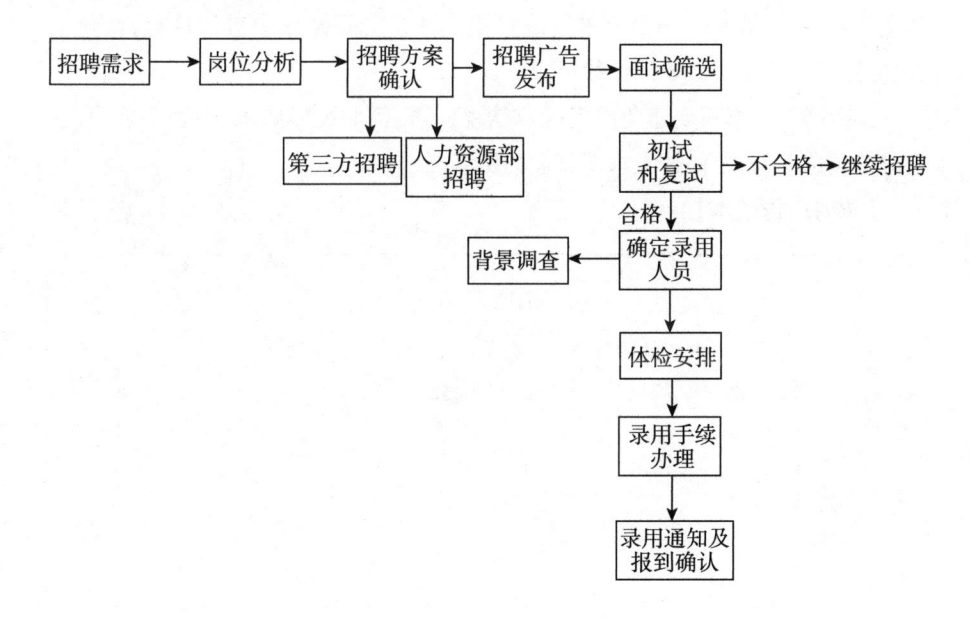

招聘需求 → 岗位分析 → 招聘方案确认 → 招聘广告发布 → 面试筛选

招聘方案确认 → 第三方招聘 / 人力资源部招聘

面试筛选 → 初试和复试 → 不合格 → 继续招聘

初试和复试 合格 → 确定录用人员 → 背景调查

确定录用人员 → 体检安排 → 录用手续办理 → 录用通知及报到确认

第四节　实 用 工 具

招聘广告

【说明】

　　招聘广告在法律上属于要约邀请，不具有法律约束力，但是用人单位在发布招聘广告内容时，应避免因内容措辞而引发不当的法律风险。

【适用】

　　用人单位在进行岗位招聘时，既是对外宣传企业文化窗口，也是吸引优秀人才的方式，招聘广告的设计要新颖、合理、合法，本招聘广告的设计模板仅供大家参考，具体细节内容根据各个企业行业不同特点制定。

【基本要素】

　　①企业介绍；

　　②任职要求；

　　③岗位职责；

　　④工作地点。

【法律风险】

　　①招聘广告内容的真实性，也是体现用人单位诚信的一方面，不仅会减少用人单位的招聘和培训成本，而且吸引来的候选人在入职后更容易适应工作环境和企业文化，一定要保证用人单位的宣传信息在实际操作中贯彻执行，避免夸大、虚假信息造成不必要的法律风险。

　　②招聘广告书写要避免出现就业歧视词语，例如民族要求、性别要求等，平等对待候选人，给予候选人求职就业的机会。

【招聘广告范本】

招聘广告

➢ 配图：用人单位吸引人的图片、企业视频、企业微信或企业公众号

➢ 企业介绍：企业性质、规模、同行业地位和企业文化等

➢ 招聘岗位：

➢ 招聘人数：

➢ 工作地点：

➢ 任职要求：

➢ 岗位职责：

续表

➢ 薪酬福利：
➢ 工作时间：
➢ 晋升空间：
➢ 其他福利：
➢ 培训提升：
➢ 用　　餐：
➢ 住宿标准：
➢ 联系人及电话：
➢ 企业微信或公众号：

第五节　法律法规及政策指南

《劳动合同法》

第八条　用人单位招用劳动者时,应当如实告知劳动者工作内容、工作条件、工作地点、职业危害、安全生产状况、劳动报酬,以及劳动者要求了解的其他情况;用人单位有权了解劳动者与劳动合同直接相关的基本情况,劳动者应当如实说明。

《就业服务与就业管理规定》

第十四条　用人单位招用人员不得有下列行为:

(一)提供虚假招聘信息,发布虚假招聘广告;

(二)扣押被录用人员的居民身份证和其他证件;

(三)以担保或者其他名义向劳动者收取财物;

(四)招用未满16周岁的未成年人以及国家法律、行政法规规定不得招用的其他人员;

(五)招用无合法身份证件的人员;

(六)以招用人员为名牟取不正当利益或进行其他违法活动。

第十九条　用人单位招用人员,不得以是传染病病原携带者为由拒绝录用。但是,经医学鉴定传染病病原携带者在治愈前或者排除传染嫌疑前,不得从事法律、行政法规和国务院卫生行政部门规定禁止从事的易使传染病扩散的工作。

用人单位招用人员,除国家法律、行政法规和国务院卫生行政部门规定禁止乙肝病原携带者从事的工作外,不得强行将乙肝病毒血清学指标作为体检标准。

《就业促进法》

第二十七条 国家保障妇女享有与男子平等的劳动权利。

用人单位招用人员,除国家规定的不适合妇女的工种或者岗位外,不得以性别为由拒绝录用妇女或者提高对妇女的录用标准。

用人单位录用女职工,不得在劳动合同中规定限制女职工结婚、生育的内容。

第二章

招 聘 主 体

第一节　企业常见用工风险点

本节重点

- 招聘主体应如实告知企业业务和特征吗？
- 企业分散的招聘权会带来哪些法律风险？
- 用人单位在招聘时未如实告知岗位需求和录用条件会带来哪些法律风险？
- 招聘劳动者，要求劳动者提供担保或以担保名义收取财物是否可行？
- 企业负责招聘人员是否具备员工关系管理能力？

一、招聘主体应如实告知企业业务和特征吗？

说明： 用人单位招用劳动者，应如实告知劳动者工作内容、工作条件、工作地点、职业危害和安全生产状况等，同时在签订劳动合同时载明有关保障从业人员劳动安全、防止职业危害等措施，尤其是保证劳动者的健康和作业安全，维护劳动者的合法权益。同时，用人单位业务发展状况（概述现状、行业趋势、战略规划、新业务领域等）、未来发展方向和招聘岗位在组织架构中分布也应一并告知劳动者，全面展示企业的发展蓝图，吸引并留住志同道合的优秀人才。

二、企业分散的招聘权会带来哪些法律风险？

说明： 在大型企业或者企业分公司招聘中，盲目下放招聘权的法律风险很大，这是因为，如果招聘权被不当地下放，没有专业的人力资源管理者管理员工关系，可能会导致招聘过程失去控制，这种做法还可能导致招聘到的员工不符合公司的需求，或者没有及时办理入职手续，操作不当会给用人单位产生违法用工成本的支出，进而影响到公司业务的核心利益和长远发展。用人单位在日常管理中应尽可能规避劳动用工风险，对于招聘权限的管理和控制是非常必要的，从招聘录用环节、用工模式和企业规章制度等方面进行合理把控，加大内部用工法律宣传力度，用人单位与劳动者共同努力，优化营商环境，构建和谐劳动关系。

三、用人单位在招聘时未如实告知岗位需求和录用条件会带来哪些法律风险？

说明： 招聘面试环节未明确告知候选人岗位需求和录用条件可能导致用人单位在试用期内解除劳动合同面临法律风险，同时劳动者可能会以用人单位未如实履行告知义务为由，在解除劳动合同时要求用人单位支付经济补偿，而且可能导致劳动合同无效，一旦劳动合同被确立无效，给劳动者造成损害的，用人单位很可能需要承担赔偿责任。

在实践中，建议用人单位如实告知劳动者工作内容、工作条件、工作地点、职业危害、安全生产状况、劳动报酬和工作时间等，即使劳动者不提出要求也需要主动告知，很多用人单位在招聘流程中往往会忽视这个主动告知义务的环节，导致法律风险的发生。

四、招聘劳动者，要求劳动者提供担保或以担保名义收取财物是否可行？

说明：《劳动合同法》第9条规定，用人单位招用劳动者，不得扣押劳动者的居民身份证和其他证件，不得要求劳动者提供担保或者以其他名义向劳动者收取财物。

在实践中，有些企业为防止不辞而别的劳动者或者掌握了企业重要财产的劳动者（如财务人员、仓库管理员、司机等）给企业造成经济损失，在录用劳动者时要求劳动者提供担保或者向劳动者收取押金。企业的这种行为，是我国法律严格禁止的。有的企业为规避法律，不向劳动者收取押金，转而采取一些变相的方法或手段，达到向员工收取押金的目的，如收取服装费、住宿费、培训费等，或通过扣押劳动者居民身份证件或其他证件（如暂住证、学历证书等）以达到目的。如果企业出现上述行为，需要承担相应的法律责任。其中，企业扣押劳动者居民身份证等证件的，由劳动行政部门责令限期归还劳动者本人，并依照有关法律规定给予处罚。用人单位以担保或者其他名义向劳动者收取财物的，由劳动行政部门责令限期退还劳动者本人，并以每人500元以上2000元以下的标准处以罚款。给劳动者造成损失的，应承担赔偿责任。

五、企业负责招聘人员是否具备员工关系管理能力？

说明： 员工劳动关系管理主要包括：主体、客体、内容和权利义务。其中主体是用人单位和劳动者，客体是主体的劳动权利和义务共同指向的内容，内容主要是劳动关系主体依法享有的权利和承担的义务、劳动者平等就业和职业选择权、取得报酬权、休息休假权和获得劳动安全卫生保护权等。员工劳动关系管理工作主要由用人单位人力资源部门和招聘关联部门负责，职责包括：员工入职管理、员工信息管理、人事档案管理、劳动合同管理、员工离职管理、劳动争议处理等。员工入职和离职应按照公司制定的员工手册的管理规定执行，同时有程序和依据，避免法律纠纷。如果纠纷发生，按照用人单位管理制度和程序处理，可以选择协商、调解、仲裁或诉讼等方式调节。员工关系管理人员一定要具备相关法律知识和程序处理能力，给用人单位减少争议或纠纷的成本，务必每年进行专业领域知识的培训和增加实践案例处理的能力。

第二节 经典案例

【案例简介】

小洪于2018年1月8日入职某公司，双方签订3年期限的劳动合同，试用期6个月。2018年6月1日，公司以小洪试用期内被证明不符合录用条件为由与小洪解除劳动关系，并提交显示有小洪及主管领导签字的《试用期工作考核表》为证。该表显示，小洪的考评总分为45分，表中注释处载明若总分低于60分为不合格，视为未达到试用期考核标准。小洪认可该证据，但主张公司在自己入职前及签订劳动合同时，均未与自己告知或书面通知录用条件，因此公司属于违法解除劳动合同，要求公司支付赔偿金9000元。公司虽不认可小洪的主张，但未就双方录用条件举证。

【争议焦点】

公司没有告知录用条件，试用期考核员工为不合格，是否可以解除劳动关系？

【判决结果】

仲裁委裁决公司应支付小洪违法解除劳动关系的赔偿金9000元。试用期是指包括在劳动合同期限内，用人单位对劳动者是否合格进行考察，劳动者对用人单位是否符合自己要求也进行考核的期限。试用期间，劳动者如果认为用人单位不适合自己，提前3日通知用人单位就可以解除劳动关系。依据《劳动合同法》第39条的规定，劳动者在试用期间被证明不符合录用条件的，用人单位也可以解除劳动合同，此种情形下解除劳动关系用人单位无须向劳动者支付经济补偿。法律赋予劳动者试用期内解除劳动合同的权利，也赋予用人单位试用期内单方解除劳动关系的权利，以保障用人单位的用工自主权。

  本案中，公司对小洪在试用期内进行了考核，认为小洪未通过试用期考核就是证明其不符合录用条件，这个理由能成立吗？答案是否定的。本案中，公司与小洪约定的试用期符合法律规定，解除劳动合同行为也是在试用期内做出的，但公司未与小洪告知或约定录用条件，在招聘过程中也未将录用条件明确地告知小洪，在此前提下，公司以小洪不符合录用条件为由与小洪解除劳动关系，显然不符合常理也不符合法律规定。

【律师解读】

  在审理实践中，经常发现有部分用人单位会将录用条件与试用期考核混为一谈。录用条件需要入职前双方约定或让劳动者明确知晓，如果没有约定或让劳动者明确知晓录用条件，用人单位将无法证明劳动者不符合录用条件。还有部分用人单位对试用期用人单位解除权有重大误解，认为在试用期，双方都可以随时解除劳动关系，而不清楚《劳动合同法》对此也是有限制性规定的，这种限制性的规定是为了防止用人单位只"试"不"用"，试用期满前可以随意解除劳动合同，侵害劳动者的劳动权利。

  本案中，给用人单位的建议做法是，在招聘过程中明确告知候选人录用条件，同时在小洪入职时明确告知小洪，在试用期内公司将对其工作表现进行考核，告知考核方式、考核具体内容和达到本岗位要求的一些具体的工作内容量化指标，如果条件允许可以要求员工本人签字确认，公司还可以根据岗位要求和考察需要来确定其他录用条件，前提是为双方都一致认可的有效确认。

第三节　操作指引

【概论】

  用人单位在招聘环节务必按照法律法规规定进行所有的告知义务，一般用人单位会通过在入职登记表中申明，"公司已经告知本人工作内容、工作条件、工作地点、职业危害、安全生产状况、劳动报酬及其他相关情况"，也可以在劳动合同的相关条款中约定相关情况，或者在进行入职培训时制作告知函等，将有关情况详细列明,并要求员工培训学习或者签收、签字等,保留确认证据。对于特殊职业病、特殊危险岗位,建议单独制定告知书,也可以采用在岗前培训时拍照或录制视频的记录,由员工签字确认并由人力资源部保管。

【用人单位告知义务操作流程图】

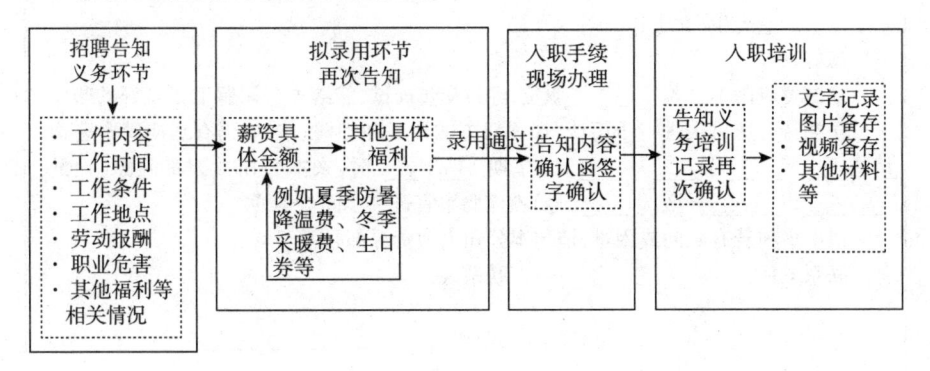

```
┌─────────────┐    ┌─────────────┐    ┌─────────────┐    ┌─────────────┐
│ 招聘告知     │    │ 拟录用环节   │    │ 入职手续     │    │ 入职培训     │
│ 义务环节     │    │ 再次告知     │    │ 现场办理     │    │              │
│ ·工作内容    │    │ ┌──────────┐│    │ ┌──────────┐│    │ ·文字记录    │
│ ·工作时间    │    │ │薪资具│其他││录用│ │告知内容  ││    │ ·图片备存    │
│ ·工作条件    │    │ │体金额│具体│├─通过→│确认函签  │├──→│ ·视频备存    │
│ ·工作地点    │    │ │     │福利 ││    │ │字确认    ││告知│ ·其他材料    │
│ ·劳动报酬    │    │ │例如夏季防暑││    │ └──────────┘│义务│ 等          │
│ ·职业危害    │    │ │降温费、冬季││    │              │培训│              │
│ ·其他福利等  │    │ │采暖费、生日││    │              │记录│              │
│ 相关情况     │    │ │券等        ││    │              │再次│              │
│              │    │ └──────────┘│    │              │确认│              │
└─────────────┘    └─────────────┘    └─────────────┘    └─────────────┘
```

第四节 实用工具

录用意向告知书

【说明】

在招聘和面试环节,用人单位一定要把工作流程细化,用人单位的义务必须如实及时告知候选人,避免因流程疏忽或内容漏掉等原因导致企业承担法律风险。

【适用】

《劳动合同法》第 8 条规定,用人单位招用劳动者时,应当如实告知劳动者工作内容、工作地点、职业危害、安全生产状况、劳动报酬,以及劳动者要求了解的其他情况;用人单位有权了解劳动者与劳动合同直接相关的基本情况,劳动者应当如实说明。在招聘中间环节双方均有义务告知对方相关信息,既是劳动者的义务,也是用人单位的社会责任。

【基本要素】

①岗位需求;

②录用条件。

【法律风险】

如果用人单位在招聘中间环节未能尽到此项告知义务,劳动行政部门有权对用人单位进行行政处罚,用人单位也可能会承担民事责任,同时招聘录用环节导致双方在缺乏充分知情基础上所签订的录用通知书或劳动合同书无效。

【录用意向告知书范本】

录用意向告知书

_____先生/女士：

您好！

您诚意应聘本公司_____职位，经过初步面试，您给本公司留下了良好的印象，本公司期待与您再次进一步面谈，加深双方的沟通和理解。若您仍有意应聘本公司，请您于_____年____月____日（星期____）____时，来本公司人力资源部（地址：_____市_____区_____号）就应聘事宜进一步面谈沟通。

以上事项若有疑问或困难，请与本公司人力资源部联系 。

联系电话：　　　　　　联系人：

_____公司
年　月　日

附件内容：

1. 工作内容（见岗位说明书）
2. 工作条件
3. 工作地点
4. 职业危害
5. 安全生产状况
6. 劳动报酬
7. 企业及企业文化介绍
8. 企业福利
9. 试用期考核

备注：入职前建议文字或电话沟通告知，入职后 1-3 个工作日建议面对面培训，同时书面文件由本人签字和按手印确认。

第五节　法律法规及政策指南

《劳动合同法》

第八条　用人单位招用劳动者时，应当如实告知劳动者工作内容、工作条件、工作地点、职业危害、安全生产状况、劳动报酬，以及劳动者要求了解的其他情况；用人单位有权了解劳动者与劳动合同直接相关的基本情况，劳动者应当如实说明。

第九条　用人单位招用劳动者，不得扣押劳动者的居民身份证和其他证件，不得要求劳动者提供担保或者以其他名义向劳动者收取财物。

第二十六条 下列劳动合同无效或者部分无效：

（一）以欺诈、胁迫的手段或者乘人之危，使对方在违背真实意思的情况下订立或者变更劳动合同的；

（二）用人单位免除自己的法定责任、排除劳动者权利的；

（三）违反法律、行政法规强制性规定的。

对劳动合同的无效或者部分无效有争议的，由劳动争议仲裁机构或者人民法院确认。

第八十四条 用人单位违反本法规定，扣押劳动者居民身份证等证件的，由劳动行政部门责令限期退还劳动者本人，并依照有关法律规定给予处罚。

用人单位违反本法规定，以担保或者其他名义向劳动者收取财物的，由劳动行政部门责令限期退还劳动者本人，并以每人五百元以上二千元以下的标准处以罚款；给劳动者造成损害的，应当承担赔偿责任。

劳动者依法解除或者终止劳动合同，用人单位扣押劳动者档案或者其他物品的，依照前款规定处罚。

第八十六条 劳动合同依照本法第二十六条规定被确认无效，给对方造成损害的，有过错的一方应当承担赔偿责任。

《个人信息保护法》

第十三条 符合下列情形之一的，个人信息处理者方可处理个人信息：

（一）取得个人的同意；

（二）为订立、履行个人作为一方当事人的合同所必需，或者按照依法制定的劳动规章制度和依法签订的集体合同实施人力资源管理所必需；

（三）为履行法定职责或者法定义务所必需。

……

第三章

背 景 调 查

第一节 企业常见用工风险点

本节重点

- 背景调查是否应在得到相关授权后并在员工入职前进行？
- 背景调查的范围和方法应如何避免法律风险？
- 背景调查的结果应如何分类审核？
- 对于背景调查收集的个人隐私信息应如何保护？

一、背景调查是否应在得到相关授权后并在员工入职前进行？

说明： 背景调查尤其是员工入职前，背景调查的主要目的是验证求职者的学历、工作经历和表现等信息的真实性，以确保求职者与拟任职岗位的要求是否相符，并判断是否存在重大虚假信息。根据《劳动合同法》第 8 条的规定，用人单位有权了解劳动者与劳动合同直接相关的基本情况，如学历、履历、离职原因、工作业绩等，但这些信息必须是与工作有关的内容，而非涉及个人隐私的信息。任何超出这一范围的信息收集都可能涉嫌侵犯劳动者个人隐私。

用人单位在招聘过程中的背景调查，一般所采集的信息确实属于"与劳动合同有直接关系"，但是很多用人单位误以为凡是"与劳动合同有直接关系"的劳动者个人信息，都可以直接任意取得。因此用人单位在做背景调查时，应当经劳动者本人授权或同意，更妥当的做法应该与劳动者约定背调材料的用途、知情的范围等。实际操作工具可以首先通过微信或者短信的方式，发送背调通知书并要求被调查人回复，然后通过让劳动者签署背景调查知情同意书或授权书等方式，在给予员工充分自愿的选择权基础上去实施，获得劳动者的授权后，再行开展相关信息采集工作，则可以在更大程度上避免这一类法律风险。

二、背景调查的范围和方法应如何避免法律风险？

说明：背景调查的范围和方法应严格遵守法律规定，以避免法律风险。

用人单位在进行背景调查时应遵循正当的调查范围，确保调查方法的合法性。

从调查内容范围来看，在面试阶段主要围绕候选人与申请职位的任职要求和工作经历所必需的相关信息进行，除非岗位有特殊要求或法律强制性要求，否则不应超范围获取候选人个人信息。

在实施背景调查过程中，用人单位应确保调查内容的方法合法性和合理性，避免询问或要求填写婚恋状况、家庭情况、健康状况等与工作无关的个人信息，这些信息的收集应当依法取得候选人书面或文字答复明确同意，并在调查过程中保护个人信息安全，防止信息泄露或被不当使用。

三、背景调查的结果应如何分类审核？

说明：背景调查建议分级进行，根据岗位的性质和层级确定调查的范围。例如，基层员工，可能更侧重于基础信息核实和教育信息核实；中层和高层管理人员，则可能需要更深入的调查，包括不良记录核查和工作经历核实等。

背景调查结果分类主要包括风险提示、基础信息核实、教育信息核实、不良记录核查、工作经历核实等。首先，风险提示是背景调查结果的一个重要部分，目的是提醒用人单位、服务平台或其他相关方面对调查结果中的风险进行关注和记录。其次，是基础信息核实，包括身份信息、身份人像、身份有效性等的核实，是确保候选人提供的信息真实可靠的基础步骤。再次，是教育信息核实，涉及学历、学位、证书、职称等的验证，以确保候选人的教育背景符合岗位要求。复次，是对不良记录核查，包括诉讼记录、或有负债、欠费欠税、行业黑名单等的核查，用以评估候选人的法律和财务状况。最后，是工作履历核实，对候选人的工作单位、工作时间、工作职责、具体岗位、绩效表现、工作态度、离职原因等进行详细调查，以评估候选人的职业稳定性和工作能力。

四、对于背景调查收集的个人隐私信息应如何保护？

说明：用人单位背调员工个人信息面临三个风险：

风险一：因未经候选人同意违法收集个人信息导致的侵犯个人信息所引起

的民事责任和刑事责任;风险二:因背调手段不正当导致的侵犯候选人过往任职单位商业秘密的刑事责任;风险三:因背调内容超过法律允许的范围引起的侵犯个人隐私所引起的民事责任。

因此在背调过程中,为保护个人信息安全,应遵循以下原则和措施:

(1)遵守个人信息保护法:在进行背调时,应严格遵守《个人信息保护法》和其他相关法律法规,确保个人信息的合法收集和使用。(2)保护个人敏感信息:对于个人敏感信息,如婚姻财产信息、医疗健康信息等,应采取特别保护措施,避免泄露或非法使用。(3)规范背调结果的使用:背调结果仅作为评估应聘者是否适合岗位职责的参考,不得作为拒绝签订劳动合同的理由,除非应聘者具有明显违反职业诚信或显示不符合岗位能力、道德要求等。(4)建立争议解决和处理机制:对于背调中可能出现的问题和争议,应建立相应的解决和处理机制,保护求职者的合法权益。

第二节 经典案例

【案例简介】

某电商公司拟涉足化妆品业务,但因对此业务不熟悉,遂通过某网站发布招聘启事,欲招聘具有相关从业背景的高级经理一名。小洪有相关从业经历,通过一次偶然机会浏览到电商公司的招聘信息,便投递了职位申请表。职位申请表记载小洪从业经历如下:2009年12月至2012年7月担任A网络公司业务总监,2012年7月至2016年10月担任B广告公司客户总监,2016年11月至2019年8月担任C化妆品公司总经理。经过面试,小洪于2020年9月22日入职电商公司。双方签订了期限至2023年9月22日的劳动合同,其中试用期至2021年3月21日。劳动合同还特别约定了不符合招聘条件的情形,包括求职中提供虚假简历或信息的,在订立合同中有欺骗、隐瞒或其他不诚信行为等情形之一的,视为不符合录用条件,电商公司可解除劳动合同。

入职后,小洪在项目推进上并不顺利。按小洪制定的产品运营方案执行,电商公司非但不能实现盈利,反将产生巨额亏损。同时,小洪在日常工作沟通中也存在工作能力和工作态度的问题。于是电商公司对小洪的工作经历产生怀疑,便启动背景调查,发现小洪确实存在简历不实的情况。社保缴费记录记载,小洪自2012年起的实际工作经历如下:2012年6月至2012年7月任职于B广告公司,2012年10月至2013年1月任职于D营销公司,2013年5月至6月任职于E

传媒公司，2013年7月至8月任职于F销售公司，2017年4月至11月任职于G文创公司，2018年4月至12月任职于H广告公司，2019年6月任职于I生物科技公司。

2021年3月16日，电商公司以试用期不符合录用条件为由，通知解除了与小洪的劳动合同。

小洪不认可电商公司的解除理由，亦不服仲裁裁决，以劳动合同纠纷诉至法院。

【争议焦点】

电商公司以试用期不符合录用条件为由解除是否违法？

【判决结果】

法院经审理认为，劳动合同的缔结除依据劳动者与用人单位对对方的初步印象及基本情况了解外，劳动者过往的工作经历、工作业绩等亦是用人单位判断劳动者与应聘岗位匹配程度、决定录用与否的重要因素。最终，法院判决驳回小洪要求电商公司支付违法解除劳动合同赔偿金的诉请。一审判决作出后，双方均未上诉，现已生效。

【律师解读】

本案中，小洪提交的职位申请表显示其在B广告公司具有4年4个月的工作经历，然社保缴费记录仅有2个月；职位申请表载明2016年11月至2019年8月任职于C化妆品公司，但上述期间的社保则分别由多家公司缴纳。对此，小洪并无合理解释。可见，小洪为获取入职机会，提供与其个人实际工作不符的简历材料，夸大了任职经历，致使电商公司对小洪在相关领域具有长期稳定的工作经历、较高的专业水平等产生错误认识，反映出小洪具有欺诈的主观故意。小洪与电商公司签订的劳动合同中亦明确，提供虚假简历等情形属于不符合录用条件。电商公司以试用期不符合录用条件为由解除劳动合同，不构成违法解除。

第三节 操作指引

【概论】

背景调查可以帮助企业了解候选人的真实情况，判断候选人是否具备相应的工作能力，是否满足企业的招聘录用条件。背景调查操作一般有如下流程：

首先，确定背调内容。企业会通过岗位的性质，决定需要调查哪些方面的信息以及背调年限。如果是普通员工，可能调查教育背景、工作经历等方面；如果是高管类的,涉及范围可能会增加,如信用记录、个人对外投资与任职、法人信息查询、前任公司直属领导或间接领导沟通等。

其次,候选人授权。无论是企业自己进行背调,还是通过第三方背调公司进行背调,都需要获得候选人的同意才能进行背调,通常需要让候选人签署一份背调授权书,有文字记录、电话沟通的环节等。

再次,候选人提供信息。候选人需要提供相关的教育背景、履历信息和证明人信息,供企业或背调公司核实。

最后,调查与核实。在收集信息完成后,企业人力资源部门会通过电话或邮件的形式根据候选人提供的信息去核实,而背调机构因为专门从事此类工作,具有相应的资源,可以从不同维度展开调查,避免出现候选人提供的证明人信息不实等问题,也具有正规渠道对候选人的个人信息、个人信用、诉讼记录等进行核实。

【企业内部背景调查流程图】

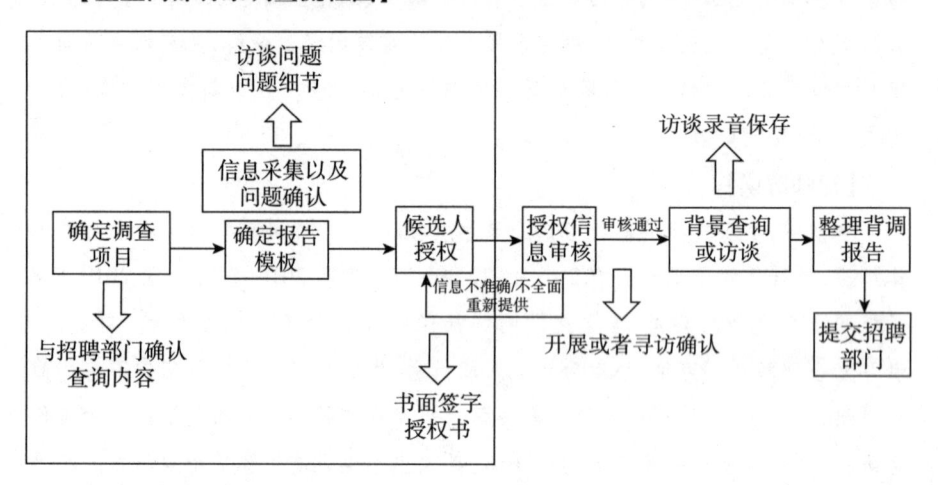

```
确定调查项目 → 确定报告模板 → 候选人授权 → 授权信息审核 ─审核通过─→ 背景查询或访谈 → 整理背调报告 → 提交招聘部门
     ↓              ↑                           ↑信息不准确/不全面重新提供    ↓
与招聘部门确认    信息采集以及                                          开展或者寻访确认
查询内容         问题确认
                   ↑
                访谈问题
                问题细节

                                                              访谈录音保存 ↑

                书面签字授权书
```

【第三方背景调查合作流程图】

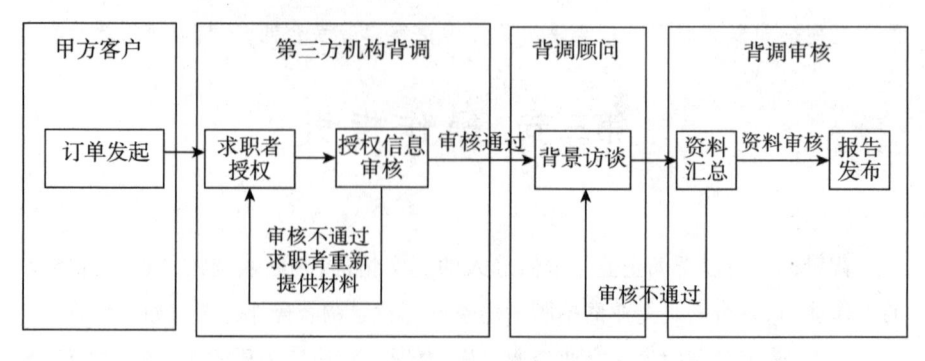

甲方客户	第三方机构背调	背调顾问	背调审核
订单发起	求职者授权 → 授权信息审核 ─审核通过─→	背景访谈 → 资料汇总	资料审核 → 报告发布
	↑审核不通过求职者重新提供材料	↑审核不通过	

第四节 实 用 工 具

员工背景调查表

【说明】

按照《劳动合同法》《个人信息保护法》等法律法规,用人单位在进行背景调查时务必遵守法律的权限和义务,以确保调查的合法性和合规性。本工具仅限参考,用人单位可以参照企业实际应用进行增加或减少内容。

【适用】

根据用人单位招聘岗位不同,在招聘录用环节背景调查的内容和适用场景不同,建议用人单位在候选人入职前完成背景调查,同时根据企业实际需求参考以下工具。

【基本要素】

①背景调查内部的流程;

②背景调查第三方合作的流程。

【法律风险】

用人单位在进行背景调查时,应注意几个关键点:首先,必须经过员工的授权,即使是委托第三方背调机构进行调查,也需要员工的同意,可以是书面形式或电话沟通。其次,避免调查内容与劳动合同无关的个人信息,如婚姻状况、财产状况等个人隐私信息。最后,确保背景调查过程的合法性和背景调查结果的安全性,不得挪为他用,避免侵犯劳动者的合法权益。

【员工背景调查表范本】

<table>
<tr><th colspan="7">员工背景调查表</th></tr>
<tr><td colspan="7">被调查人:　　　　　　　　　　　　　应聘岗位:</td></tr>
<tr><th>序号</th><th>接受调查人</th><th>单位名称</th><th>职位</th><th>联系电话</th><th>调查时间</th><th>备注</th></tr>
<tr><td>1</td><td></td><td></td><td></td><td></td><td></td><td></td></tr>
<tr><td>2</td><td></td><td></td><td></td><td></td><td></td><td></td></tr>
<tr><td>3</td><td></td><td></td><td></td><td></td><td></td><td></td></tr>
</table>

续表

被调查的情况及记录内容		
调查内容	内容记录	备注
具体岗位		
具体工作时间		
工作表现、业绩等		
薪资福利范围		
离职具体原因		
个人性格		
与同事(包括上下级)关系		
在岗期间是否有不良记录		
家庭情况		
您是否推荐他(她)应聘该职位或其他您认为比较合适的职位		
您是否还有其他情况要补充		
综述调查结果汇总		

第五节　法律法规及政策指南

《个人信息保护法》

第十七条　个人信息处理者在处理个人信息前,应当以显著方式、清晰易懂的语言真实、准确、完整地向个人告知下列事项：

（一）个人信息处理者的名称或者姓名和联系方式；

（二）个人信息的处理目的、处理方式,处理的个人信息种类、保存期限；

（三）个人行使本法规定权利的方式和程序；

（四）法律、行政法规规定应当告知的其他事项。

前款规定事项发生变更的,应当将变更部分告知个人。

个人信息处理者通过制定个人信息处理规则的方式告知第一款规定事项的,处理规则应当公开,并且便于查阅和保存。

第二十八条　敏感个人信息是一旦泄露或者非法使用,容易导致自然人的人格尊严受到侵害或者人身、财产安全受到危害的个人信息,包括生物识别、宗教信仰、特定身份、医疗健康、金融账户、行踪轨迹等信息,以及不满十四周岁未成年人的个人信息。

只有在具有特定的目的和充分的必要性,并采取严格保护措施的情形下,个人信息处理者方可处理敏感个人信息。

第二十九条 处理敏感个人信息应当取得个人的单独同意;法律、行政法规规定处理敏感个人信息应当取得书面同意的,从其规定。

第六节 企业用工风险测评

企业的人力资源管理工作中存在以下常见问题:

1. 不清晰人力资源管理中的法律风险点,不清晰法律规定和实务操作之间的差别;

2. 规章制度、员工手册等陈旧,不与时俱进,合理性和合法性存在问题;

3. 人力资源管理工作没有制度化、规范化、流程化,使人力资源(HR)管理人员工作流于日常琐碎,与人力资源专员工作无异,不能将精力投放到人力资源的战略管理和企业文化的建设当中来;

4. 人力资源管理中一些必备的合同、协议经不起推敲,达不到明确权利义务的效果;

5. 错发、乱发通知书、证明等。

针对以上问题,结合劳动争议案件仲裁和诉讼实务经验,通过简单的一些测评题帮助企业更快认识、解决人力资源管理过程中的风险。提早发现,尽早预防。

评估报告:

请根据腰封、书签指引查看"企业用工风险评估报告"。如果您不慎丢失了腰封或书签,请随时联系主编客服团队。客服人员将协助您获取评估报告。

用人单位在招聘过程中,未经劳动者授权,背景调查涉及劳动者个人隐私的信息有哪些?(　　)

A. 基本学历　　　B. 基本技能　　　C. 工作经历　　　D. 婚育情况
E. 就医情况(工伤或职业病记录等)　　F. 保密协议或竞业限制记录
G. 劳动争议或其他法律记录　　H. 劳动关系状态　　I. 个人征信记录
J. 是否是其他公司法人、股东或者董事会成员
K. 是否有其他合伙项目经营

问题设计目的：

用人单位在招聘面试劳动者合格后，尤其是中高层管理者，需要进行劳动者个人信息的背景调查。

法律分析：

根据《民法典》《个人信息保护法》等的相关法律法规规定，必须经过劳动者授权，同时围绕岗位相关信息开展，避免收集与劳动合同内容无关联的信息。

第四章

体检与录用通知

第一节 企业常见用工风险点

本节重点

- 入职体检内容是否应明确及合法合规,并在录用通知书发出前或入职前完成,且不存在乙肝、孕检等违规检测项目?
- 录用通知的内容应该怎样具体明确?
- 录用通知书发放后应如何全面履行要约义务?
- 是否应规定录用通知的有效性和时效性?

一、入职体检内容是否应明确及合法合规,并在录用通知书发出前或入职前完成,且不存在乙肝、孕检等违规检测项目?

说明: 劳动者入职体检时应注意法律风险,包括避免就业歧视、保护个人隐私、确保体检结果的合法使用等。

1. 避免就业歧视:根据《就业促进法》第 30 条的规定,用人单位招用人员,不得以是传染病病原携带者为由拒绝录用,同时体检项目务必符合法律法规的要求。经医学鉴定传染病病原携带者在治愈前或者排除传染嫌疑前,不得从事法律、行政法规和国务院卫生行政部门规定禁止从事的易使传染病扩散的工作。除特殊的工种和特殊的规定之外,体检结果不应成为就业的障碍,防止用人单位因体检结果对劳动者进行不合理的就业歧视。

2. 保护个人隐私:劳动者有权知道体检的结果,并且有权要求更正错误的体检结果。用人单位应当保护劳动者的个人隐私,体检结果只能用于评估劳动者的健康状况是否适合所申请的岗位,不能用于其他用途。用人单位应当遵守相关法律法规,确保体检结果的合法使用。

3.确保体检结果的合法使用:用人单位应当根据《劳动合同法》的规定,不得以体检结果为单方不录用的理由,除非劳动者在岗期间身体状况影响劳动提供或者严重危害公共卫生安全。

通过注意这些法律风险的环节,用人单位可以更好地维护劳动者的合法权益,同时确保入职体检过程公平、合法,避免因体检结果与劳动者产生法律纠纷。

二、录用通知的内容应该怎样具体明确?

说明:录用通知书是用人单位在根据应聘者的履历能力等前提下,进行面试、笔试等测试后,由用人单位向拟录用应聘者发送的意向通知,一般包括岗位名称、薪资待遇、工作职责、工作地点、报到期限、报到程序等信息。录用通知的发送方式可以是纸质文件、数据电文形式,内容可以是单方通知,也可以是要求双方签章确认内容并达成一致。

三、录用通知书发放后应如何全面履行要约义务?

说明:录用通知书具有法律效力。根据《民法典》的相关规定,录用通知书作为一种要约,一旦送达给劳动者且劳动者同意其条款,双方就达成了一种合意,该合意对双方当事人都具有法律约束力。录用通知书不仅具有法律效力,而且其法律效力在某些情况下受到法律保护。例如,如果用人单位在发出录用通知书后因为某些原因需要撤回或撤销该通知书,必须在一定时间内进行,并且需要符合法律规定的条件,否则给劳动者造成损害的,用人单位需要承担相应的法律责任。

因此,用人单位发出录用通知时,需要注意以下几点:

1.发出通知的时间:实践中,多数用人单位的招聘流程是先发录用通知书,然后在应聘者办理入职手续时进行入职体检和背景调查,这样容易造成一旦应聘者体检结果不符合单位录用条件或对背景调查不满意时,用人单位单方不愿与其建立劳动关系,则需要支付的成本就很高。因此,一般建议把存在较大变量的录用条件放置在发出通知书之前完成。

2.可以附生效条件:若实在需要先行录用,再进行背景调查等,则需对录用意向进行限定。民事法律行为可以附条件,单位发出录用通知的,无论形式是单方通知还是需劳动者确认生效,均可就其内容设置录用意思表示的生效条件,但该条件需要客观、合理、具体、明确,并具有可操作性。

3.设置失效条款:实践中,存在应聘者反悔、单位向第二候选人发送录用通知后,该应聘者又要求入职的情况,还存在虚假履历情况、严重逾期入职等情况。为避免这些情况出现,用人单位可在通知书中将劳动者权利设置为一次性用尽,如设置"请于收到本通知之日起几日内书面反馈是否接受本次录用,逾期未回复的,本通知自动失效""超过报到的时间未报到的,本通知书自动失效"等失效条款,从而降低用人单位产生的法律风险。

四、是否应规定录用通知的有效性和时效性?

说明:录用通知书可以附条件生效,并且具有一定的时效性。录用通知书在法律上属于民事合同中的要约,对双方都有约束力。用人单位可以在录用通知书中附加条件,这样的规定使录用通知书不仅是一种邀请,还包含了用人单位对劳动者提供信息真实性的要求。此外,录用通知书并非劳动合同的必要前置程序,用人单位可以根据自身实际情况自行安排是否发放录用通知书和发放时间。

劳动者的录用通知书失效的法律风险主要包括四种情形:劳动者拒绝录用通知书、用人单位撤销录用通知书、劳动者未在规定期限内作出回应,以及劳动者对通知书条件提出异议。

1.当劳动者在收到用人单位的录用通知书后发出拒绝录用通知书的通知时,该通知到达用人单位之日,录用通知书失效。

2.如果用人单位在劳动者作出承诺行为之前书面通知撤销录用通知书,也会导致录用通知书失效。

3.劳动者在录用通知书给定的承诺期限内未作出同意录用按时报到的意思回复,也会导致录用通知书失效。

4.劳动者因对录用通知书的条件有异议而向用人单位提出需要变更或修改录用通知书时,该新要约到达用人单位之日,原录用通知书失效。

这些情况表明,劳动者或用人单位的行为可能导致录用通知书失效,因此在签订正式劳动合同之前,双方都应谨慎对待录用通知书,并确保其内容清晰、明确,以避免过程中可能出现的法律风险。

第二节 经 典 案 例

【案例简介】

2021年2月2日,小洪接到天津某酒店面试通知,并于2月7日进行了面试,2月18日小洪接到该酒店人力专员电话告知被录用,并按要求加微信发送入职材料,2月19日小洪接到天津某酒店的电子版录用通知书。2月23日小洪从原单位辞职并取得离职证明,原单位停缴其社会保险和公积金。3月1日小洪接到天津某酒店人力专员电话通知:由于原定销售经理职位取消,小洪无法入职该酒店。小洪向天津滨海高新技术产业开发区劳动人事争议仲裁委员会申请仲裁,请求天津某酒店赔偿工资损失、补偿保险及公积金共计25,412元,仲裁委不予受理。小洪向法院提起诉讼。

【争议焦点】

小洪本人意愿想去某酒店上班,但是该酒店业务变动,销售经理职位取消,导致小洪处于失业状态,小洪是否可以要求该酒店给予赔偿?

【判决结果】

天津市南开区人民法院认为,用人单位和劳动者从事民事活动应当遵循诚实信用原则。当事人在订立合同过程中有违背诚信原则的行为,给对方造成损失的,应当承担赔偿责任。天津某酒店在面试后向王某出具录取确认函,并要求其提交原单位离职证明及相应入职资料。小洪基于对天津某酒店的信赖及希望建立劳动关系,从原单位办理离职手续,天津某酒店却以岗位取消为由,未与小洪建立劳动关系。天津某酒店作为用人单位,对于岗位录用应谨慎决定,一旦下发录用通知不得随意撤销,其取消录用的行为构成缔约过错,致使小洪处于失业状态,依法应承担责任。法院结合天津某酒店承诺支付小洪的工资标准、小洪停止工作的期间及因停止工作造成的损失,酌情确定天津某酒店补偿小洪11,000元。一审宣判后,双方当事人均未提出上诉。

【律师解读】

本案录用通知书具有法律效力。根据《民法典》的相关规定,录用通知书作为一种要约,一旦送达给劳动者且劳动者同意其条款,双方就达成了一种合意,该合意对双方当事人都具有法律约束力。企业是市场经济活动的主要参加者,应将诚信作为信誉之源、立身之本、发展之基。劳动者基于对企业的信赖及预期利益,选择离开原单位,牺牲了既有利益,却因企业任意毁约的失信行为,陷入进退两难的局面,企业应当承担相应的法律责任。本案裁判充分体现了人民法院以司法手段弘扬社会主义核心价值观,规范和引导市场主体树立"无信不立"的规则意识。

第三节 操作指引

【概论】

在招聘过程中，用人单位为了筛选合适的候选人而设定的一系列基本要求，包括学历、专业技能、个人素质、工作经验等方面，其主要作用是帮助用人单位在众多的求职者中筛选出符合需求的潜在候选人，为后续的面试和评估工作提供基础。招聘条件通常作为招聘广告的一部分，向公众展示用人单位的需求和期望，从适用阶段来说，招聘条件适用于招聘阶段。

在选定符合岗位条件的候选人后，需要安排入职体检的事项，包括但不限于血常规、尿常规、心电图等检查项目，用人单位根据录用岗位性质进行增减项检查，但是特殊行业特殊岗位，尤其是接触职业危害的岗位需要职业健康检查，用人单位人力资源部门及时跟踪检查报告，重点关注检查各项指标和结果。因为新员工带病入职，不仅会给其他员工带来健康威胁，也会给用人单位带来潜在的法律风险。

录用条件作为劳动合同的一部分，具有法律效力。用人单位已经向面试候选人发出录用通知的情况下，又以应聘者提供的背景履历材料不真实、有瑕疵为由拒绝录用，其行为违反诚实信用原则，应当承担缔约过失责任。应聘者在提供的工作经历、工作岗位等主要事实属实的情况下，即便曾经的工作内容、工作表现等一些次要的细节性描述与实际情况存在一定出入，只要不超出合理容忍程度，并不影响单位的录用决定，在缔约过程中，相对于实力较强的用人单位而言，应聘者所要承担的风险远远高于用人单位，故用人单位仅以存在瑕疵为由拒绝录用，一般需承担相应的不利后果。

【体检通知流程图】

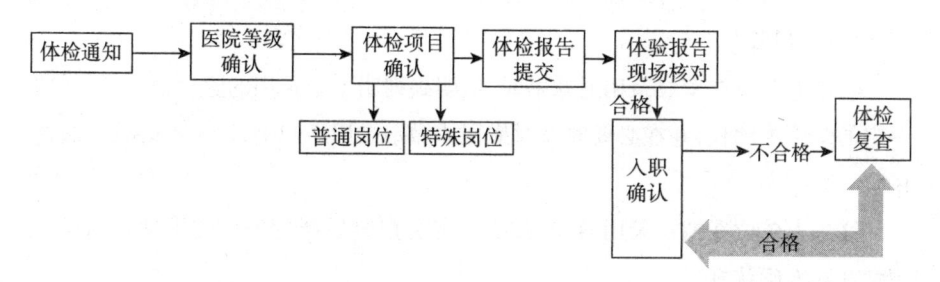

【录用通知流程图】

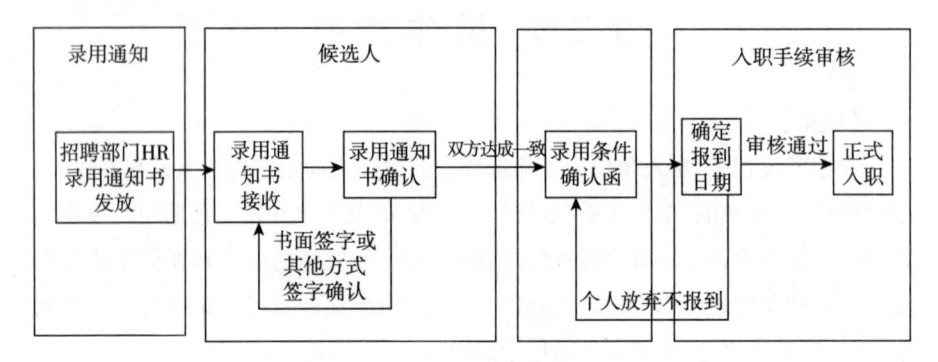

录用通知 → 招聘部门HR录用通知书发放 → 录用通知书接收 → 书面签字或其他方式签字确认 → 录用通知书确认 → 候选人 → 双方达成一致 → 录用条件确认函 → 个人放弃不报到 → 确定报到日期 → 审核通过 → 入职手续审核 → 正式入职

第四节　实用工具

录用通知书、录用条件确认函

【说明】

根据《民法典》第137条的规定,意思表示在到达相对人时生效,因此录用通知书在送达候选人时即产生了要约,对双方当事人都具有法律约束力。用人单位在实践操作中可以参考本工具,根据岗位实际需求进行内容删减,建议录用通知书谨慎发放。

【适用】

适用于用人单位在面试合格的候选人场景。

【基本要素】

①录用通知书发放前的体检注意事项;

②录用通知书的格式;

③录用通知书的有效性和时效性等。

【法律风险】

①用人单位在发放录用通知书时,应明确列明不予录用的除外情形,以保留一定的录用主动权,并在必要时及时撤回或撤销录用通知书,避免不必要的法律风险。

②用人单位在拟定录用通知书前,一定要把容易产生争议的事项提前核查清楚和双方确认好。

③用人单位在拟定录用通知书时,应确保其岗位内容具体、明确,并符合相关法律法规规定。

【录用通知书范本】

录用通知书

_____先生/女士:您好!

您诚意应聘本公司_____职位,经面试合格,依本公司招聘和录用管理制度给予录取,竭诚欢迎您加入本公司。有关报到事项如下,敬请参照办理。

一、报到日期:_____年___月___日(星期*)上午___时。

报到地点:_____市_____区_____道_____号,_____公司人力资源部。

二、报到时请您携带的资料如下:

(一)身份证原件及复印件一份;

(二)个人简历打印版一份;

(三)录用通知书原件;

(四)高中以上毕业证、学位证原件及复印件一份;

(五)近期二寸免冠照片三张(底色建议蓝色);

(六)户口簿原件及复印件一份;

(七)外地户口的须提供居住证原件及复印件一份;

(八)解除/终止劳动合同证明原件及复印件一份;

(九)本人银行账户信息原件及复印件一份;

(十)指定医院体检报告原件。

三、本公司拟与你约定试用期_____个月,试用薪资人民币(税前)_____元/月。

四、在未获得本公司书面许可的情况下,如您逾期不报到或者您未能提供上述资料的,本通知书都将自动失效,同时本公司不承担任何责任。

五、如经核查上述资料,发现与应聘信息不符,公司可以不予录用;录用后发现不符合录用条件的,公司可以解除劳动合同。

六、如本通知与双方签订的劳动合同、保密协议等相关协议有不一致的,以双方后签订的合同或协议为准。

七、以上事项若有疑问或困难,请与本公司人力资源部联系。

【录用条件确认函范本】

录用条件确认函

用人单位:_____

员工:_____ 身份证号:_____

现_____公司就录用条件依法向您告知,试用期是您与公司相互了解相互适应的时期。本公司录用条件以学识、能力、品德、体格适合工作所需要为准。如果您在试用期内被发现有下列情形之一的,即视为不符合录用条件,公司有权解除与您的劳动合同,并不支付经济补偿金。

续表

1. 提供虚假、伪造的材料、证明、证件、履历的或者在应聘、入职及订立劳动合同过程中有其他欺诈、隐瞒或其他不诚信行为的；
2. 个人简历、应聘人员信息登记表、员工信息登记表等所填内容与真实情况不符的；
3. 未在入职之日起_____日内向公司提供办理社会保险手续，住房公积金手续，档案转移手续等用工登记手续，入职手续所需的材料、资料的；
4. 未在入职之日起_____日内向公司提供与原用人单位解除/终止劳动合同证明书原件的；
5. 未在入职之日起_____日内向公司提供所属工作岗位所需的执业资质证件、证书等证明文件的；
6. 未经公司书面许可未按约定日期到岗上班的或者入职后不同意缴纳社会保险或公积金的；
7. 患有精神病不适宜工作或者患有按国家法律规定应禁止工作的传染病的；
8. 不能胜任公司安排的工作任务或岗位职责或者经试用期考核成绩不合格的；
9. 试用期内累计旷工3日，或连续缺勤天数达5日或累计缺勤天数达10日的；
10. 当月迟到或早退连续达3次或累计达5次的；
11. 有酗酒、赌博、吸毒、嫖娼、参加邪教组织等行为的；
12. 受行政拘留处罚的或者隐瞒曾经受到刑事处罚事实的；
13. 被依法追究刑事责任的；
14. 通缉在案的或者被依法采取拘留、逮捕、取保候审、监视居住等刑事强制措施的；
15. 未满16周岁的；
16. 为自己或任何第三方从事兼职、营利性工作(包括但不限于劳动、雇佣、借调、劳务派遣等)的；
17. 与原用人单位未解除、终止劳动合同或劳动关系的；
18. 与原用人单位签有保密协议或竞业限制协议且现就职公司在限制范围之内的；
19. 故意或过失泄露公司秘密的或者不服从管理，做出有损公司或团队的事情，且情节比较严重的或者有任何严重违反公司规章制度规定行为的；
20. 试用期内的工作表现或业务产出成果不符合岗位职责要求的或未及时完成公司分配的工作任务或工作指标的(如试用期内每月销量不低于_____元)；
21. 健康检查结果不符合任职工作岗位要求的健康标准，或者提供虚假体检结论或伪造、篡改体检结论的；
22. 劳动者违反诚实信用原则对影响劳动合同履行的自身基本情况有隐瞒或虚构事实的，包括提供虚假学历证书、假身份证、假护照等个人重要证件的；
23. 对工作经历、专业知识、专业技能、工作业绩、身体健康等个人情况说明与事实有重大出入的；
24. _____
25. _____

续表

26. _____
27. 其他不符合录用条件的情形，包括但不限于其他特殊岗位的特别录用条件或公司其他规章制度规定的录用条件等情形。
  本人已知悉并愿意遵守本《录用条件确认函》的全部内容，同时，本人接受公司对本人进行考核，该考核同时需要参考上级或同事的意见，具有一定程度上的主观因素，本人知悉并认可公司做出的考核结果。
 	
             确认人：_____
             _____年___月___日

第五节　法律法规及政策指南

《就业促进法》

第三十条　用人单位招用人员，不得以是传染病病原携带者为由拒绝录用。但是，经医学鉴定传染病病原携带者在治愈前或者排除传染嫌疑前，不得从事法律、行政法规和国务院卫生行政部门规定禁止从事的易使传染病扩散的工作。

《民法典》

第一百三十七条　以对话方式作出的意思表示，相对人知道其内容时生效。

以非对话方式作出的意思表示，到达相对人时生效。以非对话方式作出的采用数据电文形式的意思表示，相对人指定特定系统接收数据电文的，该数据电文进入该特定系统时生效；未指定特定系统的，相对人知道或者应当知道该数据电文进入其系统时生效。当事人对采用数据电文形式的意思表示的生效时间另有约定的，按照其约定。

第一百四十一条　行为人可以撤回意思表示。撤回意思表示的通知应当在意思表示到达相对人前或者与意思表示同时到达相对人。

第六节　企业用工风险测评

企业的人力资源管理工作中存在以下常见问题：

1. 不清晰人力资源管理中的法律风险点，不清晰法律规定和实务操作之间的差别；

2. 规章制度、员工手册等陈旧，不与时俱进，合理性和合法性存在问题；

3.人力资源管理工作没有制度化、规范化、流程化,使 HR 管理人员工作流于日常琐碎,与人力资源专员工作无异,不能将精力投放到人力资源的战略管理和企业文化的建设当中来;

4.人力资源管理中一些必备的合同、协议经不起推敲,达不到明确权利义务的效果;

5.错发、乱发通知书、证明等。

针对以上问题,结合劳动争议案件仲裁和诉讼实务经验,通过简单的一些测评题帮助企业更快认识、解决人力资源管理过程中的风险。提早发现,尽早预防。

评估报告:

请根据腰封、书签指引查看"企业用工风险评估报告"。如果您不慎丢失了腰封或书签,请随时联系主编客服团队。客服人员将协助您获取评估报告。

公司按照招聘流程发放的录用通知书是否可以随意撤销?(　　)

A.可以　　　　B.不可以

问题设计目的:

为了了解公司是否有对已发放的录用通知书的撤销情况。

法律分析:

根据《民法典》的规定,录用通知书是一种要约,如果内容具体明确,体现了双方的真实意愿的表达,满足法律规定的条件同时没有违反法律规定,此录用通知书具有法律效力。

第五章

试 用 期

第一节 企业常见用工风险点

本节重点

- 用人单位可以根据实际需要与劳动者约定试用期期限吗？
- 用人单位可以随意延长或缩短劳动者的试用期期限吗？
- 用人单位可以因劳动者个人原因中止试用期吗？
- 劳动者职务、岗位等变化都可以让用人单位重新约定试用期吗？
- 用人单位可以与劳动者单独签署试用期合同吗？
- 试用期期间的工资福利待遇应如何确定？
- 用人单位如何设定录用条件？
- 用人单位应如何做好试用期员工考核工作？
- 试用期满后用人单位还可以作出不符合录用条件的解除决定吗？
- 劳动合同与录用通知书在试用期期限、试用期工资标准等方面约定不一致时，以哪个为准？

一、用人单位可以根据实际需要与劳动者约定试用期期限吗？

说明：根据《劳动合同法》第19条和第70条的规定，不同期限的劳动合同应匹配不同的试用期期限，同时有3种情形是不得约定试用期的，具体如下（见表1-1）：

表 1-1　不同期限的劳动合同可约定的试用期期限

劳动合同期限	试用期限
不满 3 个月的	不得约定
以完成一定工作为期限的	
非全日制用工	
3 个月以上不满 1 年的	不得超过 1 个月
1 年以上不满 3 年的	不得超过 2 个月
3 年以上固定期限和无固定期限的	不得超过 6 个月

因此对于用人单位来讲,不可以根据单位实际需要随意确定劳动者的试用期期限,应遵守《劳动合同法》的相关规定,并且注意不得约定试用期的 3 种情形。根据《劳动合同法》第 83 条的规定,用人单位违反《劳动合同法》规定与劳动者约定试用期的,由劳动行政部门责令改正;违法约定的试用期已经履行的,由用人单位以劳动者试用期满月工资为标准,按已经履行的超过法定试用期的期间向劳动者支付赔偿金。此外,如果约定试用期超过法定期限,在法定期限届满前,用人单位未就劳动者试用期考核作出评价和反馈,则可视为劳动者转为正式员工,如果用人单位再以劳动者不符合录用条件为由与劳动者解除劳动合同,可能构成违法解除。

二、用人单位可以随意延长或缩短劳动者的试用期期限吗?

说明:用人单位与劳动者约定好符合法定的试用期期限后,无论是因为劳动者在试用期期间表现不佳,用人单位随意延长试用期,还是因为劳动者在试用期期间表现突出,单方缩短试用期,都可能存在劳动争议风险。

根据《劳动合同法》第 19 条第 2 款"同一用人单位与同一劳动者只能约定一次试用期"的规定,对于试用期的延长,即使延长后仍未超过劳动合同期限对应的最长试用期期限,是否有效的问题,在实践中有不同的观点。一种观点是试用期延长的部分属于同一用人单位第二次约定试用期,应属无效,员工实际上在第一次试用期满后已转为正式员工,如北京市西城区人民法院于 2018 年 4 月发布的涉试用期劳动争议典型案例之 6 中,法院认为,我国《劳动合同法》明确规定,同一用人单位与同一劳动者只能约定一次试用期。从这一法律规定的立法原意来看,其在于保护劳动者与用人单位之间建立稳定的劳动合同关系,避免用人单位以多次约定试用期的形式侵犯劳动者的权益。因此,即便没有达到法定最高限,也不能延长试用期,一旦延长,即为"第二次约定试用期",属于违法行为,应当支付劳动者赔偿金。(如本章第二节案例所讲)。另一种观点是延长的试用期在一定条件下是有效的,如《浙江省高级人民法院民事审判第一庭、浙江省劳动人事争议仲裁院关于印发〈关于审理劳动争议案件若干问题的解答(五)〉的通知》第6条规定,"用人单位与劳动者约定了试用期,试用期内双方协商一致以书面形式约定延长试用期,延长后累计的试用期在法定期限内,该延长约定是否合法有效? 答:用人单位与劳动者约定了试用期,试用期内双方协商一致以书面形式约定延长试用期,延长后累计的试用期仍在法定期限内的,不属于同一用人单位与同一劳动者多次约定试用期的情形,该约定合法有效"。

因此,建议用人单位在与劳动者约定试用期时,按照法定期限一次性约满,方便用人单位和劳动者在相对充足的时间内相互了解,避免出现二次约定试用期带来的争议风险,及同时可能带来的未来违法解除的风险。

此外,还有一种情况是员工在试用期期间表现突出,用人单位可以安排员工提前结束试用期,转为正式员工,但前提是要征得员工同意,如员工不同意,试用期应履行到期满为止。实践中,不建议用人单位缩短试用期,一旦试用期结束,劳动者转为正式员工,用人单位即便再发现员工不符合录用条件,也不能以此为由与劳动者解除劳动合同。从劳动者角度看,试用期内劳动者提前3天通知用人单位即可解除劳动合同,而正式员工则需要提前30天,这也有可能导致劳动者不希望提前结束试用期。

三、用人单位可以因劳动者个人原因中止试用期吗?

说明:在实践中,用人单位可能会遇到员工在试用期期间因个人原因请长假的情况。试用期本身是用于用人单位和劳动者相互了解的过程,劳动者如因病等个人原因请长假,使用人单位减少了对劳动者的考察时间,对用人单位较为不公平。用人单位认为确有必要留用劳动者的,是否可以根据实际情况和本单位规章制度,中止试用期,待劳动者恢复工作后继续计算试用期? 部分地区是支持这种观点的,以下列举几个:

1.《江苏省劳动合同条例》第15条第2款规定,劳动者在试用期内患病或者非因工负伤须停工治疗的,在规定的医疗期内,试用期中止。

2.《浙江省高级人民法院民事审判第一庭、浙江省劳动人事争议仲裁院关于印发〈关于审理劳动争议案件若干问题的解答(四)〉的通知》第2条规定,"劳动者在试用期请病假,病假期间能否从试用期中扣除? 答:试用期是用人单位与劳动者的相互考察期间。劳动者在此期间请病假,影响到考察目的的实现,故该病假期间可从试用期中扣除"。

3.《上海市劳动合同条例》第 26 条规定:"劳动合同期限内,有下列情形之一的,劳动合同中止履行:(一)劳动者应征入伍或者履行国家规定的其他法定义务的;(二)劳动者暂时无法履行劳动合同的义务,但仍有继续履行条件和可能的;(三)法律、法规规定的或者劳动合同约定的其他情形。劳动合同中止情形消失的,劳动合同继续履行,但法律、法规另有规定的除外。"

如果用人单位确实需要对劳动者中止试用期,建议在试用期到期前与劳动者协商一致,并签署书面协议,同时确保重新计算的试用期与已履行的试用期之和不超过法定最长试用期期限。

四、劳动者职务、岗位等变化都可以让用人单位重新约定试用期吗?

说明:根据《劳动合同法》第 19 条第 2 款"同一用人单位与同一劳动者只能约定一次试用期"的规定,以下常见 6 种情形用人单位如与劳动者重新约定试用期应慎重。

情形 1:员工内部晋升到更高的岗位

员工内部晋升,尽管职位发生变动,但仍是在同一用人单位,不能再次约定试用期。实践中,公司内部晋升员工,应提前评估员工的胜任度和潜力,了解员工本人意愿,明确岗位考核内容和标准,并有相应的规章制度支持,避免因不胜任工作等引发新的劳动争议。

情形 2:员工内部调岗到新的岗位

员工内部调岗,无论出于任何原因,也只是职位发生变动,仍是在同一用人单位,不能再次约定试用期。

情形 3:员工劳动合同到期续签

员工劳动合同到期,用人单位和劳动者一致同意续签的,因用人单位未发生变化,不能再次约定试用期。

情形 4:员工从用人单位离职后重新入职

设置试用期的目的是让用人单位和劳动者在一定时间内相互考察,以确定是否可以继续履行劳动合同。员工从用人单位离职后再次入职的,用人单位是否可以重新设置试用期在司法实践中存在不同的观点。一种观点认为,根据《劳动合同法》第 19 条第 2 款的规定,"同一用人单位与同一劳动者只能约定一次试用期"。劳动者离开一段时间后再回来的,因用人单位对员工的工作能力、工作态度、人品等已经有所了解，再次录用后不能再次约定试用期。另一种观点认为，《劳动合同法》第19条第2款的规定可以理解为在劳动关系双方劳动合同存续期间"只能约定一次试用期"，劳动者离职期间的身体状况、技能水平、行为态度是否改变，是否能够符合用人单位的录用条件以及对未来工作的胜任程度，都需要重新考察，故认为员工离职后再录用可以重新约定试用期。

这两种观点在裁判案例中均有所见。2022年10月，人力资源和社会保障部发布了《劳动关系司答网民关于咨询如何把握〈劳动合同法〉第十九条与〈关于实行劳动合同制度若干问题的通知〉第四条、〈关于中华人民共和国劳动法若干条文的说明〉第二十一条的区别的来信》，文中人力资源和社会保障部明确对于离职再聘用的情况，按照《劳动合同法》第19条第2款的规定，即同一用人单位与同一劳动者只能约定一次试用期，无须考虑劳动者离职多久再入职，也不需考虑劳动者入职后的岗位是否发生过变动。

情形5：员工被用人单位借调到关联单位

员工被用人单位借调到关联单位，但劳动关系仍属于用人单位，没有发生变化，关联单位不得对员工约定试用期。

情形6：用人单位招录已转正的派遣员工

员工在派遣阶段已经约定了试用期，用人单位已经对派遣员工的工作能力和工作表现等有所了解，并确认转为正式员工，那么同一用人单位招录的派遣员工为正式员工时，不能再次约定试用期。

除此之外，实践中，有的单位规模比较大，如集团型公司，下属分、子公司，关联公司较多，如果员工在这些单位之间存在劳动关系上的变动，用人单位能否视实际需要，与劳动者约定试用期，也应慎重。常见的情形有以下两种：

情形1：员工因个人原因从用人单位离职后又入职原单位关联公司

员工从用人单位离职后，新入职的单位与原单位属关联公司，但因两家公司属于独立的法人，不属于"同一用人单位"，且员工从原单位离职属个人原因，关联公司认为有需要的，可以重新约定试用期。但应注意的是，如两家公司关系密切，比如为母子公司、总分公司、两家公司为同一法定代表人、员工入职后的岗位和工作地点均不变等，重新约定试用期则存在一定风险。

情形2：员工受用人单位组织委派或任命形式调动到关联单位

员工从用人单位调动到关联单位，根据《劳动合同法》第19条、《最高人民法院关于审理劳动争议案件适用法律若干问题的解释(四)》(已失效)第5条的规定，尽管两家公司属于独立的法人，但如果是用人单位因管理需要作出的调整,则关联公司一般不能重新约定试用期。

五、用人单位可以与劳动者单独签署试用期合同吗?

说明: 根据《劳动合同法》第 19 条第 4 款的规定,试用期包含在劳动合同期限内。劳动合同仅约定试用期的,试用期不成立,该期限为劳动合同期限。用人单位与劳动者再次订立劳动合同的,属续签劳动合同。该劳动合同期满后,劳动者要求签订无固定期限劳动合同的,用人单位应与劳动者签署无固定期限劳动合同。

六、试用期期间的工资福利待遇应如何确定?

说明: 工资方面,根据《劳动法》第 50 条的规定,不得克扣或者无故拖欠劳动者的工资。因此,试用期期间哪怕员工只工作了一天,也应该支付员工工资。同时,根据《劳动合同法》第 20 条和《劳动合同法实施条例》第 15 条的规定,劳动者在试用期的工资不得低于本单位相同岗位最低档工资的 80% 或者不得低于劳动合同约定工资的 80%,并不得低于用人单位所在地的最低工资标准。由此可见,试用期工资是可以低于劳动合同约定工资 80% 的,但前提是不能低于本单位相同岗位最低档工资的 80%,且不能低于用人单位所在地的最低工资标准。但在实践中,为了降低劳动争议风险,也便于在出现劳动争议时举证,建议用人单位将试用期工资设定为约定工资的 80%。此外,薪酬体系为公司内部自主设定,在对"相同岗位最低档工资"进行举证时亦可能存在举证不利的风险,因此建议用人单位在对劳动者定薪时,尽量不要与同岗位存在较大差别。

福利方面,根据《社会保险法》第 58 条第 1 款的规定,用人单位应当自用工之日起 30 日内为其职工向社会保险经办机构申请办理社会保险登记。可见,缴纳社会保险是企业的法定义务,不能因为劳动者尚在试用期就可以不缴纳社会保险。

七、用人单位如何设定录用条件?

说明: 录用条件是用人单位给试用期员工提供的行为准则和考核标准,设定录用条件时应当尽量遵循"可量化、能衡量、有依据"的原则。例如,将"工作能力差"设定为不符合录用条件,在实际评价时,因为缺乏可量化的标准,评价结果会偏主观化,难以得到员工认可。如将"工作能力差"调整为"月度销售额低于 20 万元"为不符合录用条件,则因为有实际的数据来源支持,评价结果更具有说服力。

通常,录用条件可分为一般录用条件和特殊录用条件两类。一般录用条件是大多数岗位都可以通用的录用条件,用人单位可以在劳动合同的范本、员工手册或其他的规章制度中进行约定或规定。特殊录用条件是指根据岗位的性质、特点约定的特殊的录用条件,形式包括招聘简章、岗位说明书、绩效考核协议等,也可以在劳动合同中作特殊约定。

对于录用条件的确认,用人单位应先履行告知程序,即以书面形式告知劳动者录用条件,这是对试用期员工进行考核的前提。劳动者在了解用人单位的录用条件后要以签收或签字的方式进行书面确认,用人单位一定要保留好相关证明材料,防止将来发生争议。

八、用人单位应如何做好试用期员工考核工作?

说明: 试用期届满前的考核是对劳动者是否符合录用条件的全面考核,即逐条对录用条件进行审核,而不是单纯的绩效考核。试用期考核结果会直接影响用人单位是否继续留用劳动者,也极易引起劳动争议,因此对于试用期员工考核的内容、标准、时间、结果处理等应在劳动者进入试用期时尽快明确,并要求劳动者书面签字确认。

九、试用期满后用人单位还可以作出不符合录用条件的解除决定吗?

说明: 根据《劳动合同法》第 39 条第 1 项的规定,在试用期期间被证明不符合录用条件的,用人单位可以解除劳动合同。由此可见,劳动者不符合录用条件,并且有充分证据证明的,用人单位应在试用期届满前提出并完成解除手续。

根据《劳动合同法》第 21 条的规定,在试用期中,除劳动者有《劳动合同法》第 39 条和第 40 条第 1 项、第 2 项规定的情形外,用人单位不得解除劳动合同。用人单位在试用期解除劳动合同的,应当向劳动者说明理由。因此,实践中用人单位应做好录用条件的制定、告知与确认,以及考核和存档工作。

十、劳动合同与录用通知书在试用期期限、试用期工资标准等方面约定不一致时,以哪个为准?

说明: 根据《劳动合同法》的规定,用人单位与劳动者应当按照劳动合同的约定,全面履行各自的义务,劳动合同书应为双方约定权利义务的正式合同文本,因此用人单位与劳动者签署的劳动合同与发放给劳动者的录用通知书在试用期期限、试用期工资标准等方面的约定应保持一致。如发生不一致的情况,那么劳动合同的法定效力是高于录用通知书的,应以劳动合同的约定为准。

第二节 经典案例

【案例简介】

2021年4月初,小洪入职某公司担任建筑设计师,双方签订3年期劳动合同,约定试用期为3个月,试用期薪资为16,800元/月、转正后为21,000元/月,并约定转正后公司按转正工资标准补足试用期期间工资。

2021年7月,3个月试用期即将届满时,公司与小洪协商延长试用期至6个月。同年8月初,公司以小洪在试用期内不符合录用条件为由解除双方劳动关系。2021年10月,小洪申请仲裁,请求公司支付违法解除赔偿金、补足试用期期间工资差额等。仲裁裁决未支持小洪全部请求,小洪将公司诉至法院。

小洪认为,当初之所以同意延长试用期,是因为公司承诺只要延长期限,届满后会第一时间转正。现在却在延长试用期后被公司辞退,构成违法解除。

庭审中,公司辩称,3个月试用期内小洪表现欠佳,公司基于继续考察的目的与小洪协商延长试用期至6个月,没有超出试用期期间的法定上限。此后因小洪仍表现欠佳,故以其在试用期内不符合录用条件为由解除双方劳动关系,公司的做法符合法律规定,要求驳回小洪的全部请求。

【争议焦点】

公司基于继续考察的目的与小洪协商延长试用期,且延长后的试用期总期限没有超出法定上限,是否符合法律规定?

【判决结果】

法院经审理后认为,公司在约定的3个月试用期临近届满时与小洪协商延长试用期至6个月,虽未超过法定最高期限,但《劳动合同法》第19条第2款明确规定同一用人单位与同一劳动者只能约定一次试用期,在劳动者工作内容与岗位均无变化的情况下,上述延长试用期的行为实质为二次约定试用期,应为无效。基于此,公司在3个月试用期期满后以小洪在试用期内不符合录用条件为由解除双方劳动关系的,构成违法解除,判决公司支付小洪违法解除赔偿金并依双方约定补足试用期期间工资差额。

一审判决后,公司不服,提起上诉。二审维持原判。

【律师解读】

根据《劳动合同法》第19条第1款、第2款的规定，签署3年期劳动合同试用期最高可以约定6个月，同一用人单位与同一劳动者只能约定一次试用期。通过以上案例我们看到，用人单位不能随意延长试用期，即使与劳动者协商一致，延长的试用期期限也有可能会被认定为无效。这个案例给我们的启示是，用人单位在与劳动者约定试用期时，按照劳动合同期限可以约定试用期期限的上限，避免出现案例中的情况。

第三节　操 作 指 引

【概论】

用人单位试用期管理一项重要且有效的工具就是录用条件，由用人单位根据制度要求、岗位要求制定好录用条件，员工从入职前书面确认录用条件开始，到试用期届满前的考核都应当紧紧围绕"录用条件"而设计。

【试用期管理流程图】

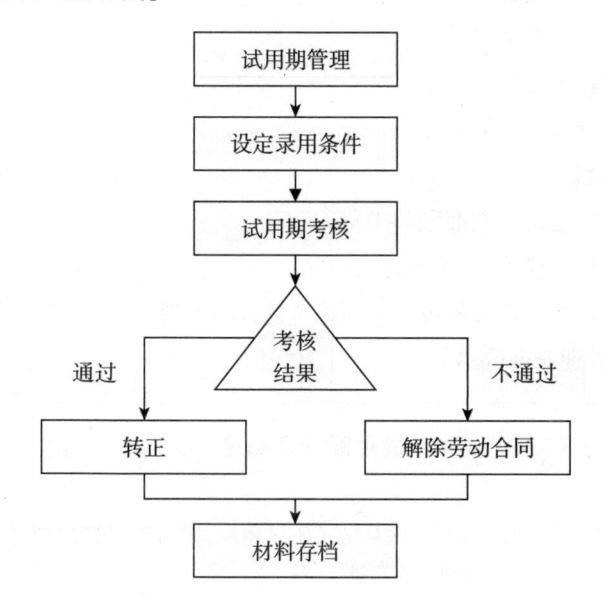

第四节　实 用 工 具

试用期管理制度

【说明】

试用期是用人单位和劳动者约定的一定时间的考察期,对双方都有重要的意义。如何做好试用期管理,既能让用人单位全面了解劳动者,甄选留住人才,又能做到依法管理,减少对试用期人员淘汰的风险,制定一份行之有效的试用期制度必不可少。

文件仅供参考,具体请以实际发生情况灵活掌握。

【适用】

员工处于试用期期间。

【基本要素】

①试用期期限和工资的法定要求;

②试用期期间的管理要求;

③试用期转正考核要求;

④试用期转正流程;

⑤试用期劳动关系的解除。

【法律风险】

①未依法约定试用期期限和工资。

②录用条件设置不当,造成违法解除。

③试用期员工转正考核设置不当或考核程序不当,造成违法解除。

【试用期管理制度范本】

试用期管理制度

一、目的

为了使新员工尽快地熟悉工作并融入所属团队,同时明确试用期员工的工作职责,加强对新员工的管理,特制定本制度。

二、适用范围

所有试用期内员工。

三、试用期期限和工资

1. 劳动合同期限3个月以上不满1年的,试用期不得超过1个月;劳动合同期限1年以上不满3年的,试用期不得超过2个月;3年以上固定期限和无固定期限的劳动合

续表

同,试用期不得超过6个月。

2. 同一用人单位与同一劳动者只能约定一次试用期。

3. 以完成一定工作任务为期限的劳动合同或者劳动合同期限不满3个月的,不得约定试用期。

4. 非全日制用工双方当事人不得约定试用期。

5. 劳动者在试用期内患病或非因工负伤停工治疗的,在规定医疗期内,单位可以决定中止试用期,医疗终结或医疗期满后试用期继续履行。————— 试用期中止问题在实践中存在争议,除部分地方性法规有相关规定外,公司如需中止试用期,建议另行与员工协商。

四、试用期管理制度

……

五、试用期转正考核

员工有下列情形之一的,视为在试用期内不符合录用条件,公司可依法与其解除劳动合同,并不支付经济补偿。

(1)无法提供公司办理入职所需的社会保险、住房公积金、档案、证明等资料的;

(2)在其他用人单位兼职或与其他用人单位建立用工关系(包括但不限于劳动、雇佣、借调、劳务派遣);

(3)与原用人单位未解除、终止劳动合同或劳动关系的;

(4)与原用人单位签有保密协议或竞业限制协议且公司在限制范围内;

(5)不具备工作岗位所必备的执业资质条件、不能提供本岗位所需求的等级证书或职业资格证书;

(6)入职后连续缺勤天数达5日或试用期内累计缺勤天数达10日的;————— 员工试用期因病假等缺勤被视为不符合录用条件存在争议,公司在实践中应谨慎使用。

(7)当月迟到或早退连续达2次,或累计达3次的;

(8)试用期内的工作表现或业务成果不符合岗位责任的要求的;

(9)未完成公司分配的工作任务或工作指标的;————— 注意考核的合理性、可量化、可衡量。

(10)提供虚假、伪造的材料、证明、证件、履历的;

(11)在订立劳动合同过程中有其他欺骗、隐瞒或其他不诚实行为的;

(12)患有精神病不适宜继续工作或按国家法律规定应禁止工作的传染病;

(13)酗酒或吸毒的;

(14)故意或过失泄露公司秘密;

(15)不服从管理,做出有损公司或团队的事情,且情节比较严重;

(16)通缉在案的或者被依法采取拘留、逮捕、取保候审、监视居住等刑事强制措施的;

(17)受行政拘留处罚的;————— 此两条视为不符合录用条件存在争议,公司在实践中谨慎使用。

(18)隐瞒曾经受到刑事处罚事实的;

(19)未满16周岁的;————— 外籍、港澳台籍员工需满18周岁。

(20)其他特殊岗位的特别录用条件;————— 用人单位可根据实际需要增加录用条件,尽量可量化、可操作。

(21)公司与员工另行约定的录用条件;

(22)公司其他规章制度规定的录用条件。

六、转正流程

……

七、试用期劳动关系的解除

……

八、附则

……

第五节　法律法规及政策指南

《劳动合同法》

第十九条　劳动合同期限三个月以上不满一年的,试用期不得超过一个月;劳动合同期限一年以上不满三年的,试用期不得超过二个月;三年以上固定期限和无固定期限的劳动合同,试用期不得超过六个月。

同一用人单位与同一劳动者只能约定一次试用期。

以完成一定工作任务为期限的劳动合同或者劳动合同期限不满三个月的,不得约定试用期。

试用期包含在劳动合同期限内。劳动合同仅约定试用期的,试用期不成立,该期限为劳动合同期限。

第二十条　劳动者在试用期的工资不得低于本单位相同岗位最低档工资或者劳动合同约定工资的百分之八十,并不得低于用人单位所在地的最低工资标准。

第二十一条　在试用期中,除劳动者有本法第三十九条和第四十条第一项、第二项规定的情形外,用人单位不得解除劳动合同。用人单位在试用期解除劳动合同的,应当向劳动者说明理由。

第三十九条　劳动者有下列情形之一的,用人单位可以解除劳动合同:

(一)在试用期间被证明不符合录用条件的;

(二)严重违反用人单位的规章制度的;

(三)严重失职,营私舞弊,给用人单位造成重大损害的;

(四)劳动者同时与其他用人单位建立劳动关系,对完成本单位的工作任务造成严重影响,或者经用人单位提出,拒不改正的;

(五)因本法第二十六条第一款第一项规定的情形致使劳动合同无效的;

(六)被依法追究刑事责任的。

第七十条　非全日制用工双方当事人不得约定试用期。

《最高人民法院关于审理劳动争议案件适用法律若干问题的解释(四)》(已失效)

第五条　劳动者非因本人原因从原用人单位被安排到新用人单位工作,原用人单位未支付经济补偿,劳动者依照劳动合同法第三十八条规定与新用人单位解除劳动合同,或者新用人单位向劳动者提出解除、终止劳动合同,在计算支付经济补偿或赔偿金的工作年限时,劳动者请求把在原用人单位的工作年限合并计算为新用人单位工作年限的,人民法院应予支持。

用人单位符合下列情形之一的,应当认定属于"劳动者非因本人原因从原用人单位被安排到新用人单位工作":

(一)劳动者仍在原工作场所、工作岗位工作,劳动合同主体由原用人单位变更为新用人单位;

(二)用人单位以组织委派或任命形式对劳动者进行工作调动;

(三)因用人单位合并、分立等原因导致劳动者工作调动;

(四)用人单位及其关联企业与劳动者轮流订立劳动合同;

(五)其他合理情形。

第六节 企业用工风险测评

企业的人力资源管理工作中存在以下常见问题:

1. 不清晰人力资源管理中的法律风险点,不清晰法律规定和实务操作之间的差别;

2. 规章制度、员工手册等陈旧,不与时俱进,合理性和合法性存在问题;

3. 人力资源管理工作没有制度化、规范化、流程化,使 HR 管理人员工作流于日常琐碎,与人力资源专员工作无异,不能将精力投放到人力资源的战略管理和企业文化的建设当中来;

4. 人力资源管理中一些必备的合同、协议经不起推敲,达不到明确权利义务的效果;

5. 错发、乱发通知书、证明等。

针对以上问题,结合劳动争议案件仲裁和诉讼实务经验,通过简单的一些测评题帮助企业更快认识、解决人力资源管理过程中的风险。提早发现,尽早预防。

评估报告:

请根据腰封、书签指引查看"企业用工风险评估报告"。如果您不慎丢失了腰封或书签,请随时联系主编客服团队。客服人员将协助您获取评估报告。

1. 与劳动者签订 1 年书面劳动合同,公司约定的试用期为多久?(　　)

A. 不约定试用期　　B. 1 个月　　C. 2 个月　　D. 6 个月

问题设计目的：

为了了解劳动者入职后，用人单位与劳动者约定试用期的期限。

法律分析：

根据《劳动合同法》第 19 条第 1 款的规定，劳动合同期限三个月以上不满一年的，试用期不得超过一个月；劳动合同期限一年以上不满三年的，试用期不得超过二个月；三年以上固定期限和无固定期限的劳动合同，试用期不得超过六个月。

不同期限劳动合同应约定不同期限的试用期，超过法定上限的期限属违法约定。

根据《劳动合同法》第 83 条的规定，用人单位违反本法规定与劳动者约定试用期的，由劳动行政部门责令改正；违法约定的试用期已经履行的，由用人单位以劳动者试用期满月工资为标准，按已经履行的超过法定试用期的期间向劳动者支付赔偿金。

2. 关于试用期，公司有哪些做法？（　　）

A. 将试用期期限包含在劳动合同期限内

B. 与劳动者单独签订试用期合同

C. 如劳动者在试用期期间表现不好，用人单位视情况延长试用期

D. 如劳动者晋升到本单位新的岗位，将与劳动者重新约定试用期

问题设计目的：

为了了解劳动者入职后，用人单位与劳动者如何约定试用期。

法律分析：

根据《劳动合同法》第 19 条第 2 款的规定，同一用人单位与同一劳动者只能约定一次试用期。

试用期不得单独约定，单独约定的试用期会被认定为一份固定期限劳动合同，试用期也不可以随便延长和重新约定，只要法人主体没有发生变化，就会被认定为二次约定试用期，属违法约定。即使法人主体变化，如母子公司、关联公司等，在法人代表一致、工作岗位一致等情况下，重新约定试用期仍有可能会被认定为二次约定，用人单位应审慎约定。

3. 公司在试用期的薪资、社保、公积金如何操作？（　　）

A. 员工入职工作不满 3 天离职的，可以不支付工资

B. 试用期工资为转正工资的 80%，但同时不低于当地最低工资标准

C. 试用期期间不缴纳社会保险，转正后再缴纳

D. 试用期期间不缴纳住房公积金,转正后再缴纳

问题设计目的:

为了了解用人单位对试用期期间薪资福利的相关管理。

法律分析:

根据《社会保险法》第 58 条第 1 款的规定,用人单位应当自用工之日起 30 日内为其职工向社会保险经办机构申请办理社会保险登记。根据《住房公积金管理条例》第 15 条第 1 款的规定,单位录用职工的,应当自录用之日起 30 日内向住房公积金管理中心办理缴存登记,并办理职工住房公积金账户的设立或者转移手续。《住房公积金管理条例》第 37 条规定,违反本条例的规定,单位不办理住房公积金缴存登记或者不为本单位职工办理住房公积金账户设立手续的,由住房公积金管理中心责令限期办理;逾期不办理的,处 1 万元以上 5 万元以下的罚款。员工入职后,用人单位应按照法律相关要求支付劳动者工资,并缴纳社会保险和住房公积金。

第六章 入职资料

第一节 企业常见用工风险点

本节重点

- 用人单位招用的劳动者是否有年龄限制？
- 用人单位是否可以招用未与原单位解除或终止劳动关系的劳动者？
- 用人单位是否可以招用与原单位仍在履行竞业限制协议期限内的劳动者？
- 劳动者一定要在用人单位登记备案文书送达地址吗？
- 劳动者提交的入职资料存在虚假，可以解除劳动合同并不支付经济补偿金吗？
- 用人单位要求劳动者体检的项目有要求吗？
- 劳动者体检报告显示已存在职业病，有什么风险？
- 用人单位对劳动者进行背景调查是否侵犯了劳动者个人信息权？
- 用人单位可以在员工入职时要求员工将部分证件原件交由公司保管，或缴纳工卡、服装押金吗？
- 用人单位仅保留劳动者入职资料复印件的会有什么风险？

一、用人单位招用的劳动者是否有年龄限制？

说明：用人单位在为劳动者办理入职时要通过多种方式（如身份证、户口本、毕业证等）核对其年龄，避免出现录用未满16周岁未成年人的情况。根据《劳动法》第94条的规定，用人单位非法招用未满16周岁未成年人的，由劳动行政部门责令改正，处以罚款；情节严重的，由市场监督管理部门吊销营业执照。如招用的未满16周岁的未成年人受到事故伤害或患职业病，用人单位需承担全部治疗费用及赔偿责任。此外，根据《外国人在中国就业管理规定》第2条和第

7条,招用不具有中国国籍的人员需要年满18周岁。

二、用人单位是否可以招用未与原单位解除或终止劳动关系的劳动者?

说明:根据《劳动合同法》第91条的规定,用人单位招用与其他用人单位尚未解除或者终止劳动合同的劳动者,给其他用人单位造成损失的,应当承担连带赔偿责任。由此可见,尽管法律不禁止双重劳动关系,但在实践中,用人单位无法判定该种情形是否会给其他用人单位造成损失,因此不建议招用存在双重劳动关系的劳动者。用人单位在为劳动者办理入职时,可以要求劳动者提供与原单位解除或终止劳动合同的证明文件。

三、用人单位是否可以招用与原单位仍在履行竞业限制协议期限内的劳动者?

说明:用人单位在招用可能涉及竞业限制的员工时,应提前与劳动者确认是否与原单位签署竞业限制协议,并在背景调查阶段再次核实劳动者竞业限制情况,避免因招用竞业限制员工给用人单位造成经济损失。如用人单位明知劳动者负有竞业限制义务不得到用人单位任职,但仍录用的,且从劳动者处获得了其原用人单位的商业秘密,根据《反不正当竞争法》的相关规定,用人单位需承担民事赔偿责任。

四、劳动者一定要在用人单位登记备案文书送达地址吗?

说明:文书送达地址是用人单位在向劳动者邮寄文书时的唯一送达地址,关系文书送达的合法性和有效性。如果劳动者未在用人单位登记备案文书送达地址,用人单位又无法向劳动者当面送达解除劳动合同通知书、复工通知书、调岗通知书等重要文书时,通过邮寄送达会出现送达无效的情况,起不到履行告知的目的,而选择公告送达不仅成本高,更重要的是时间长,可能会错过文书送达的最佳时间。因此,用人单位可以将文书送达地址作为员工信息登记表的必填项,通过劳动者办理入职手续时填写员工信息登记表的方式,向用人单位登记备案。

五、劳动者提交的入职资料存在虚假,可以解除劳动合同并不支付经济补偿金吗?

说明:劳动者入职时提交的入职资料存在虚假,一般可以认为违反诚实信用原则,但并不代表用人单位可以与劳动者毫无风险地解除劳动合同,并不支付经济补偿金。这取决于用人单位是否已经在录用条件里明确"劳动者提供虚假入职材料,用人单位可以单方解除劳动合同并不支付经济补偿金"或用人单位能够有证据充分证明劳动者在明知录用条件的情况下仍提供虚假材料。实践中,劳动者为了获得工作机会可能存在伪造学历、工作经历等情况,因此建议用人单位做好背景调查工作,尤其对于中高层管理人员和专业技术人员。

六、用人单位要求劳动者体检的项目有要求吗?

说明:用人单位可以要求劳动者在入职前完成体检,以确定其身体状况是否满足工作需要,但是不得要求劳动者进行法定禁止的体检项目,如乙肝项目检查和孕检。

七、劳动者体检报告显示已存在职业病,有什么风险?

说明:对于有职业病危害的行业,用人单位在为劳动者办理入职手续时要特别核查体检报告,必要时可以由用人单位指定体检机构。如招录人员已经患有职业病,用人单位可根据实际情况确定是否接收劳动者入职,如确认接收,建议与劳动者书面确定职业病情况,避免对未来职业病体检结果发生争议。

八、用人单位对劳动者进行背景调查是否侵犯了劳动者个人信息权?

说明:用人单位仅是针对工作内容开展的背景调查不会涉及侵犯劳动者个人信息权,如调查劳动者的工作经历,包括每段工作经历的起止时间、任职岗位、离职原因、在岗期间工作表现和业绩情况、是否签署竞业限制协议等。当然,用人单位在进行背景调查前,应首先征得劳动者同意,并保证安全性和保密性。

九、用人单位可以在员工入职时要求员工将部分证件原件交由公司保管,或缴纳工卡、服装押金吗?

说明:不可以。根据《劳动合同法》第9条的规定,用人单位招用劳动者,不得扣押劳动者的居民身份证和其他证件,不得要求劳动者提供担保或者以其他名义向劳动者收取财物。

十、用人单位仅保留劳动者入职资料复印件的会有什么风险?

说明:用人单位应仔细核对入职资料的原件和复印件,确保不能保留原件的入职资料,其复印件与原件一致,并要求劳动者在复印件上签字确认,以免在发生劳动争议时,劳动者否认复印件的真实性,用人单位承担举证不利的后果。此外,用人单位应将全部入职资料归档管理,妥善保存。

第二节　经典案例

【案例简介】

2022年3月,小洪应聘某机电公司任营运总监,双方签订3年期劳动合同,约定年薪36万元。入职时,小洪提供了名牌大学企业管理专业的学历证书,并签字承诺其提供的资料真实并愿为其负责。

入职后,公司发现小洪经营管理水平一般,经常犯低层级的管理错误,怀疑其学历造假,便对其提供的学历展开背景调查。按照小洪提供的学历证书编号,到相关官网无法查到该学历。与小洪核实学历问题时,小洪称自己确实自学了相关专业的本科课程,后来因为工作、个人等原因,没有取得学历证书,提供给公司的学历证书系伪造。

2022年10月,公司以小洪学历造假、严重违反公司规章制度为由,与其解除劳动合同。小洪不服,认为单位在招聘时并未特别强调学历,且其个人能力与岗位基本匹配,公司要解除他的劳动合同,主要是不愿意承担之前承诺的高薪。公司认为,解除小洪的主要原因是他提供虚假学历,有违诚实信用原则。双方争执不下,小洪申请劳动仲裁,要求公司支付违法解除劳动合同的赔偿金9万元。

【争议焦点】

用人单位招聘时未对学历进行特别强调,在劳动者个人能力与岗位要求相匹配的情况下,单位以劳动者学历造假为由解除劳动合同是否构成违法解除?

【判决结果】

案件经过一裁两审,最终小洪的请求未能得到法院的支持。

【律师解读】

根据《劳动合同法》第8条、第26条及《民法典》第7条的规定,用人单位有权了解劳动者与劳动合同直接相关的基本情况,劳动者应当如实说明。以欺诈手段,使对方在违背真实意思的情况下订立的劳动合同是无效或部分无效的。劳动者同时也是民事主体,应遵循诚信原则。本案例中,机电公司在小洪入职时没有严格审查其学历证明,因在较短时间内发现其工作能力异常而核实学历发现伪造学历证书,与小洪解除劳动合同,没有给公司造成更多的经济损失。如公司在若干年后才发现员工学历造假,彼时又无法提供招聘阶段对学历的要求,且员工能够胜任工作时,公司再以伪造学历为由与员工解除劳动合同则存在违法解除的较大风险。这个案例给我们的启示是,用人单位在劳动者入职阶段,要严格审查入职资料的真实性,及早发现问题及早处理。

第三节 操作指引

【概论】

劳动者在入职阶段,对于用人单位来讲最重要的就是收集、审核、归档员工的入职资料,其中最重要的一环就是审核入职资料的真实性,下面我们提供了几个官方网站供参考(见表1-2):

表1-2 入职资料审核网站

序号	项目	网站	网址
1	学历查询	中国高等教育学生信息网(学信网)	chsi.com.cn
2	职业资格证查询	技能人才评价工作网	osta.mohrss.gov.cn
3	劳动争议查询	中国裁判文书网	wenshu.court.gov.cn
4	个人信用记录查询	中国人民银行征信中心	pbccrc.org.cn
5	个人利益冲突查询	天眼查;企查查	tianyancha.com;qcc.com

第四节 实 用 工 具

员工信息登记表

【说明】

员工信息登记表是劳动者在入职办理手续时填写的表格,一方面是对劳动者的个人基本信息、工作经历、教育经历等重要信息进行书面固定,另一方面是将公司的相关义务履行告知的事实进行书面固定,避免出现法律风险。

文件仅供参考,具体请以实际发生情况灵活掌握。

【适用】

员工办理入职手续时使用。

【基本要素】

①员工个人基本信息;

②教育培训经历;

③工作经历;

④健康状况;

⑤声明。

【法律风险】

①信息设置超过填写范围,可能侵犯劳动者个人隐私权。

②信息填写不全或非本人填写、签字,解除时增加风险。

【员工信息登记表范本】

员工信息登记表

重要提示: 员工应当填写真实、准确的信息。如提供虚假信息导致公司误解而录用的,本公司将因你严重违反用人单位的规章制度与你解除劳动合同关系并要求你赔偿公司损失。

填表日期: 年   月   日   员工编号:

入职部门		入职时间		工作岗位		
姓名		性别		民族		(照片)
身份证号码				户口类别		
出生年月日				政治面貌		
参加工作时间		累计工作年限		档案存放地		
最高学历		毕业院校			学位	
户籍所在地			实际居住地			
文书(含物品)送达地址			社险参保情况			
移动电话			电子邮箱			
紧急联系人			联系电话			
外语语种及水平			计算机水平			
教育培训经历	起止时间	学校/培训机构	专业/培训内容	是否取得学历	备注

1. 劳动者所填信息应与身份证完全一致。
2. 核实劳动者年龄,确保符合用工条件。

参加工作时间和累计工作年限用于确定与工作年限相关的权益,如年休假、医疗期等。

文书送达地址,主要是为了确定邮寄文书的地址。

续表

工作经历	入职日期	离职日期	本次工作年限	工作单位	职务	证明人及电话	离职原因

受过何种奖励	
受过何种处罚	

是否曾经或者正在被追究或者承担过刑事责任:填写"是"或"否"(　　)
是否有亲属在公司任职:填写"是"或"否"(　　)

健康状况	是否曾被认定为工伤或者职业病:填写"是"或"否"(　　)
	是否从事过井下、高空、高温,特别繁重体力劳动以及有毒有害工种:填写"是"或"否"(　　)
	是否存在其他病史:填写"是"或"否"(　　)

家庭成员（选填）	称谓	姓名	出生年月	政治面貌	工作单位、职务	联系电话

声明及确认	1.本人确认,公司已向本人如实告知了工作内容、工作地点、工作条件、职业危害、安全生产状况、劳动报酬以及本人要求了解的情况。本表内容均为公司决定聘用与否的关键内容并作为试用期考核的录用条件内容。本人若有隐瞒、编造、提供虚假信息之情形,公司有权依法与我解除劳动合同,并不支付任何经济补偿;本人以虚假、不实信息等手段,欺诈公司订立劳动合同的,应当依法承担赔偿责任。同时,由此致使用人单位承担连带责任的,用人单位有权向本人进行追偿。 2.文书送达地址为公司向本人送达法律文书的地址,公司向该地址寄送法律文书的时候,如出现包括但不限于拒收、迁址、查无此人等情形时,亦视为送达,所产生的后果由本人承担。该地址发生变更时,本人有义务在变更之日起3日内书面通知公司,否则公司仍按该地址寄送法律文书而出现包括但不限于拒收、迁址、查无此人等情形时,仍视为送达,所产生的后果由本人承担。 3.本人与任何主体均不存在劳动关系(含兼职),与任何主体也均不存在保密、竞业限制或服务期义务,否则,若由此引发法律纠纷,由本人自行承担法律责任。 4.本人自入职之日起15日内协助公司办理签订劳动合同、社会保险登记等用工手续,否则由本人承担一切后果。 5.本人确认本表信息将作为公司的录用条件,本人保证上述信息真实、准确,并授权公司对我进行背景调查,同时,本人承诺不会对任何公司或团体因提供或透露本人资料而起诉。

续表

本人已充分理解并知悉登记表上的全部内容并保证所提供及填写的资料均属实,如有提供虚假不实信息,愿意承担相应法律责任。 　　　　　　　　　　签名：　　　　　　　　年　　月　　日 填表说明：1. 除注明选填之外,其他内容均为必填,如没有相关内容需填写"无"或"否"。 　　　　　2. 员工入职时需提供相关证明资料原件及复印件,在录用时备查。	签字应为面签,与身份证姓名完全一致,落款日期为填表日期。

第五节　法律法规及政策指南

《民法典》

第七条　民事主体从事民事活动,应当遵循诚信原则,秉持诚实,恪守承诺。

《劳动法》

第九十四条　用人单位非法招用未满十六周岁的未成年人的,由劳动行政部门责令改正,处以罚款;情节严重的,由市场监督管理部门吊销营业执照。

《劳动合同法》

第八条　用人单位招用劳动者时,应当如实告知劳动者工作内容、工作条件、工作地点、职业危害、安全生产状况、劳动报酬,以及劳动者要求了解的其他情况;用人单位有权了解劳动者与劳动合同直接相关的基本情况,劳动者应当如实说明。

第九条　用人单位招用劳动者,不得扣押劳动者的居民身份证和其他证件,不得要求劳动者提供担保或者以其他名义向劳动者收取财物。

第二十六条　下列劳动合同无效或者部分无效:

(一)以欺诈、胁迫的手段或者乘人之危,使对方在违背真实意思的情况下订立或者变更劳动合同的;

(二)用人单位免除自己的法定责任、排除劳动者权利的;

(三)违反法律、行政法规强制性规定的。

对劳动合同的无效或者部分无效有争议的,由劳动争议仲裁机构或者人民法院确认。

第九十一条　用人单位招用与其他用人单位尚未解除或者终止劳动合同的劳动者,给其他用人单位造成损失的,应当承担连带赔偿责任。

人力资源社会保障部、最高人民法院《关于劳动人事争议仲裁与诉讼衔接有关问题的意见(一)》

十九、用人单位因劳动者违反诚信原则,提供虚假学历证书、个人履历等与订立劳动合同直接相关的基本情况构成欺诈解除劳动合同,劳动者主张解除劳动合同经济补偿或者赔偿金的,劳动人事争议仲裁委员会、人民法院不予支持。

国务院办公厅《关于进一步做好高校毕业生等青年就业创业工作的通知》

(十四)推进体检结果互认。指导用人单位根据工作岗位实际,合理确定入职体检项目,不得违法违规开展乙肝、孕检等检测。……

第二篇
劳动合同管理

- 第一章　劳动合同订立
- 第二章　劳动合同变更
- 第三章　劳动合同的续订、续延

PART 02

第一章

劳动合同订立

第一节 企业常见用工风险点

本节重点

- 签订劳动合同的适格主体是什么条件?
- 如何正确选择适用劳动合同的类型?
- 如何在法定期限内完成书面劳动合同的当面签订,并建立职工名册备查?
- 如何做好劳动合同法定必要条款和附加条款的设计?
- 如何做好劳动者拒不签订劳动合同的风险防范?

一、签订劳动合同的适格主体是什么条件?

说明: 首先,从劳动者角度来看,适格的主体应具备相应的劳动能力。一般来说,劳动者应当达到法定劳动年龄,通常为16周岁以上且未达到法定退休年龄。此外,劳动者应具备从事特定工作所需的身体条件和技能水平。例如,从事建筑工作的劳动者需要有一定的体力和耐力,从事技术工作的劳动者则需要具备相应的专业知识和技能。如果劳动者不具备这些条件,可能会在工作中面临较大的风险,也可能无法有效地履行劳动合同约定的义务。

其次,用人单位作为签订劳动合同的另一方主体,也必须适格。用人单位应当是依法成立的企业、个体经济组织、民办非企业单位等组织,或者是国家机关、事业单位、社会团体等。这些单位应当具有合法的经营资格和用人权利,能够为劳动者提供必要的工作条件和劳动报酬。

最后,签订劳动合同的主体适格还意味着双方应当具有签订合同的民事行为能力。劳动者和用人单位在签订劳动合同时,应当能够理解合同的内容和意义,并且能够自主地作出决定。如果劳动者一方不具备民事行为能力或不完全具备民事行为能力,如与精神病人、未满16周岁的未成年人签订劳动合同,那么该合同可能会被认定为无效或可撤销。

二、如何正确选择适用劳动合同的类型?

说明:劳动合同主要分为固定期限劳动合同、无固定期限劳动合同和以完成一定工作任务为期限的劳动合同。固定期限劳动合同明确规定了合同的起始和终止时间,适用于那些工作内容相对稳定、项目周期可预测的岗位。用人单位可以根据自身的业务需求和发展规划,合理确定合同期限,在一定时间内获得稳定的劳动力。而劳动者也能对自己的工作期限有清晰的认知,做好职业规划。

无固定期限劳动合同则为劳动者提供了更长期的职业保障,适用于用人单位与劳动者建立长期稳定关系的情况。比如,根据《劳动合同法》第14条第2款的规定:"……(一)劳动者在该用人单位连续工作满十年的;(二)用人单位初次实行劳动合同制度或者国有企业改制重新订立劳动合同时,劳动者在该用人单位连续工作满十年且距法定退休年龄不足十年的;(三)连续订立二次固定期限劳动合同,且劳动者没有本法第三十九条和第四十条第一项、第二项规定的情形,续订劳动合同的。"以上三种情况应签订无固定期限劳动合同。

以完成一定工作任务为期限的劳动合同适合特定项目或短期任务。一旦工作任务完成,合同即终止。这种类型可以让用人单位在特定项目上灵活调配人力资源,也让劳动者在完成特定任务后有更多的选择机会。

三、如何在法定期限内完成书面劳动合同的当面签订,并建立职工名册备查?

说明:首先,根据《劳动合同法》第10条第2款的规定,用人单位与劳动者建立劳动关系后,应当自用工之日起1个月内订立书面劳动合同。这1个月也是订立劳动合同的宽限期,用人单位如何利用好这1个月的宽限期,也体现着用人单位的用工管理技巧。

用人单位超过1个月不满1年未与劳动者订立书面劳动合同的,应当向劳动者每月支付2倍的工资;满1年不与劳动者订立书面劳动合同的,视为用人单位与劳动者已订立无固定期限劳动合同。

当面签订劳动合同可以避免非因当面沟通可能产生的误解和纠纷,并有效防止非员工本人签字等产生的法律风险。在签订过程中,双方可以就合同条款进行充分的协商和确认，劳动者能清楚了解自己的工作内容、工作地点、工作时间、劳动报酬、社会保险等重要事项，用人单位也能明确劳动者的职责和应遵守的规章制度。

其次，建立职工名册备查具有重要意义。职工名册可以详细记录职工的基本信息，如姓名、性别、身份证号码、联系方式、入职时间等。这有助于用人单位对员工进行有效的管理，及时对合同到期的员工进行管控，方便查询员工信息，了解员工的工作履历和岗位安排。在劳动监察、劳动争议处理等情况下，职工名册可以作为重要的证据材料，证明用人单位与劳动者之间的劳动关系。

四、如何做好劳动合同法定必要条款和附加条款的设计？

说明： 法定必要条款包括用人单位的名称、住所和法定代表人或者主要负责人；劳动者的姓名、住址和居民身份证或者其他有效身份证件号码；劳动合同期限；工作内容和工作地点；工作时间和休息休假；劳动报酬；社会保险；等等。这些条款明确了双方的基本权利和义务，确保劳动关系有明确的依据。

而附加条款的设计则可以根据具体情况进行个性化定制。比如保密条款，保护用人单位的商业秘密和知识产权。竞业限制条款，防止劳动者在离职后从事与原单位竞争的业务。培训服务期条款，规定用人单位为劳动者提供专项培训后双方的权利义务。除此之外，通过附加条款设计，如加入防失误条款还可以实现规避企业因为操作失误导致的额外赔偿。通过合理设计附加条款，可以更好地适应不同企业和岗位的需求，减少潜在的纠纷风险。入职阶段，劳动合同作为用人单位提供的格式条款合同，应充分发挥其自主管理权，在法律允许的范围内，在劳动合同中实现管理权的充分体现，保障未来在职及离职阶段的合法用工权益。

五、如何做好劳动者拒不签订劳动合同的风险防范？

说明： 一方面，从法律责任角度来看，如果用人单位未能及时采取有效措施应对劳动者拒签合同的情况，可能会被认定为未与劳动者签订书面劳动合同，从而面临支付双倍工资的法律风险。此外，在劳动争议处理过程中，用人单位可能因无法提供有效的劳动合同而处于不利地位。

另一方面，对于用人单位的日常管理也会产生不良影响。没有劳动合同的约束，劳动者在工作中的行为可能缺乏规范，容易出现工作懈怠、不遵守规章制度等问题。同时，在涉及岗位调整、绩效考核等方面时，也会因缺乏明确的合同约定而增加管理难度。

为做好风险防范，用人单位首先应在劳动者入职时，明确告知其签订劳动合同的重要性和必要性，并给予合理的时间签订合同。如果劳动者拒绝签订，用人单位应及时以书面形式通知劳动者，并保留相关证据。《劳动合同法实施条例》第5条规定："自用工之日起一个月内，经用人单位书面通知后，劳动者不与用人单位订立书面劳动合同的，用人单位应当书面通知劳动者终止劳动关系，无需向劳动者支付经济补偿，但是应当依法向劳动者支付其实际工作时间的劳动报酬。"同时，用人单位可以考虑在招聘环节加强对劳动者的背景调查和诚信评估，尽量避免录用可能拒签合同的劳动者。在日常管理中，用人单位也应建立健全规章制度，明确对拒签合同劳动者的处理办法，确保劳动关系的稳定和有序。

第二节　经典案例

案例一

【案例简介】

小洪入职某工程技术公司后一个月内，某工程技术公司法定代表人朱某某通过微信告知该公司人事冯某某给小洪办理劳动合同，冯某某随即将该消息以合并转发的形式转发给小洪，并将劳动合同打印出来交给了小洪签字，小洪未签字未回复。两个月后，小洪向某工程技术公司出具《被迫解除劳动关系通知书》并将该通知书以照片的形式通过微信发送给某工程技术公司法定代表人。某工程技术公司收到该通知书后，人事冯某某再次通过微信向小洪发送了劳动合同，小洪予以拒绝。小洪向山西转型综合改革示范区劳动人事争议仲裁委员会申请仲裁主张赔偿，小洪不服该仲裁委作出的仲裁裁决，向山西省太原市小店区人民法院提起诉讼，请求判令某工程技术公司向小洪支付未签订书面劳动合同的2倍工资差额、经济补偿。

【争议焦点】

对于劳动者拒不签订书面劳动合同，用人单位是否应当支付未签订书面劳动合同的2倍工资差额？

【判决结果】

法院认为，某工程技术公司在小洪入职时主动与其提出签订书面劳动合同，小洪拒签。《劳动合同法》第82条的规定是对于用人单位主观故意或拒绝与劳动者签订书面劳动合同的惩罚,本案中,某工程技术公司主观上并没有体现拒签劳动合同的恶意,但小洪以不作为方式拒绝签订劳动合同后提出离职主张赔偿,不与某工程技术公司协商且不与某工程技术公司办理工作交接,对于小洪诉请未签订劳动合同的2倍工资差额,不予支持。故判决某工程技术公司向小洪支付经济补偿,驳回小洪的其他诉讼请求。小洪不服该判决,向山西省太原市中级人民法院提起上诉,山西省太原市中级人民法院判决驳回上诉,维持原判。

【律师解读】

公平公正原则和诚实信用原则是法律适用中重要的指导原则,上述原则有利于敦促法律关系当事人诚信履行各自的义务。本案系劳动者以不作为形式拒签书面劳动合同,后利用《劳动合同法》第82条的规定向用人单位主张2倍工资差额引发的劳动争议。这一行为显然违背了诚信原则,2倍工资不属于劳动者的劳动所得,而是法律基于保护劳动者的合法权益,防止用人单位逃避义务的一种惩罚性措施。如果用人单位履行了相应的义务且没有拒绝履行义务的主观故意,则不应受到惩罚。

作为用人单位应保证自用工之日起1个月内与劳动者签订书面劳动合同,如劳动者拒不签订,应向其送达订立书面劳动合同通知书。《劳动合同法实施条例》第5条规定:"自用工之日起一个月内,经用人单位书面通知后,劳动者不与用人单位订立书面劳动合同的,用人单位应当书面通知劳动者终止劳动关系,无需向劳动者支付经济补偿,但是应当依法向劳动者支付其实际工作时间的劳动报酬。"第6条第1款规定:"用人单位自用工之日起超过一个月不满一年未与劳动者订立书面劳动合同的,应当依照劳动合同法第八十二条的规定向劳动者每月支付两倍的工资,并与劳动者补订书面劳动合同;劳动者不与用人单位订立书面劳动合同的,用人单位应当书面通知劳动者终止劳动关系,并依照劳动合同法第四十七条的规定支付经济补偿。"

面对职业碰瓷的劳动者,作为用人单位应当首先保证自己的用工流程符合法律规范,俗话说得好"苍蝇不叮无缝的蛋""打铁还需自身硬",在面对劳动者维权意识增强的大背景下,企业合规用工显得更加重要,尤其对于劳动法相关强制性的规定,应在日常用工流程中形成标准化,并逐步完善细节。

案例二

【案例简介】

2020年7月1日,原告小洪入职被告某公司,双方口头约定每周工作6天,每月工资6000元,但未订立书面劳动合同。入职当日,小洪填写某公司制式《员工入职登记表》,公司填写入职日期为2020年7月1日,核定底薪试用期2个月。某公司提供的《职工录用花名册》上记载了小洪的自然情况、社会保障卡号、月缴费基数、就业失业登记证号,且记载双方劳动合同期限自2020年9月起至2021年8月31日止,岗位工种为维修技师。2020年9月至2021年6月,某公司为小洪缴纳社会保险。

2021年6月29日,原告小洪递交其填写的被告某公司制式《辞职申请书》,提出辞职,某公司相关人员审核同意。2021年6月30日,小洪填写《员工离职登记表》进行离职交接,该登记表载明离职类型为辞职。某公司于2021年6月30日办理停保手续并填写《南京市终止、解除劳动关系及社会保险关系变更申报花名册》,劳动关系于2021年6月30日终止、解除。

2021年原告小洪向南京市江宁区劳动人事争议仲裁委员会提交仲裁申请,要求某公司支付:(1)未订立书面劳动合同二倍工资差额86,033元;……本案诉讼请求同上述仲裁申请。

【争议焦点】

关于用人单位未签订书面劳动合同,用人单位以员工入职登记表、职工录用花名册、用工备案登记、社保缴纳等作为抗辩理由是否可以成立?

【判决结果】

对原告小洪主张的未订立书面劳动合同二倍工资差额,法院不予支持。主要从四方面论证:

首先,在主观意图上,被告某公司对未签订书面劳动合同并无故意。本案双方在履行劳动关系过程中,某公司为原告小洪办理人事招录、离职手续,在《职工录用花名册》详细记载劳动者基本情况,工资表记载了小洪的入职时间、工作岗位、劳动报酬、出勤时间等,某公司又对双方的劳动关系进行备案登记,并为小洪缴纳了社会保险,应认定某公司对未签订书面劳动合同并无明显故意。

其次,在形式上达到了书面劳动合同的效果。本案中涉及的《员工入职登记表》《员工离职登记表》《职工录用花名册》等文件虽然不完全具备法律规定劳动合同的所有条款,但结合劳动关系在行政管理机关的备案登记,可以确认双方当事人之间的劳动关系,已达到书面劳动合同所需的确定双方权利义务的法律效果。

再次,在合同目的实现上,原告小洪主张权益并未受阻。本案中,被告某公司一直未否认双方的劳动关系,在仲裁和诉讼过程中,未签订书面劳动合同的形式瑕疵并未影响双方劳动关系存续及权利义务关系的认定,小洪的诉讼请求是否得到支持未因缺失形式上的书面合同而受阻。

最后,在法律原则上,民事活动中诚实信用原则应予恪守。用人单位与劳动者均应诚信履行劳动关系。原告小洪连续在两家公司工作离职后均以未订立书面劳动合同为由主张二倍工资差额,其在入职被告某公司后,对劳动合同的法律性质和未签的后果系明知,但未积极主张签订劳动合同以保护自己权益,而是在离职后主张二倍工资差额,异化了该法律条文的目的,与诚信不符,不应提倡。

【律师解读】

该案例为最高人民法院2023年第11期公报案例,具有较强的代表性和趋势性。随着近年来经济下行,劳资矛盾的增加,劳动纠纷的裁判趋势从一边倒的保护劳动者转换为有条件的保护劳动者,上述关于未订立劳动合同的案例就是典型的趋势性裁判方向的改变。从用人单位办理用工登记、备案职工花名册、支付劳动报酬、缴纳社会保险等维度综合判断用人单位是否存在逃避建立劳动关系,恶意损害劳动者合法权利的行为和动机的行为。并且结合诚实信用原则等社会主义核心价值观来制约劳动者的权益外沿。笔者对于目前该趋势观点存在些许个人思考,自2008年《劳动合同法》实施,将签订书面劳动合同作为用人单位的强制性义务,体现了在不平等主体之间倾向性保护的立法本意。而劳动合同的签订除明确劳动关系这一功能外,另一项主要作用是明确劳资双方的各项权利义务,比如合同期限、工作时间、工作岗位、工作内容、工作地点、薪资待遇、薪资构成、薪资发放时间等,如以用人单位单方办理用工登记、缴纳社保为用人单位未签订书面劳动合同支付2倍工资的抗辩理由,是否会弱化劳动合同对劳动者的保护目的?引发一系列用人单位滥用自主用工权的问题?这一问题值得相关从业人员思考。在此,我们依然建议用人单位在用工之日起1个月内完成签订书面劳动合同的这一法定义务。

第三节 操作指引

【概论】

用人单位与劳动者订立书面劳动合同须严格按照劳动合同法相关规定完成,该流程从入职之前、入职当天、入职一个月、入职一年四个重要节点将劳动合同订立的流程予以说明,用人单位应把握好各个关键环节的用工操作和法律风险。

【劳动合同订立流程图】

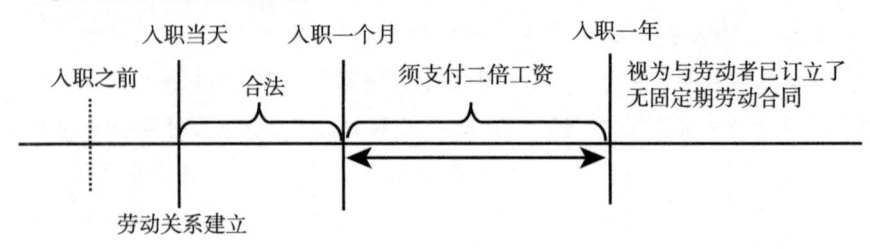

```
入职之前    入职当天      入职一个月         入职一年
            ├─── 合法 ───┤├── 须支付二倍工资 ──┤ 视为与劳动者已订立了
                                              无固定期劳动合同
            ↑
        劳动关系建立
```

【说明】

1. 入职之前

入职前一般是企业招聘面试环节，但是部分企业在劳动者面试通过后即与其签订劳动合同，而此时劳动关系并未建立，根据《劳动合同法》第 7 条"用人单位自用工之日起即与劳动者建立劳动关系"的规定，签订劳动合同并不必然建立劳动关系，员工入职当天，产生用工，视为双方建立劳动关系。

2. 入职当天

实际用工产生，劳动关系建立，并不以是否签订劳动合同为前提。但用人单位应自用工之日起一个月内订立书面劳动合同。用人单位应注意，这一个月是订立书面劳动合同的宽限期，其实作为用人单位应该充分理解这一个月宽限期的操作价值，在合法合规的前提下做到利益最大化。

基于这一思路，我们并不建议与所有劳动者在入职当天完成劳动合同的签订，根据实际用工情况，可以考虑在用工之日起第三周至第四周订立书面劳动合同。理由有二：其一，如果入职当天签订劳动合同，试用期也随之确定，而在试用期，不符合录用条件解除劳动关系必须以录用条件明确、量化、提前告知为前提，并且需要在试用期内完成考核及解除的动作。这对于很多用人单位和很多岗位是很难落地操作的。而对于转正后的员工，用人单位单方辞退的限制性条件将更多，并且成本也会随之增加，所以对于部分劳动者，用人单位在刚刚入职的第一个月是可以完成初步判断是否符合企业主观上的"内外在"要求，一旦入职当天签订劳动合同，在双方无法协商一致的情况下，用人单位单方解除劳动关系将存在较大风险（赔偿金或继续履行劳动合同）。其二，第三周到第四周用人单位对于劳动者的工作表现做出初步判断后如决定不予正式录用，依然可以通过协商一致或者劳动者个人提出辞职的方式办理离职，一旦双方无法就离职一事达成一致，用人单位就面临签订书面劳动合同的最后期限，此时用人单位可以通过将劳动合同期限缩短的方式，与劳动者签订合同。如果劳动者选择不签，用人单位可以根据《劳动合同法实施条例》第 5 条的规定终止劳动关系，无须支付经济补偿。如劳动者选择签署，用人单位可以根据缩短的劳动合同依法到期终止劳动关系，支付相对低的经济补偿。

3. 入职一个月

入职一个月后至入职满一年用人单位不与劳动者订立书面劳动合同将面临二倍工资差额的赔偿，最多需支付十一个月二倍工资差额。在此期间如用人单位试图规避二倍工资的赔偿责任，可通过以下几个方面突破。

（1）仲裁时效

因未订立书面劳动合同二倍工资属于赔偿金性质，所以按照《劳动争议调解仲裁法》第27条第1款的相关规定应当适用"一般仲裁时效"规则，即"劳动争议申请仲裁的时效期间为一年。仲裁时效期间从当事人知道或者应当知道其权利被侵害之日起计算"。但在司法实践中，该二倍工资"一般时效"在具体计算过程中，还应结合各地司法实践观点区分"整体计算"和"分段计算"规则。作为用人单位，面对劳动者超过仲裁时效的诉请，应在仲裁庭审过程中通过时效抗辩的方式予以答辩。

（2）签署了类劳动合同文件

虽然用人单位未与劳动者订立书面劳动合同，但是双方通过签订劳务协议、合作协议、信息登记表、入职告知书等方式，在上述文件中列明了劳动合同的大部分必备条款，一定程度上具备了明确双方权利义务的功能。具备劳动合同本质特征的，用人单位将此可作为未签订书面劳动合同的抗辩理由，但从用工合规角度我们依然建议用人单位在用工之日起一个月内与劳动者签订书面劳动合同。

（3）本人负责劳动合同签订或任职高级管理人员

签订书面劳动合同一般是用人单位人事专员的工作职责，公司负责人或者分管人事部门的领导对于劳动合同的签订问题也负有监管职责。如果未签订劳动合同的劳动者属于上述两类人员，因其未履行所在岗位职责最终导致未签订自己的劳动合同，目前的司法实践主流观点不支持该类人员的未签书面劳动合同二倍工资。

（4）要求劳动者签订，劳动者拒不签订的充分举证

虽然签订书面劳动合同是用人单位的法定义务，但随着近年来恶意碰瓷的劳动者增加，在判定用人单位过错的同时还要判断劳动者在该问题上是否存在主观过错。比如，用人单位能够充分举证证明已尽到签订劳动合同的提示义务，而劳动者以各种理由拒不签订书面劳动合同，最终导致双方在法定期限内未能订立书面劳动合同，用人单位不存在主观过错，可以免除支付二倍工资的责任。

虽然目前司法实践主流观点是用人单位可以通过上述方式免责，但是我们依然建议用人单位自用工之日起一个月内与劳动者签订书面劳动合同，面对劳动者拒不签订劳动合同的情况，建议用人单位按照《劳动合同法实施条例》第5条、第6条的规定及时终止劳动关系。

（5）无逃避建立劳动关系故意的充分举证

该章节经典案例中最高人民法院2023年第11期公报案例也表明了这一观点，如果用人单位能够充分证明，已经为该劳动者办理了用工登记手续，载明了劳动合同的必要内容，为劳动者缴纳了社保，正常支付劳动报酬，将视为用人单位不存在逃避建立劳动关系的意图，且没有恶意侵害劳动者合法权益的故意，一般不予支持二倍工资。

（6）不可抗力

不可抗力是指不能预见、不能避免并不能克服的客观情况。不可抗力的来源既有自然现象，如地震、台风，也包括社会现象，如军事行动等。根据《民法典》第180条第1款的规定，因不可抗力不能履行民事义务的，不承担民事责任。比如2020年疫情期间导致的双方未能按照法律规定签订书面劳动合同，用人单位可以因此免责。对于用人单位个别的不可抗力原因，诸如因疫情停工停产、恶劣天气无法复工等，应留存相关证据，并向劳动者解释说明暂时不能签订的不可抗力原因。

4. 入职一年

《劳动合同法》第14条第3款规定："用人单位自用工之日起满一年不与劳动者订立书面劳动合同的，视为用人单位与劳动者已订立无固定期限劳动合同。"所以员工以没有签订书面劳动合同为由主张二倍工资差额，仅能主张未签订劳动合同第一年的二倍工资，满一年后双方视为签订无固定期限劳动合同，对于视为无固定期限劳动合同期间，用人单位无须再支付二倍工资。而自用工之日起第一个月属于宽限期，也不存在二倍工资的支付义务，所以未签订书面劳动合同的二倍工资支付期间最多为十一个月。

第四节　实用工具

实际用工确认单

【说明】

用人单位与劳动者在用工前订立劳动合同的，为避免双方对劳动关系存续的期间产生争议,由劳动者向用人单位确认实际用工时间。同时,单位需要在用工前向劳动者进行确认。因此,此确认单应为公司的必备文书之一。

文件仅供参考,具体请以实际发生情况灵活掌握。

【适用】

适用于劳动者向用人单位确认和证明实际用工时间。

【基本要素】

①标题;

②用人单位的基本信息;

③劳动者的基本信息;

④劳动合同签订时间;

⑤实际用工时间;

⑥劳动者确认;

⑦落款日期。

【法律风险】

①用工前完成对实际用工时间的确认,确认后文件妥善留存保管,防止丢失。

②涉及时间应填写准确,否则可能造成劳动关系存续期间的争议。

【实际用工确认单范本】

实际用工确认单

_____公司与_____(身份证号:_____)于_____年___月___日签订劳动合同,根据《中华人民共和国劳动合同法》的相关规定,用人单位自用工之日起即与劳动者建立劳动关系。现公司与您确认,由于您个人原因,虽与公司签订了劳动合同,但并未实际入职我司,未与我司形成实际用工关系,您的实际用工日期为:_____年___月___日。

特此确认。

确认人:_____
年　月　日

> 确保本人面签,且与身份证姓名一致,不得出现错别字、也不建议填写繁体字,并建议留存经本人签字确认且与原件一致的身份证复印件。

订立书面劳动合同通知书

【说明】

公司与员工订立书面劳动合同是法律规定公司应当履行的义务,否则公司将承担向员工支付未订立书面劳动合同双倍工资的赔偿责任。基于这一重大罚则,公司一般都会积极主动与员工订立书面劳动合同。然而,在实践中,不少员工以各种理由,拒绝与公司订立书面劳动合同。针对此种情况,依据我国相关法律规定,如果员工不与公司订立书面劳动合同,法律赋予公司单方终止劳动关系的权利。但是,公司在行使该终止权的时候,并不是无条件的,而是应该履行相应程序,即公司应当书面通知员工订立书面劳动合同,否则公司可能构成违法终止,因此承担违法终止劳动关系的赔偿责任。因此,此通知书应为公司的必备文书之一。

文件仅供参考,具体请以实际发生情况灵活掌握。

【适用】

在公司要求与员工订立书面劳动合同时或口头通知员工订立书面劳动合同但员工予以拒绝时使用。

【基本要素】

①标题;

②被通知人;

③建立劳动关系的时间;

④要求员工订立劳动合同的时间和地点;

⑤拟订立劳动合同的基本内容;

⑥逾期不订立的后果;

⑦公司盖章和落款日期。

【法律风险】

履行要求员工订立书面劳动合同的书面通知义务,因履行程序不当构成违法终止劳动关系的风险。

【订立书面劳动合同通知书范本】

订立书面劳动合同通知书

_____先生/女士:

____你已于_____年____月____日被我公司录用,请你在接到此通知后携带以下材料____天内到本单位_____部门,与单位签订书面劳动合同书。逾期不签订,单位将依照法律规定与你终止劳动关系。

【注意事项】用人单位应当规范用人制度流程,在与劳动者建立劳动关系后及时与劳动者订立书面劳动合同,并注意时间节点、通知到位、留存证据。

【风险提示】《劳动合同法》第82条作出明确规定,用人单位自用工之日起超过一个月不满一年未与劳动者签订书面劳动合同的,应当向劳动者每月支付二倍的工资。《劳动合同法》第82条所规定的二倍工资差额,是对用人单位未履行签订劳动合同义务所做出的惩罚性质的规定,意在保护劳动者的权益,规范用人单位用工行为,督促用人单位及时与劳动者签订书面劳动合同,而劳动者如果有意通过拒绝签订劳动合同从而获得二倍工资,便违背了该法条订立的初衷,用人单位已经履行了诚信磋商的义务,这种情况下劳动者请求二倍工资是不应支持的。《劳动合同法实施条例》第5条、第6条作出了明确规定,第5条规定:"自用工之日起一个月内,经用人单位书面通知后,劳动者不与用人单位订立书面劳动合同的,用人单位应当书面通知劳动者终止劳动关系,无需向劳动者支付经济补偿,但是应当依法向劳动者支付其实际工作时间的劳动报酬。"

旁注:

1. 通知书的被通知对象,应为通知书的必备内容。
2. 被通知对象的姓名应当无误,不得出现错字、别字等内容,也不建议使用繁体字等。

表明双方建立劳动关系的时间,一般为通知书的必备内容。

根据单位实际情况可以选择携带下列材料:
1. 与原单位解除劳动合同关系的证明文件正本;
2. 入职体检报告;
3. 身份证原件及复印件一份;
4. 学历证明文件原件及复印件一份;
5. 职称证明文件原件及复印件一份(如有);
6. 实名制银行账户复印件;
7. 证件照;
8. 其他_____。

告知被通知人订立劳动合同的时间和地点,为通知书的必备内容。

通知书的必备内容,告知被通知人不订立劳动合同的法律后果。

续表

拟签订的合同相关内容如下： 期限：_____ 工作岗位：_____ 工作地点：_____ 劳动报酬：_____ 　　　　　　　　　　　　　　单位盖章： 　　　　　　　　　　　　　　　年　　月　　日 一式二份（用人单位和职工各留存一份）	拟与被通知人订立的劳动合同的内容，非通知书的必备内容。 1. 通知书的落款，为通知书的必备内容。 2. 通知人应加盖公章。 3. 应写明落款日期，日期根据实际情况确定。

1. 本通知书需要向员工出具，如贵司当面送达，需要求员工确认签收，可另行制作签收单，或在本通知书上手写"本人已收到本通知书，×××，年月日"等信息，由公司保存。
2. 需邮寄送达时，请确保员工有效送达地址并保留邮寄送达相关单据。

终止劳动关系通知书

【说明】

《劳动合同法》明确规定，建立劳动关系，应当订立书面劳动合同。用人单位未与劳动者订立书面劳动合同的，需要承担向劳动者支付二倍工资等法律责任。在实践中，存在部分劳动者拒绝签订书面劳动合同的情况，用人单位如不及时行使与劳动者终止劳动关系的权利，将给企业带来损失。因此，此通知书应为公司的必备文书之一。

文件仅供参考，具体请以实际发生情况灵活掌握。

【适用】

在劳动者不与公司订立书面劳动合同，公司依法与其终止劳动关系时使用。

【基本要素】

①标题；

②被通知人；

③公司要求终止劳动关系的原因；

④公司终止劳动关系的依据；

⑤公司盖章和落款日期。

【法律风险】

①履行法律规定的程序，避免造成违法终止的风险。

②避免因未订立书面劳动合同承担支付二倍工资的风险。

③避免因未订立书面劳动合同满一年被视为已订立无固定期限劳动合同的风险。

【终止劳动关系通知书范本】

终止劳动关系通知书

_____先生/女士：

因你未能按照本单位通知的时限，与单位签订书面劳动合同，本单位决定与你自____年____月____日起终止劳动关系。

请你在接到此通知后____天内到本单位人力资源部，办理终止劳动关系的相关手续。

特此通知

单位盖章：
年　　月　　日

被通知人（签字）：
年　　月　　日

一式二份（单位和职工各留存一份）

批注说明：

1. 通知书的被通知对象，应为通知书的必备内容。
2. 被通知对象的姓名应当无误，不得出现错字、别字等内容，也不建议使用繁体字等。

建议单位留存已送达《订立书面劳动合同通知书》的相关证据。

表明用人单位与劳动者终止劳动关系的原因，应为通知书的必备内容。

---

1. 告知被通知人与其终止劳动关系的结果，应为通知书的必备内容。
2. 终止劳动关系的日期应为通知书的必备内容。

通知劳动者办理离职手续，一般为通知书的必备内容。

---

1. 通知书的落款，为通知书的必备内容。
2. 通知人应加盖公章。
3. 应写明落款日期，日期根据实际情况确定。

---

1. 本通知书需要向员工出具，如贵司当面送达，需要求员工确认签收，可另行制作签收单，或在本通知书上手写"本人已收到本通知书，×××，年月日"等信息，由公司保存。
2. 需邮寄送达时，请确保员工有效送达地址并保留邮寄送达相关单据。

劳动合同补充协议（重要条款展示）

【说明】

企业与员工签订的劳动合同多为当地劳动行政部门的范本合同。由于范本合同仅在法律的框架内进行原则性的设定，加之企业规章制度的缺失，往往导致企业无法达到通过劳动合同及配套制度有效管控员工的目的，由此导致调岗违法、调薪违法、变更工作地点违法等诸多法律风险。同时，为了防止员工以"规章制度违法侵害劳动者合法权益"为由被动辞职进而主张经济补偿金的风险发生，相关用工敏感问题也不宜在规章制度中体现，也只能以劳动合同条款的方式设定。因为即使补充协议个别条款违法，也不会影响其他合同条款的效力。据此，就范本合同无法涉及的细节问题以补充协议的方式予以明确，十分必要。

文件仅供参考，具体请以实际发生情况灵活掌握。

【适用】

在用人单位与劳动者已经订立劳动合同但需要就劳动合同事宜补充约定时使用。

【基本要素】

①试用期管理；

②工作内容和工作地点；

③工作时间和休息休假；

④劳动报酬；

⑤社会保险；

⑥劳动保护、劳动条件和职业危害防护；

⑦劳动合同变更；

⑧劳动合同暂停履行；

⑨劳动合同解除；

⑩保密、竞业限制及专项培训；

⑪争议处理；

⑫合同签订及生效。

【劳动合同补充协议（重要条款展示）范本】

劳动合同补充协议（重要条款展示）

甲方：_____ 法定代表人：_____

住所：_____

乙方：_____ 身份证号：_____

通讯地址：_____ 联系电话：_____

紧急联系人：_____ 电话：_____

甲乙双方于____年____月____日签订□固定期限、□无固定期限、□以完成一定任务为期限的劳动合同。现经甲乙双方友好协商，就相关事宜签订如下补充协议，以资共同遵守。

1. 试用期管理

1.1 乙方试用期期限为____个月，____年____月____日至____年____月____日。

1.2 乙方试用期工资为_____元，每月____日至____日之间发放上一月工资。

1.3 甲方根据乙方招聘条件，结合岗位职责，确定如下录用条件并作为考核依据，乙方自愿遵守，并承诺认可甲方的考核结果。_____
_____或详见《试用期考核规定》。

甲方应于试用期满前____个工作日内，按照上述标准对乙方进行考核，如乙方未通过考核，甲方有权以不符合录用条件为由与乙方解除本合同。

1.4 试用期内乙方出现下列情形的，甲方有权以不符合录用条件为由解除劳动合同：

......

2. 工作内容

2.1 在双方劳动合同存续期间，乙方应努力完成甲方指派的工作任务，与甲方签订劳动合同后，不得同时受聘于其他公司或个人。只有在甲方指派或征得甲方同意的情况下，乙方才可以在其他用人单位从事兼职行为。

本协议仅为参考，由于公司间存在文化、管理、组织架构等方面的巨大差异及各地方法规规定不同，建议公司根据自身特点及当地要求拟定相应具体条款。

【风险提示】如补充协议内容在用人单位规章制度或员工手册已进行规定，建议以制度类文件为准。当协议内容与制度内容冲突，司法实践将认定以双方协商内容为准，而协议内容变更需双方协商一致，而制度内规定的变更属于公司单方行为，难度小、风险低。

公司与员工签订劳动合同后再另行约定补充条款时，适用本协议。

1. 用人单位信息，协议的必备内容。
2. 一般至少应包括用人单位的名称、住所和法定代表人信息。

1. 劳动者信息，协议的必备条款。
2. 一般至少应包括劳动者的名称、住址和身份证号信息。

1. 试用期管理，非补充协议的必备条款。
2. 如劳动者存在试用期，劳动合同未就试用期进行约定或者对试用期约定不明确的，此条为必备条款。
3. 用人单位可以拟定单独的试用期补充协议。
4. 针对特殊岗位，公司可以根据岗位特点制定特殊的录用条件。

试用期的工资不得低于本单位相同岗位最低档工资或者劳动合同约定工资的80%，并不得低于用人单位所在地的最低工资标准。

续表

正文	批注
2.2　甲方根据生产经营的需要可以安排乙方从事临时性工作任务。 2.3　甲方可以根据经营情况或乙方的实际工作情况对乙方的工作岗位、工作地点进行调整，乙方同意其工资待遇随之变动。	公司自主决定员工工作地点、工作岗位的变更，存在效力待定问题，但公司可以依据此条与员工商谈，起到员工与公司达成协议一致变更的效果。
3.　工作时间和休息休假 3.1　加班： …… 3.2　病假： ……	1.　工作时间和休息休假，如果劳动合同对此有具体约定，此条款非必备条款。 2.　主要约定劳动者的加班、休假等内容。 3.　如规章制度有关于工作时间、加班、休假的相关规定，可不在合同中进行相同内容的约定。
4.　劳动报酬 乙方工资适用下述第　4.1/4.2/4.3　条约定。 4.1　乙方的工资由固定年薪、绩效奖励、加班加点工资三部分组成。 …… 4.2　乙方的工资实行计时工资制 …… 4.3　乙方的工资实行计件工资制 ……	劳动报酬公司可依据公司实际的薪酬制度，与员工做具体补充约定。 根据贵司和员工实际情况选择适用，并相应调整。
5.　劳动保护、劳动条件和职业危害防护 ……	如果劳动合同没有劳动保护等约定则本条为必备条款。
6.　劳动合同变更 …… 6.3　甲方可以根据经营需要或乙方的工作能力、工作表现、考核成绩、健康状况调整乙方的工作部门、工作岗位及薪金待遇，乙方愿意服从甲方的管理和工作安排。出现以下情形之一的，甲乙双方变更劳动合同及本协议： 6.3.1　乙方患病或非因工负伤，在规定的医疗期满后无法到原岗位工作。 6.3.2　乙方处于离职脱密期间的。 6.3.3　劳动合同订立时所依据的客观情况发生重大变化，导致劳动合同无法继续履行。"客观情况"指出现致使劳动合同全部或部分条款无法履行的情况，包括但不限于不可抗力、意外事件、政府行为、企业迁移、被兼并、企业资产转移、部门或岗位精简、业务重组、组织架构调整等。其中，部门或岗位的精简指在保留原部门或岗位的前提下，相同业务部门或岗位的数量减少。 6.3.4　乙方不能胜任本岗工作。 除特殊解释外，劳动合同及本协议履行过程中涉及的不能胜任工作一般指乙方不能按要求完成劳动合同中约定的任务或者同工种、同岗位人员的工作量的情形。具体情形以甲方员工手册等规章制度规定或岗位职责说明等文件为准。	1.　劳动合同变更，非本协议的必备条款。 2.　主要约定变更劳动合同的情形、程序、形式等内容。 3.　用人单位可根据实际情况进行增加修改。
7.　劳动合同暂时停止履行 ……	1.　劳动合同暂停履行，非本协议的必备条款。 2.　主要约定劳动合同暂停履行的情形、暂停期间的权利和义务等内容。 3.　公司也可以与员工单独订立中止劳动合同协议书。
8.　劳动合同解除、终止、续订 8.5　劳动合同到期终止，因乙方出现法定情形导致劳动合同期限延长，如因累计延长期限导致出现应签订无固定期限劳动合同情形（连续工作10年以上等）的，待法	与法律规定相冲突，司法实践中有不予认定的风险，建议企业谨慎操作。

续表

定延期情形消失后，劳动合同依法终止，甲乙双方不因法定延期情形而签订无固定期限劳动合同。

8.6　劳动合同到期后，如甲乙双方均同意续订，乙方应当在到期前5日内告知甲方人力资源部办理续订劳动合同相关手续。但若双方在劳动合同到期后一个月内未续订书面劳动合同，视为双方已经按照原劳动合同内容签订了为期一年的劳动合同。

9.离职程序
……
9.4　离职最后一个月的工资，甲方自双方劳动关系解除或终止之日以现金形式向乙方发放。

9.5　离职工作交接纳入乙方离职前的绩效考核、奖金核算等浮动工资的发放条件，乙方拒不办理工作交接，甲方有权根据考核情况停发上述工资。

10.保密、竞业限制及专项培训
……
11.反商业贿赂
……
12.违反劳动合同的责任
……
13.争议处理
……
13.2　乙方收取甲方经济补偿等费用或就解除（终止）劳动合同事宜签订相关协议后，视为双方以及乙方与甲方的关联企业（包括但不限于集团公司、母公司、子公司、分公司等）再无其他争议，乙方不得再提起任何维权程序，如有违反，甲方有权追回已付费用。

14.信息送达

14.1　乙确认如下送达地址：

14.2　文书送达地址为甲方向乙方送达法律文书或物品的地址，甲方向该地址寄送法律文书或物品的时候，如出现包括但不限于拒收、迁址、查无此人等情形时，亦视为送达，所产生的后果由乙方本人承担。

14.3　如上列送达信息发生变更，乙方应于发生变更情形3个工作日内书面通知甲方，未予通知或逾期通知的，甲方以原地址信息送达相关资料的，视为有效。

14.4　送达方式包括快递、挂号信、住所地公示、省级报纸公告、公证送达等。

15.其他约定

15.1　甲乙双方共同确认在签订劳动合同及本协议之前，甲方已经向乙方如实介绍了工作内容、工作地点、工作条件、职业危害、安全生产、劳动报酬以及乙方要求了解的其他情况，乙方已经知晓上述内容并自愿予以遵守。

15.2　除特殊解释外，本合同履行过程中的甲方规章制度包括但不限于员工手册、岗位职责、奖惩条例、绩效考核办法以及其他各项制度、条例、办法等；甲方文件包括但不限于会议纪要、合同、协议、承诺、备忘录、签呈、通知、决定等。

15.3　双方劳动合同及其本补充协议除填写必需的合同主体、签约人、签约时间或者已有预留空格外，任何涂改、删除、增添均不具有任何效力。

【风险提示】约定续延的规定要结合各地司法实践，存在风险。建议人力资源部对到期合同应做好日常管理和到期日监控。

1. 离职程序非本补充协议的必备条款。
2. 主要约定办理离职、工作交接等内容。
3. 如规章制度中对离职程序有详细规定，可不在合同中进行约定。

工资支付的形式往往难以动摇企业的工资支付义务，建议企业谨慎操作。

由于工资支付的法定义务性与企业的主张赔偿损失的权利并行不悖，故该约定存在不被司法认可的可能性，建议企业谨慎操作。

1. 保密、竞业限制、培训等，非本补充协议的必备条款。
2. 对于涉及保密、竞业限制、培训的岗位，此应为合同的必备条款。
3. 一般建议就此项内容订立专项协议。

1. 违反劳动合同的责任，非本补充协议的必备条款。
2. 主要约定劳动者违反劳动合同给用人单位造成损失的赔偿责任、损失计算、赔偿方式等情形。
3. 除了服务期、竞业限制可以约定违约金外，其他任何情形下约定违约金均是无效的。

1. 争议处理非本补充协议的必备条款。
2. 主要约定出现争议后的解决方式、途径及程序等内容。

基于劳动合同双方权利义务的相对性，并不能完全排除员工向其他主体主张权利的可能性。

【风险提示】如出现送达不能，建议通过公告送达的方式完成文书或物品的送达，避免出现送达无效的情形。

续表

> 15.4 除乙方特别标注外,乙方对本合同、甲方规章制度或文件的签字(捺印)视为对相应内容的认可及遵守承诺。
> 16. 协议生效
> 本协议自甲乙双方签字或盖章(捺印)之日起生效,协议一式两份,双方均持。
>
> 甲方：_____ 乙方：_____
> _____年___月___日   _____年___月___日

> 合同生效一般应为合同的必备条款。
>
> 确保员工本人面签,且与身份证姓名一致,不得出现错别字,也不建议填写繁体字。其他页空白处也建议员工签字确认。双页以上文件建议压骑缝章。

第五节　法律法规及政策指南

《劳动合同法》

第七条　用人单位自用工之日起即与劳动者建立劳动关系。用人单位应当建立职工名册备查。

第十条　建立劳动关系,应当订立书面劳动合同。

已建立劳动关系,未同时订立书面劳动合同的,应当自用工之日起一个月内订立书面劳动合同。

用人单位与劳动者在用工前订立劳动合同的,劳动关系自用工之日起建立。

第十二条　劳动合同分为固定期限劳动合同、无固定期限劳动合同和以完成一定工作任务为期限的劳动合同。

第十七条　劳动合同应当具备以下条款：

(一)用人单位的名称、住所和法定代表人或者主要负责人；

(二)劳动者的姓名、住址和居民身份证或者其他有效身份证件号码；

(三)劳动合同期限；

(四)工作内容和工作地点；

(五)工作时间和休息休假；

(六)劳动报酬；

(七)社会保险；

(八)劳动保护、劳动条件和职业危害防护；

(九)法律、法规规定应当纳入劳动合同的其他事项。

劳动合同除前款规定的必备条款外,用人单位与劳动者可以约定试用期、培训、保守秘密、补充保险和福利待遇等其他事项。

第八十二条 用人单位自用工之日起超过一个月不满一年未与劳动者订立书面劳动合同的,应当向劳动者每月支付二倍的工资。

用人单位违反本法规定不与劳动者订立无固定期限劳动合同的,自应当订立无固定期限劳动合同之日起向劳动者每月支付二倍的工资。

《劳动合同法实施条例》

第五条 自用工之日起一个月内,经用人单位书面通知后,劳动者不与用人单位订立书面劳动合同的,用人单位应当书面通知劳动者终止劳动关系,无需向劳动者支付经济补偿,但是应当依法向劳动者支付其实际工作时间的劳动报酬。

第六条 用人单位自用工之日起超过一个月不满一年未与劳动者订立书面劳动合同的,应当依照劳动合同法第八十二条的规定向劳动者每月支付两倍的工资,并与劳动者补订书面劳动合同;劳动者不与用人单位订立书面劳动合同的,用人单位应当书面通知劳动者终止劳动关系,并依照劳动合同法第四十七条的规定支付经济补偿。

前款规定的用人单位向劳动者每月支付两倍工资的起算时间为用工之日起满一个月的次日,截止时间为补订书面劳动合同的前一日。

第七条 用人单位自用工之日起满一年未与劳动者订立书面劳动合同的,自用工之日起满一个月的次日至满一年的前一日应当依照劳动合同法第八十二条的规定向劳动者每月支付两倍的工资,并视为自用工之日起满一年的当日已经与劳动者订立无固定期限劳动合同,应当立即与劳动者补订书面劳动合同。

第八条 劳动合同法第七条规定的职工名册,应当包括劳动者姓名、性别、公民身份号码、户籍地址及现住址、联系方式、用工形式、用工起始时间、劳动合同期限等内容。

第六节　企业用工风险测评

企业的人力资源管理工作中存在以下常见问题:

1.不清晰人力资源管理中的法律风险点,不清晰法律规定和实务操作之间的差别;

2.规章制度、员工手册等陈旧,不与时俱进,合理性和合法性存在问题;

3.人力资源管理工作没有制度化、规范化、流程化,使 HR 管理人员工作流于日常琐碎,与人力资源专员工作无异,不能将精力投放到人力资源的战略管理和企业文化的建设当中来;

4.人力资源管理中一些必备的合同、协议经不起推敲,达不到明确权利义务的效果;

5.错发、乱发通知书、证明等。

针对以上问题,结合劳动争议案件仲裁和诉讼实务经验,通过简单的一些测评题帮助企业更快认识、解决人力资源管理过程中的风险。提早发现,尽早预防。

评估报告:

请根据腰封、书签指引查看"企业用工风险评估报告"。如果您不慎丢失了腰封或书签,请随时联系主编客服团队。客服人员将协助您获取评估报告。

1.公司与劳动者签订书面劳动合同的时间为(　　)

A.用工之日　　　　B.用工之日起第三周　　C.用工之日起第四周

D.试用期满转正后　E.用工之日前　　　　　F.无书面合同

问题设计目的:

为了了解公司与员工订立劳动合同的时间选择是否存在风险。

法律分析:

根据《劳动合同法》第10条第1款、第2款,第14条第3款,第82条第1款的规定,用人单位与劳动者建立劳动关系,应当订立书面劳动合同,用人单位应该与劳动者自用工之日起一个月内订立书面劳动合同。用人单位自用工之日起超过一个月不满一年未与劳动者订立书面劳动合同的,应当向劳动者每月支付二倍的工资。用人单位自用工之日起满一年不与劳动者订立书面劳动合同的,视为用人单位与劳动者已订立无固定期限劳动合同。

2.公司是否与劳动者当面签订或续订劳动合同?(　　)

A.是　　　　　B.不面签但核对签字　　　　C.否

问题设计目的:

为了了解公司与员工签订劳动合同的过程是否存在法律风险。

法律分析:

根据《劳动合同法》第10条第1款、第2款,第14条第3款,第82条第1款的规定,用人单位与劳动者建立劳动关系,应当订立书面劳动合同,用人单位应该与劳动者自用工之日起一个月内订立书面劳动合同。用人单位自用工之日起超过一个月不满一年未与劳动者订立书面劳动合同的,应当向劳动者每月支付二倍的工资。用人单位自用工之日起满一年不与劳动者订立书面劳动合同的,视为用人单位与劳动者已订立无固定期限劳动合同。

3. 劳动合同中是否对用人单位和员工的文书送达地址进行了确认？（　　）

A. 是　　　　B. 否　　　　C. 否，但以其他形式书面确认

问题设计目的：

为了了解公司是否知晓员工的有效送达地址。

法律分析：

略。

4. 公司与员工签订的劳动合同有下列哪些内容？（　　）

A. 用人单位的名称、住所和法定代表人或主要负责人

B. 劳动者的姓名、住址和居民身份证或者其他有效身份证件号码

C. 劳动合同期限

D. 工作内容和工作地点

E. 工作时间和休息休假

F. 劳动报酬

G. 社会保险

H. 劳动保护、劳动条件和职业危害防护

I. 法律、法规规定应当纳入劳动合同的其他事项

J. 以上事项全有

问题设计目的：

为了了解公司与员工订立劳动合同的内容是否存在风险。

法律分析：

《劳动合同法》第17条规定："劳动合同应当具备以下条款：（一）用人单位的名称、住所和法定代表人或者主要负责人；（二）劳动者的姓名、住址和居民身份证或者其他有效身份证件号码；（三）劳动合同期限；（四）工作内容和工作地点；（五）工作时间和休息休假；（六）劳动报酬；（七）社会保险；（八）劳动保护、劳动条件和职业危害防护；（九）法律、法规规定应当纳入劳动合同的其他事项。劳动合同除前款规定的必备条款外，用人单位与劳动者可以约定试用期、培训、保守秘密、补充保险和福利待遇等其他事项。"

第二章

劳动合同变更

第一节　企业常见用工风险点

本节重点

- 企业是否可以单方变更劳动合同？
- 哪些情形下，用人单位可以单方变更劳动合同？
- 企业法人、股东等发生变更，是否需要变更劳动合同？
- 调岗调薪员工不去，是否可以按照旷工处理？
- 劳动合同变更是否适用于"默示变更"？

一、企业是否可以单方变更劳动合同？

说明：劳动合同的变更，是指劳动合同生效以后，未履行完毕之前，用人单位、劳动者就已订立的劳动合同的部分条款达成修改、补充或者废止的行为。

劳动合同一经订立就具有法律效力，双方必须全面履行劳动合同所规定的义务。但在实践中，用人单位、员工在订立合同时，有时不可能对涉及合同的所有问题都作出明确的规定，且由于客观情况的不断变化，会出现劳动合同难于履行，或者合同的履行可能造成用人单位、员工之间权利义务的不平衡，这就需要用人单位和劳动者双方对劳动合同的部分内容进行适当的调整。因此《劳动合同法》允许在一定条件下可以变更劳动合同，但要符合法定的条件和程序。任何一方不得随意单方变更劳动合同。

根据《劳动合同法》第35条第1款的规定，在一般情况下，用人单位与劳动者协商一致，可以变更劳动合同约定的内容。另外，根据《劳动合同法》第40条第3项的规定，劳动合同订立时所依据的客观情况发生重大变化，是劳动合同变更的一个重要的法定事由。另外，变更劳动合同，应当采用书面形式，变更后的文本应由双方各执一份。

二、哪些情形下，用人单位可以单方变更劳动合同？

说明：用人单位可以单方变更劳动合同，这些情况通常包括：

第一，劳动者患病或者非因工负伤，在规定的医疗期满后不能从事原工作，也不能从事用人单位另行安排的工作的。第二，劳动者不能胜任工作，经过培训或调整工作岗位，仍然不能胜任工作的。第三，劳动合同订立时所依据的客观情况发生重大变化，致使劳动合同无法履行，经用人单位与劳动者协商，未能就变更劳动合同内容达成协议的。

在以上三种情形下，劳动者不同意变更劳动合同的，用人单位可解除与其订立的劳动合同，终止劳动关系。

同时，在订立劳动合同的过程中，用人单位可以在劳动合同中约定变更的情形，当具备约定情形时，用人单位一方可以变更劳动合同，因此实操中建议用人单位与员工在劳动合同、规章制度中提前约定劳动合同变更的情形。

三、企业法人、股东等发生变更，是否需要变更劳动合同？

说明：《劳动合同法》第33条规定："用人单位变更名称、法定代表人、主要负责人或者投资人等事项，不影响劳动合同的履行。"根据本条的规定，用人单位变更名称、法定代表人、主要负责人或者投资人等的事项，不影响劳动合同的效力，劳动合同应当继续履行。

劳动合同订立后，用人单位一方发生变化后的劳动合同的履行问题，在实践中存在这种情况，有些企业等用人单位因更改了名称或者更换法定代表人、主要负责人而拒绝履行劳动合同，还有的用人单位也借口投资主体发生了变化而拒绝履行劳动合同。这是法律所不允许的。企业法人、股东等变化不影响劳动合同的履行。

四、调岗员工不去，是否可以按照旷工处理？

说明：用人单位单方调岗员工不去，按照旷工处理的前提条件：

第一，公司调岗是有效的调岗，既要保证调岗的合法性，又要保证调岗的合理性。第二，规章制度或劳动合同中明确规定公司合法合理调岗，员工不去，属于旷工或属于不服从公司工作安排处理。

满足以上两个条件,若员工调岗不去,可以按照公司规章制度或者劳动合同处理。

五、劳动合同变更是否适用于"默示变更"?

说明:在实践中,有不少用人单位在变更劳动合同时未采用书面方式,而采用默示的方式。那么,什么样的默示变更有效呢?《最高人民法院关于审理劳动争议案件适用法律问题的解释(一)》第43条规定:"用人单位与劳动者协商一致变更劳动合同,虽未采用书面形式,但已经实际履行了口头变更的劳动合同超过一个月,变更后的劳动合同内容不违反法律、行政法规且不违背公序良俗,当事人以未采用书面形式为由主张劳动合同变更无效的,人民法院不予支持。"

第二节　经 典 案 例

【案例简介】

小洪系某医院经营主任。某日,该医院向小洪发出调岗通知书,将小洪的工作岗位变更为经营主任助理,并要求小洪次日到人力资源部报到。

小洪对调岗决定不予认可且未到新岗位报到。后该医院人力资源部经理在与小洪微信聊天中称经领导研究决定将小洪调回到原岗位工作,同日该经理又通过微信向小洪发送某医院出具的解除劳动关系通知书,以小洪未按照调岗通知书要求到指定岗位报到且连续旷工为由,决定与小洪解除劳动关系。

小洪申请劳动仲裁,请求某医院支付违法解除劳动合同赔偿金等,仲裁委未予受理,小洪遂起诉至法院。

【争议焦点】

公司调岗后,小洪不去,是否可以以旷工为由解除劳动合同?

【判决结果】

法院生效裁判认为,某医院将小洪职位明显降低,属于对其工作岗位的不利调整,应对调岗决定的合法性、合理性予以证明。在该医院未提交充足证据证明其对于小洪岗位的调整系基于自身经营发展需要或小洪工作成绩无法达到医院要求等原因的前提下,结合该医院人力资源部经理与小洪的微信聊天记录,该医院同一天出具的解除通知等证据,认定某医院违法解除劳动合同,判决该医院支付小洪违法解除劳动合同赔偿金。

【律师解读】

本案系用人单位单方调整劳动者工作岗位的典型案例。企业基于自身生产经营需要,有权对内部组织架构、人员工作岗位进行调整,但应当符合法律法规及规章制度的规定。人民法院在审理此类案件时,应兼顾效率与公平,既要充分保障企业的经营自主权,为企业提供良好营商环境,也要对岗位调整行为进行合法性审查,防止企业滥用管理权,保护劳动者合法权益。

第三节 操作指引

【概论】

劳动合同变更实操中,需重点区分是哪一方提出,用人单位和员工提出操作流程是不一样的,需掌握企业单方变更劳动合同的情形及具体的操作。

【劳动合同变更实操流程图】

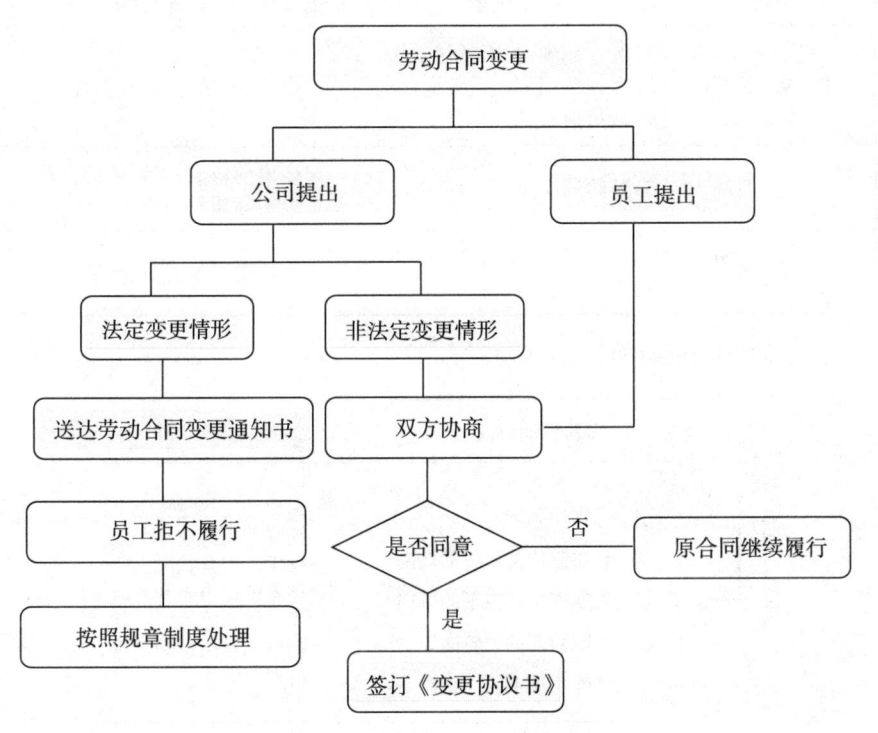

```
                    劳动合同变更
                   /            \
              公司提出          员工提出
              /     \
        法定变更情形  非法定变更情形
            |            |
    送达劳动合同变更通知书  双方协商
            |            |
        员工拒不履行   是否同意 —否→ 原合同继续履行
            |            |
        按照规章制度处理   是
                         |
                    签订《变更协议书》
```

【说明】

1. 劳动合同变更类型

主体变更、劳动合同期限变更、试用期期限变更、岗位薪酬变更、工作地点变更、工时种类变更等,从提出方来说劳动合同变更实操中又分为员工提出、用人单位提出两种情形。

2. 劳动合同变更原则:协商一致、公平、公正原则

《劳动合同法》第35条第1款规定:"用人单位与劳动者协商一致,可以变更劳动合同约定的内容。变更劳动合同,应当采用书面形式。"

根据以上规定,除用人单位法定变更情形外(按照《劳动合同法》第40条关于变更岗位的规定),劳动合同变更须坚持平等自愿、协商一致的原则,即劳动合同的变更必须经用人单位和劳动者双方当事人的同意。平等自愿、协商一致是劳动合同订立的原则,也是其变更应遵循的原则。

3. 调岗调薪类型

实操中,调岗调薪类型分为3大模式9大类型,具体如表2-1所示:

表2-1 调岗调薪的模式

模式	类型	特点
依"法"而调	1. 医疗期满;2. 不胜任工作;3. 客观情况发生重大变化;4. 裁员前	◇强制、单方、薪随岗变
依"约"而调	5. 预约调岗;6. 默示调岗	◇事前协商一致、依约变薪;◇实际履行原则
依"需"而调	7. 女工三期;8. 工伤员工;9. 涉密员工	◇按需调整,依法变薪

(1)依"约"而调(见图2-1)

入职时约定 ⇒
岗薪异动协议书
√ 惩罚性调岗
√ 利益制约关系下的调岗
√ 长期离岗状态下的调岗
√ 入职初期的"轮岗"
√ 特殊情形下的"待岗"

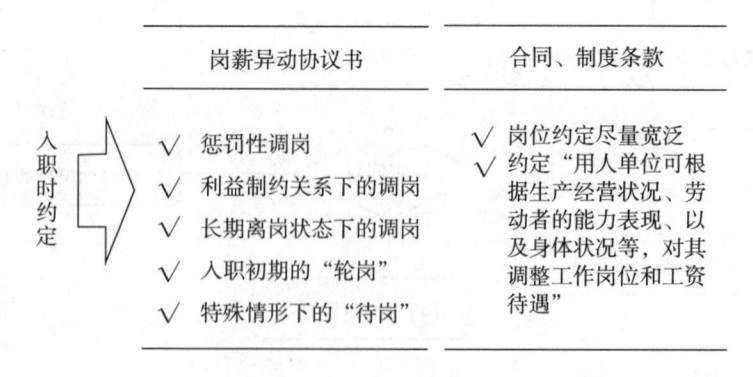

合同、制度条款
√ 岗位约定尽量宽泛
√ 约定"用人单位可根据生产经营状况、劳动者的能力表现、以及身体状况等,对其调整工作岗位和工资待遇"

图2-1 依"约"而调的情形

实践中,对于企业可能作出调岗调薪的决定,不仅仅是法律法规中所指的情形,还会存在一些适应企业经营自主的需要所作出的调岗变薪行为,因此建议企

业在员工入职初期，与员工以书面形式进行劳动合同变更的约定，当符合约定的情形时，企业则可按照约定进行调整，减少劳动争议的发生。

该协议书可约定的情形包括：

惩罚性调岗：当员工在履行岗位职责时有过失行为，通常企业会以停职反省或调岗降薪的方式来惩罚员工，这种做法往往会引发争议，如果劳资双方初期在用工规则中已进行约定，通常司法实践中会认可该调岗变薪的合法性。

利益制约关系下的调岗：企业中担任重要岗位的员工，或是利益制约关系的两个岗位，如员工之间存在近亲属关系、婚姻关系等，则不利于岗位职责得到公正公平的发挥，因此为了企业利益、股东利益等，企业需要作出调岗变薪的决定，如在协议中提前约定，哪些岗位不应存在用人冲突，以便对日后的调整作出合法合理的铺垫。

长期离岗状态下的调岗：企业内的员工如出现长期连续、断续休事假、病假（医疗期未满）或其他假别，可能会影响工作的连续性，此种情形下，企业对于岗位的人员安排很是头疼，如果说对其进行调岗，无法律依据，不调岗则影响正常的生产经营。如入职初期与员工约定，出现该情形，企业有调整岗位的权利，那么依约而调则变得有理有据。

入职初期的"轮岗"：很多企业在员工入职初期都比较喜欢安排员工轮岗，一是让新员工在各岗位都进行尝试，以便了解企业全貌，找到更适合自己的岗位，也为更好的对接各部门工作；二是部门内轮岗，为日后的人员替补做准备。无论何种原因轮岗，都可能会影响员工的切身利益，一旦发生争议，则需要企业举证轮岗的必要性。这个问题如果在入职初期的协议中约定，那么轮岗则变得有据可依。

特殊情形下的"待岗"：企业经营困难、开工不足等情形可能会导致员工处于事实待岗状态，包括前述内容中也提到过，企业履行单方调岗义务，如果无岗可调，也会让员工处于事实待岗，如果超出合理期限，则可能导致员工被迫辞职，主张经济补偿。因此，建议企业约定待岗情形、待遇及期限，并且对待岗的管理规定进行相关的民主程序。

此外，很多用人单位在劳动合同中与员工约定的岗位比较宽泛，甚至在补充条款内声明了企业调岗的权利，在这里需要说明的是：该种约定并不违反法律规定，只是在实操中，需保证调岗的合理性，如变更不存在合理性，则该约定属于"免除自己的法定责任，排除劳动者权利"的不合法行为。

（2）调岗合理性

有效的调岗，在保证合法性基础上，应考虑调岗的合理性，实务中，合理性一般考虑以下因素：①是否基于用人单位生产经营需要；②是否符合劳动合同的约定或者用人单位规章制度的规定；③是否对劳动者有歧视性、侮辱性；④是否对劳动报酬及其他劳动条件产生较大影响；⑤劳动者是否能够胜任调整的岗位；⑥工作地点作出调整后，用人单位是否提供必要协助或补偿措施等。

第四节　实用工具

调岗调薪通知书

【说明】

劳动者在与用人单位的合同存续期间，会由于种种原因需要调整工作岗位，而工作岗位的调整往往伴随工资的调整，根据《劳动合同法》的相关规定，变更劳动合同的工作岗位即变更劳动合同的实质性内容，应该经过劳动者的同意。

调岗调薪通知书可以将调整原因以及调整后的结果进行提示罗列，保障员工的及时知悉，同时就员工未按照此通知书的规定执行岗位变更，对其进行相关处理提供了有利证据。

用人单位在进行岗位变更时向劳动者发送此通知书，有利于固定变更事宜，为日后的纠纷提供有利证据。

文件仅供参考，具体请以实际发生情况灵活掌握。

【适用】

用人单位在与劳动者建立劳动关系时，会因为用人单位和劳动者双方各自的原因导致调整工作岗位，本通知书于变更工作岗位书面通知劳动者时使用。

【基本要素】

①调岗理由；

②调岗前后的薪资待遇；

③通知劳动者到岗时间。

【法律风险】

①未依法定程序发给劳动者变更岗位通知书，造成违法调整工作岗位的风险。

②未按照公司规定对未依法到岗的劳动者进行相应处理的风险。

【调岗调薪通知书范本】

```
                    调岗调薪通知书

    _____（先生/女士）：
    经公司决定,向您发出调整工作岗位通知。
    调岗理由：                                          根据实际情况选择。
    □不能胜任工作岗位；
    □医疗期满无法从事原工作；
    □违规、违纪行为；                                    违规、违纪行为的调
    □本人申请；                                         岗调薪建议慎用。
    □因生产经营状况发生较大变化；
    □其他。
    调整前岗位：_____        工资待遇：_____
    调整后岗位：_____        工资待遇：_____
    请于接到本通知之日起____个工作日内到岗,如届时未予到岗,公司将按照相关
    规定予以处理。

    员工签字：                    公司盖章：
      年  月  日                    年  月  日
```

劳动合同变更协议书

【说明】

劳动者在与用人单位的合同存续期间,会由于种种原因需要变更劳动合同的相关内容。很多用人单位在处理变更事宜时,一般以口头形式进行变更。

为固定变更事宜,且为日后纠纷提供有利证据,签订变更劳动合同协议就显得尤其重要。用人单位与劳动者可以就变更事宜以协议书的形式固定,并对相关内容予以明确,以此减少用工的法律风险。

因此,在用人单位和劳动者出现劳动合同变更事宜时,签订变更劳动合同协议书应为用人单位用工管理的重要程序之一。

文件仅供参考,具体请以实际发生情况灵活掌握。

【适用】

在用人单位和劳动者变更劳动合同时使用。

【基本要素】

①工作岗位

工作岗位的变更,约定新岗位、岗位变更的日期、原岗位的交接工作和新岗

位的上岗手续等内容。

②劳动报酬

新岗位的劳动报酬,为协议的必备内容,一般是随岗位变动而进行调整的。

③岗位职责

企业可以根据新岗位的具体职责定义员工的工作职责,作为其考核的标准。

④岗位考核

企业根据岗位的性质确定考核标准,并作为对员工工作的测评。

⑤生效条件

规定生效的基本条件,确定合同生效的日期。

【法律风险】

①变更未签订协议而引起变更未生效的法律风险。

②未约定报酬变更而引发纠纷的法律风险。

【劳动合同变更协议书范本】

劳动合同变更协议书

甲方:_____ 法定代表人:_____

住所:_____

乙方:_____ 身份证号:_____

通讯地址:_____ 联系电话:_____

紧急联系人:_____ 联系电话:_____

　　甲乙双方于_____年___月___日签订___期限劳动合同(以下简称原合同)。现甲乙双方考虑到乙方的实际情况,在坚持以人为本、依法保障乙方合法权益的基础上,根据《中华人民共和国劳动法》《中华人民共和国劳动合同法》及有关的劳动法律法规、行政规章和甲方依法制定的规章制度,本着平等自愿、协商一致的原则,就变更原合同事宜,达成如下协议,以资共同恪守。

第一条　工作岗位

　　甲乙双方一致同意,自_____年___月___日起,乙方的工作岗位由___变更为_____。

　　乙方应于_____年___月___日之前按照甲方的要求办理完原岗位的工作交接手续,并于_____年___月___日按时到新岗位工作。

第二条　劳动报酬

　　(1)乙方在新岗位的月工资主要由基本工资、岗位工资、绩效工资、综合奖金和综合补贴构成,其中基本工资_____元,岗位工资_____元,绩效工资_____元,综合奖金_____元。

　　(2)绩效工资数额为绩效工资的计算基数,具体发放数额根据绩效考核制度和本

因考虑到各个企业的薪资规定及架构不一样,所以以下条款建议需根据本企业实际情况填写、修改。

续表

协议约定的考核办法及乙方的绩效考核成绩确定。

（3）综合奖金一般依照上述约定发放，但如遇乙方出现甲方规章制度、员工手册和本协议约定的可以扣除乙方奖金的行为，奖金的具体数额以扣除后的实际数额为准。

（4）综合补贴主要是国家及地方规定的福利和甲方规章制度规定的福利，其发放时间和数额以上述规定为准。在没有规定的情形下，综合补贴数额为零。

第三条 岗位职责

乙方在新岗位的工作内容为：_____。

具体职责为：_____
_____
_____
_____

第四条 岗位考核 ——————————————————————— 建议具体详细描述。

乙方同意甲方按照如下标准对乙方在新岗位的工作进行考核：_____
_____
_____
_____

乙方考核连续两次月考核不合格（绩效考核得分在75分以下）或自第一次月考核不合格起一年内累计三次月考核不合格的，视为不胜任工作，甲方有权对乙方进行培训或调整工作岗位，经培训或调整工作岗位后仍不能胜任工作的，甲方有权解除劳动合同。

本条只是参考模板，具体情况需要各个企业根据企业实际工作考核要求来修改。

第五条 其他约定

本协议签订后，原合同仍继续履行，但变更条款按照本协议执行。

本协议作为原合同的附件，与原合同有着同等的法律效力。原合同依法解除或终止，本协议亦随之失去效力。

乙方应该严格遵守甲方规章制度、员工手册的规定。

第六条 生效

本协议自双方签字或盖章之日起生效。协议一式二份，甲乙双方各执一份。

（此后无正文）

甲方：_____　　　　　　乙方：_____
_____年____月____日　　　　　　　　_____年____月____日

第五节　法律法规及政策指南

《劳动合同法》

第三十三条　用人单位变更名称、法定代表人、主要负责人或者投资人等事项，不影响劳动合同的履行。

第三十五条　用人单位与劳动者协商一致，可以变更劳动合同约定的内容。变更劳动合同，应当采用书面形式。

变更后的劳动合同文本由用人单位和劳动者各执一份。

第四十条　有下列情形之一的，用人单位提前三十日以书面形式通知劳动者本人或者额外支付劳动者一个月工资后，可以解除劳动合同：

（一）劳动者患病或者非因工负伤，在规定的医疗期满后不能从事原工作，也不能从事由用人单位另行安排的工作的；

（二）劳动者不能胜任工作，经过培训或者调整工作岗位，仍不能胜任工作的；

（三）劳动合同订立时所依据的客观情况发生重大变化，致使劳动合同无法履行，经用人单位与劳动者协商，未能就变更劳动合同内容达成协议的。

《最高人民法院关于审理劳动争议案件适用法律问题的解释（一）》

第二十六条　用人单位与其他单位合并的，合并前发生的劳动争议，由合并后的单位为当事人；用人单位分立为若干单位的，其分立前发生的劳动争议，由分立后的实际用人单位为当事人。

用人单位分立为若干单位后，具体承受劳动权利义务的单位不明确的，分立后的单位均为当事人。

第四十三条　用人单位与劳动者协商一致变更劳动合同，虽未采用书面形式，但已经实际履行了口头变更的劳动合同超过一个月，变更后的劳动合同内容不违反法律、行政法规且不违背公序良俗，当事人以未采用书面形式为由主张劳动合同变更无效的，人民法院不予支持。

《劳动部关于企业职工流动若干问题的通知》（劳部发〔1996〕355号）

二、用人单位与掌握商业秘密的职工在劳动合同中约定保守商业秘密有关事项时，可以约定在劳动合同终止前或该职工提出解除劳动合同后的一定时间内（不超过六个月），调整其工作岗位，变更劳动合同中相关内容……

第六节　企业用工风险测评

企业的人力资源管理工作中存在以下常见问题：

1. 不清晰人力资源管理中的法律风险点，不清晰法律规定和实务操作之间的差别；

2. 规章制度、员工手册等陈旧，不与时俱进，合理性和合法性存在问题；

3. 人力资源管理工作没有制度化、规范化、流程化，使 HR 管理人员工作流于日常琐碎，与人力资源专员工作无异，不能将精力投放到人力资源的战略管理和企业文化的建设当中来；

4. 人力资源管理中一些必备的合同、协议经不起推敲，达不到明确权利义务的效果；

5. 错发、乱发通知书、证明等。

针对以上问题，结合劳动争议案件仲裁和诉讼实务经验，通过简单的一些测评题帮助企业更快认识、解决人力资源管理过程中的风险。提早发现，尽早预防。

评估报告：

请根据腰封、书签指引查看"企业用工风险评估报告"。如果您不慎丢失了腰封或书签，请随时联系主编客服团队。客服人员将协助您获取评估报告。

劳动合同履行过程中如涉及条款变更，公司与员工是否签订书面变更协议？（　　）

A. 是　　　　B. 否

问题设计目的：

为了了解公司与员工变更劳动合同内容时不采用书面形式是否存在风险？

法律分析：

根据《劳动合同法》第 35 条第 1 款的规定，用人单位与劳动者协商一致，可以变更劳动合同约定的内容。变更劳动合同，应当采用书面形式。《最高人民法院关于审理劳动争议案件适用法律问题的解释（一）》第 43 条规定："用人单位与劳动者协商一致变更劳动合同，虽未采用书面形式，但已经实际履行了口头变更的劳动合同超过一个月，变更后的劳动合同内容不违反法律、行政法规且不违背公序良俗，当事人以未采用书面形式为由主张劳动合同变更无效的，人民法院不予支持。"

第三章

劳动合同的续订、续延

第一节 企业常见用工风险点

本节重点

- 连续订立两次固定期限劳动合同,必须续订无固定期限劳动合同吗?
- 续订劳动合同时,续订条件无法达成一致如何处理?
- 实践中如何理解"维持或者提高劳动合同约定条件"?
- 劳动合同到期后的法定续延情形包括哪些?
- 遇到法定续延情形,用人单位如何办理续延手续?
- 劳动合同中约定"合同到期后自动续延"条款,是否有效?
- 协商延长或变更劳动合同终止时间,是否计入劳动合同签订次数?
- 因法定续延致使本单位工作满10年,是否必须续订无固定期限劳动合同?

一、连续订立两次固定期限劳动合同,必须续订无固定期限劳动合同吗?

说明: 根据《劳动合同法》第14条第2款第3项的规定,连续订立二次固定期限劳动合同,且劳动者没有《劳动合同法》第39条和第40条第1项、第2项规定的情形,除劳动者提出订立固定期限劳动合同外,用人单位应当订立无固定期限劳动合同。关于《劳动合同法》该条的理解,实践中有两种意见:

第一种意见认为,当二次固定期限劳动合同到期时,如果劳动者存在《劳动合同法》第39条的过错行为或第40条第1项"医疗期满后不能从事原工作,也不能从事由用人单位另行安排的工作的",或第40条第2项"不能胜任工作,经过培训或者调整工作岗位,仍不能胜任工作的",用人单位可以单方终止劳动合同;反之,用人单位无权终止第二次固定期限劳动合同,必须与劳动者续订劳动合同。这也是目前大多数省市地区的主流观点。

第二种意见认为,当二次固定期限劳动合同到期时,用人单位无条件享有单方终止权,只有在双方合意的情况下才需要续订劳动合同。目前少部分省市地区持有这样的观点。

至于续订劳动合同时,是否必须续订无固定期限劳动合同,根据对法条的理解,只有劳动者主动提出续订固定期限,或者用人单位提出,劳动者同意的,用人单位才可以续订固定期限劳动合同;反之,必须续订无固定期限劳动合同。对此,建议各用人单位保留"劳动者提出订立"的书面证据。实践中有出现劳动者签订固定期限劳动合同后反悔,向单位主张应签未签无固定期限劳动合同二倍工资的情形,如用人单位举证不能,司法审判存在两种不同观点,主流观点认为只要用人单位不存在欺诈、胁迫、乘人之危等情形,就视为双方真实意思表示,用人单位无须承担未签无固定期限劳动合同的法律责任。少数地区(如山东)认为,如用人单位无法提供劳动者主动提出签订固定期限劳动合同的证明,应承担不订立无固定期限劳动合同,向劳动者支付二倍工资的法律责任。

二、续订劳动合同时,续订条件无法达成一致如何处理?

说明:用人单位与劳动者续订劳动合同时,难免会因为续订条件无法达成一致意见而产生争议,对此《劳动合同法》第 46 条第 5 项规定,除用人单位维持或者提高劳动合同约定条件续订劳动合同,劳动者不同意续订的情形外,依照《劳动合同法》第 44 条第 1 项规定终止固定期限劳动合同的,用人单位应当向劳动者支付经济补偿。也就是说,用人单位维持或提高劳动合同续订条件,劳动者拒绝签订,用人单位可以终止劳动合同,无须支付经济补偿;相反,降低条件与劳动者续订劳动合同,劳动者拒绝的,此时如果用人单位终止劳动合同,需要做好向劳动者支付经济补偿的准备。

需要提醒用人单位的是,第二次固定期限劳动合同到期时,双方对续订条件无法达成一致的,根据《劳动合同法实施条例》第 11 条的规定,除劳动者与用人单位协商一致的情形外,劳动者依照《劳动合同法》第 14 条第 2 款的规定,提出订立无固定期限劳动合同的,用人单位应当与其订立无固定期限劳动合同。对劳动合同的内容,双方应当按照合法、公平、平等自愿、协商一致、诚实信用的原则协商确定;对协商不一致的内容,依照《劳动合同法》第 18 条的规定执行。又参考《劳动合同法》第 18 条的规定,劳动合同对劳动报酬和劳动条件等标准约定不明确,引发争议的,用人单位与劳动者可以重新协商;协商不成的,适用集体合同规定;没有集体合同或者集体合同未规定劳动报酬的,实行同工同酬;没有集体合同或者集体合同未规定劳动条件等标准的,适用国家有关规定。

综上,第二次固定期限劳动合同到期时,有关劳动合同的续订条件,用人单位须与劳动者达成一致意见,否则应按照原劳动合同条件续订劳动合同。

三、实践中如何理解"维持或者提高劳动合同约定条件"？

说明：针对《劳动合同法》第46条第5项提到的"用人单位维持或者提高劳动合同约定条件",实践中,需要对新劳动合同约定条件与原劳动合同条款或履行情况作对比分析,判断其是否减少了劳动者的权利或权益,是否对劳动者作出了更严苛的约束性规定。

通常情况下从工作内容、工作地点、工作时间、休息休假、劳动报酬、社会保险等方面进行比较,比如减少劳动报酬,增加工作时长,调整工作地点使其通勤不便,改变工作内容且不能提供合理解释说明的,这些情形显然是降低了劳动合同约定条件。实践中,还存在一些隐性降低劳动条件的情形,用人单位应注意识别,比如在不改变劳动者工资总额的情况下调整劳动者的薪酬架构,并通过设定严苛的绩效考核规则变相降低劳动者应得报酬,这也是一种降低劳动合同约定条件的情形。除此之外,有些用人单位还会在续订劳动合同时增加附加条款,比如让劳动者同意根据公司经营需要随时调整劳动者岗位和薪酬,对此司法审判人员会认为,该条款限制了劳动者的平等协商权,使劳动者处于不平等的地位,属于用人单位降低了原劳动合同约定的条件。实践中可能也存在一些难以辨认的情形,比如新续订的劳动合同期限较上一份劳动合同期限较短,或者工作岗位内容原合同是明确表达的,新续订的合同是笼统表达的,在难以确定是维持、提高还是降低条件的时候,司法实践中大多会作出有利于劳动者的解释说明。

综上,用人单位在判断劳动合同约定条件是否维持、提高或降低时,应注意对比原劳动合同的权利义务变化,对于明显降低的情形,或者使劳动者的工作条件处于不确定状态的,都将可能被认定为"降低劳动合同约定条件"。

四、劳动合同到期后的法定续延情形包括哪些？

说明：劳动合同到期后的法定续延,是指法律法规为保护特定劳动者权益而对劳动合同终止作出的限制性规定,当法定情形出现时,原劳动合同效力存续,待法定情形消失后方可终止。用人单位擅自终止劳动合同的,需承担违法终止劳动合同的法律后果。根据《劳动合同法》及配套法律法规的规定,劳动合同的

法定续延,主要包括以下情形(见表2-2):

表2-2 劳动合同续延的法定情形

序号	劳动者特定情形	劳动合同顺延方式
1	从事接触职业病危害作业的劳动者未进行离岗前职业健康检查的	根据《劳动合同法》《职业病防治法》的规定,劳动合同应顺延至职业健康检查完毕或至医学观察期结束(如造成工伤,参考下文3、4情形处理)
2	疑似职业病病人在诊断及医学观察期间的	
3	在本单位患职业病的	根据《劳动合同法》《工伤保险条例》规定, (1)一至四级伤残,保留劳动关系,退出工作岗位,劳动合同期限顺延至法定退休年龄; (2)五六级伤残,保留劳动关系,适当安排工作,经劳动者提出可以终止劳动合同; (3)七至十级伤残,劳动合同到期可以终止
4	因工负伤并被确认丧失或部分丧失劳动能力的	
5	停工留薪期内或者劳动能力鉴定结论尚未作出前的	部分省市地区,如上海、北京等地规定,"工伤人员在停工留薪期内或者劳动能力鉴定结论尚未作出前,用人单位不得与其解除或者终止劳动关系"。 对此,劳动合同应顺延至劳动能力鉴定结束(如确认丧失或部分丧失劳动能力,参考上述3、4情形处理)
6	患病或者非因工负伤尚在规定的医疗期内的	根据《劳动合同法》的规定,劳动合同原则上应顺延至医疗期限届满之日,实践中,若劳动者治疗结束之日先于医疗期届满,可在医疗终结之日终止劳动合同
7	处于孕期、产期、哺乳期的女性劳动者	根据《劳动合同法》的规定,劳动合同应顺延至哺乳期结束之日,流产的应当续延至流产假结束之日
8	在本单位连续工作满15年,且距法定退休年龄不足5年的	根据《劳动合同法》的规定,劳动合同应顺延至劳动者达到法定退休年龄之日
9	劳动合同期满,服务期尚未到期的	根据《劳动合同法》《劳动合同法实施条例》的规定,劳动合同到期是否续延至服务期满是用人单位的权利而非义务,用人单位可以要求劳动者续延劳动合同至服务期届满,亦可放弃服务期约定,终止劳动合同

续表

序号	劳动者特定情形	劳动合同顺延方式
10	工会主席、副主席或者委员任职期间劳动合同期满的	《工会法》第19条规定："基层工会专职主席、副主席或者委员自任职之日起，其劳动合同期限自动延长，延长期限相当于其任职期间；非专职主席、副主席或者委员自任职之日起，其尚未履行的劳动合同期限短于任期的，劳动合同期限自动延长至任期期满……"
11	职工协商代表在任期内，劳动合同期满的	《集体合同规定》第28条第1款规定："职工一方协商代表在其履行协商代表职责期间劳动合同期满的，劳动合同期限自动延长至完成履行协商代表职责之时……"

五、遇到法定续延情形，用人单位如何办理续延手续？

说明：实践中，很多用人单位询问，劳动合同到期时遇到法定续延情形，该如何办理续延手续？是否需要订立劳动合同？关于这个问题，从法律层面上，并没有强制用人单位必须与劳动者办理书面的续延手续，也不需要订立劳动合同。

首先，因"法定事由"续延劳动合同，无须双方当事人另行协商，也不以用人单位的意志为转移，即便不与劳动者办理任何书面手续，劳动合同在法律上已进入续延状态。其次，劳动合同的续订与续延有很大的区别。劳动合同续延是在原劳动合同到期时，因法定事由而自动续延至该情形消失时终止，原劳动合同仍然有效，不需要另行订立书面劳动合同，当然也不会因此承担未签劳动合同的二倍工资。而劳动合同的续订是在劳动合同到期时，用人单位与劳动者在协商一致的情况下，续订了一份新的劳动合同，原劳动合同失效，新劳动合同生效。

综上，尽管法律层面没有强制用人单位为劳动合同的法定续延办理任何书面手续，但从规范用工管理角度，我们建议用人单位可以向劳动者发出"劳动合同续延通知书"，以进一步明确双方劳动合同的权利义务。

六、劳动合同中约定"合同到期后自动续延"条款，是否有效？

说明：实践中，有些用人单位与劳动者在劳动合同中约定："劳动合同到期后，双方若无异议，在原来的劳动合同条件基础上自动续约×年。"这个条款主要用于对抗劳动合同到期后用人单位未签订书面劳动合同且继续用工产生的二倍工资问题，但该条款是否有效，司法实践中是存在争议的。

持肯定观点的认为，《劳动合同法》第3条第1款规定："订立劳动合同，应当遵循合法、公平、平等自愿、协商一致、诚实信用的原则。"只要"合同到期自动延续"的约定是双方协商一致的,是双方真实的意思表示,既没有违反法律、行政法规的强制性规定,也没有损害劳动者的合法权益,应当有效。因此双方合同期满后可自动顺延,双方无须再签订书面的劳动合同。

持反对观点的认为,《劳动合同法》实施后,规定了无论是首次签订还是期满续签,用人单位都必须与劳动者签订书面形式的劳动合同。法律并没有规定用人单位可以通过期满自动顺延的约定条款,免除签订劳动合同的法定义务,因此用人单位应重新与劳动者签订书面劳动合同,未签订劳动合同需承担法律责任。鉴于司法实践中存在观点差异,建议各用人单位在利用该条款抗辩未签劳动合同二倍工资问题上谨慎使用。

此外,实践中,对于约定续延的劳动合同是否计入劳动合同订立次数存在争议,很多用人单位约定这样的条款不是为了简化续签流程,而是为了规避续订无固定期限劳动合同。根据《劳动合同法》第14条的规定,当劳动者满足二次固定期限劳动合同到期,且无法定过错或法定情形,只要劳动者未提出或未同意续订固定期限劳动合同,用人单位须与劳动者续订无固定期限劳动合同。而用人单位在劳动合同中约定自动顺延条款,无疑减少了劳动合同订立的次数,以达到规避续订无固定期限劳动合同的效果。对此,很多地区的裁审机关均不予支持,而是直接视为双方重新订立了一份新的劳动合同。也就是说自动续延的劳动合同,仍计入劳动合同的签订次数。

七、协商延长或变更劳动合同终止时间,是否计入劳动合同签订次数?

说明: 所谓延长或变更劳动合同终止时间,是指在劳动合同期限内或者期满时,用人单位与劳动者通过书面形式延长或变更劳动合同的终止时间,从整体上增加劳动合同的期限。它与视为延续、法定续延之间是有差别的,视为延续是合同期满后双方未订立书面劳动合同,按照初期约定合同期限自动延续,而法定续延是指劳动合同到期后,因为法律规定的事由自动续延至相应的情形消失时终止。

实操中,很多用人单位通过与劳动者协商延长或变更劳动合同终止时间,以达到减少劳动合同订立次数,进而规避《劳动合同法》第14条第2款第3项规定的应签无固定期限劳动合同的情形。对此,司法实践中通常会采用穿透式审判思维进行审查,从《劳动合同法》的立法目的来看,构建和发展和谐稳定的劳动关系,遏制劳动合同短期化,是《劳动合同法》的主要立法目的之一。变更或延长劳动合同期限,从表面上看尽管是用人单位与劳动者协商一致的结果,且采取了书面形式,但实际上与订立一次新的劳动合同并无本质区别,如果将此情形简单地认定为《劳动合同法》第 35 条规定的协商变更劳动合同,用人单位势必会利用自己的优势地位,在每次临近合同期满时要求劳动者与自己协议变更延长合同期满终止时间,这样一来,《劳动合同法》第 14 条第 2 款第 3 项的立法目的无疑将会被架空。

因此,协商延长或变更劳动合同终止时间的,如果有证据证明其变更或延长的目的正当性,如延长劳动合同终止时间 1–3 个月,仅用于处理劳动合同到期后的收尾性工作,其变更目的具备合理性,变更形式应视为双方的真实意思表示。反之,用人单位不能证明变更或延长的目的正当性的,则应属于滥用延长形式规避续订无固定期限劳动合同的情形,理应计入劳动合同订立次数,属于《劳动合同法》第 14 条第 2 款第 3 项所要规制的对象。

对此,部分省市地区也有明文规定,例如《江苏省劳动合同条例》第 17 条规定,用人单位与劳动者协商延长劳动合同期限,累计超过 6 个月的,视为双方连续订立劳动合同。《山东省劳动合同条例》第 16 条规定,劳动合同期满,用人单位与劳动者协商一致延长劳动合同期限的,视为用人单位与劳动者续订劳动合同。《北京市高级人民法院、北京市劳动争议仲裁委员会关于劳动争议案件法律适用问题研讨会会议纪要(二)》(已失效)第 42 条规定,用人单位与劳动者协商一致变更固定期限合同终止时间的,如变更后的终止时间晚于原合同终止时间,使整个合同履行期限增加,视为用人单位与劳动者连续订立两次劳动合同。如变更后的终止时间比原合同终止时间提前,使整个合同履行期限减少,则仅视为对原合同终止时间的变更。

综上,鉴于实务中实际问题的多样性和复杂性,应当结合协议变更的缔约背景、缔约目的、变更时间、变更期限等因素,以及地区的司法审判指导意见,具体问题具体分析,不宜一概而论。

八、因法定续延致使本单位工作满 10 年,是否必须续订无固定期限劳动合同?

说明: 劳动合同期满遇法定续延情形,致使劳动者在同一单位工作年限满 10 年,用人单位是否必须续订无固定期限劳动合同?对于这一问题,法律法规并没有作出统一规定。实践中,各地看法也不一。例如,《上海市高级人民法院关于适用〈劳动合同法〉若干问题的意见》第 4 条第 3 项规定,依据原劳动合同到期期限,劳动者在本单位的连续工龄尚未满10年,但因出现劳动者享受工伤停工留薪期、女职工"三期"、医疗期等情形导致劳动合同顺延,在法定顺延情形消失后,劳动者工龄已满10年的,劳动者无权要求签订无固定期限劳动合同。而《浙江省高级人民法院民一庭关于审理劳动争议纠纷案件若干疑难问题的解答》第5条则规定:"……劳动合同期满,因劳动者有下列情形之一而续延,因此达到劳动者在同一用人单位连续工作满10年,劳动者提出订立无固定期限劳动合同的,用人单位应当与劳动者订立无固定期限劳动合同:从事接触职业病危害作业的劳动者未进行离岗前职业健康检查,或者疑似职业病病人在诊断或者医学观察期间的;患病或者非因工负伤,在规定的医疗期内的;女职工在孕期、产期、哺乳期的。"

我们认为,在地方法规未作明确规定的情况下,劳动者因法定续延致使在本单位连续工作满10年,有权提出续订无固定期限劳动合同。关于《劳动合同法》第14条第2款第1项中提到的"连续工作满十年"的理解,我们可以参考劳办发〔1996〕191号《对〈关于如何理解"同一用人单位连续工作时间"和"本单位工作年限"的请示〉的复函》,其中明确规定,"同一用人单位连续工作时间"是指劳动者与同一用人单位保持劳动关系的时间,也就是说,同一单位的连续工作时间是没有订立时间和顺延时间之分的,因此因法定事由顺延劳动合同,使劳动者在同一用人单位连续工作满10年,如果劳动者提出订立无固定期限劳动合同,用人单位应当同意。

第二节 经典案例

案例一

【案例简介】

小洪与丁公司共签订了三次固定期限劳动合同,第三次续订劳动合同时,小洪并未提出订立固定期限劳动合同。现向法院诉称:丁公司应自应当订立无固定期限劳动合同之日起向小洪每月支付二倍的工资。

【争议焦点】

两次固定期限劳动合同到期,用人单位未征求员工意见续订固定期限劳动合同,是否应承担应签而未签无固定期限劳动合同的二倍工资?

【判决结果】

山东省高级人民法院认为:丁公司作为用人单位,未举证证明系小洪主动提出订立固定期限劳动合同,亦未能举证证明小洪存在《劳动合同法》第39条和第40条第1项、第2项规定的情形,故丁公司应与小洪签订无固定期限劳动合同,应向小洪支付因未签订无固定期限劳动合同的二倍工资。

案例二
【案例简介】

2012年8月1日,小文入职丙公司,双方签订2012年8月1日至2015年7月31日的劳动合同,后续订两次固定期限劳动合同,期限为2015年8月1日至2018年7月31日、2018年8月1日至2021年7月31日。

2020年1月14日,丙公司以经济性裁员为由解除与小文的劳动关系。小文主张丙公司与其签订第三次固定期限劳动合同非本人真实意愿,要求丙公司支付2018年8月1日至2020年3月19日未签订无固定期限劳动合同另一倍工资1,299,310元。

【争议焦点】

两次固定期限劳动合同到期,用人单位未征求员工意见续订固定期限劳动合同,是否应承担应签而未签无固定期限劳动合同的二倍工资?

【判决结果】

北京市第三中级人民法院认为:依据现行劳动法律法规的相关规定,在劳动者签署了两次以上固定期限劳动合同的情况下,即便最后一份劳动合同已到期,用人单位亦不能以劳动合同到期为由终止双方劳动合同,故在此情况下用人单位与劳动者是否签署无固定期限劳动合同并不会对劳动者的权利造成实质性的影响。考虑到未签无固定期限劳动合同二倍工资差额并非劳动者付出劳动的对价,而仅是对用人单位的一种惩罚性赔偿,故无须对此给予倾斜保护,在衡量用人单位是否应向劳动者支付未签无固定期限劳动合同二倍工资差额时应严格审查是否符合应支付未签无固定期限劳动合同二倍工资差额的法定情形,以平衡保护用人单位和劳动者的合法权益。本案中,双方签订了期限为2018年8月1日至2021年7月31日的固定期限劳动合同,小文主张签署上述合同并非其真实意思故要求丙公司支付其未签无固定期限劳动合同二倍工资差额,并向法院提交了情况说明为证。对此本院认为,小文提交的该份情况说明不足以证明双方在签署固定期限劳动合同时丙公司存在欺诈、胁迫、乘人之危等情形,依据现有证据不能认定上述固定期限劳动合同并非小文的真实意思,故对小文要求丙公司支付2018年8月1日至2020年3月19日未签无固定期限劳动合同的二倍工资差额的请求法院不予支持。

【律师解读】

上述两个案件都是关于两次固定期限劳动合同到期,用人单位在未征求员工意见的情况下续订固定期限劳动合同,后员工反悔,要求用人单位承担应签而未签无固定期限劳动合同的二倍工资的问题。对此,司法实践中存在两种不同观点:

观点一认为,用人单位与劳动者第三次续订劳动合同仍约定固定期限并实际履行,如无证据证明双方在签订合同时用人单位存在欺诈、胁迫、乘人之危等情形,视为双方真实意思表示,用人单位无须承担未签订无固定期限劳动合同的法律责任。比如上述北京地区的判例。

观点二认为,如用人单位无法提供劳动者主张签订固定期限劳动合同的证明,应承担未订立无固定期限劳动合同的法律责任,向劳动者支付应签而未签无固定期限劳动合同的二倍工资。比如上述山东地区的判例。

鉴于劳动法实务中,各地裁审机关对同一法律规定有不同理解,同一案件在不同地区裁判有时会产生完全不同的结果,因此我们建议,作为集团型、跨地区用工的企业应当熟悉和掌握不同地区的具体规定,做到因地制宜。

案例三

【案例简介】

小洪进入H公司工作,双方最近一份劳动合同期限自2017年4月12日起至2020年4月11日止,工作岗位为生物生产部门副主管,薪酬包括工资、津贴和其他激励措施,具体金额在劳动合同附件"聘用书"中予以规定。

2019年7月1日H公司向小洪发出聘用书,该聘用书"薪资"部分构成为:每月基本工资1820元(税前)、岗位工资5000元(税前)、绩效工资2290元(税前),个人年度绩效目标奖金为13,665元(税前,按实际绩效年度发放)。

2020年4月18日,H公司向小洪发出《续签劳动合同通知书》,主要内容为:双方签订的劳动合同于2020年4月11日期满。小洪的工作岗位为生物研究员,根据《劳动合同法》《劳动合同》的相关规定,公司同意在不降低原劳动合同约定的薪资待遇条件下续签劳动合同及相应的聘书。H公司通过电子邮件向小洪发送了《劳动合同》《聘用书》,其中《劳动合同》约定合同期限为无固定期限,起始日期为2020年4月12日。合同还约定H公司将根据劳动合同另行制定聘用书,聘用书为劳动合同的附件。《聘用书》载明小洪任职部门为生产部,职务为四级生产技术员,薪资为基本工资1820元、岗位工资(五级岗位工资2500元)、绩效工资4790元、个人年度绩效目标奖金13,665元(税前,按照实际绩效评分考核后年度发放)。

小洪不同意 H 公司提出的约定条件,未与 H 公司续签劳动合同。2020 年 4 月 28 日,H 公司向小洪发出《通知书》,载明因小洪拒签劳动合同,H 公司终止与其的劳动关系。

【争议焦点】

续签劳动合同时,在工资总额不变的基础上调整薪资结构,是否构成降低原劳动合同约定的条件?

【判决结果】

所谓用人单位维持或者提高劳动合同约定的条件续订劳动合同,应理解为用人单位向劳动者提供的劳动条件、劳动保护、薪酬待遇等均不低于前一份劳动合同,即劳动者在履行新的劳动合同过程中,同等条件下,其获得的待遇不应低于前一份劳动合同。

用人单位制定规章制度,其目的在于保障劳动者享有劳动权利,履行劳动义务,而不应损害劳动者的利益。本案中,H 公司通过制定《薪酬福利政策》的方式对员工工资构成进行规定,该规定实质上变更了小洪与 H 公司以《聘用书》方式对工资构成作出的约定。H 公司认为其将小洪岗位工资由 5000 元降低为 2500 元、绩效工资由 2290 元增加为 4790 元,小洪的工资总额并未发生变化,且小洪领取绩效工资实际上无须进行绩效考核。但是,即便 H 公司目前尚未制定月度绩效考核制度并对小洪进行月度考核,但一旦小洪接受该条件签订劳动合同,便等同于 H 公司确定小洪绩效工资数额的权力大大增加,而小洪的权利相应减少。H 公司以此为前提,要求小洪续签劳动合同,明显对小洪不利。该情形不符合《劳动合同法》第 46 条第 5 项规定的"维持或者提高劳动合同约定条件"。

案例四

【案例简介】

小文与公司在劳动合同到期协商续签事宜时,未达成一致意见,公司以劳动合同到期为由终止劳动关系。新旧劳动合同有以下区别:

1. 在岗位上,原劳动合同的岗位为一装组作业员岗位,经双方协商,可以对乙方的工作职务和岗位进行调整。新版劳动合同约定的岗位为技术工人,包含被告小文原岗位等的 12 个岗位,且规定乙方同意在合同期限内服从甲方因工作需要而提出的工作岗位或地点的调动。

2. 在福利待遇上,原合同第 11 条约定了甲方为乙方提供以下福利待遇:(1)5 项保险、住房津贴、全勤奖金、公积金、生日礼卡等。(2)公司对于在职员工,于每年农历春节放假前,发放一次过节费。于次年 4 月 30 日针对在职员工,再给予发放一次绩效奖金。(3)每年五一节和中秋节,对于在职员工,公司给予发放一定数额规定的过节费。新版劳动合同则变更为乙方的福利待遇依据甲方的薪资制度执行,乙方适用甲方随时变更的福利政策。

【争议焦点】

续签劳动合同时调整的"原劳动合同内容"是否属于降低劳动合同续订条件?

【判决结果】

法院认为:不构成"降低原劳动合同约定的条件"。首先,关于工作岗位的约定,新版劳动合同仅约定了大的类别,且原告可因工作需要而单方调整被告的工作岗位,旧版劳动合同未约定具体工作岗位,有约定经双方协商可以对被告的工作岗位进行调整。新版劳动合同中约定的大的类别中包含被告小文的原工作岗位,双方未就小文的工作岗位进行调整,就此而言,不能认定新版劳动合同降低了原劳动合同约定的条件。尽管新版劳动合同中约定原告可因工作需要而单方调整被告的工作岗位与旧版劳动合同中须协商才能调整岗位的约定相比,似乎降低了劳动合同约定的条件,然用人单位根据生产需要结合劳动者本身劳动技能,在不降低福利待遇的情形下,对劳动者的岗位进行合理的调整,应属企业用工自主权的体现,不能认定为降低了原劳动合同约定的条件。其次,关于福利待遇的约定。新版劳动合同仅规定了福利待遇项目并未明确具体的福利待遇,而原告举示的薪资制度明确了部分福利的具体金额,相比原版劳动合同更为明确,且被告小文未举示证据证明原告实施薪资制度后,其本人福利待遇存在降低的情形,因此仅凭原版劳动合同中有明确福利待遇项目而新版中没有明确,不能认定新版劳动合同降低了原劳动合同的条件。故原告有权终止劳动合同,无须支付终止劳动关系的经济补偿。

【律师解读】

从案例三和案例四可以看出,企业在续订劳动合同的过程中,可以对原劳动合同内容进行适当的修改、调整或补充,甚至允许企业增加用工自主权的相关条款。但如果新合同的内容构成了"降低原劳动合同条件",劳动者不同意续签,劳动合同终止后,用人单位将承担相应的法律责任。

对于"是否降低原劳动合同条件"法律上并没有明确的规定,属于各地法院的自由裁量范围,司法实务中判断续签劳动合同是否降低了原合同约定条件,关键在于对比新合同对劳动者的工作岗位、薪资待遇、工作内容等直接关系劳动者切身利益的条件的约定是否与原先的劳动合同保持一致。如果新合同内容直接降低原劳动合同约定条件,或对劳动者构成潜在的权益损害,这些都将归于"降低原劳动合同条件"续订劳动合同。因此,我们建议企业在续订合同时对于内容的调整应慎重考虑且以协商为主,避免劳动争议的发生。

第三节 操作指引

【概论】

固定期限劳动合同到期时,用人单位需按照法律规定,妥善处理劳动合同续订、续延或终止劳动合同的操作,如处理不当,用人单位将承担相应的法律后果。

【劳动合同临近期满的处理流程图】

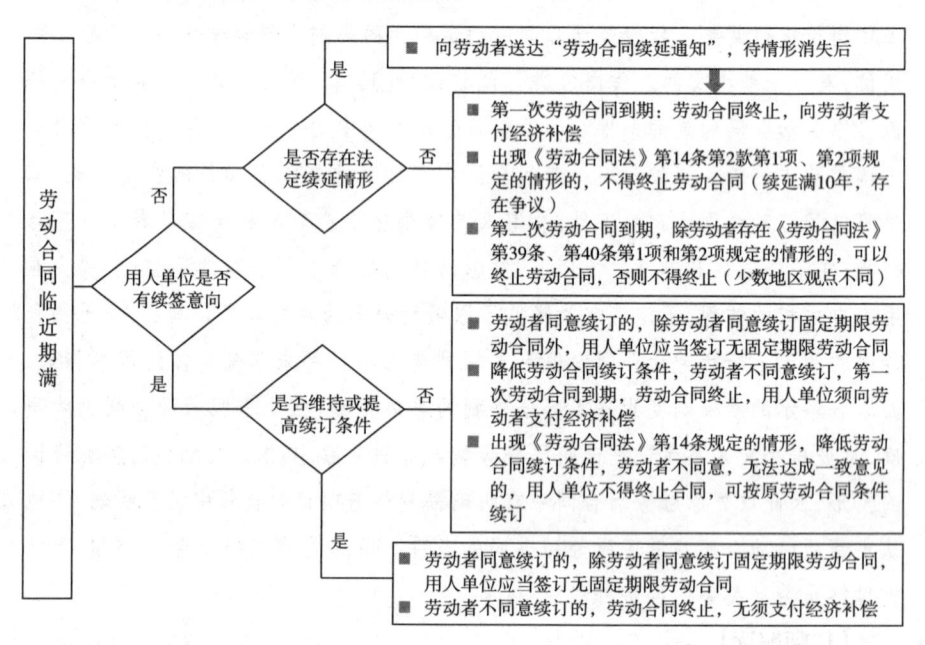

```
劳动合同临近期满
├─ 用人单位是否有续签意向
│   ├─ 否 → 是否存在法定续延情形
│   │       ├─ 是 → ■ 向劳动者送达"劳动合同续延通知",待情形消失后
│   │       │       ■ 第一次劳动合同到期:劳动合同终止,向劳动者支付经济补偿
│   │       │       ■ 出现《劳动合同法》第14条第2款第1项、第2项规定的情形的,不得终止劳动合同(续延满10年,存在争议)
│   │       │       ■ 第二次劳动合同到期,除劳动者存在《劳动合同法》第39条、第40条第1项和第2项规定的情形的,可以终止劳动合同,否则不得终止(少数地区观点不同)
│   │       └─ 否
│   └─ 是 → 是否维持或提高续订条件
│           ├─ 否 → ■ 劳动者同意续订的,除劳动者同意续订固定期限劳动合同外,用人单位应当签订无固定期限劳动合同
│           │       ■ 降低劳动合同续订条件,劳动者不同意续订,第一次劳动合同到期,劳动合同终止,用人单位须向劳动者支付经济补偿
│           │       ■ 出现《劳动合同法》第14条规定的情形,降低劳动合同续订条件,劳动者不同意,无法达成一致意见的,用人单位不得终止合同,可按原劳动合同条件续订
│           └─ 是 → ■ 劳动者同意续订的,除劳动者同意续订固定期限劳动合同,用人单位应当签订无固定期限劳动合同
│                   ■ 劳动者不同意续订的,劳动合同终止,无须支付经济补偿
```

【说明】

1.劳动合同临近到期时,用人单位应提前一段时间作出续订或终止劳动合同的判断。从管理角度上讲,建议用人单位至少提前45日开展准备工作:

首先,由人力资源部发起劳动合同到期续订的程序,按照公司内部规定的审批流程,以书面形式向相关部门负责人征求意见,且15日之内就是否续订或终止劳动合同在公司内部达成一致意见。

其次,建议用人单位至少提前30日通知劳动者续订或终止劳动合同,尽管《劳动合同法》并未强制用人单位履行提前通知期,但从各地区政策及司法实践来看,劳动合同到期用人单位作出终止决定时,是否提前30日通知,目前存在三种不同的裁审口径:第一种观点认为,需要提前30日通知,如未履行提前通知期,以劳动者上月日平均工资为标准,每延迟1日支付劳动者1日工资的赔偿金。主要代表地区是北京。第二种观点认为,需要提前30日通知,但如果没有提前通知也没有任何罚则。主要代表地区是浙江、湖北、黑龙江、吉林、辽宁等。第三种观点认为,没有提前30日通知的规定。主要代表地区是上海、天津、安徽等地。江苏地区需额外注意,除第一次固定期限劳动合同到期无须提前30日通知,第二次固定期限合同到期需提前30日告知员工签订无固定期限合同。

综上,无论是管理角度还是法律角度,劳动合同到期后,建议用人单位提前45日操作劳动合同续订或终止程序,尤其是用人单位不打算续订的,务必参考所在地相关政策履行提前预告期。

2. 如用人单位决定不续签,还要判断该劳动者是否处于法定续延状态,如出现法定续延情形,用人单位不得终止劳动合同,且续延至法定情形消失。

如劳动者不存在法定续延情形,第一次固定期限劳动合同到期,用人单位终止劳动合同,须向劳动者支付经济补偿。出现《劳动合同法》第14条第2款第1项、第2项规定的情形的,原则上用人单位不得单方终止劳动合同,需续订无固定期限劳动合同,但因法定续延致使劳动合同达10年的,能否终止,司法实践中存在争议,实操中务必查询当地判例,避免承担违法终止的法律后果。针对第二次固定期限劳动合同到期的,主流观点认为,除劳动者存在《劳动合同法》第39条、第40条第1项和第2项规定的情形的,用人单位可终止劳动合同,否则不得终止。仅个别省市地区持相反意见,认为第二次固定期限劳动合同到期时,用人单位可无条件终止劳动合同,但需支付劳动者经济补偿。

3. 如果用人单位决定续签劳动合同,接下来还要征求员工是否续签的意见,只有双方协商一致,才可续订劳动合同。建议向劳动者送达续订劳动合同通知书,将续订内容告知劳动者,并要求劳动者在几日内给与答复。

此时,用人单位维持或提高原劳动合同续订条件,与劳动者续订劳动合同,劳动者同意续订的,除劳动者提出或同意续订固定期限劳动合同外,用人单位应当签订无固定期限劳动合同;劳动者不同意续订的,劳动合同到期终止,用人单位无须支付经济补偿。

相反,用人单位降低劳动合同续订条件,与劳动者续订劳动合同,劳动者同意续订的,除劳动者提出或同意续订固定期限劳动合同外,用人单位应当签订无固定期限劳动合同;劳动者不同意续订的,第一次固定期限劳动合同到期,劳动合同终止,用人单位需向劳动者支付经济补偿。出现《劳动合同法》第14条规定的情形,降低劳动合同续订条件,劳动者不同意,无法达成一致意见的,用人单位不得终止合同,可按原劳动合同条件续订。

第四节 实用工具

续订劳动合同通知书

【说明】

用人单位与劳动者签订的劳动合同一般是有合同期限的,有合同期限的劳动合同就会存在到期续订的问题,那么作为用人单位需要针对合同到期的劳动者签发续订劳动合同通知书,否则会因为到期未签订劳动合同引发不签订劳动合同的二倍工资的法律风险。因此,续订劳动合同通知书应作为用人单位用工管理的重要表单之一。

文件仅供参考,具体请以实际发生情况灵活掌握。

【适用】

此通知书在公司与员工续订劳动合同时使用,规范企业用工风险。

【基本要素】

①原合同期限;

②拟续签的劳动合同内容;

③逾期不续签的法律后果。

【法律风险】

①避免未按时签订劳动合同造成未签订劳动合同的风险。

②避免未发送通知书直接予以解除的风险。

【续订劳动合同通知书范本】

---

1. 此通知书在公司与员工续订劳动合同时使用。
2. 通知书标题应能简要概括通知书内容,不建议只是简单写明"通知"。

被通知对象的姓名应当无误,不得出现错字、别字等内容,也不建议使用繁体字等。

续订劳动合同的前提描述,应为通知书的必备内容。

告知被通知人反馈续订劳动合同意见的时间和地点,应为通知书的必备内容。

告知被通知人逾期不反馈意见的后果,应为通知书的必备内容。

续订劳动合同通知书

_____先生/女士:

单位与你于_____年___月___日签订的_____期限劳动合同,将于_____年___月___日到期,根据生产、工作需要,单位决定与你续订劳动合同。

请你在接到此通知后____天内将意见反馈给单位_____部门,逾期不回复的,视为本人不同意续订。

拟签订的合同相关内容如下:

续表

期限：_____
工作岗位：_____
工作地点：_____
劳动报酬：_____
特此通知

单位盖章：
年　月　日

一式二份（单位和职工各留存一份）

> 续订的劳动合同的基本内容，应为通知书的必备内容。如与原劳动合同条件一样的，直接概述为"与原劳动合同条件一致"即可，不必像此处分别罗列。
>
> 通知书的落款，为通知书的必备内容；通知人应加盖公章。应写明落款日期，日期根据实际情况确定。

续延劳动合同通知书

【说明】

续延劳动合同通知书是针对《劳动合同法》的规定，当有法定特殊情形出现时，劳动合同期限自动续延至法定情形消失。针对此通知书，用人单位在劳动者出现法律规定的情形下，对劳动者发出该通知，确定本次劳动合同的期限为法定情形消失之日，在严格遵守法律的同时，可以提示用人单位在法定情形消失时的处理办法。

文件仅供参考，具体请以实际发生情况灵活掌握。

【适用】

此通知书在员工出现法定特殊情形，需要将劳动合同期限自动续延至该情形消失时适用。

【基本要素】

①日期：

针对合同期限即将到期的法律风险的防范，需要明确日期的具体时间。

②说明理由：

针对发出此通知书的原因和结果。

【法律风险】

①避免未就合同期限作出描述造成法定情形消失时合同的自动续延的法律风险。

②避免未按照法律规定解除劳动合同的法律风险。

【续延劳动合同通知书范本】

续延劳动合同通知书

_____先生/女士：

本单位与你于_____年____月____日签订的_____期限劳动合同将于_____年____月____日到期，但因你符合《劳动合同法》第42条第____款所规定的情形，依据《劳动合同法》第45条的规定，本单位与你的劳动合同将续延至相应的情形消失时。

特此通知

单位盖章：
年　月　日

被通知人（签字）：
年　月　日

一式二份（用人单位和职工各留存一份）

旁注：
1. 此通知书用于公司与员工劳动合同到期，公司决定不续订劳动合同。
2. 标题应能简要概括通知书内容，不建议只是简单写明"通知"。
3. 针对劳动到期用人单位不续签的问题，部分地区存在须提前通知的法律义务。建议用人单位结合各地规定在实践中进一步落实程序规范。

被通知对象的姓名应当无误，不得出现错字、别字等内容，也不建议使用繁体字等。

表明双方订立了劳动合同，存在劳动关系。

公司与员工续延劳动合同的原因和法律依据。

通知人应加盖公章，应写明落款日期，日期根据实际情况确定。

1. 本通知书需要向员工出具，如贵司当面送达，需要求员工确认签收，可另行制作签收单，或在本通知书上写写"本人已收到本通知书，×××，年月日"等信息，由公司保存。
2. 需邮寄送达时，请确保员工有效送达地址并保留邮寄送达相关单据。

第五节　法律法规及政策指南

《劳动合同法》

第十四条　无固定期限劳动合同，是指用人单位与劳动者约定无确定终止时间的劳动合同。

用人单位与劳动者协商一致，可以订立无固定期限劳动合同。有下列情形之一，劳动者提出或者同意续订、订立劳动合同的，除劳动者提出订立固定期限劳动合同外，应当订立无固定期限劳动合同：

（一）劳动者在该用人单位连续工作满十年的；

（二）用人单位初次实行劳动合同制度或者国有企业改制重新订立劳动合同时，劳动者在该用人单位连续工作满十年且距法定退休年龄不足十年的；

（三）连续订立二次固定期限劳动合同，且劳动者没有本法第三十九条和第四十条第一项、第二项规定的情形，续订劳动合同的。

用人单位自用工之日起满一年不与劳动者订立书面劳动合同的，视为用人单位与劳动者已订立无固定期限劳动合同。

第四十二条　劳动者有下列情形之一的，用人单位不得依照本法第四十条、第四十一条的规定解除劳动合同：

（一）从事接触职业病危害作业的劳动者未进行离岗前职业健康检查，或者疑似职业病病人在诊断或者医学观察期间的；

（二）在本单位患职业病或者因工负伤并被确认丧失或者部分丧失劳动能力的；

（三）患病或者非因工负伤，在规定的医疗期内的；

（四）女职工在孕期、产期、哺乳期的；

（五）在本单位连续工作满十五年，且距法定退休年龄不足五年的；

（六）法律、行政法规规定的其他情形。

第四十五条　劳动合同期满，有本法第四十二条规定情形之一的，劳动合同应当续延至相应的情形消失时终止。但是，本法第四十二条第二项规定丧失或者部分丧失劳动能力劳动者的劳动合同的终止，按照国家有关工伤保险的规定执行。

第四十六条　有下列情形之一的，用人单位应当向劳动者支付经济补偿：

……

（五）除用人单位维持或者提高劳动合同约定条件续订劳动合同，劳动者不同意续订的情形外，依照本法第四十四条第一项规定终止固定期限劳动合同的；

……

《劳动合同法实施条例》

第十七条　劳动合同期满，但是用人单位与劳动者依照劳动合同法第二十二条的规定约定的服务期尚未到期的，劳动合同应当续延至服务期满；双方另有约定的，从其约定。

《工会法》

第十九条　基层工会专职主席、副主席或者委员自任职之日起，其劳动合同期限自动延长，延长期限相当于其任职期间；非专职主席、副主席或者委员自任职之日起，其尚未履行的劳动合同期限短于任期的，劳动合同期限自动延长至任期期满。但是，任职期间个人严重过失或者达到法定退休年龄的除外。

《集体合同规定》

第二十八条　职工一方协商代表在其履行协商代表职责期间劳动合同期满的，劳动合同期限自动延长至完成履行协商代表职责之时，除出现下列情形之一的，用人单位不得与其解除劳动合同：

（一）严重违反劳动纪律或用人单位依法制定的规章制度的；

（二）严重失职、营私舞弊，对用人单位利益造成重大损害的；

（三）被依法追究刑事责任的。

职工一方协商代表履行协商代表职责期间,用人单位无正当理由不得调整其工作岗位。

《天津市用人单位劳动合同管理工作指引》

9.固定期限劳动合同期满,用人单位决定与劳动者续订劳动合同的,可以提前向劳动者发出书面通知,经与劳动者协商一致,在劳动合同期满前或期满后一个月内以书面形式续订劳动合同。

《天津市贯彻落实〈劳动合同法〉若干问题实施细则》

第十四条 用人单位与劳动者签订的固定期限劳动合同期满,因未能维持或提高劳动合同约定条件,致使劳动者不与用人单位续订劳动合同的,用人单位应依法向劳动者支付经济补偿。

用人单位变更劳动合同约定条件,难以确定是提高或降低,劳动者不与用人单位续签劳动合同终止劳动关系的,视为用人单位未能维持或提高劳动合同的约定条件。

本条所称劳动合同约定条件是指,用人单位与劳动者在续订劳动合同时正在履行的标准和条件。

《山东省劳动合同条例》

第十五条 用人单位与劳动者在解除或者终止固定期限劳动合同之日起三个月内,再次与劳动者订立固定期限劳动合同的,视为连续订立二次固定期限劳动合同。

第十六条 用人单位与劳动者协商一致,可以续订劳动合同;劳动合同期满,用人单位与劳动者协商一致延长劳动合同期限的,视为用人单位与劳动者续订劳动合同。

《山东省高级人民法院、山东省人力资源和社会保障厅关于审理劳动人事争议案件若干问题会议纪要》

二十四、关于用人单位规避重新签订书面劳动合同义务争议的处理问题

用人单位与劳动者在劳动合同中约定"合同到期后劳动者继续在用人单位工作的,视为原劳动合同期限的延长"。原劳动合同到期后,劳动者继续在用人单位工作,劳动者以用人单位未与其签订书面劳动合同为由要求支付二倍工资的,应予支持。

《北京市高级人民法院、北京市劳动人事争议仲裁委员会关于审理劳动争议案件解答(一)》

46.用人单位与劳动者约定劳动合同到期续延,此后劳动者以连续订立两次

固定期限劳动合同为由,提出或者同意续订、订立无固定期限劳动合同,如何处理?

用人单位与劳动者约定劳动合同到期续延,且实际续延劳动合同的,合同约定了续延期限的,续延期限届满时,劳动者以连续订立两次固定期限劳动合同为由,提出或者同意续订、订立无固定期限劳动合同,用人单位应当与劳动者订立无固定期限劳动合同。用人单位不与劳动者订立无固定期限劳动合同的,可以依劳动者的主张确认存在无固定期限劳动合同关系。

47.用人单位与劳动者连续订立二次固定期限劳动合同的,第二次固定期限劳动合同到期时,用人单位能否终止劳动合同?

根据《劳动合同法》第十四条第二款第三项规定,劳动者有权选择订立固定期限劳动合同或者终止劳动合同,用人单位无权选择订立固定期限劳动合同或者终止劳动合同。上述情形下,劳动者提出或者同意续订、订立无固定期限劳动合同,用人单位应当与劳动者订立无固定期限劳动合同。

《天津市高级人民法院关于印发〈天津法院劳动争议案件审理指南〉的通知》

16.【连续订立二次以上固定期限劳动合同的劳动者要求订立无固定期限劳动合同的处理】劳动者与用人单位连续订立二次以上固定期限劳动合同,且劳动者没有《中华人民共和国劳动合同法》第三十九条和第四十条第一项、第二项规定的情形,劳动者提出或者同意续订劳动合同,除劳动者提出订立固定期限劳动合同外,用人单位拒绝与劳动者订立无固定期限劳动合同的,不予支持。

17.【特殊情况下劳动者要求订立无固定期限劳动合同的处理】根据《中华人民共和国劳动合同法》第四十二条、第四十五条的规定,劳动合同期满,有下列情形劳动合同应当延续至相应情形消失时终止而使劳动者连续工作满十年的,除劳动者提出订立固定期限劳动合同外,用人单位拒绝与劳动者订立无固定期限劳动合同的,不予支持……

《北京市高级人民法院、北京市劳动争议仲裁委员会关于劳动争议案件法律适用问题研讨会会议纪要(二)》(已失效)

42、固定期限劳动合同履行过程中,用人单位与劳动者协商对劳动合同终止时间作出变更,是否认定属于签订了两次劳动合同?

用人单位与劳动者协商一致变更固定期限合同终止时间的,如变更后的终止时间晚于原合同终止时间,使整个合同履行期限增加,视为用人单位与劳动者连续订立两次劳动合同。对初次订立固定期限合同时间变更的,按连续订立两次固定期限劳动合同的相关规定处理,对两次及多次订立固定期限合同时间变更的,按订立无固定期限劳动合同的相关规定处理。如变更后的终止时间比原合同终止时间提前,使整个合同履行期限减少,则仅视为对原合同终止时间的变更。

《浙江省高级人民法院民一庭关于审理劳动争议纠纷案件若干疑难问题的解答》

五、劳动合同期满,但因特殊情形延续导致劳动者在同一用人单位连续工作满10年的,劳动者能否请求与用人单位订立无固定期限劳动合同?

劳动合同期满,因劳动者有下列情形之一而续延,因此达到劳动者在同一用人单位连续工作满10年,劳动者提出订立无固定期限劳动合同的,用人单位应当与劳动者订立无固定期限劳动合同:从事接触职业病危害作业的劳动者未进行离岗前职业健康检查,或者疑似职业病病人在诊断或者医学观察期间的;患病或者非因工负伤,在规定的医疗期内的;女职工在孕期、产期、哺乳期的。

六、劳动合同期满后,依照《劳动合同法》第四十二条的规定双方合同关系依法延续,劳动者能否请求用人单位支付延续期间未签订劳动合同的二倍工资?

按照《劳动合同法》第四十二条的规定劳动合同关系依法延续的,在延续期间双方未订立书面劳动合同,劳动者请求用人单位支付二倍工资,不予支持。

《上海市高级人民法院关于适用〈劳动合同法〉若干问题的意见》

四、涉及无固定期限劳动合同的几个问题

……

(二)符合订立无固定期限劳动合同的条件,但当事人订立了固定期限合同的效力

劳动者符合签订无固定期限劳动合同的条件,但与用人单位签订固定期限劳动合同的,根据《劳动合同法》第十四条及《实施条例》第十一条的规定,该固定期限劳动合同对双方当事人具有约束力。合同期满时,该合同自然终止。

(三)因法定顺延事由,使得劳动者在同一单位工作时间超过十年的,是否作为签订无固定期限劳动合同的理由

劳动合同期满,合同自然终止。合同期限的续延只是为了照顾劳动者的特殊情况,对合同终止时间进行了相应的延长,而非不得终止。《劳动合同法》第四十五条也明确规定:"劳动合同期满,有本法第四十二条规定情形之一的,劳动合同应当延续至相应的情形消失时终止。"在法律没有对终止的情况做出特别规定的情况下,不能违反法律关于合同终止的有关规定随意扩大解释,将订立

无固定期限合同的后果纳入其中。因此,法定的续延事由消失时,合同自然终止。

上海市高级人民法院民事审判庭《劳动争议法律适用疑难问题研讨观点摘编》

问题五:用人单位与劳动者连续订立两次及以上固定期限劳动合同,最后一次劳动合同期满后,劳动者要求签订无固定期限劳动合同的,如何处理?

研讨活动中,少数意见认为,应先审查用人单位有无续订劳动合同的意思表示,如用人单位不愿意续订的,最后一期劳动合同期满后用人单位可依法终止。依据《劳动合同法》第十四条第二款第三项的规定,用人单位与劳动者连续订立二次固定期限劳动合同后应签订无固定期限劳动合同的前提是用人单位续订,如用人单位无续订意愿的,则劳动者要求签订无固定期限劳动合同的前提条件不成就。因此,此情形下用人单位存在续订与否的选择权。

多数意见认为,此情形下,如劳动者提出签订无固定期限劳动合同的,则用人单位必须签订无固定期限劳动合同,即不以用人单位是否有续订劳动合同的意愿作为判断因素。

根据《劳动合同法》第十四条第二款第三项,在劳动者不存在《劳动合同法》第三十九条和第四十条第一、二项规定的用人单位可以解除劳动合同的情形下,如果用人单位与劳动者订立了第一次固定期限劳动合同,在订立第二次固定期限劳动合同时,应当预见到期满后存在订立无固定期限劳动合同的可能。如果劳动者在固定期限劳动合同期间遵纪守法,完成了工作任务,可以依法要求与用人单位续订无固定期限劳动合同,用人单位也应当续订,这有利于引导劳动者遵纪守法努力工作,也符合用人单位的利益。

因此,在已具备《劳动合同法》第十四条规定的应当订立无固定期限劳动合同条件的情况下,劳动者续订无固定期限劳动合同的权利应予保障,如果用人单位不同意续订合同,应当按照《劳动合同法》第四十八条规定承担法律后果。

第六节 企业用工风险测评

企业的人力资源管理工作中存在以下常见问题:

1. 不清晰人力资源管理中的法律风险点,不清晰法律规定和实务操作之间的差别;

2. 规章制度、员工手册等陈旧,不与时俱进,合理性和合法性存在问题;

3. 人力资源管理工作没有制度化、规范化、流程化，使 HR 管理人员工作流于日常琐碎，与人力资源专员工作无异，不能将精力投放到人力资源的战略管理和企业文化的建设当中来；

4. 人力资源管理中一些必备的合同、协议经不起推敲，达不到明确权利义务的效果；

5. 错发、乱发通知书、证明等。

针对以上问题，结合劳动争议案件仲裁和诉讼实务经验，通过简单的一些测评题帮助企业更快认识、解决人力资源管理过程中的风险。提早发现，尽早预防。

评估报告：

请根据腰封、书签指引查看"企业用工风险评估报告"。如果您不慎丢失了腰封或书签，请随时联系主编客服团队。客服人员将协助您获取评估报告。

1. 劳动合同期满，公司与员工续签劳动合同的时间为（   ）

A. 期满当日续签

B. 到期后一个月内续签

C. 到期后超过一个月再续签

问题设计目的：

为了了解公司与员工续签劳动合同的时间是否存在风险。

法律分析：

根据《劳动合同法》第 82 条第 1 款的规定，用人单位自用工之日起超过一个月不满一年未与劳动者订立书面劳动合同的，应当向劳动者每月支付二倍的工资。

2. 公司与员工续签劳动合同时是否会降低续签条件？（   ）

A. 是   B. 否

问题设计目的：

为了了解公司与员工续签劳动合同制定续签条件是否存在风险。

法律分析：

根据《劳动合同法》第 46 条第 5 项的规定，除用人单位维持或者提高劳动合同约定条件续订劳动合同，劳动者不同意续订的情形外，依照《劳动合同法》第 44 条第 1 项规定终止固定期限劳动合同的，用人单位应当向劳动者支付经济补偿金。

第三篇 薪酬管理

- 第一章　薪酬架构
- 第二章　薪酬计算
- 第三章　薪酬发放

PART 03

第一章

薪酬架构

第一节　企业常见用工风险点

本节重点

- 工资与劳动报酬的概念区分？
- 工资总额的组成？
- 福利的类别？福利与工资的区别？
- 结构工资制在企业用工管理中的作用？

一、工资与劳动报酬的概念区分？

说明：劳动报酬是劳动者付出体力或脑力劳动所得的对价，是劳动者从生产活动所获得的全部报酬。劳动报酬的种类大致包括以下三部分：一是货币工资，用人单位以货币形式直接支付给劳动者的各种工资；二是实物报酬，即用人单位提供给劳动者的各种物品和服务等；三是社会保险，用人单位依法为劳动者缴纳养老、医疗、失业、生育、工伤保险等费用。

由此可见，工资就是劳动报酬的一种主要形式。通常情况下，用人单位依据法律规定或与员工之间的约定，以货币形式对员工的劳动所支付的报酬。

二、工资总额的组成？

说明：根据《关于工资总额组成的规定》，工资由以下部分组成：

1. 计时工资，即按计时工资标准（包括地区生活费补贴）和工作时间支付给个人的劳动报酬。计时工资是实践中最普遍和最基本的工资形式，通常分为月工资和小时工资。

2. 计件工资，指对已做工作按计件单价支付的劳动报酬。这是一种计算工资的方式，不是直接用劳动时间来计算，而是按一定时间内的劳动成果来计算的。

3. 奖金，即支付给职工的超额劳动报酬和增收节支的劳动报酬。实践中通常根据企业与员工签订的劳动合同和规章制度规定来支付。

4. 津贴和补贴，指为了补偿职工特殊或额外的劳动消耗，和为了保证职工工资水平不受物价影响及其他特殊原因支付给劳动者的货币补助。

需要特别提醒用人单位的是，《防暑降温措施管理办法》将高温津贴纳入工资总额之中，高温津贴也属于工资组成中津贴的一种。

5. 加班加点工资，指劳动者在法定标准工作时间之外从事劳动而依法支付的工资。包括延时加班工资、休息日加班工资、法定节假日加班工资。

6. 特殊情况下支付的工资，是指根据国家法律、法规和政策规定，以及企业规章制度规定支付给员工的各种假期工资等。

需要注意的是，上述《关于工资总额组成的规定》，是国家统计局 1990 年实施的，对于工资的范围，随着社会的发展也在不断调整。财政部 2009 年 11 月 12 日下发了《关于企业加强职工福利费财务管理的通知》，明确将过去不属于工资总额范围的福利费纳入工资总额管理，扩大了职工工资总额的基数，根据该通知，用人单位按月发放的交通、住房、车改、通讯补贴，应纳入职工工资总额管理，不再纳入职工福利费管理。用人单位给职工发放的节日补助、未统一供餐而按月发放的午餐费补贴，应当纳入工资总额管理。

依据上述规定，工资总额范围的不断扩大，势必会牵扯劳动报酬、经济补偿、赔偿金、社保待遇等劳动争议案件在计算基数上的变化。对此，企业 HR 在进行薪酬体系设计时，应结合劳动争议案件可能带来的隐性成本做出相应调整。

三、福利的类别？福利与工资的区别？

说明：在劳动用工中，福利是指用人单位根据国家法律法规及自身情况，通过建立各种补贴制度、组织各种业余活动等，来改善劳动者物质生活，保证劳动者身体健康的制度。

福利一般可划分为法定福利和公司自定义福利。

法定福利，顾名思义，指的是国家法律法规强制性规定的，针对劳动用工企业必须要向劳动者支付的保障性待遇，包括给员工提供的社会保险及住房公积金，夏季发放的防暑降温费，以及冬季发放的取暖补贴等。

公司自定义福利，一般是企业根据自身的企业文化与激励导向，自行决定向劳动者发放的待遇，该类待遇并非法律强制性规定的，发放与否及发放形式完全由企业自主决定。比如给公司内骨干人员发放安家费，提供补充医疗保险、企业年金，组织团建旅游、下午茶、生日礼物等。

实践中很多用人单位将工资与公司自定义福利进行混淆，引发了许多争议，如果公司自定义福利是以货币形式发放，且长期固定性发放，那么与工资属性一样，同属于劳动报酬范围，但两者也有区别：

1. 发放依据不同：工资与劳动者的工作时间、工作质量、数量、强度等条件挂钩，通常工资是劳动者辛勤劳动的对价支付。而公司自定义福利一般是用人单位为了吸引劳动者前来就业，而自愿承诺给予劳动者的一些优待，与工作本身关系不大。

2. 支付形式不同：根据法律规定工资只能采用货币形式支付，不得以实物、有价证券等代替；公司自定义福利的支付形式则没有局限性，可以货币支付，也可以是多种多样的，比如集体聚餐、集体出游等。

3. 支付周期不同：用人单位一般需要按月向职工支付工资，公司自定义福利则支付更为灵活，可以按照月、年、季度甚至跨年支付。

四、结构工资制在企业用工管理中的作用？

说明：所谓结构工资制，就是将劳动者的工资总额，按照性质划分成几个科目，各科目分别担负不同职能，互相区别又相互补充。结构工资一般由基本工资、岗位工资、技能工资、效益工资等构成，通常根据职工的职务、企业生产经营特点来确定各科目的比重。

站在管理角度，采用结构工资制，企业能够通过固定工资和浮动工资之间的平衡与调节，实现对员工的绩效管理，企业可根据自身的经营状况、员工绩效考核的结果，决定绩效奖金的实际发放数额。因此，合理有效地对劳动者工资作出结构化约定，对于保证薪酬管理的灵活性和降低用工成本都具有重要的意义。

站在法律角度，劳动合同约定的本人工资标准，是用人单位计付加班费和各种假期工资的依据，因此实行工资结构拆分，并明确各工资科目的发放规则，日后使得工资数额增减变动有据可依，不仅实现了薪酬管理的灵活性，最主要的是为日后可能发生的劳动争议提供抗辩依据。

第二节 经典案例

案例一

【案例简介】

小文,系德州某酒店员工,因酒店停业,于2014年11月起安排员工待岗,待岗期间酒店自2016年2月起至2019年5月止每月支付生活费500元。小文于2019年6月6日向酒店提交《辞职申请》,与公司解除劳动合同。并于2019年9月23日申请劳动仲裁,要求酒店支付未按国家规定支付的工资58,800元。

该酒店辩称:依据《山东省企业工资支付规定》(2006年)第31条规定:"……企业没有安排劳动者工作,劳动者没有到其他单位工作的,应当按照不低于当地最低工资标准的70%支付劳动者基本生活费……"而基本生活费与工资并不是同一法律概念。根据《关于工资总额组成的规定》,生活费未列入工资的范畴,基本生活费并非劳动者付出劳动的对价,不属于劳动报酬范畴(工资),而是用人单位依法承担的一种社会责任。因此,小文要求公司支付基本生活费差额的仲裁请求已经超过仲裁时效期间。此外,在酒店停业期间,小文没有为酒店提供任何劳动,也没有接受酒店各种管理,其主张酒店停业期间拖欠工资无事实法律依据。

【争议焦点】

员工主张的工资(基本生活费)差额,是否属于劳动报酬范畴,是否超过仲裁时效?

【判决结果】

本案中,原告(某酒店)称自2014年10月31日由于已无经营条件停业至今,被告(小文)应原告(某酒店)安排待岗,符合法律规定的应支付基本生活费的情形。《山东省高级人民法院关于印发全省民事审判工作会议纪要的通知》对关于基本生活费的性质及该类劳动争议的仲裁时效适用问题作出了规定,基本生活费并非劳动者付出劳动的对价,而是用人单位依法承担的一种社会责任,在性质上既不属于劳动报酬,也不同于用人单位未履行法定义务而产生的惩罚性措施。不适用《劳动争议调解仲裁法》第27条第4款的规定,应当适用一般仲裁时效。被告(小文)于2019年9月23日申请劳动仲裁,故被告(小文)要求原告(某酒店)支付2018年9月以前的基本生活费差额的诉讼请求,确已超过诉讼时效,不予支持。故原告(某酒店)应当补发被告(小文)基本生活费差额:(1550元×70%-500元)×9个月(2018年9月至2019年5月)=5265元。

【律师解读】

为保障劳动者的合法权益,确保劳动者在劳动力等价交换下能够得到应有的劳动报酬,劳动法律法规给予了倾向性保护,根据《劳动争议调解仲裁法》第27条的规定,有关劳动报酬方面的争议,劳动者在职期间无时效上限,劳动者离职后适用一年仲裁时效。因此,在劳动报酬争议案件中,劳动者诉请的待遇类型是否属于劳动报酬,将会是整个案件审理的核心关键点,也是用人单位抗辩的关键点。实践中,用人单位应熟知劳动报酬的法定概念,正确识别工资科目的性质,一定程度上也可以帮助企业降低用工成本。

案例二

【案例简介】

小洪,自2011年1月开始入职某环卫公司工作,职务为环卫车辆管理员。2019年8月某环卫公司以小洪的年龄、身体状况等无法胜任工作为由,单方面解除了与小洪的劳动关系。小洪为维护自身合法权益诉至法院,请求判令:(1)某环卫公司向小洪支付2012年至2018年的取暖费5376元;(2)某环卫公司向小洪支付2012年至2019年的降温费7995元。

【争议焦点】

防暑降温费及取暖补贴是否属于劳动报酬,仲裁时效如何使用。

【判决结果】

法院认为,关于原告(小洪)主张被告(某环卫公司)支付2012年至2018年的取暖费一节,依照《关于工资总额组成的规定》的相关规定,取暖费属于职工福利性费用,不计入工资总额。仲裁时效从当事人知道或者应当知道其权利被侵害之日起计算一年。原告(小洪)现主张2012年至2018年的取暖费已超过仲裁时效,法院依法不予支持。

关于原告(小洪)主张被告(某环卫公司)支付2012年至2019年的降温费一节,根据劳动法的规定,劳动者享有取得福利待遇的权利,用人单位有义务按照国家及地方有关规定向劳动者支付福利待遇,但劳动者关于福利待遇的请求应适用一年的仲裁时效,故原告(小洪)主张2012年至2019年的降温费的诉讼请求已超过仲裁时效,法院依法不予支持。

【律师解读】

实践中,明确劳动者薪酬与福利的性质,对劳动争议案件的时效抗辩有很大影响,该案件中劳动者离职后向用人单位主张取暖补贴、防暑降温费,而如我们前文所述,冬季取暖补贴、防暑降温费属于法定福利费,其不属于劳动报酬的范围,故适用一年仲裁时效。

此外,还需要提醒各用人单位的是:防暑降温费与高温津贴在实操中很容易混淆,事实上两者属性完全不一样,防暑降温费属于法定福利,而高温津贴根据《防暑降温措施管理办法》第17条的规定:"劳动者从事高温作业的,依法享受岗位津贴。用人单位安排劳动者在35℃以上高温天气从事室外露天作业以及不能采取有效措施将工作场所温度降低到33℃以下的,应当向劳动者发放高温津贴,并纳入工资总额……"法条说得很清楚,高温津贴属于工资总额,属于劳动报酬,这也就是意味着适用特殊仲裁时效。而防暑降温费由于性质不同,则适用普通仲裁时效,实操中,大家一定要注意区分。

案例三
【案例简介】

小文在某集团公司承接的建筑项目工地上从事管理工作。2017年8月31日7时许,小文在工地检查工作时跌倒摔伤,随后送医救治。2017年10月24日小文认定工伤,2018年1月3日经劳动能力鉴定伤残10级,无生活自理障碍。

2019年8月1日,小文先后提起仲裁和诉讼,要求某集团公司支付工伤保险待遇损失160,112元,包括一次性医疗补助金、一次性伤残就业补助金、停工留薪期待遇、生活津贴、鉴定费、交通费等。某集团公司认为,小文上述请求不属于劳动报酬,已过仲裁时效。

【争议焦点】

停工留薪期工资是否属于劳动报酬,仲裁时效如何适用。

【判决结果】

法院认为:停工留薪期工资以及劳动能力鉴定期间的生活津贴属于特殊情况下支付的工资,具有劳动报酬性质,仲裁时效应适用《劳动争议调解仲裁法》第27条第4款之规定。本案中小文、某集团公司双方并无劳动合同关系,且某集团公司并未提交证据证明双方已经终止工伤保险关系,故对辩称的本案已经超过诉讼时效的意见不予采信。

案例四
【案例简介】

2022年3月24日,小洪在工作时被机器绞伤。2022年6月17日,人力资源和社会保障局认定小洪所受伤害为工伤。2022年9月22日,小洪向公司发送《协商解除劳动关系申请书》,内容为:因为你公司没有依法发放申请人工伤停工留薪期间工资,申请人迫于无奈,特向你公司提出辞职(解除劳动关系申请),

为盼。小洪要求公司支付解除劳动合同经济补偿金。

【争议焦点】

停工留薪期工资是否属于劳动报酬,是否符合《劳动合同法》第38条第1款第2项规定的用人单位未及时足额支付劳动报酬,员工被迫辞职可获得经济补偿的情形。

【判决结果】

法院认为,工资是指企业依据国家有关规定和劳动合同、工资集体协议的约定,以货币形式支付给劳动者的劳动报酬,包括计时工资、计件工资、奖金、津贴、补贴和加班等特殊情况下支付的工资。而停工留薪期工资属于《工伤保险条例》第五章规定的工伤保险待遇。小洪以公司未支付停工留薪期工资为由解除劳动合同,也不符合《劳动合同法》第38条第1款规定的关于用人单位未及时足额支付劳动报酬,劳动者可以单方解除劳动合同并主张经济补偿金的情形。

【律师解读】

从对案例三、案例四的对比可得知,停工留薪期工资的属性,是劳动报酬还是工伤待遇,各地审判意见大相径庭,进而对劳动者诉请的权益有较大的影响:

观点一认为,停工留薪期工资属于劳动报酬的范围。持有该观点的地区有北京、上海、深圳等地。主要理由为:《关于贯彻执行〈中华人民共和国劳动法〉若干问题的意见》(劳部发〔1995〕309号)第53条规定,劳动法中的"工资"是指用人单位依据国家有关规定或劳动合同的约定,以货币形式直接支付给本单位劳动者的劳动报酬,一般包括计时工资、计件工资、奖金、津贴和补贴、延长工作时间的工资报酬以及特殊情况下支付的工资等。《关于工资总额组成的规定》(1989年9月30日国务院批准,1990年1月1日国家统计局令第1号发布,自发布之日起施行)第4条规定,工资总额由下列6个部分组成:(1)计时工资;(2)计件工资;(3)奖金;(4)津贴和补贴;(5)加班加点工资;(6)特殊情况下支付的工资。第10条规定,特殊情况下支付的工资,包括根据国家法律、法规和政策规定,因病、工伤、产假、计划生育假、婚丧假、事假、探亲假、定期休假、停工学习、执行国家或社会义务等原因按计时工资标准或计时工资标准的一定比例支付的工资。根据上述相关规定,停工留薪期工资属于劳动报酬的范围。

观点二认为,停工留薪期工资属于工伤保险待遇,不属于劳动报酬的范围。持有该观点的地区有江苏、浙江、安徽等地。主要理由为:停工留薪期工资的规定出自《工伤保险条例》,用人单位支付停工留薪期工资是基于劳动者因工伤或患职业病停止工作的事实,而劳动报酬的支付是基于劳动者提供劳动,两者支付背景不一样。

基于上述两种不同观点,司法实务中对于因停工留薪期工资引发的劳动争议的处理也相差较大。如果认为停工留薪期工资属于劳动报酬,劳动者追索停工留薪期工资的仲裁时效适用《劳动争议调解仲裁法》第 27 条第 4 款规定的特殊时效,即在职期间无时效限制,离职之后适用一年仲裁时效。除此之外,用人单位未及时足额向劳动者发放停工留薪期工资的,劳动者可以依据《劳动合同法》第 38 条第 1 款第 2 项"未及时足额支付劳动报酬的"的规定,解除劳动合同,并要求用人单位支付经济补偿金。

相反,如果不认为停工留薪期工资属于工伤保险待遇,劳动者追索停工留薪期的仲裁时效适用一年。仲裁时效期间从当事人知道或者应当知道其权利被侵害之日起计算。同样,对于用人单位未及时足额发放停工留薪期工资的情形,劳动者不能以此为由提出解除劳动合同并主张经济补偿。

综上,各用人单位在处理工伤员工停工留薪期工资的争议问题上,务必查阅当地相关判例,对停工留薪期工资的属性进行正确认知,了解时效的正确使用,以及未依法支付所要承担的法律责任。

第三节 操作指引

【概论】

结构化工资制增加了企业用工管理的灵活性,扩大了企业用工自主权,实践中,各单位需根据企业文化导向、岗位激励方向及其他管理需要等考量员工的工资结构拆分。通常情况下,薪资结构拆分应从以下两个思路出发。

【薪资结构的拆分思路图】

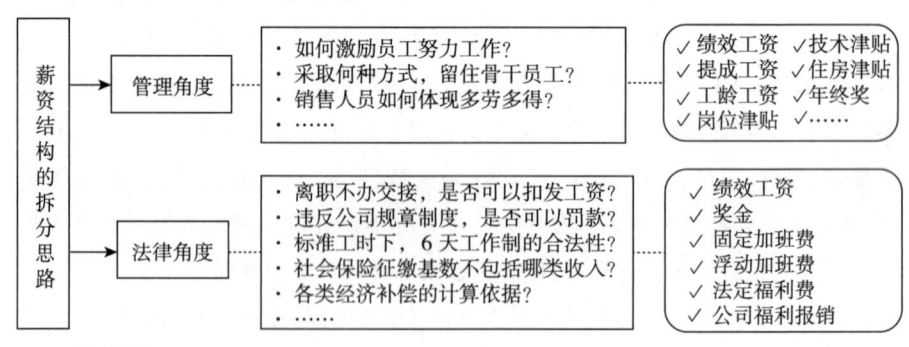

```
                    ┌─────────┐   ·如何激励员工努力工作?        ✓绩效工资  ✓技术津贴
                    │         │   ·采取何种方式,留住骨干员工?    ✓提成工资  ✓住房津贴
                ┌──▶│管理角度 │   ·销售人员如何体现多劳多得?      ✓工龄工资  ✓年终奖
                │   │         │   ·……                            ✓岗位津贴  ✓……
 薪资结构的      │   └─────────┘
 拆分思路       ─┤
                │                 ·离职不办交接,是否可以扣发工资?    ✓绩效工资
                │   ┌─────────┐   ·违反公司规章制度,是否可以罚款?    ✓奖金
                └──▶│法律角度 │   ·标准工时下,6 天工作制的合法性?    ✓固定加班费
                    │         │   ·社会保险征缴基数不包括哪类收入?  ✓浮动加班费
                    └─────────┘   ·各类经济补偿的计算依据?           ✓法定福利费
                                  ·……                                ✓公司福利报销
```

【说明】

1.管理角度:从经营角度出发,作出有利于企业的工资结构拆分,比如企业会考虑如何激励员工努力工作?采取何种方式,留住骨干员工?销售人员多劳多得的工资制如何设计?

为此，企业应考虑工资结构中划分出来一部分固定工资，一部分浮动工资：固定工资属于员工计时性工资，以出勤且履行岗位职责为发放的前提；浮动工资以工作数量、工作质量的好坏作为发放的前提，比如绩效工资、提成工资、年终奖等，以此达到激励的目的。而对于重要员工、骨干员工的留任，企业可以考虑设置工龄工资、岗位津贴、技术津贴、住房津贴等一系列管理类、技术类、福利类工资，以此达到激励作用。

2. 法律角度：从降低企业用工风险出发，作出有利于企业的工资结构拆分，比如离职不办交接，是否可以扣发工资？违反公司规章制度，是否可以罚款？标准工时下，6天工作制的合法性？社会保险征缴基数不包括哪类收入？各类经济补偿的计算依据？

对于上述问题，企业应清楚了解，首先，员工的工资是劳动对价所得，具有刚性特征，其扣减必须有依据，对于员工不办理离职交接，违反公司规章制度的，企业当然不能扣减应发未发的劳动所得工资，但如果企业扣减的是员工违法行为或违规行为的负激励工资，则属于用人单位的自主权，这类负激励工资可以体现在绩效、奖金等对浮动性工资的扣减。其次，对于每周、每月固定加班的企业，比如日工作时间8小时，周工作时间达48小时的单休制企业，相当于每周固定周末加班一天，如果企业在员工入职初期明确告知工资中含有加班费，那该工资结构就应拆分出固定加班费，并通过书面形式与员工确认固定加班费的具体金额，避免后续因加班费是否支付的问题产生争议。当然，固定加班费毕竟是根据历史加班时长预先设置的金额，当月实际用工时长应发的加班费超出固定加班费额度时，公司可另行支付浮动加班费。最后，社会保险征缴问题也是用人单位比较关注的，社会保险缴费基数的核定以员工应发工资为基础，是不包含法定福利费的，因此用人单位每年在做人力成本总预算时，应将法定福利费纳入预算范围，一方面满足法律强制性的发放规定，另一方面作为优化人力成本的方案。法定福利费不仅不计入社会保险的缴费基数，还不纳入解除劳动合同经济补偿支付的计算基数中。

第四节 实用工具

薪资结构确认单

【说明】

薪资结构确认单经员工签收说明员工对该确认单所载内容予以认可，能起到固定证据的作用。因此,此表单应为公司的必备表单之一。

文件仅供参考,具体请以实际发生情况灵活掌握。

【适用】

在公司与员工约定工资或调整工资时,由员工对薪资结构予以签收确认之用。

【基本要素】

①表头;

②员工基本信息;

③计薪方式;

④薪资结构;

⑤说明栏;

⑥签字确认。

【法律风险】

①由员工对自己的工资结构及各项数额予以确认,避免公司不能证明员工的工资明细。

②留存员工签收的薪资结构确认单,一旦双方发生争议可以达到固定证据的目的。

【薪资结构确认单范本】

本确认单仅为参考,由于公司间存在文化、管理、组织架构等方面的巨大差异及各地方法规规定不同,建议公司根据自身特点及当地要求拟定相应内容。

请公司据实调整,并配套完成相应薪酬制度。

说明是对薪资结构中所载项目含义的简要表述。

薪资结构确认单

公司名称:_____

员工姓名:		身份证号:			
计薪方式		□计时制	□计件制	□年薪制	
薪资结构	基本工资	职级津贴	工龄津贴	绩效奖金	全勤奖
	餐费补助	通讯补助	交通补助	出差补贴	
说明	基本工资	基本工资是指员工在正常工作时间内,在其所在岗位按照其工作内容提供正常劳动应当享有的劳动报酬			
	职级津贴	公司根据员工岗位性质、工作经历、专项技能确定			
	工龄津贴	根据员工的工作年限支付给员工的津贴,其享受条件、发放及变更标准依照公司薪酬福利管理制度执行			

		续表
说明	绩效奖金	绩效奖金可在原始基数内根据公司经营状况及员工个人表现增加或减少
	全勤奖	一个考勤周期内出满勤者，获得100%全勤奖；有迟到、早退、旷工情况者，取消全勤奖，请假__天以内者，获得__%全勤奖
	餐费补贴	为保证员工工资水平不因物价上涨受到较大影响，给予员工一定的餐费补贴
	通讯补贴	对员工因工作需要可能使用个人移动电话等通讯工具给予的补助
	交通补贴	对员工因上下班乘坐交通工具产生的交通费用给予一定的补助
	出差补贴	对员工出差情形给予一定的补助
备注		

本人对以上薪资结构及数额均无异议。

员工签字：————

年 月 日

> 备注用于表述双方特殊约定，以及对一些特殊情况的说明。备注内容建议采用机打形式，手写的应由员工签字或捺指印确认。
>
> 确保员工本人面签，且与身份证姓名一致，不得出现错字、别字，也不建议填写繁体字。

第五节 法律法规及政策指南

《劳动法》

第四十七条 用人单位根据本单位的生产经营特点和经济效益，依法自主确定本单位的工资分配方式和工资水平。

《国家统计局〈关于工资总额组成的规定〉若干具体范围的解释》

一、关于工资总额的计算

工资总额的计算原则应以直接支付给职工的全部劳动报酬为根据。各单位支付给职工的劳动报酬以及其他根据有关规定支付的工资，不论是计入成本的还是不计入成本的，不论是按国家规定列入计征奖金税项目的还是未列入计征奖金税项目的，不论是以货币形式支付的还是以实物形式支付的，均应列入工资总额的计算范围。

《关于企业加强职工福利费财务管理的通知》

二、企业为职工提供的交通、住房、通讯待遇，已经实行货币化改革的，按月按标准发放或支付的住房补贴、交通补贴或者车改补贴、通讯补贴，应当纳入职工工资总额，不再纳入职工福利费管理；尚未实行货币化改革的，企业发生的相关支出作为职工福利费管理，但根据国家有关企业住房制度改革政策的统一规定，不得再为职工购建住房。企业给职工发放的节日补助、未统一供餐而按月发放的午餐费补贴，应当纳入工资总额管理。

《防暑降温措施管理办法》

第十七条　劳动者从事高温作业的，依法享受岗位津贴。用人单位安排劳动者在35℃以上高温天气从事室外露天作业以及不能采取有效措施将工作场所温度降低到33℃以下的，应当向劳动者发放高温津贴，并纳入工资总额。高温津贴标准由省级人力资源社会保障行政部门会同有关部门制定，并根据社会经济发展状况适时调整。

第六节　企业用工风险测评

企业的人力资源管理工作中存在以下常见问题：

1.不清晰人力资源管理中的法律风险点，不清晰法律规定和实务操作之间的差别；

2.规章制度、员工手册等陈旧，不与时俱进，合理性和合法性存在问题；

3.人力资源管理工作没有制度化、规范化、流程化，使HR管理人员工作流于日常琐碎，与人力资源专员工作无异，不能将精力投放到人力资源的战略管理和企业文化的建设当中来；

4.人力资源管理中一些必备的合同、协议经不起推敲，达不到明确权利义务的效果；

5.错发、乱发通知书、证明等。

针对以上问题，结合劳动争议案件仲裁和诉讼实务经验，通过简单的一些测评题帮助企业更快认识、解决人力资源管理过程中的风险。提早发现，尽早预防。

评估报告：

请根据腰封、书签指引查看"企业用工风险评估报告"。如果您不慎丢失了腰封或书签，请随时联系主编客服团队。客服人员将协助您获取评估报告。

1.公司采取何种形式的薪酬制度？（　　）

A.仅固定工资　　　B.仅浮动工资　　　C.固定+浮动

问题设计目的：

为了了解单位是否存在对员工薪酬实行责任底薪的情况，避免单位出现未足额支付劳动报酬的行为。

法律分析：

《劳动合同法》第38条第1款规定："用人单位有下列情形之一的，劳动者可以解除劳动合同：（一）未按照劳动合同约定提供劳动保护或者劳动条件的；（二）未及时足额支付劳动报酬的；（三）未依法为劳动者缴纳社会保险费的；（四）用人单位的规章制度违反法律、法规的规定，损害劳动者权益的；（五）因本法第二十六条第一款规定的情形致使劳动合同无效的；（六）法律、行政法规规定劳动者可以解除劳动合同的其他情形。"

《最低工资规定》第3条规定："本规定所称最低工资标准，是指劳动者在法定工作时间或依法签订的劳动合同约定的工作时间内提供了正常劳动的前提下，用人单位依法应支付的最低劳动报酬。本规定所称正常劳动，是指劳动者按依法签订的劳动合同约定，在法定工作时间或劳动合同约定的工作时间内从事的劳动。劳动者依法享受带薪年休假、探亲假、婚丧假、生育（产）假、节育手术假等国家规定的假期间，以及法定工作时间内依法参加社会活动期间，视为提供了正常劳动。"

2.公司是否设定了薪随岗变的薪酬模式？（　　）

A.是　　　　　　　　B.否

问题设计目的：

为了了解企业是否建立完整的薪酬体系及对各岗位工资进行明确约定。

法律分析：

根据《劳动合同法》第38条第1款的规定，用人单位未及时足额支付劳动报酬的，劳动者可以解除劳动合同。

3.公司是否要求员工对工资结构及金额予以书面确认？（　　）

A.无确认　　　　　　B.按月确认

C.每6个月确认一次　　D.1年确认一次

问题设计目的：

为了了解单位是否重视员工对本人工资的确认程序，是否有风险防范意识。

法律分析：

略。

第二章

薪酬计算

第一节 企业常见用工风险点

本节重点

- 工资的计算方式？计薪天数与工作天数的概念？
- 什么是最低工资？适用最低工资时常见认知误区有哪些？
- 工资扣除的法定情形都包括哪些？
- 常见年终奖争议之离职员工能否不发年终奖？

一、工资的计算方式？计薪天数与工作天数的概念？

说明： 实践中劳动者每月获得的应发工资应当按照实际提供劳动的天（小时）数和日（小时）工资单价计算，公式如下：

当月工资＝日工资×当月出勤天数

日工资＝月薪/月计薪天数

根据《关于职工全年月平均工作时间和工资折算问题的通知》，以及《国务院办公厅关于 2025 年部分节假日安排的通知》（国办发明电〔2024〕12 号）的规定：

年工作日：365 天－104 天（休息日）－13 天（法定节假日）＝248 天

月工作日：248 天÷12 个月≈20.67 天/月（工作小时数＝月工作日×每日 8 小时）

又根据《劳动法》第 51 条的规定，劳动者在法定休假日期间，用人单位应当依法支付工资。也就是说，国家规定的 13 天全民节假日，即使劳动者不上班，用人单位也应当发放工资。所以，在折算日工资、小时工资时只能扣除公休日，不能扣除13天的法定节假日。据此：

月计薪天数 =（365天 – 104天）÷ 12个月 = 21.75天

实践中，很多HR将月计薪天数21.75天与月工作天数20.67天搞混，两者虽然都与员工的考勤和薪资有关，但在应用场景上存在明显的区别：

1. 20.67天一般在计算员工出勤、加班时间时适用。每月工作20.67天，一共工作165小时。超过165小时的时间可计算为加班时间。一般应用在综合工时工作制中计算更为合理。

2. 21.75天是在计算小时工资、劳动者未全勤工资时适用。小时工资应当是月工资除以21.75天，再除以8小时。劳动者在上班未全勤时，应发工资应当是月工资除以21.75天，再乘以实际工作天数。

举例说明：小夏所在的岗位是经批准的月综合计算工时工作制，其每个月的标准工作时间为：20.67 × 8 = 165（小时），小夏每个月的工资为6525元，则她的小时工资应该是：6525 ÷（21.75 × 8）= 37.5（元），上个月，小夏累计工作了179小时，那么其应有的加班工资为：37.5 ×（179 – 165）× 150% = 787.5（元）。

二、什么是最低工资？适用最低工资时常见认知误区有哪些？

说明：最低工资标准制度是政府对工资分配的一种行政化干预。我国实行最低工资保障制度，目的是保障劳动者能按月获得基本的劳动报酬，维持最基本的生活需要。根据《最低工资规定》第3条第1款的规定，最低工资标准，是指劳动者在法定工作时间或依法签订的劳动合同约定的工作时间内提供了正常劳动的前提下，用人单位依法应支付的最低劳动报酬。也就是说，只要劳动者提供了正常劳动，用人单位应当支付的工资就不得低于最低工资标准。

1. 最低工资标准的形式

最低工资标准一般采取月最低工资标准和小时最低工资标准两种形式，其中全日制劳动者适用月最低工资标准，非全日制劳动者适用小时最低工资标准。最低工资标准适用于各种工资形式，包括计时工资、计件工资等。

2. 最低工资标准的组成

最低工资标准由各地政府根据自己的实际情况制定，并且每两年应至少调整一次。根据《最低工资规定》第12条的规定，最低工资中不包括：延长工作时间工资；中班、夜班、高温、低温、井下、有毒有害等特殊工作环境、条件下的津贴；法律、法规和国家规定的劳动者福利待遇等。

此外，各地关于社会保险和住房公积金是否纳入最低工资组成规定不尽相同。绝大多数地区的最低工资中是包含社会保险和住房公积金的,用人单位可以在最低工资标准的基础上扣除为劳动者代缴的社会保险及住房公积金部分;但北京市、上海市的最低工资组成中不包含社会保险及住房公积金;江苏省最低工资组成包含社会保险但不包含住房公积金。故用人单位在确定最低工资标准时要查询用工所在地的最低工资规定,以免出现争议。

3. 最低工资适用误区

实操过程中,各企业在应用最低工资时,经常有以下几个认知误区:

第一,基本工资不得低于最低工资标准。法律层面从来没有规定,员工的基本工资不得低于最低工资,基本工资是用人单位便于薪酬管理进行结构化拆分的工资科目之一,并无法定概念,无须与最低工资看齐。

第二,员工请事假若干天,当月领取的工资不能低于最低工资。最低工资是员工在满勤状况下提供正常劳动后,企业必须支付的最低劳动报酬,员工未按出勤时间提供正常劳动,不适用最低工资规定。

第三,实行销售提成制的业务员,当月应发工资可低于最低工资。很多用人单位都认为,销售人员多劳多得,不劳不得,在无底薪的情况下,如当月无业绩,当月应发工资可以为零。这种认知是错误的,提成工资属于计件工资制,无论是计时还是计件工资制,都应遵守最低工资标准,即便当月无业绩产生,用人单位也应支付最低工资标准。

第四,单位每月发的工资低于最低工资,但加上年终奖,平均每月不低于最低工资。这个观点也是错误的,法定的最低工资标准是每月支付给劳动者工资的最低标准,不包括年终一次性发放的奖金等。实操中,各单位应注意规避上述认知误区,以免出现未依法支付工资的违法情形。

三、工资扣除的法定情形都包括哪些?

说明:根据《工资支付暂行规定》第15条,用人单位在向劳动者计发月工资时,可代扣劳动者一部分工资,主要情形包括:(1)用人单位代扣代缴的个人所得税;(2)用人单位代扣代缴的应由劳动者个人负担的各项社会保险费用;(3)法院判决、裁定中要求代扣的抚养费、赡养费;(4)法律、法规规定可以从劳动者工资中扣除的其他费用。根据《工资支付暂行规定》第16条,员工给企业造成经济损失的,企业可以从员工资中扣除赔偿金,但是每月扣除的部分不得超过劳动者当月工资的20%;扣除后的剩余工资部分不得低于当地最低工资标准。

四、常见年终奖争议之离职员工能否不发年终奖？

说明：年终奖是用人单位在每年度末给予员工的一种奖励，是对劳动者一年来工作业绩的肯定。劳动法中对年终奖没有明确规定，仅明确了年终奖是奖金的一部分，属于工资总额的组成之一。

实践中，企业是否发放年终奖，以及发放多少年终奖都是用人单位的用工自主权，并非用人单位所要承担的强制性义务。一般来说，年终奖的发放和计算应根据劳动合同的约定或者用人单位的规章制度，如果劳动合同或规章制度中有明确规定，则用人单位必须按照约定或规章制度发放，如果劳动合同或规章制度中均没有规定，用人单位可以不发，也可以根据年度内的经营状况以及劳动者个人工作表现决定是否发放年终奖。

司法实践中争议比较大的就是，单位规章制度规定"年终奖发放前离职的员工不享有年终奖"的条款是否适用的问题。一种意见认为，年终奖作为激励机制，与工资不完全相同，用人单位没有必须支付的义务。用人单位在规章制度中已明确支付条件且向劳动者公示告知的，法院应予适用。另一种意见认为，年终奖也是劳动报酬的一部分，用人单位不能以规章制度排除劳动者获得年终奖的权利。但对于后者观点，司法实践中也要审查合理性，通常会结合劳动者的离职原因、离职时间、工作表现、绩效考核成绩等因素综合考量。用人单位的规章制度规定年终奖发放前离职的劳动者不能享有年终奖，但劳动合同的解除如果是非因劳动者过失或主动辞职所导致，且劳动者已经完成年度工作任务或已通过绩效考核，用人单位不能证明劳动者的工作业绩及表现不符合年终奖发放标准，年终奖发放前离职的劳动者主张用人单位支付年终奖的，人民法院应予支持。

第二节 经 典 案 例

案例一

【案例简介】

某公司因经营需要进行组织架构调整，员工小文所任职的岗位因此被取消，双方就变更劳动合同等事宜未能达成一致。后某公司以客观情况发生重大变化，双方未能就变更劳动合同协商一致为由，向小文发出《解除劳动合同通知书》。

小文对解除决定不服，提起仲裁、诉讼，诉求中包含要求某公司支付上年度的年终奖。某公司《员工手册》规定：年终奖金根据公司政策，按公司业绩、员工表现计发，支付前提为该员工在当年度 10 月 1 日前已入职，若员工在奖金发放月或之前离职，则不能享有。据查，某公司每年度年终奖均会在次年 3 月左右发放。

【争议焦点】

用人单位是否有权依据《员工手册》规定，拒发离职员工的年终奖。

【判决结果】

法院认为：虽然用人单位的规章制度规定年终奖发放前离职的劳动者不能享有年终奖，但劳动合同的解除非因劳动者单方过失或主动辞职所致，且劳动者已经完成年度工作任务，用人单位不能证明劳动者的工作业绩及表现不符合年终奖发放标准，年终奖发放前离职的劳动者主张用人单位支付年终奖的，人民法院应予支持。

案例二

【案例简介】

员工小洪因为原岗位被撤销，与某钟表公司就变更劳动合同等事宜未能达成一致，2016 年 10 月 21 日某钟表公司以客观情况发生重大变化为由与员工解除了劳动合同，小洪主张单位应支付 2016 年度的年终奖。

【争议焦点】

用人单位是否有权拒发离职员工的年终奖。

【判决结果】

法院认为，双方签订的劳动合同明确约定，年终奖需根据当年公司经营情况及个人业绩考核结果由公司制定年度发放办法，业绩考核以每年 1－12 月为周期，考核周期内离职的员工不参与年终奖金分配。小洪被依法解除劳动合同，在考核周期内离职，按规定不参与年终奖金的考核分配，故用人单位可以不发放小洪 2016 年度的年终奖金。

【律师解读】

从上述两个案件对比上来看，影响离职员工能否获得年终奖的因素有很多，包含用人单位的规章制度规定、员工离职原因、离职时间、工作表现等。在司法实践中，根据具体案件情况的不同，案件的裁审结果也会有所差异。

主流观点认为：如果企业与员工在劳动合同或规章制度中约定"离职员工不得享有年终奖"，首先要审查员工的离职原因，如果是劳动者自辞，或因过失被用人单位辞退，通常情况下离职后不可获得年终奖。但相反，如果是用人单位违法解雇、非过失性辞退，或是劳动者被迫辞职的，即用人单位原因阻碍了员工获得年终奖的条件成就,通常司法审判会支持员工获得年终奖。

　　除了审查员工的离职原因外,还要审查员工是否符合获得年终奖的条件,上述两个案例,解除劳动合同的原因虽然都是非员工过失性辞退(客观情况发生重大变化),但案例一中,用人单位不能证明劳动者的工作业绩及表现不符合年终奖发放标准,案例二中,单位举证了员工不满足绩效考核周期的条件,因此不能获得年终奖。这也是为什么两个相似背景的案例,却有着截然不同的判决结果。

　　鉴于年终奖诉请是劳资纠纷案件中高频发生的争议焦点,建议用人单位在制定年终奖相关规定时,尽量从奖金性质、发放条件、发放自主权方面进行相关定义,如"年终奖属于在职性激励奖金,离职员工不可获得""员工年终绩效考核为 C 等级及以上的,可获得年终奖""用人单位根据企业经营效益决定是否支付以及支付标准"。如此一来,在离职员工年终奖的争议问题上,用人单位便拥有一定程度的抗辩理由。

第三节　操 作 指 引

【概论】

　　劳动报酬给付是劳动合同履行的重要内容,在人力资源管理过程中,职工月工资的计算大致分为两种,一种是累加法,另一种是扣减法,两种计算方式都不违反劳动法律法规,但由于大多企业实行的是满勤月薪制,并非实际出勤的日薪制,导致在同一个员工当月不满勤的情况下,其应发工资可能出现两种不同的计算结果,为此引发不少争议(见图 3-1)。

```
某月,应出勤天数23天        某员工,实出勤天数18天        未出勤天数5天

当月应发工资 ──累加法──▶ (以月薪5000元为例)
                        5000 ÷ 21.75 × 18 ≈
                        4137.93(元)

             ──扣减法──▶ (以月薪5000元为例)
                        5000−5000 ÷ 21.75 ×
                        5 ≈ 3850.57(元)
```

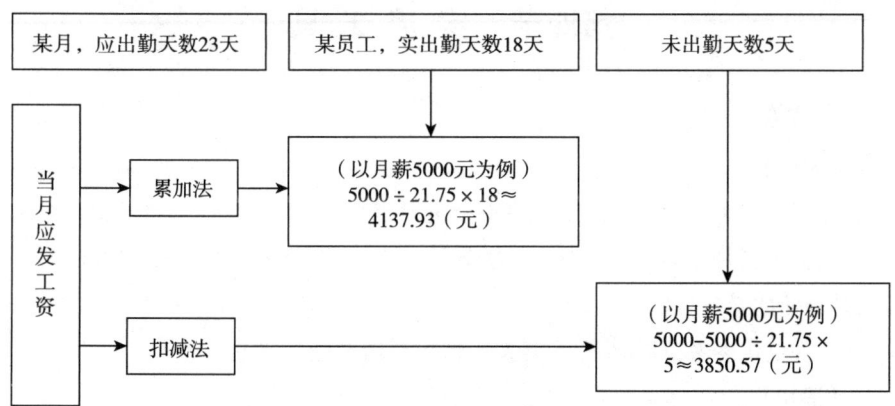

图 3-1　两种月工资计算方式

【说明】

如月工资5000元,当月应出勤23天,员工月请假5天,实出勤18天。

第一种,累加法:用日计薪标准乘以实际出勤天数,用累加法的计算过程为5000÷21.75×18≈4137.93元,这属于通常情况。但若出现极端情况,如该员工实际出勤22天,请假1天,则计算过程为:5000÷21.75×22≈5057.47元,月工资才5000元,请假1天反而要多付工资,这是不符合情理的。

第二种,扣减法:用月工资减去未出勤天数工资,用扣减法的计算过程为5000−5000÷21.75×5≈3850.57元,这属于通常情况。但假若出现极端情况,如员工该月请假22天,只出勤1天,用扣减法的结论是5000−5000÷21.75×22≈−57.47元,员工还要倒付57.47元,这也是不符合情理的。

综上,无论是用累加法还是扣减法,从逻辑上讲都会遭遇工资计算的尴尬。主要是因为企业实行的是月薪制,假如企业实行日工资制,上一天班给一天钱,就不存在这个问题了。为此,我们建议,员工当月出现入、离职或请假,月出勤天数不足的情况时,用人单位在计算日工资标准的时候,可以摒弃月平均计薪天数21.75这个数字,直接除以当月"实际计薪天数",即当月法定节假日加上当月应出勤天数,举个例子:比如月工资5000元,当月应出勤22天,员工实际出勤19天,月请假3天,当月法定节假日1天,用累加法的计算过程为5000÷(22+1)×(19+1)天≈4347.83元,用扣减法的计算过程为5000−5000÷(22+1)×3天≈4347.83元,通过对比可以得知,采用"实际计薪天数"计算日工资,无论是加法还是减法其结果都不会受影响。实践中,当企业与员工之间因薪酬计算方法出现争议时,不妨采用这种方法进行化解。

第四节　实用工具

工资表

【说明】

工资表是企业计算员工工资的一个重要过程工具,完善的工资表设计对企业分析员工当月异动情况,统计人力成本,进行数据分析等起到非常重要的作用,是企业的必备表单之一。

文件仅供参考,具体请以实际发生情况灵活掌握。

【适用】

在公司计发员工月工资时,作为统计计算工具之用。

【基本要素】

①表头；

②员工基本信息；

③工资科目；

④实发工资。

【法律风险】

①记录员工月度应发及实发工资的计算过程，作为企业依法支付工资的重要参考凭证。

②整理留存工资档案材料，包括书面及电子版，按照法律规定至少留存2年，在劳动争议案件中可作为证据提交。

【工资表范本】

20××年××月工资表

1 基础信息			2 固定工资		3 浮动工资		4 工资标准（元）	5 考勤及其他扣除			
序号	部门	姓名	基本工资（元）	岗位工资（元）	绩效工资（元）	奖金（元）		应计薪天数（天）	缺勤天数（天）	缺勤扣除（元）	浮动工资扣除（元）	扣除合计（元）
1	综合部	张三	2200.00	1200.00	2000.00	1000.00	6400.00	21.75			50.00	50.00
2	销售部	李四	2400.00	1400.00	2200.00	1200.00	7200.00	21.75	2	662.07		662.07
3	采购部	王五	2600.00	1600.00	2400.00	1400.00	8000.00	21.75				

6 加班工资				7 应发工资（元）	8 法定代扣代缴项目			9 实发工资（元）
延时（小时）	休息日（小时）	法定节假日（小时）	加班费合计（元）		社会保险（元）	住房公积金（元）	个人所得税（元）	
				6350.00	389.50	226.00		5734.50
6.00			372.41	6910.34	389.50	226.00	11.54	6283.30
		4.00	367.82	8367.82	389.50	226.00	12.60	7739.72

该工资表设计以"扣减法"作为计算原则，表内列举的工资科目只作为样例参考，实操中各企业根据自身情况据实调整。

员工个人信息及所在公司的部门、职级等信息。

依据出勤发放的固定工资部分。

依据员工工作数量、工作质量及行为表现等发放的浮动工资部分。

工资标准＝固定工资＋浮动工资。

在计算日工资标准时，通常用月工资标准除以法定计薪天数21.75，但如果因累加法和扣减法与员工产生异议的话，亦可采用当月实计薪天数作为计算标准。

缺勤天数包括当月请假天数、当月因入、离职不在岗的天数。

浮动工资扣除＝当月绩效及奖金的扣除部分累加。

缺勤扣除＝工资标准／应计薪天数×缺勤天数。

应发工资＝工资标准－扣除合计＋加班费合计。

实发工资＝应发工资－社会保险－住房公积金－个人所得税。

加班费合计＝工资标准／应计薪天数×（延时加班1.5倍＋休息日加班2倍＋法定节假日加班3倍）。

第五节　法律法规及政策指南

《工资支付暂行规定》

第十条　劳动者在法定工作时间内依法参加社会活动期间，用人单位应视同其提供了正常劳动而支付工资。社会活动包括：依法行使选举权或被选举权；当选代表出席乡（镇）、区以上政府、党派、工会、青年团、妇女联合会等组织召开的会议；出任人民法庭证明人；出席劳动模范、先进工作者大会；《工会法》规定的不脱产工会基层委员会委员因工会活动占用的生产或工作时间；其它依法参加的社会活动。

第十一条　劳动者依法享受年休假、探亲假、婚假、丧假期间，用人单位应按劳动合同规定的标准支付劳动者工资。

《劳动合同法实施条例》

第十四条　劳动合同履行地与用人单位注册地不一致的，有关劳动者的最低工资标准、劳动保护、劳动条件、职业危害防护和本地区上年度职工月平均工资标准等事项，按照劳动合同履行地的有关规定执行；用人单位注册地的有关标准高于劳动合同履行地的有关标准，且用人单位与劳动者约定按照用人单位注册地的有关规定执行的，从其约定。

《浙江省高级人民法院民事审判第一庭、浙江省劳动人事争议仲裁院关于印发〈关于审理劳动争议案件若干问题的解答（四）〉的通知》

三、用人单位依法制定的规章制度规定，在发放年度绩效奖金时双方已解除或终止劳动合同的，不予发放年度绩效奖金。该规定是否有效？

答：该规章制度未违反法律、法规的强制性规定，应属合法有效。在发放年度绩效奖金时双方已解除或终止劳动合同，劳动者请求用人单位支付年度绩效奖金的，一般不予支持。

《广州市中级人民法院民事审判若干问题的解答》（劳动争议案部分）

十三、用人单位就年终奖问题规定以某个时间点为分界线，如规定三月份在职的职工可以领取上一年度的年终奖，现在该时间点之前离职的劳动者主张上年度的年终奖，应否支持？

答：关于年终奖的问题，用人单位与劳动者有约定的，从其约定；在没有约定的情况下，年终奖的性质更属于一种激励机制，用人单位根据其经营状况决定是否发放年终奖以及如何发放年终奖，是其企业的经营自主权的合理范围，应当予以尊重。

《天津法院劳动争议案件审理指南》

37.【年终奖发放】用人单位以规章制度、通知、会议纪要等规定有权利领取年终奖的劳动者范围为年终奖实际发放之日仍然在职的劳动者为由，拒绝向考核年度内已经离职的劳动者发放年终奖的，如该年终奖属于劳动报酬性质，劳动者请求给付年终奖的，应予支持。劳动者在年终奖对应的考核年度工作不满一年的，用人单位应当按照劳动者实际工作时间占全年工作时间的比例确定发放年终奖的比例。

《深圳市中级人民法院关于审理劳动争议案件的裁判指引》（2015 年 9 月 2 日深圳市中级人民法院审判委员会民事行政执行专业委员会第 11 次会议讨论通过）

六十、如劳动者与用人单位约定业务提成在货款收回后才支付的，该约定应认定为有效。员工请求业务提成，在约定条件成就后予以支持。

劳动者离职，业务提成支付周期在一个月内的，用人单位应立即支付；业务提成约定在货款收回后才支付的，则用人单位可在条件成就后支付。

第六节　企业用工风险测评

企业的人力资源管理工作中存在以下常见问题：

1. 不清晰人力资源管理中的法律风险点，不清晰法律规定和实务操作之间的差别；

2. 规章制度、员工手册等陈旧，不与时俱进，合理性和合法性存在问题；

3. 人力资源管理工作没有制度化、规范化、流程化，使 HR 管理人员工作流于日常琐碎，与人力资源专员工作无异，不能将精力投放到人力资源的战略管理和企业文化的建设当中来；

4. 人力资源管理中一些必备的合同、协议经不起推敲，达不到明确权利义务的效果；

5. 错发、乱发通知书、证明等。

针对以上问题，结合劳动争议案件仲裁和诉讼实务经验，通过简单的一些测评题帮助企业更快认识、解决人力资源管理过程中的风险。提早发现，尽早预防。

评估报告：

请根据腰封、书签指引查看"企业用工风险评估报告"。如果您不慎丢失了腰封或书签，请随时联系主编客服团队。客服人员将协助您获取评估报告。

1. 公司对计件工资是否设定工作定额和计件报酬？（　　）

A. 是　　B. 否　　C. 只设定计件报酬　　D. 不实行计件工资制

问题设计目的：

为了了解单位是否对计件工工作量及工资有明确的标准。

法律分析：

《劳动法》第37条规定："对实行计件工作的劳动者，用人单位应当根据本法第三十六条规定的工时制度合理确定其劳动定额和计件报酬标准。"

《工资支付暂行规定》第13条规定："实行计件工资的劳动者，在完成计件定额任务后，由用人单位安排延长工作时间的，应根据上述规定的原则，分别按照不低于其本人法定工作时间计件单价的150%、200%、300%支付其工资。"

计件工资制的加班工资的计算比例同于计时工资制的加班工资。

2. 针对给公司造成重大损失的员工，公司在工资处理上如何操作？（　　）

A. 一次性在工资中扣除，不足部分在下月中扣除

B. 每月扣除应得工资的20%，直至扣除完毕

C. 暂不进行操作，在离职程序中一次性结算

D. 暂不进行操作，待出现加班或带薪年假情形时进行抵销

问题设计目的：

为了了解当员工给单位造成经济损失时，单位是否按照法律规定在员工工资中扣除赔偿款项。

法律分析：

《工资支付暂行规定》第16条规定，因劳动者本人原因给用人单位造成经济损失的，用人单位可按照劳动合同的约定要求其赔偿经济损失。经济损失的赔偿，可从劳动者本人的工资中扣除。但每月扣除的部分不得超过劳动者当月工资的20%。若扣除后的剩余工资部分低于当地月最低工资标准，则按最低工资标准支付。

第三章

薪酬发放

第一节 企业常见用工风险点

本节重点

- 工资的支付形式、支付周期及支付时间?
- 用人单位支付工资时是否须向劳动者提供工资条?
- 用人单位因经营困难,能否延缓或减少工资的发放?
- 未依法支付工资的法律后果有哪些?
- 法律对工资台账的保存期限是否有要求?
- 薪酬争议的仲裁时效及诉讼时效?

一、工资的支付形式、支付周期及支付时间?

说明:

1. 支付形式:根据《工资支付暂行规定》第5条的规定,用人单位支付给员工的工资必须以法定货币形式支付,不以实物、有价证券等形式替代。法定货币,即人民币,是工资支付的唯一形式,没有任何例外情形。且用人单位应将工资直接支付给劳动者本人,劳动者本人因故不能领取工资时,可由其亲属或委托他人代领。

2. 支付周期:根据《劳动合同法》及《工资支付暂行规定》的规定,全日制用工的工资应当至少每月支付一次,实行周、日、小时工资制的可按周、日、小时支付工资。非全日制用工劳动报酬结算支付周期最长不超过15日。因此,每月至少支付一次工资,对维护劳动者合法权益、保障其生活需要都是十分必要的。即便是实行年薪制的劳动者,每月也应按照不低于最低工资标准向劳动者预付一部分工资,剩余部分在年底一次性支付。对于实行按周期考核兑现工资的劳动者,用人单位亦应在考核周期期满时结算。

3. 支付时间:至于支付工资的具体日期,由用人单位与劳动者在劳动合同中约定或规章制度中规定,如遇法定节假日或休息日,则应提前在最近的工作日支付,不得顺延,只能提前。

除此之外,企业 HR 还应当注意两种特殊情形下的工资支付时间:(1)对完成一次性临时劳动或某项具体工作的劳动者,用人单位应按有关协议或合同规定在其完成劳动任务后即支付工资。(2)劳动关系双方依法解除或终止劳动合同时,用人单位应在解除或终止劳动合同时一次性付清劳动者工资。

实践中,很多用人单位表示,离职员工工资在解除或终止当日支付实在是不便于公司的财务管理,双方可否约定在下一个工资支付日期支付?关于这个问题,从《工资支付暂行规定》的条款来看,应当是不允许的,但司法实践中,双方确有特殊约定,或由于种种原因无法在离职时一次性付清的,企业可以与员工另行约定工资的支付时间。

关于离职员工工资的支付时间问题,部分省市地区也有不同规定,如江苏省规定,员工离职时,双方可以约定工资支付时间。深圳市规定,支付周期不超过一个月的工资,用人单位应当自劳动关系解除或者终止之日起三个工作日内一次付清;支付周期超过一个月的工资,可在约定的支付日期支付。对此,我们建议双方劳动关系解除或终止时,工资支付首先参考地方规定,再参考双方约定。

二、用人单位支付工资时是否须向劳动者提供工资条?

说明: 根据《工资支付暂行规定》第 6 条第 3 款,用人单位必须书面记录工资支付的情况,并保存两年以上备查。同时,用人单位在支付工资时还应向劳动者提供一份其个人的工资清单,即工资条。由此可见,向劳动者提供工资条是企业的法定义务。

除此之外,根据《劳动法》的规定,员工对于企业规定的工资分配方案,享有知情权和监督权,即员工有权知道自己的福利和工资构成等。因此,企业不提供工资条是一种侵权行为。

劳动者有权要求用人单位提供工资条以便了解自己的工资明细情况,如果公司拒绝提供或长期不发放工资条,员工可以与公司协商,要求公司提供,若协商无果,员工可向劳动行政部门投诉,进一步维护自己的权益。

三、用人单位因经营困难,能否延缓或减少工资的发放?

说明: 实操中,很多用人单位因经营不善,经济效益下滑,而出现无法及时向劳动者支付工资的情形,至此,很多用人单位被迫减发工资或者停发工资,以缓解经济上的一时压力,但此种做法可能会导致用人单位承担克扣或无故拖欠工资的法律责任。要想合法合理的渡过这个困境,要先了解一下,法律层面上对于克扣、无故拖欠工资的定义,以及允许用人单位减发、缓发工资的特殊情形规定。

首先,根据《对〈工资支付暂行规定〉有关问题的补充规定》第3条,所谓"克扣"系指用人单位无正当理由扣减劳动者应得工资(在劳动者已提供正常劳动的前提下用人单位按劳动合同规定的标准应当支付给劳动者的全部劳动报酬)。不包括以下减发工资的情况:(1)国家的法律、法规中有明确规定的;(2)依法签订的劳动合同中有明确规定的;(3)用人单位依法制定并经职代会批准的厂规、厂纪中有明确规定的;(4)企业工资总额与经济效益相联系,经济效益下浮时,工资必须下浮的(但支付给劳动者工资不得低于当地最低工资标准);(5)因劳动者请事假等相应减发工资等。

需要加以说明的是,关于上述第2种、第3种情形,即企业可以在劳动合同中约定或在规章制度中规定扣减工资的情形,实践中争议较大的是"企业能否根据规章制度,对违纪员工进行罚款",事实上,法律层面企业根本不具备经济处罚权,因此无权对员工实施罚款,如果员工违反公司规章或劳动纪律,用人单位可以扣减劳动者浮动性考核工资代替罚款,即将企业本不负有的经济处罚权转变为企业本就负有的经济管理权。这样一来便可得到法律的支持。

而对于上述第4种情形,企业经济效益下浮时,工资必须下浮的,这一条款让很多用人单位认为只要证明公司经济效益不佳,就可以合法降低劳动者的工资标准。实操中,这类案件在审理过程中,事实上对用人单位的举证责任要求非常高,用人单位需举证财务报表等证据,证明单位内部的经济效益确实非常困难,与此同时也证明了用人单位客观上须采取减发工资的策略以达到保证劳动者最基本的生活收入,因此用人单位要制定出合理的降薪策略,不能只针对某一部门或某一阶层员工降薪,要体现公平合理性,同时召开全体职工大会或职工代表大会,将这个涉及全体劳动者切身利益的事情向全体职工或职工代表征询意见,并协商确定。如此一来才能满足法律法规对于降低工资的程序要求。

其次,根据《对〈工资支付暂行规定〉有关问题的补充规定》第4条,所谓"无故拖欠"系指用人单位无正当理由超过规定付薪时间未支付劳动者工资,不包括：(1)用人单位遇到非人力所能抗拒的自然灾害、战争等原因，无法按时支付工资；(2)用人单位确因生产经营困难、资金周转受到影响，在征得本单位工会同意后，可暂时延期支付劳动者工资。其他情况下拖欠工资均属无故拖欠。

上述第 2 种情形下延期时间的最长限制可由各省、自治区、直辖市劳动行政部门根据各地情况具体确定。如北京地区规定，用人单位因生产经营困难暂时无法按时支付工资的，应当向劳动者说明情况，并经与工会或者职工代表协商一致后，可以延期支付工资，但最长不得超过 30 日。湖北省规定，用人单位确因生产经营困难、资金周转受到影响，在征得本单位工会或职工代表大会同意后，可延期支付，但延期支付劳动者工资时间的最长期限可按不超过 3 个月掌握。

四、未依法支付工资的法律后果有哪些？

说明：在劳动关系中，劳动者付出劳动有权利获取相应工资，用人单位不依法支付工资的情形将面临如下法律后果：

1. 限期支付并赔偿

根据《劳动合同法》第 85 条的规定，用人单位克扣、无故拖欠工资、低于当地最低工资标准支付劳动者工资或不支付加班费的，由劳动行政部门责令支付或补发；逾期不支付的，责令用人单位按应付金额 50% 以上 100% 以下的标准向劳动者加付赔偿金。

2. 劳动者解除合同并索要经济补偿

根据《劳动合同法》第 38 条第 1 款的规定，用人单位未及时足额支付劳动报酬的，劳动者可以单方解除劳动合同，即行使被迫辞职权，并可依据《劳动合同法》第 46 条的规定要求用人单位支付经济补偿。

3. 追究刑事责任

企业拒不支付劳动报酬，情节严重，构成犯罪的，还将被依法追究刑事责任。《刑法》及《最高人民法院关于审理拒不支付劳动报酬刑事案件适用法律若干问题的解释》针对拒不支付劳动报酬罪所涉及的术语界定、定罪量刑标准等问题，进一步明确了相关的法律适用标准。

五、法律对工资台账的保存期限是否有要求？

说明：根据《工资支付暂行规定》第 6 条第 2 款的规定，用人单位必须书面记录支付劳动者工资的数额、时间、领取者的姓名以及签字，并保存 2 年以上备查。也就是说，对于员工工资记录的保留时间应至少为 2 年，比如涉及欠薪问题时，根据劳动仲裁举证责任倒置的规定，用人单位应提供自 2 年前至今的工资发放详情，如果用人单位不能提供，将承担举证不能的法律后果。

实践中有人提出，对于 2 年前的工资支付凭证，如果用人单位不提供，劳动者是否还具备主张的权利？从实体权利来看，劳动报酬请求权并不因用人单位不提供相应的证据而消灭。也就是说，即使用人单位不提供 2 年前的工资支付凭证，只要劳动者能提供相关的欠薪证据，其请求权也应获得支持。

此外，对于工资台账的保存期限问题，针对特殊人群及各省市地区也有不同规定，比如《保障农民工工资支付条例》第 15 条第 1 款规定，用人单位应当按照工资支付周期编制书面工资支付台账，并至少保存 3 年。《深圳市员工工资支付条例》第 15 条第 3 款规定，工资支付表至少应保存 3 年。对此，用人单位应特别关注特定对象及地区规定，履行工资台账的保存义务。

六、薪酬争议的仲裁时效及诉讼时效？

说明： 根据《劳动争议调解仲裁法》第 27 条第 4 款的规定，劳动关系存续期间因拖欠劳动报酬发生争议的，劳动者申请仲裁不受 1 年仲裁时效期间的限制；但是，劳动关系终止的，应当自劳动关系终止之日起 1 年内提出。

例如：员工甲 2022 年 10 月 1 日至 3 日，在公司加班 3 天，但公司一直未支付加班费，2024 年 6 月 4 日，员工甲与公司解除劳动关系，员工甲只要在 2025 年 6 月 4 日前提出仲裁，就有权请求公司支付 2022 年 3 天的加班工资。

法律之所以对劳动者有倾向性保护，是因为考虑到员工在劳动关系存续期间属于弱势一方，即便知道自己的劳动报酬被拖欠，往往也会为了维持劳动关系而委曲求全。如果直接适用 1 年的仲裁时效并从当事人知道或应当知道权利被侵害之日起计算，不利于保护劳动者利益。相反，仲裁时效限制的放宽，反而更加鞭策企业重视劳动报酬的依法支付，否则，将承担相应的法律后果。

关于劳动报酬的仲裁时效问题，实践中也一直存在争议，因《劳动争议调解仲裁法》只针对"拖欠"劳动报酬的仲裁时效作了特殊规定，而未对"克扣"劳动报酬的仲裁时效作出特殊规定，又因为仲裁时效是从劳动者知道或者应当知道权利被侵害之日起算，所以司法实践中存在这样一种判例：如果用人单位克扣劳动者工资，且劳动者主张补发工资后，公司明示拒绝支付，此时劳动者已经知道自身权利被侵害，因此仲裁时效从公司明示拒绝之日起算 1 年，不得适用特殊时效规定；相反，如果用人单位拖欠劳动者工资，在职期间适用特殊仲裁时效，离职之后适用 1 年时效的规定。

很多 HR 疑惑,有关劳动报酬的争议案件,在仲裁阶段的时效规定是否适用于诉讼阶段。根据《民法典》的规定,向人民法院请求保护民事权利的诉讼时效期间为 3 年,与《劳动争议调解仲裁法》的规定出现了法条竞合的情形,但按照特别法优于普通法的原则,应适用特别法的相关条款,即对于已履行完仲裁前置程序的劳动争议,当事人应当在收到仲裁裁决书之日起 15 日内向法院提起诉讼,不再适用《民法典》关于诉讼时效的相关规定。

但司法实践中还存在一种例外情形,根据《最高人民法院关于审理劳动争议案件适用法律问题的解释(一)》(法释〔2020〕26 号)第 15 条之规定:劳动者以用人单位的工资欠条为证据直接提起诉讼,诉讼请求不涉及劳动关系其他争议的,视为拖欠劳动报酬争议,人民法院按照普通民事纠纷受理。也就是说,根据该司法解释之规定,劳动者可以工资欠条直接提起民事诉讼,不经仲裁前置程序,并且人民法院是按照普通民事纠纷受理的,而普通民事案件显然可以直接适用《民法典》关于 3 年诉讼时效之规定。

第二节　经典案例

案例一
【案例简介】

小文是某科技公司的销售人员,双方约定工资结构为:固定工资+岗位补贴+餐补+绩效+电话费+提成,其中提成部分实行货款到账后兑现,提成标准按售前、售中、售后各一个点分别计算。小文与科技公司解除劳动合同后,在职期间的提成工资未全部获得,故先后提起仲裁和诉讼,向公司主张剩余部分提成工资。

【争议焦点】

在款项未到账的情况下,劳动者是否有权在劳动合同解除后主张销售提成?

【判决结果】

法院认为,原告(小文)主张提成工资的支付条件为回款提成,即从谈下合同到客户下采购单销售成功再到客户返款之后即应支付提成……关于××公司的项目提成,原告(小文)作为委托代理人在《采购订单》中签名,但没有证据证明已经全部回款,支付提成工资的条件尚未成就,应承担举证不能的不利后果,故原告(小文)要求被告(某科技公司)支付以上 3 个项目提成工资的请求法院不予支持。

案例二

【案例简介】

小洪是某房产经纪公司的销售人员,在职期间服务房屋的租赁和销售。双方约定工资构成包括基本工资和业绩提成,且提成在开发商支付代理费后下一个发薪日支付。后小洪从房产经纪公司离职,因未全部获得在职期间销售业绩的提成,故先后提起仲裁和诉讼,向房产经纪公司主张支付剩余部分的提成工资。

【争议焦点】

在款项未到账的情况下,劳动者是否有权在劳动合同解除后主张销售提成?

【判决结果】

法院认为,虽然在《劳动合同补充协议》中约定了劳动者待开发商向公司支付原告所售房源之代理费且公司已确认款项到账之日起下一个发薪日按照开发商已付代理费的具体比例支付佣金,但该协议系格式条款,是原告在入职时必须签署的,现原告已经和被告解除劳动合同关系,不存在发薪情况,且其无法获知具体的回款及发薪情况,使其在提成工资发放一事中处于被动地位,可能造成其无法获得提成工资,故法院对于被告主张的业绩提成支付条件不予采信。

【律师解读】

在实践中,很多企业都在实行款到提成制度,即合同货款到账后,劳动者才可以获得提成。这样做的确是一种比较合理的薪酬制度和财务管理制度。某种程度上可以规避业务人员与客户串通签订虚假合同,骗取企业的业务提成。一般情况下,员工在职期间,企业落实款到提成不会产生任何问题,也不会与员工发生任何争议,但遇到员工离职这种特殊情况时,往往矛盾就爆发了,由于款项尚未全部到账,而离职员工希望在解除或终止劳动合同时拿到全部劳动报酬,对此,司法审判存在两种不同观点:

一种观点认为,《劳动法》第47条规定:"用人单位根据本单位的生产经营特点和经济效益,依法自主确定本单位的工资分配方式和工资水平。"双方对于款到提成的约定,没有违反法律、行政法规的强制性规定,约定有效,双方应按约定履行(如上述案例一)。对此,部分省市地区也有明文规定,《深圳市中级人民法院关于审理劳动争议案件的裁判指引》第60条第2款规定,"劳动者离职,业务提成支付周期在一个月内的,用人单位应立即支付;业务提成约定在货款收回后才支付的,则用人单位可在条件成就后支付"。

另一种观点认为,员工离职时仍然坚持款到提成存在很多不合理的地方。合同款项是否回收,其法律性质系买卖双方之间的争议,如果企业将未回收货款当作拒付离职员工业务提成理由,就会混淆二者的法律关系。除此之外,员工离职后,无法获知款项是否全部到账(如上述案例二),也不排除用人单位与买方恶意串通,延缓货款回收的时间,逃避支付提成工资的可能。故用人单位理应在离职时一次性向劳动者计发全额提成。

鉴于此类问题裁审观点不尽统一,建议用人单位在与员工约定款到提成相关条款时,需要对提成的对价支付进一步提出兑现条件,如规定劳动者完成销售任务后,另负有催收回款的工作职责,也就是说货款回收既是岗位职责也是提成兑现的条件,且明确告知劳动者,提成的支付包含款项到账的时间成本,理应在合同款项到账后予以兑现。这样一来,在离职员工主张业务提成的争议案件中,进一步为裁审的合理性提供依据,增加有利于用人单位的抗辩观点。

案例三

【案例简介】

小文是 KB 公司的采购经理,2020 年 9 月与公司解除劳动合同。后小文分别提起仲裁和诉讼,向公司主张违法解除赔偿金,以及 2018 年 2 月至 2020 年 9 月的加班工资等。庭审期间,公司以小文主张的加班费已过仲裁时效为由拒绝支付。

【争议焦点】

小文于 2020 年 9 月主张 2018 年 2 月至 2020 年 9 月的加班工资是否过仲裁时效?

【判决结果】

法院认为:劳动者提出包括加班工资在内的劳动报酬之主张时,仲裁时效应适用《劳动争议调解仲裁法》第 27 条第 4 款特殊仲裁时效的规定,即不受一年仲裁时效期间的限制,但至迟应自劳动关系终止之日起一年内提出。但若劳动者对用人单位支付的劳动报酬金额提出异议,且用人单位书面明示拒绝予以支付,此种情况下劳动者已知道其权利被侵害,故而依据《劳动争议调解仲裁法》第 27 条第 1 款之规定,其主张劳动报酬的仲裁时效应为用人单位书面明示拒绝支付劳动报酬之日起计算一年。

本案中,原告(劳动者)主张平时延长、休息日加班工资,均属于劳动报酬范畴,同时,被告(用人单位)未能举证证明原告曾就劳动报酬金额提出异议,且被告书面明示拒绝予以支付。虽被告每月向原告发放工资单,但工资单仅能认定被告向原告告知了工资构成及金额,不能作为认定原告对劳动报酬金额有异议且被告书面明示拒绝支付的依据。故在此情形下,原告有关劳动报酬主张的仲裁时效应适用特殊仲裁时效的规定。故原告在离职起一年内申请仲裁,未超过法定仲裁时效。

【律师解读】

关于用人单位未依法支付劳动者劳动报酬的争议案件,其仲裁时效根据《劳动争议调解仲裁法》的规定,拖欠劳动报酬的,在职期间适用特殊时效规定,离职之后适用一般时效规定,但实操中,若用人单位能举证,劳动者曾就薪资扣减事宜提出异议,且用人单位明确拒绝支付,其克扣劳动报酬的时效计算在司法审判中存在争议:

一种观点认为,不管是拖欠劳动报酬还是克扣劳动报酬,都属于未依法支付劳动者工资的情形,如前文所述,劳动者在职期间属于弱势群体,为维持劳动关系,暂时不会选择仲裁和诉讼维权。因此,为保证劳动者权益不受侵害,不管是用人单位拖欠还是克扣工资,都适用《劳动争议调解仲裁法》对于劳动报酬的特殊规定,即在职期间无时效限制,离职后适用一年仲裁时效。

另一种观点认为,根据《劳动争议调解仲裁法》的规定,仲裁时效从当事人知道或者应当知道其权利被侵害之日起计算,如劳动者就薪资扣减问题曾提出抗议,要求用人单位补发,用人单位坚持扣减,即表示劳动者已知道其权利被侵害,理应从用人单位明确拒绝支付之日起适用一年的仲裁时效。

鉴于劳动报酬的仲裁时效在司法判例中存在差异,建议各用人单位在应对类似案件时,应注意查询当地司法观点,以作出有利于己方的抗辩意见。与此同时,在与劳动者建立劳动关系时,也应明确具体的薪酬标准,包括各薪资科目的支付条件、支付周期及支付时间,同时对于离职员工的薪资支付,也应履行公平合理的支付原则,避免争议发生。

第三节 操作指引

【概论】

依法向劳动者支付工资,是用人单位的法定义务。为避免用人单位过度行使用工自主权,造成劳动者权益的损害,用人单位在工资发放管理方面,要做到支付有据、扣减合理、发放及时,并定期与劳动者对工资发放完整性、正确性与否进行书面确认,一定程度上可避免劳资双方产生争议,这也是用人单位履行法定义务的有效证明。

【薪酬支付的合法性指引图】

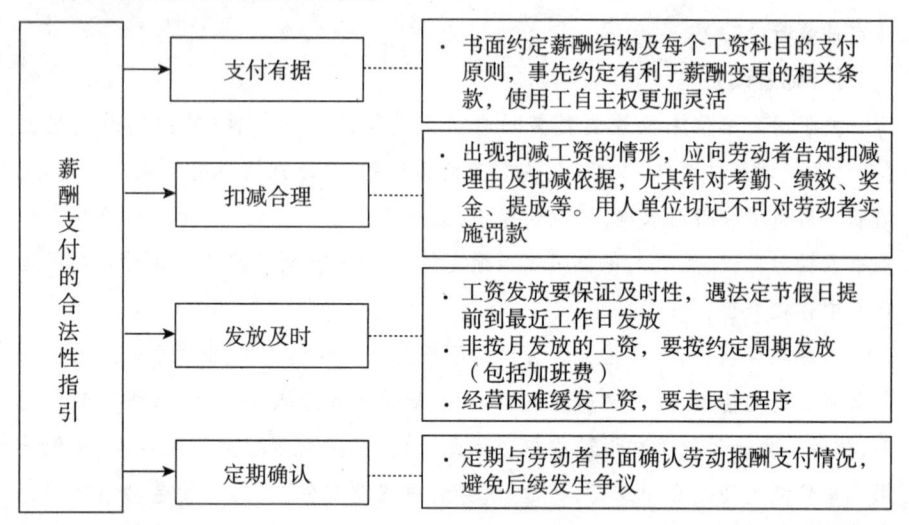

```
                ┌─ 支付有据 ──  · 书面约定薪酬结构及每个工资科目的支付
                │              原则，事先约定有利于薪酬变更的相关条
                │              款，使用工自主权更加灵活
                │
                │              · 出现扣减工资的情形，应向劳动者告知扣减
薪              ├─ 扣减合理 ──  理由及扣减依据，尤其针对考勤、绩效、奖
酬              │              金、提成等。用人单位切记不可对劳动者实
支              │              施罚款
付
的              │              · 工资发放要保证及时性，遇法定节假日提
合              │              前到最近工作日发放
法              ├─ 发放及时 ──  · 非按月发放的工资，要按约定周期发放
性              │              （包括加班费）
指              │              · 经营困难缓发工资，要走民主程序
引              │
                │              · 定期与劳动者书面确认劳动报酬支付情况，
                └─ 定期确认 ──  避免后续发生争议
```

【说明】

1. 支付有据

用人单位与劳动者以书面形式确定薪酬结构，对各工资科目的发放条件，建议作出明确规定，并考虑劳动者非正常工作期间的工资发放，如劳动者休假期间、企业经营效益下降期间等，相关约定是否能够支撑用人单位对薪酬支付标准作出单方调整与变更。

2. 扣减合理

出现扣减工资的情形，应向劳动者告知扣减理由及扣减依据，如考勤的扣减，依据的是企业经过民主公示的考勤管理制度规定；绩效、奖金、提成的扣减，依据的是双方事先协商一致的考核责任状、提成方案等。需要提醒用人单位的是，企业不具备经济处罚权，即不能对劳动者实施罚款，否则可能承担克扣劳动者工资的法律责任。

3. 发放及时

除不可抗力及其他特殊情况外，每月务必按照约定日期及时支付劳动报酬，遇法定节假日支付时间应提前到最近工作日。非按月发放的工资科目，如绩效、奖金、提成，待支付条件成就后亦应及时支付。

实践中，如用人单位的薪酬支付时间存在流程审批的复杂性、时间的不确定性，建议用人单位将薪酬支付的日期约定为一个区间，如每月10日至15日发工资，这样一来给用人单位一个缓冲时间，降低因未及时支付工资，导致劳动者被迫解除劳动合同，向单位主张经济补偿的法律风险。

关于加班费的支付周期，尚无具体法律规定，但在部分地区法规中可见，如深圳地区规定，加班费支付周期不得超过1个月；江苏地区规定，延时加班及法定节假日加班，加班费支付周期最长不超过1个月；休息日加班，加班费支付周期最长不超过6个月。为避免用人单位出现未依法支付工资的法律风险，对于无具体规定的地区，在用人单位与劳动者无明确约定的情况下，建议加班费的支付周期最长不超过1个月。

用人单位确因经营困难无法按时发放工资的，应向劳动者征求缓发工资的意见，履行民主程序后，发放工资的时间最迟不得超过国家及地方允许的延迟周期。

4.定期确认

建议用人单位每年度或半年度，与劳动者就劳动报酬的支付情况做一次书面确认，就工资、奖金、福利、加班费、津补贴、年休假等，对其支付的必要性及完整性进行书面确认，避免后期发生劳动争议。

第四节 实用工具

薪资支付情况确认单

【说明】

薪资支付情况确认单经员工签字确认后，用以证明公司已经及时足额支付了员工薪酬。因此，此表单是公司薪酬管理中重要的一个表单工具。

文件仅供参考，具体请以实际发生情况灵活掌握。

【适用】

在公司与员工约定工资或调整工资时，或按照季度、半年度或年终时由员工对薪资支付情况予以签收确认之用。

【基本要素】

①表头；

②员工基本信息；

③确认事项；

④签字确认。

【法律风险】

①由员工对自己在职期间，对公司的薪资支付情况予以确认，尽量避免后期双方对过往的薪资支付产生不必要的争议。

②留存员工签收的薪资支付情况确认单,一旦双方发生争议可以达到固定证据的目的。

【薪资支付情况确认单范本】

薪资支付情况确认单

本人_____(身份证号:_____)确认:

截至_____年___月___日(含当日)前在_____公司工作期间,本人确认公司已依法按照劳动合同及相关规定履行了用人单位的各项义务。

本人确认如下事项:

本人对公司支付给本人的薪资项目(结构)及各项数额均没有异议;

公司已依法及时足额向本人支付了各项劳动报酬及福利待遇(包括但不限于未结算工资、带薪年休假折算工资、加班费、值班费、防暑降温费、冬季取暖补贴费、经济补偿金、赔偿金、罚金、各类奖金及提成、各类津贴及补贴、社会保险费用及住房公积金等);

所有加班均已相应调休或支付加班费,不存在未结加班费事宜;

年休假已全部休完或已获得了相应的未休年休假工资报酬。

签名:_____

日期:_____年___月___日

核对身份证号码和员工身份证一致。

和确认人姓名一致。

该约定对企业有利,但由于涉及劳动者法定权利,在实践中有效性存在一定风险,建议企业谨慎使用。用人单位根据实际情况填写。

确保员工本人面签,且与身份证姓名一致,不得出现错字、别字,也不建议填写繁体字。

落款日期为员工签收薪资支付情况确认单日期,应为员工本人填写。

第五节 法律法规及政策指南

《工资支付暂行规定》

第五条 工资应当以法定货币支付。不得以实物及有价证券替代货币支付。

第六条 用人单位应将工资支付给劳动者本人。劳动者本人因故不能领取工资时,可由其亲属或委托他人代领。

用人单位可委托银行代发工资。

用人单位必须书面记录支付劳动者工资的数额、时间、领取者的姓名以及签字,并保存两年以上备查。用人单位在支付工资时应向劳动者提供一份其个人的工资清单。

第七条　工资必须在用人单位与劳动者约定的日期支付。如遇节假日或休息日，则应提前在最近的工作日支付。工资至少每月支付一次，实行周、日、小时工资制的可按周、日、小时支付工资。

第八条　对完成一次性临时劳动或某项具体工作的劳动者，用人单位应按有关协议或合同规定在其完成劳动任务后即支付工资。

第九条　劳动关系双方依法解除或终止劳动合同时，用人单位应在解除或终止劳动合同时一次付清劳动者工资。

第十条　劳动者在法定工作时间内依法参加社会活动期间，用人单位应视同其提供了正常劳动而支付工资。社会活动包括：依法行使选举权或被选举权；当选代表出席乡（镇）、区以上政府、党派、工会、青年团、妇女联合会等组织召开的会议；出任人民法庭证明人；出席劳动模范、先进工作者大会；《工会法》规定的不脱产工会基层委员会委员因工会活动占用的生产或工作时间；其它依法参加的社会活动。

第十一条　劳动者依法享受年休假、探亲假、婚假、丧假期间，用人单位应按劳动合同规定的标准支付劳动者工资。

《北京市工资支付规定》

第二十六条　用人单位因生产经营困难暂时无法按时支付工资的，应当向劳动者说明情况，并经与工会或者职工代表协商一致后，可以延期支付工资，但最长不得超过30日。

《山东省企业工资支付规定》

第三十二条　企业因生产经营困难、经济效益下降，无法按时支付工资的，应当向劳动者说明情况，经与企业工会或者职工代表协商一致后，可以延期支付工资，但延期时间最长不得超过30日。

《深圳市员工工资支付条例》

第十一条　工资支付周期不超过一个月的，约定的工资支付日不得超过支付周期期满后第七日；工资支付周期超过一个月不满一年的，约定的工资支付日不得超过支付周期期满后的一个月；工资支付周期在一年以上的，约定的工资支付日不得超过支付周期期满后的六个月。

工资支付周期为一个月的，自用工之日起至约定的工资支付日不满一个月的工资，用人单位可以在首个工资支付日按日折算支付，也可以在下一个工资支付日合并支付，具体由用人单位与员工协商确定。

工资支付日遇法定休假节日或者休息日的，应当在之前的工作日支付。

第十二条　用人单位因故不能在约定的工资支付日支付工资的,可以延期五日;因生产经营困难,需延期超过五日的,应当征得本单位工会或者员工本人书面同意,但是最长不得超过十五日。

第十三条　用人单位与员工的劳动关系依法解除或者终止的,支付周期不超过一个月的工资,用人单位应当自劳动关系解除或者终止之日起三个工作日内一次付清;支付周期超过一个月的工资,可以在约定的支付日期支付。

第十四条　员工工资应当从用人单位与员工建立劳动关系之日起计发至劳动关系解除或者终止之日。

劳动关系解除或者终止时,支付周期未满的员工月度奖、季度奖、年终奖,按照劳动合同的约定计发;劳动合同没有约定的,按照集体合同的约定计发;劳动合同、集体合同均没有约定的,按照依法制定的企业规章制度的规定计发;没有约定或者规定的,按照员工实际工作时间折算计发。

第十五条　用人单位支付工资应当制作工资支付表。

工资支付表应当有支付单位名称、工资计发时段、发放时间、员工姓名、正常工作时间、加班时间、正常工作时间工资、加班工资等应发项目以及扣除的项目、金额及其工资账号等记录。

工资支付表至少应当保存三年。

用人单位支付员工工资时应当以纸质或者电子形式向员工提供一份本人的工资清单。工资清单的内容应当与工资支付表一致,员工对工资清单表示异议的,用人单位应当予以答复。

《湖南省工资支付监督管理办法》

第十四条　用人单位应当自与劳动者建立劳动关系之日起计发劳动者工资。

用人单位与劳动者依法终止或者解除劳动合同的,工资计发到劳动合同终止或者解除之日,并自终止或者解除劳动合同之日起3日内一次性付清劳动者的工资。

第六节　企业用工风险测评

企业的人力资源管理工作中存在以下常见问题:

1.不清晰人力资源管理中的法律风险点,不清晰法律规定和实务操作之间的差别;

2. 规章制度、员工手册等陈旧,不与时俱进,合理性和合法性存在问题;

3. 人力资源管理工作没有制度化、规范化、流程化,使 HR 管理人员工作流于日常琐碎,与人力资源专员工作无异,不能将精力投放到人力资源的战略管理和企业文化的建设当中来;

4. 人力资源管理中一些必备的合同、协议经不起推敲,达不到明确权利义务的效果;

5. 错发、乱发通知书、证明等。

针对以上问题,结合劳动争议案件仲裁和诉讼实务经验,通过简单的一些测评题帮助企业更快认识、解决人力资源管理过程中的风险。提早发现,尽早预防。

评估报告:

请根据腰封、书签指引查看"企业用工风险评估报告"。如果您不慎丢失了腰封或书签,请随时联系主编客服团队。客服人员将协助您获取评估报告。

1. 劳动合同中发放工资的时间如何约定?(　　)

A. 每月固定某日发放

B. 每月固定某时段发放

C. 无约定,视情况发放

问题设计目的:

为了了解企业是否按照法律规定时间,及时支付员工工资报酬。

法律分析:

《工资支付暂行规定》第 7 条规定:工资必须在用人单位与劳动者约定的日期支付。如遇节假日或休息日,则应提前在最近的工作日支付。工资至少每月支付一次,实行周、日、小时工资制的可按周、日、小时支付工资。

第 8 条规定:对完成一次性临时劳动或某项具体工作的劳动者,用人单位应按有关协议或合同规定在其完成劳动任务后即支付工资。

《劳动合同法》第 38 条规定:"用人单位有下列情形之一的,劳动者可以解除劳动合同:……(二)未及时足额支付劳动报酬的……"

2. 公司是否将工资台账保留了两年以上?(　　)

A. 是　　　　　　　　　　B. 否

问题设计目的:

为了了解单位是否按照法律规定保留工资台账,以便发生仲裁、诉讼可以作为证据提交仲裁、法院。

法律分析：

《工资支付暂行规定》第 6 条第 3 款规定：用人单位必须书面记录支付劳动者工资的数额、时间、领取者的姓名以及签字，并保存两年以上备查。用人单位在支付工资时应向劳动者提供一份其个人的工资清单。

第四篇
工时休假

- 第一章　工时考勤
- 第二章　加班管理
- 第三章　年休假管理
- 第四章　病假管理
- 第五章　医疗期管理
- 第六章　女职工三期及其他假期

PART 04

第一章

工时考勤

第一节 企业常见用工风险点

本节重点

- 标准工时制、不定工时工时制、综合工时制的区别是什么?
- 采取特殊工时制度,如何按规定进行审批?
- 不同工时制度下的考勤记录如何确认?
- 不同工时制度下如何明确工作时间及休息时间?

一、标准工时制、不定工时工时制、综合工时制的区别是什么?

说明: 此三者在工时制度上各具特色,构成劳动法中工时安排的多样性。

标准工时制遵循每日工作不超过 8 小时、每周工作不超过 40 小时(或依当地法规调整)的常规安排,是工时管理的基准;

不定工时工时制,又称弹性工时制,允许员工在一定范围内自主决定工作时间,强调工作任务的完成而非固定工时,适用于工作性质需灵活调度的岗位;

综合工时制,则是以周、月、季、年为周期综合计算工作时间,适用于因工作性质需连续作业或受季节及自然条件限制的企业,员工在周期内的工作时间可超过法定标准,但平均工时需符合法律规定,体现了工时管理的灵活性与合规性平衡。

二、采取特殊工时制度,如何按规定进行审批?

说明: 企业若需采用不定工时工时制或综合工时制特殊工时制度,需依法向劳动行政部门提出申请并获得批准。审批流程一般包括提交书面申请材料,详细说明企业性质、岗位特点、工时需求及保障劳动者休息权利的措施等。

劳动行政部门将审查企业申请的合理性、必要性及合规性，评估其对劳动者权益的影响。审批通过后，企业方可在特定岗位实施特殊工时制度，并需确保实际执行中严格遵守批准的内容，同时加强内部管理，保障劳动者的合法权益不受侵害。未获批准擅自实行的，将承担法律责任。

三、不同工时制度下的考勤记录如何确认？

说明： 考勤记录的确认方式因工时制度的不同而有所差异。标准工时制强调时间的固定性和规律性，而不定工时工时制和综合工时制则更注重工作的灵活性和周期性。因此，在确认考勤记录时，需要根据不同的工时制度采取相应的确认方法，以确保考勤数据的准确性和合规性。

在标准工时制下，考勤记录主要通过打卡系统来确认。企业会设置固定的上下班时间，并要求员工在规定时间内打卡。考勤管理人员会定期审查打卡数据，与员工的实际出勤情况进行比对，以确认考勤记录的准确性。此外，对于迟到、早退、请假等情况，也会按照公司规定进行相应处理。

由于不定工时工时制具有较大的灵活性，因此考勤记录的确认方式也更加多样化。企业可以采用签到、查询录像、工作汇报等多种形式来记录员工的工作时间和工作状态。考勤管理人员会结合这些记录，综合评估员工的工作表现，并确认考勤记录的真实性。需要注意的是，在不定工时工时制下，企业应避免过度干预员工的工作时间安排，尊重员工的自主权。

综合工时制是以一定周期为计算单位来确认考勤记录的。企业会设定一个周期（如周、月、季或年），并在这个周期内对员工的工作时间进行累计计算。考勤管理人员会定期统计员工的工作时间，并与周期内的法定工作时间进行比对，以确认考勤记录的合规性。同时，对于超出法定工作时间的情况，企业也需要按照相关规定支付加班费。

四、不同工时制度下如何明确工作时间及休息时间？

说明： 工时制度的多样性促使我们在界定工作时间、休息时间及作业时间时，需依据具体制度灵活调整。标准工时制下，职工每日工作 8 小时、每周工作 40 小时为常态。然而，面对特定工作性质或生产特点，企业可向人力资源社会保障部门申请实施综合工时制或不定工时工时制，以适应更为灵活的用工需求。

在综合工时制中，企业依据工作周期综合计算工时，休息日安排得以灵活调整，不再受每周至少休息 1 天的常规限制。但针对从事第三级及以上体力劳动强度的员工,其每日连续工作时间仍被严格限制在 11 小时以内,并需确保每周至少有 1 天休息,以保障劳动者的基本权益与健康。

至于不定工时工时制,其特点在于工作时间与休息时间的灵活性。企业虽获得了较大的自主权,但劳动者的休息休假权利依然得到法律的充分保障。在申请了不定工时工作制后,劳动者仍可就具体的休息方式与单位进行协商,以实现工作与生活的和谐平衡。这种协商机制不仅体现了对劳动者自主权的尊重,也是构建和谐劳动关系的重要一环。

第二节 经典案例

【案例简介】

2017 年 11 月 1 日,小洪与某物业公司签订 3 年期劳动合同,约定小洪担任安全员,月工资为 3500 元,所在岗位实行不定工时工时制。物业公司于 2018 年 4 月向当地人力资源社会保障部门就安全员岗位申请不定工时工时制,获批期间为 2018 年 5 月 1 日至 2019 年 4 月 30 日。2018 年 9 月 30 日,小洪与物业公司经协商解除了劳动合同。双方认可 2017 年 11 月至 2018 年 4 月、2018 年 5 月至 2018 年 9 月,小洪分别在休息日工作 15 天、10 天,物业公司既未安排调休也未支付休息日加班工资。小洪要求物业公司支付上述期间休息日加班工资,物业公司以小洪实行不定工时工时制为由未予支付。2018 年 10 月,小洪向劳动人事争议仲裁委员会(以下简称仲裁委员会)申请仲裁。

【争议焦点】

未经审批,物业公司能否仅凭与小洪的约定实行不定工时工时制。

【判决结果】

法院认为,用人单位对劳动者实行不定工时工时制,有严格的适用主体和适用程序要求。只有符合国家规定的特殊岗位劳动者,并经过人力资源社会保障部门审批,用人单位才能实行不定工时工时制,否则不能实行。

【律师解读】

不定工时工时制是针对因生产特点、工作特殊需要或职责范围的关系,无法按标准工作时间衡量或需要机动作业的劳动者所采用的一种工时制度。法律规定不定工时工时制必须经审批方可实行。用人单位不能仅凭与劳动者约定就实行不定工时工时制,而应当及时报人力资源社会保障部门批准后实行。但在司法实践中,各地产生的生效判决对"用人单位与劳动者自行约定实行不定工时工时制是否有效"这一争议的裁判标准不一,甚至出现了与最高人民法院发布的典型案例冲突的裁判。

重庆市第一中级人民法院案例:根据小文与某公司签订的劳动合同,小文的工作岗位实行的是综合工时制。根据某公司提供的批复,小文实际工作地点的工作岗位也是实行综合工时制。因此,虽然批复不是针对某公司作出的,但是结合某的劳动合同约定与小文的实际工作地点,可以认定小文的工作岗位实行的是综合工时制——(2020)渝01民终5460号。

综合以上案例可以看出,实行综合工时制、不定工时工时制是否需要审批生效在司法处理上存在不同意见,为避免发生争议,建议在实行综合工时制、不定工时工时制时向劳动主管部门进行审批并且将审批结果公示。

第三节　操作指引

【概论】

企业要实施综合工时制或不定工时工时制,需遵循严格的审批流程,向当地人力资源社会保障部门申请并获得许可批复,通常需按年度申请。在实施前,务必确认许可批复的有效性及是否需要重新申请。此外,企业应通过民主程序,如召开职工大会或职代会,就工时制度变更广泛听取员工及工会意见,确保决策透明与合规。对于受影响的员工,企业应及时书面通知并协商变更劳动合同条款,明确工时制度变更内容。

【执行特殊工时制的流程图】

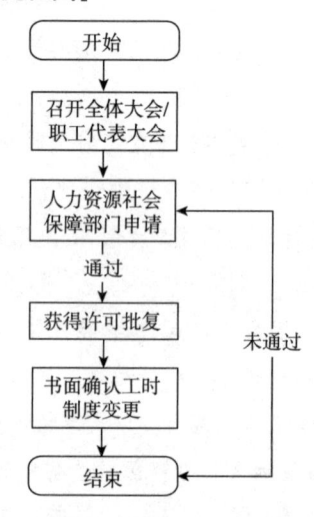

```
        开始
         ↓
    召开全体大会/
    职工代表大会
         ↓
    人力资源社会 ←──┐
    保障部门申请    │
         ↓通过      │
    获得许可批复    │未通过
         ↓          │
    书面确认工时    │
    制度变更       │
         ↓          │
        结束 ───────┘
```

【说明】

综合计算工时制的要点概览：

1. 明确计算周期：根据人力资源社会保障部门批复，确定综合计算周期为周、月、季等，并严格依此周期计算员工工作时间。

2. 控制工作时间：周期内总工作时间不得超过法定标准，如按月计算则不超过165.36小时，且平均每月延长工作时间不得超过36小时。

加班工资管理：超标准工作时间部分需按规定支付加班工资，法定节假日工资则按日工资300%支付。

3. "负工时"处理：法律无"负工时"概念，未工作满法定时间不能扣工资或抵扣假期，企业应自主合理安排。

总结：企业在选择并执行特殊工时制时，需严格遵守法律法规，通过规范的审批流程与民主程序确保合规性。同时，精细管理工时，合理控制加班，妥善处理"负工时"问题，并特别关注不定工时工时制员工的休息权益，以构建和谐稳定的劳动关系。

第四节　实 用 工 具

工时制度确认单

【说明】

《工时制度确认单》的使用主要体现在其作为企业与员工之间就工时制度明确约定的重要文件上。这份确认单不仅确保了每位员工能够清晰地知晓自己将执行的工时制度类型（如标准工时制、综合工时制或不定工时工时制），从而避免对工作时间和加班补偿等方面的误解和争议。同时，它也为企业提供了一个有力的法律保障，一旦未来发生劳动纠纷，该确认单将作为双方协商一致的书面证据，有效减少法律风险和诉讼成本。此外，对于需要向相关部门备案的特殊工时制度，确认单还充当了企业已与员工充分沟通并达成共识的证明，助力企业顺利通过审批流程，确保工时管理的合规性。

文件仅供参考，具体请以实际发生情况灵活掌握。

【适用】

适用于用人单位与适格的所有员工。

【基本要素】

①员工姓名；

②部门岗位；

③工时制度；

④员工确认签字。

【法律风险】

①防止未明确工时制度，发生加班费争议时无法提供工时制度有效依据。

②防止因综合工时制的申请与执行不当，导致员工的实际工作时间超过法定标准，从而引发员工对加班费的追索，增加企业的经济负担和法律风险。

③为加班费计算、工时确认等提供处理依据。

【工时制度确认单范本】

_____公司工时制度确认单

员工姓名		身份证号		
部门		岗位		
工时制度（勾选）	标准工时制	不定工时工时制		综合工时制
说明	1. 标准工时制，具体为每日8小时，每周40小时。具体的上下班时间应按照甲方相关规章制度规定执行。 2. 不定工时工时制，即根据公司的业务需要和员工工作岗位的特点，员工应灵活和及时地履行其职责。因为员工的不定时工作时间，员工特此确认：与实行其他工时制的劳动者不同，除法律另有规定外，不执行有关加班费的规定。 3. 综合工时制，具体的上下班时间及综合计算周期应按照公司相关规章制度规定执行。 4. 员工根据国家法律和公司的规章制度享有各种法定节假日和假期。 5. 员工确认，如果员工的工作岗位具有综合工时制或不定工时工时制的特点，或者由于员工工作时间无法根据标准工时进行计算，或者公司按照行业惯例对员工实行特殊工时制度，无论公司是否经过劳动行政部门审批，均不影响本表单确认的员工工时制度效力。 6. 如果公司向政府部门申请就员工所在岗位实行不定工时工时制、综合工时制等特殊工时制度，员工特此同意充分配合甲方进行申请特殊工时制度并提供任何必要的帮助，包括但不限于签署同意该等申请的文件。员工同意按照公司的要求执行特殊工时制度。 7. 员工确认，公司已为员工配备了必要的休息设施，并在签署本确认单时将工作场所中的休息设施的位置、使用注意事项等告知了员工。			
员工确认	本人确认并认可上述信息。 签字： 年　　月　　日			

第五节　法律法规及政策指南

《关于企业实行不定时工作制和综合计算工时工作制的审批办法》

第四条　企业对符合下列条件之一的职工,可以实行不定时工作制。

(一)企业中的高级管理人员、外勤人员、推销人员、部分值班人员和其他因工作无法按标准工作时间衡量的职工;

(二)企业中的长途运输人员、出租汽车司机和铁路、港口、仓库的部分装卸人员以及因工作性质特殊,需机动作业的职工;

(三)其他因生产特点、工作特殊需要或职责范围的关系,适合实行不定时工作制的职工。

第五条　企业对符合下列条件之一的职工,可实行综合计算工时工作制,即分别以周、月、季、年等为周期,综合计算工作时间,但其平均日工作时间和平均周工作时间应与法定标准工作时间基本相同。(一)交通、铁路、邮电、水运、航空、渔业等行业中因工作性质特殊,需连续作业的职工;(二)地质及资源勘探、建筑、制盐、制糖、旅游等受季节和自然条件限制的行业的部分职工;(三)其他适合实行综合计算工时工作制的职工。

第二章

加班管理

第一节　企业常见用工风险点

本节重点

- 加班与不认定加班的情形有哪些？
- 如何明确员工自主加班的申请及审批流程？
- 不同工时制度下，如何核算加班费？
- 如何确定加班费计算基数？
- 如何规定值班的情形？

一、加班与不认定加班的情形有哪些？

说明：加班与不认定加班的界定是维护员工权益、优化企业成本结构的重要一环。随着工作节奏的加快和市场竞争的加剧，加班现象日益普遍，但如何合理界定加班范围，避免不必要的成本支出，同时保障员工的合法权益，成为每位人力经理必须面对的挑战。

加班通常指员工在标准工时之外，根据公司明确的要求或工作安排所进行的工作。这种工作通常是额外且必要的，旨在完成特定任务或应对紧急情况。

不认定加班包括未依规提前审批、申请未获批准自行加班、正常工作时间外逗留、个人原因延时工作以及其他根据公司规定不应视为加班的情况。

明确加班与不认定加班的界限，对于规范企业用工管理、保障员工合法权益、降低企业成本具有重要意义。

二、如何明确员工自主加班的申请及审批流程？

说明：完善加班审批流程的规范化运作，旨在清晰界定加班事实，大幅降低因加班认定不明确而引发的法律风险,同时促进企业内部管理的透明化,增强企业与员工之间的信任与协作,确保双方权益在公平、合理的框架内得到妥善维护。这一过程不仅有助于企业规避潜在的劳动纠纷,还促进了企业文化的正向发展,为企业的稳健运营奠定了坚实的基础。

从法律视角出发,构建高效的加班审批流程应聚焦于以下几点:

一是确立加班申请制度,要求员工通过《加班申请单》提前申请,明确加班事由、时长及内容,确保加班的合理性与必要性;

二是实施逐级审批机制,由直接上级至人力资源部进行层层审核,确保加班申请的合规性;

三是加强加班完成后的确认环节,通过《加班确认单》由部门主管签字确认实际加班情况,并与考勤记录核对,确保加班数据的真实准确;

四是处理加班时间差异,明确当申请与实际加班时间不符时,由部门主管根据实际情况审批并附工作证明,防止虚假加班;

五是强化流程透明度与执行力,确保所有员工了解并遵守加班审批流程,同时企业也应定期审查流程执行情况,及时调整优化。

通过上述精简而高效的流程设计,企业能够更有效地管理加班行为,既保障员工的合法权益,又维护企业的运营秩序。企业在执行加班审批流程时,应确保流程的透明度、公正性和可追溯性。任何违反流程的行为都应受到相应的制度约束或法律制裁。同时,企业也应加强对员工的法律教育,引导员工正确认识加班制度,自觉遵守加班审批流程,共同维护良好的劳动关系。

三、不同工时制度下,如何核算加班费?

说明:企业合理应用工时制度,对于计算加班费至关重要。合理的工时制度与核算策略能有效降低全员加班费成本,优化成本结构。特别是针对高管、销售人员等,灵活采用不定工时工时制可精准控制加班成本。通过细致剖析各工时制度下加班费核算规则,企业能确保合规运营,减少法律纠纷,同时提升管理效率,是企业实现稳健发展、优化资源配置的关键步骤。

标准工时制度下的加班费计算:标准工时制下,加班费根据加班时段明确划分。延长标准工作时间需支付1.5倍工资,休息日加班又不能补休的支付2倍工资,而法定节假日加班则需要支付3倍工资。这一制度可确保员工额外劳动得到合理补偿,同时也引导企业合理安排工作时间。

不定工时工时制度下的加班费计算:不定工时工时制适用于工作性质特殊、

难以按标准工时衡量的岗位。根据不定工时工时制度，在法定节假日之外的其他时间，部分地区有规定可不视为加班，因此不产生加班费。这一灵活性设计旨在满足特定岗位需求，同时避免不必要的加班成本。

综合工时制度下的加班费计算：综合工时制下，加班费以周期内总工作时间超标部分计算。超过法定标准工作时间部分视为加班，按劳动法规定支付加班费，法定节假日加班同样支付加班费。此制度兼顾了企业灵活性与员工权益保护，同时设定了每月加班时长上限，保障员工休息权益（见表4-1）。

表4-1 不同工时制度下的加班费计算方式

分类项目	标准工时制	综合工时制	不定工时工时制
内容	8小时/天；40小时/周	一个周期内（月、季、年）核算总工作时间	无固定时间要求
加班费	延时：150%；休息日：200%；法定节假日：300%	延时：150%；休息日：无；法定节假日：300%	延时：无；休息日：无；法定节假日加班：根据地方要求
行政审批	无须审批	需要审批	需要审批

四、如何确定加班费计算基数？

说明：在劳动法律实践中，如何确定加班费计算基数及加班时长，是保障劳动者权益、维护企业合规性的关键议题。这不仅关乎劳动者的经济权益，也直接影响企业的成本控制与法律风险。明确加班费计算基数，能够确保劳动者在加班时获得合理补偿，激发其工作积极性，同时也有助于企业规范用工管理，减少因加班费争议引发的法律纠纷。通常情况下，加班费计算基数的约定有4种主要路径。

一是遵循地方规定。若地方政府或劳动部门已明确加班费计算基数的标准，企业应严格依规执行，确保加班费发放的合法性与规范性。

二是企业与员工自主协商。在地方无明确规定的情况下，企业应本着平等、自愿的原则，与员工就加班费计算基数进行充分协商，达成一致意见，以确保其公平合理。

三是企业可以灵活运用薪酬结构设计，将固定加班费纳入员工的基本薪酬中。这种做法尤其适用于单休、大小周或长期需要加班的工作岗位。通过提前规划并固定一部分加班费，企业能在后期减少因加班费争议而产生的额外成本。

当实际加班时长超过预设范围时,企业仅需支付差额部分的加班费,这样既保障了员工的合法权益,又有效控制了企业的支付成本。

四是企业还可以考虑采用包薪制作为薪酬管理的一种方式。包薪制,即企业与员工约定一个固定的薪酬总额,该总额中已包含一定范围内的加班费、奖金、津贴等。这种制度在降低加班费成本上具有显著优势。通过合理设定薪酬总额,企业能够更灵活地管理加班成本,避免在加班频繁时段面临过高的支付压力。同时,包薪制也有助于增强员工对薪酬的满意度和稳定性,减少因加班费争议而引发的劳动纠纷。

因此,无论采用何种薪酬制度,企业都应确保其与当地法律法规相符,并在与员工签订劳动合同时明确约定相关内容。在执行过程中,企业还需保持透明度和公平性,及时与员工沟通并解答其疑问,以确保薪酬制度的顺利实施和劳动关系的和谐稳定。

五、如何规定值班的情形?

说明:在企业管理中,明确界定值班与加班的界限至关重要。值班通常涉及非工作时间的临时或制度性安排,以保障公司运营或应对特殊需求,这些活动多不与员工日常职责直接相关。

值班情形主要包括两种:一是用人单位因安全、消防、节假日需要,安排劳动者从事与其本职工作无关的值班任务;二是用人单位安排劳动者从事与其本职工作有关的值班任务,在值班期间可以休息的。

企业应综合多个因素来合理规范值班工作,包括但不限于:值班内容与本职工作的吻合度、工作强度是否有显著降低、是否分配了具体的工作任务,以及值班期间是否安排了休息时间。通过认定值班情形,企业不仅能保障员工在特殊时期的贡献得到合理补偿,还能有效控制支出成本,避免不必要的费用支出。

第二节 经典案例

【案例简介】

小洪于2011年7月15日入职某互联网科技公司,任职副总经理。2014年12月12日,双方签订无固定期限的劳动合同,其中对工作时间的约定为"本公司实行每周5天、每天8小时标准工时制"。小洪每月基本工资25,000元,2017年至2020年每年绩效奖金为350,000元至550,000元不等。2021年4月14日,小洪向某互联网科技公司发送《解除劳动合同通知书》,载明"因贵司未足额支付劳动报酬,现根据《劳动合同法》第38条的规定,特通知贵司,自即日起我与贵司的劳动合同解除"。2021年5月,小洪向劳动人事争议仲裁委员会(以下简称仲裁委员会)提出仲裁申请,要求某互联网科技公司支付加班费及解除劳动合同经济补偿。庭审中,某互联网科技公司则主张,小洪是公司高级管理人员,适用不定时工时制;小洪称,双方签订的劳动合同中约定"本公司实行每周5天、每天8小时标准工作制",其并非适用不定时工时制,且其需要进行打卡考勤,每月由人力资源部对打卡汇总后,通过邮件发送考勤表给其确认,公司通过此种方式进行考勤管理,2017年1月1日至2021年3月31日其延时加班556小时、休息日加班10天、法定节假日加班1天。小洪要求某互联网科技公司支付延时加班费332,230元;休息日加班费63,680元;法定节假日加班费9500元;要求支付解除劳动合同经济补偿666,000元。

【争议焦点】

本案争议的焦点在于,某互联网科技公司是否应向担任高级管理人员的小洪支付加班费?

【判决结果】

仲裁委员会裁决驳回小洪的全部仲裁请求,一审、二审判决结果与仲裁裁决结果一致。

【律师解读】

近年来,部分企业行业超时加班现象较为突出。加班不仅影响劳动者休息,易引发劳动争议,而且增加用工成本。为减少不必要的加班,有效控制用工成本,用人单位除采取合理安排工作、加强劳动定额和岗位职责考核、完善考勤管理制度、及时安排休息日加班的劳动者补休等措施外,还应用好工时制度。对符合实行综合计算工时制和不定时工时制度的劳动者,报经劳动行政部门批准执行不定时工时制和综合工时制,最大限度利用法定工作时间。由于对企业高级管理人员实行不定时工时制是否需要劳动行政部门审批在各地区有不同约定,故应在劳动合同中对高级管理人员实行的工时制度进行明确约定,避免引发争议。

此外,对"高级管理人员"的认定,应严格适用《公司法》第265条对"高级管理人员"的界定,即"指公司的经理、副经理、财务负责人,上市公司董事会秘书和公司章程规定的其他人员",而不是仅依据双方当事人在劳动合同中的约定或双方当事人的"自认"。

第三节 操作指引

【概论】

本指南首先强调了年度加班情况的细致核对,确保所有加班记录准确无误,避免后续因加班时间统计错误或加班费计算不当而产生的纠纷。通过提供的表单工具,企业可以清晰记录每位员工的加班时间、加班原因及加班补偿情况,实现加班管理的透明化和规范化。

【加班管理流程表】

流程	操作指导	操作人/部门	表单/文件
制定加班管理制度	完善《加班管理制度》中的加班管理要求	人力资源部	《加班管理制度》
填写加班申请表	申请加班前,员工填写《加班申请表》	员工本人	《加班申请表》
主管签字确认后报送人力资源部	对员工的加班事实进行确认和核实	人力资源部	《加班确认单》
安排调休	按照公司规章制度安排员工先调休	人力资源部	《加班确认单》《考勤表》
支付加班费	发放加班费	财务部	《工资条》

第四节 实用工具

加班申请单、加班确认单

【说明】

《加班申请单》《加班确认单》的设计与应用,旨在通过制度化的手段,平衡工作效率与员工权益,有效规避劳资纠纷,降低企业法律风险。

作为公司管理的必备工具,该表单体系分为加班申请与确认两大环节。加班申请单要求员工在计划加班前详尽填写,包括加班原因、预计时长、加班日期及期望完成的工作内容,确保加班的必要性与合理性。而加班确认单则在加班完成后由员工与直接上级共同确认,记录实际加班时长与完成情况,为后续的考勤统计与薪酬核算提供准确依据。

此表单体系不仅规范了加班管理流程,增强了透明度与可追溯性,还通过明确责任与审批机制,促进了员工与管理者之间的沟通与理解,有助于构建和谐的劳动关系。因此,建立健全加班申请与确认制度,是公司实现科学管理、维护劳资双方权益的重要举措。

文件仅供参考,具体请以实际发生情况灵活掌握。

【适用】

适用于用人单位的所有员工。

【基本要素】

①加班理由;

②加班地点;

③工作内容;

④拟工作时间;

⑤加班类型;

⑥说明;

⑦实际加班时间;

⑧加班确认;

⑨核销建议。

【法律风险】

①防止加班申请单填写不完整,导致加班费计算缺乏准确依据。

②确保加班申请单经过合法审批,避免出现违规加班或无效加班的情况。

③防范加班申请单与考勤记录不一致,以免在发生争议时无法证明实际加班情况。

④注意加班申请单的保存与归档,确保相关文件的安全性和可追溯性,为可能的加班费争议提供有力证据。

【加班申请单、加班确认单范本】

> 公司应明确在《加班管理制度》中规定,员工在加班之前必须先行提交加班申请,并经过相应的审批程序,以确保加班流程的规范执行。

加班申请单

姓　　名		部　　门		岗　　位	
加班理由					
加班地点					
工作内容					
拟加班时间	＿＿＿年＿月＿日＿时至＿＿＿年＿月＿日＿时			预计耗时	

续表

说　明	①为保证高效率工作,公司原则上不提倡加班。但特殊情况必须加班时,须提前填写本申请,经公司批准后,方可认定为加班。(申请加班每日不超过3小时,每月不超过36小时) ②员工休息日加班原则上以调休方式进行核销,员工对公司作出的调休决定应当服从。无法进行调休的,报人力资源部审核,员工在调休期内未予申报的,视为放弃权利。 ③加班费计算基数以双方约定或公司相关规章制度执行。		
申请人签字:＿＿＿年＿月＿日		主管领导意见:＿＿＿年＿月＿日	
人力资源部意见:＿＿＿年＿月＿日		总经理意见:＿＿＿年＿月＿日	

1. 仅在休息日进行的加班才可选择调休,其余时段的加班则需支付相应的加班费。
2. 调休是否受到时间上的约束,需遵循当地的相关法规来执行。
3. 若未能在指定时限内提出调休申请,将被视为自动放弃该权利,此举存在一定风险,谨慎使用。

加班确认单

姓　名		部　门		岗　位	
加班地点 (员工填写)					
工作内容 (员工填写)					
加班时间 (员工填写)	＿＿年＿月＿日＿时至＿＿年＿月＿日＿时				耗　时
说　明	以此单据作为确定加班事实的唯一凭证				员工确认:
完成情况 (主管领导填写)					
加班类型	□延时		□休息日		□法定节假日
加班确认	□认可加班		核销建议		□计算加班费
	□不认可加班	理　由		□调休
主管领导确认:＿＿＿年＿月＿日					
人力资源部确认:＿＿＿年＿月＿日					

加班时长可能与实际考勤记录的时间存在差异,因此,需明确此表单是确认加班情况的确凿证据。为确保这一点,我们建议在《加班管理制度》中也明确纳入此项规定。

确保为员工本人签字,以保证在发生劳动争议时该申请单的证据效力。

用人单位在制度中明确加班优先调休后,单位有优先选择调休的权利。

第五节　法律法规及政策指南

《劳动合同法》

第三十一条　用人单位应当严格执行劳动定额标准,不得强迫或者变相强迫劳动者加班。用人单位安排加班的,应当按照国家有关规定向劳动者支付加班费。

《劳动法》

第四十一条 用人单位由于生产经营需要,经与工会和劳动者协商后可以延长工作时间,一般每日不得超过一小时;因特殊原因需要延长工作时间的,在保障劳动者身体健康的条件下延长工作时间每日不得超过三小时,但是每月不得超过三十六小时。

第四十四条 有下列情形之一的,用人单位应当按照下列标准支付高于劳动者正常工作时间工资的工资报酬:

(一)安排劳动者延长工作时间的,支付不低于工资的百分之一百五十的工资报酬;

(二)休息日安排劳动者工作又不能安排补休的,支付不低于工资的百分之二百的工资报酬;

(三)法定休假日安排劳动者工作的,支付不低于工资的百分之三百的工资报酬。

第三章

年休假管理

第一节 企业常见用工风险点

本节重点

- 企业如何依法保障员工年休假的权益？
- 哪些情形不属于年休假的情形？
- 不同情形下的带薪休假的核算方式有哪些？
- 年休假的法定补偿如何计算？

一、企业如何依法保障员工年休假的权益？

说明：企业依法保障员工年休假的权益，是构建和谐劳动关系的重要基石。年休假作为员工的法定福利，不仅关乎员工的休息权利与身心健康，也考验着企业用工管理的智慧与合规性。然而，实践中其常被忽视，导致员工权益受损。因此，企业需高度重视并切实履行保障员工年休假的法律义务，确保每位员工都能享受到应有的休假权益，从而激发团队活力，促进企业的长远发展。

在实践中，为了确保员工年休假的准确认定，企业可以在入职阶段采取一系列措施来核实员工的累计工作年限。具体而言，企业可以要求新入职的员工提供离职证明、社保证明等相关文件。离职证明通常能够反映员工在前一家单位的工作起止时间，为判断其是否满足"连续工作满12个月"的条件提供直接依据。而社保证明则能进一步验证员工的工作经历，特别是在涉及多家单位时，社保缴纳记录是评估累计工作年限的有力证据。通过综合这些材料，企业可以更加准确地计算员工的带薪年休假天数，从而既保障员工的合法权益，又避免因误解或疏忽而导致的用工风险。同时，这也体现了企业在用工管理上的专业性和合规性。

二、哪些情形不属于年休假的情形？

说明： 年休假作为劳动者依法享有的休息权益，是与国家明文规定的探亲假、婚丧假、产假等假期并列的法定假期类型，这些假期均独立计算，互不影响，劳动者均有权享受。此外，国家法定的节假日及周末休息日，同样不计入年休假的计算范畴之内。然而，值得注意的是，若员工的情况符合《职工带薪年休假条例》第 4 条所列举的特定条件，如与寒暑假、病假、事假等存在时间上的重叠或冲突，则该员工将不再享有当年的年休假权益。对于已享受了本年度年休假的员工，若后续出现《企业职工带薪年休假实施办法》第 8 条所述情形，其下一年度的年休假资格亦将相应受到影响，不再予以安排。

根据《职工带薪年休假条例》第 4 条规定，职工有下列情形之一的，不享受当年的年休假：(1) 职工依法享受寒暑假，其休假天数多于年休假天数的；(2) 职工请事假累计 20 天以上且单位按照规定不扣工资的；(3) 累计工作满 1 年不满 10 年的职工，请病假累计 2 个月以上的；(4) 累计工作满 10 年不满 20 年的职工，请病假累计 3 个月以上的；(5) 累计工作满 20 年以上的职工，请病假累计 4 个月以上的。根据《企业职工带薪年休假实施办法》第 6 条规定，职工依法享受的探亲假、婚丧假、产假等国家规定的假期以及因工伤停工留薪期间不计入年休假假期。

三、不同情形下的带薪休假的核算方式有哪些？

说明： 根据其累积的工作年限，依法享有不同时长的带薪年休假福利。具体而言，工作年限在 1 年至 10 年之间的员工，每年可享有 5 天的年休假；工作年限达到 10 年但未满 20 年的员工，则享有 10 天的年休假；而对于那些工作满 20 年及以上的资深员工，他们将拥有 15 天的年休假权益。根据《企业职工带薪年休假实施办法》第 4 条的规定，这些年休假的天数是根据员工的总工作时间来计算的，这包括了员工在同一或不同雇主处的工作时间，以及根据法律、行政法规或国务院规定被认定为工作的时间。

四、年休假的法定补偿如何计算？

说明： 年假天数的折算机制特别适用于两种情况：一是年中新入职且立即满足休假条件的员工，二是年中离职的员工。对于这两类员工，其可享有的年休假天数并非固定,而是根据一个公式动态计算得出,即"(当年度在本单位已过日历天数÷365天)×职工本人全年应当享受的年休假天数－当年度已安排年休假天数"。计算结果若不足一整天,则不计算为有效的年休假天数,这里的关键是精确计算,不采用四舍五入的方法。

关于将未休年休假折算为工资的情况,如果公司决定按照3倍工资支付,那么实际上是在员工已经获得正常工作期间的一倍工资基础上,再额外支付两倍的工资作为补偿。这里的"额外支付200%"即指这个额外的两倍部分。计算这一额外支付的基础是员工的月平均工资除以月计薪天数。

第二节 经典案例

【案例简介】

小洪为某物流公司员工,于2017年1月入职,月工资标准6000元,双方签订为期3年的劳动合同。2019年1月,小洪生育一子,并享受产假、哺乳假,当年度未休带薪年休假。2020年1月,物流公司与小洪终止劳动合同,未支付其2019年度未休年休假工资报酬。某物流公司以小洪已享受产假及哺乳假,不符合享受带薪年休假的条件为由,不同意支付其2019年度未休年休假工资,双方因此发生争议。

【争议焦点】

本案争议的焦点在于,女职工休产假是否仍享有当年度带薪年休假?

【判决结果】

经仲裁委主持调解,物流公司同意向小洪支付上述未休年休假工资报酬2758元。

【律师解读】

国家对处于孕期、产期及哺乳期的女性员工实施了专门的劳动保护措施,然而,在实践中,雇主们往往过度聚焦于这些特殊时期内女职工的基本权益保障,却容易忽略她们同样有资格享受的诸如带薪年休假等在内的其他法定福利与权益。《职工带薪年休假条例》第4条规定:"职工有下列情形之一的,不享受当年的年休假:(一)职工依法享受寒暑假,其休假天数多于年休假天数的;(二)职工请事假累计20天以上且单位按照规定不扣工资的;(三)累计工作满1年不满10年的职工,请病假累计2个月以上的;(四)累计工作满10年不满20年的职工,请病假累计3个月以上的;(五)累计工作满20年以上的职工,请病假累计4

个月以上的。"《企业职工带薪年休假实施办法》第10条第2款规定:"用人单位安排职工休年休假,但是职工因本人原因且书面提出不休年休假的,用人单位可以只支付其正常工作期间的工资收入。"除上述规定的情形外,用人单位应当依法保障劳动者休年休假的权利。

第三节　操作指引

【概论】

请休假流程规范指南不仅详细阐述了如何进行请假申请的具体步骤,更着重强化了审批环节的管理,从而为企业提供有效指导。通过这样的规范,企业能够更好地掌握员工休假情况,保障工作的正常运转,同时提升管理效率。

【请休假流程表】

流程	操作指导	操作人员/部门	表单/文件
制定请休假管理制度	完善《请休假管理制度》中的年休假管理要求	人力资源部	《请休假管理制度》
入职确认工龄	要求员工提供离职证明、社保缴费证明	人力资源部	《带薪年休假核定确认单(入职)》
填写请休假申请表	申请休假前,员工填写《申请休假申请表》	员工本人	《请休假申请表》
主管签字确认后报送人力资源部	对员工的年休假事实进行确认和核实	人力资源部	《请休假确认表》
核对考核	考勤表中体现员工休假时间并签字确认	员工本人	《考勤表》
未休年休假的处理	发放年休假折算工资或员工本人放弃声明	人力资源部	《工资条》《带薪年休假核定确认单(离职)》

第四节　实用工具

带薪年休假核定确认单(入职)、带薪年休假核定确认单(离职)

【说明】

带薪年休假的有效管理不仅是员工管理体系中的基石,也是预防劳资矛盾的重要一环。企业应构建完善的带薪年休假管理制度体系,确保各部门能够基于实际生产经营需求及员工个人意愿,合理规划并实施员工的年休假计划。此外,为了提升管理的规范性和减少潜在的法律纠纷,公司应要求新员工入职时及员工离职前填写《带薪年休假核定确认单》,此举旨在明确双方对年假权益的认可与安排,进而有效降低企业面临的法律诉讼风险。因此,《带薪年休假核定确认单》应被视为企业日常运营中不可或缺的标准化文件之一。

文件仅供参考,具体请以实际发生情况灵活掌握。

【适用】

用人单位符合申请年休假条件的人员。

【基本要素】

①本年度应休年假天数;

②年假未休的原因;

③未休年假的处理;

④说明。

【法律风险】

①防止年休假制度规定不明确,导致员工对休假权益产生误解或引发争议。

②确保准确计算员工年休假天数,避免因计算错误而损害员工利益或增加企业负担。

③建立健全的年休假记录系统,详细且完整地记录员工休假情况,以便查询、核对和管理。

【带薪年休假核定确认单范本】

带薪年休假核定确认单(入职)			
姓　　名		部　　门	
入职日期		入职前累计工作年限	
本年度应休年假天数			
说　　明	以此单据作为确定年假休假事实的唯一凭证		
		员工确认:　　年　　月　　日	

续表

带薪年休假核定确认单（离职）

姓　　名		部　　门	
离职日期		本年度应休 年假天数	
带薪年休假 （员工填写）	本年度已休年假（　　天）		
	本年度未休年假（　　天）		
年假未休 的原因	□单位已安排休假，本人自愿放弃 □公司规定员工应当申请年休假，但本人尚未申请 □其他_____		
未休年休 假的处理	□已经支付正常工作期间的工资，按照基本工资的200%支付未休带薪年休假工资报酬 □安排于　年　月　日至　年　月　日期间休完剩余年休假 □无未休带薪年休假，无须处理 □已按法律规定支付了全部未休年休假工资报酬 □其他_____		
说　　明	以此单据作为确定年假休假事实的唯一凭证		
本人认可上述情况及处理结果，员工确认：			年　月　日

第五节　法律法规及政策指南

《劳动法》

第四十五条　国家实行带薪年休假制度。

劳动者连续工作一年以上的，享受带薪年休假。具体办法由国务院规定。

《职工带薪年休假条例》

第五条　单位根据生产、工作的具体情况，并考虑职工本人意愿，统筹安排职工年休假。

年休假在1个年度内可以集中安排，也可以分段安排，一般不跨年度安排。单位因生产、工作特点确有必要跨年度安排职工年休假的，可以跨1个年度安排。

单位确因工作需要不能安排职工休年休假的，经职工本人同意，可以不安排职工休年休假。对职工应休未休的年休假天数，单位应当按照该职工日工资收入的300%支付年休假工资报酬。

《企业职工带薪年休假实施办法》

第四条　年休假天数根据职工累计工作时间确定。职工在同一或者不同用人单位工作期间，以及依照法律、行政法规或者国务院规定视同工作期间，应当计为累计工作时间。

第六节　企业用工风险测评

企业的人力资源管理工作中存在以下常见问题：

1. 不清晰人力资源管理中的法律风险点，不清晰法律规定和实务操作之间的差别；

2. 规章制度、员工手册等陈旧，不与时俱进，合理性和合法性存在问题；

3. 人力资源管理工作没有制度化、规范化、流程化，使 HR 管理人员工作流于日常琐碎，与人力资源专员工作无异，不能将精力投放到人力资源的战略管理和企业文化的建设当中来；

4. 人力资源管理中一些必备的合同、协议经不起推敲，达不到明确权利义务的效果；

5. 错发、乱发通知书、证明等。

针对以上问题，结合劳动争议案件仲裁和诉讼实务经验，通过一些简单的测评题帮助企业更快认识、解决人力资源管理过程中的风险。提早发现，尽早预防。

评估报告：

请根据腰封、书签指引查看"企业用工风险评估报告"。如果您不慎丢失了腰封或书签，请随时联系主编客服团队。客服人员将协助您获取评估报告。

1. 员工在享受了探亲假、婚丧假、产假的情况下，还允许享受带薪年休假吗？（　　）

A. 允许　　　　　B. 不允许

问题设计目的：

为了了解公司对带薪年休假制度的执行情况。

法律分析：

法律规定职工依法享受的探亲假、婚丧假、产假等国家规定的假期以及因工伤停工留薪期间不计入年休假假期。当职工有下列情形之一时，不享受当年的年休假:(1)职工依法享受寒暑假,其休假天数多于年休假天数的;(2)职工请事假累计 20 天以上且单位按照规定不扣工资的;(3)累计工作满 1 年不满 10 年的职工,请病假累计 2 个月以上的;(4)累计工作满 10 年不满 20 年的职工,请病假累计 3 个月以上的;(5)累计工作满 20 年以上的职工,请病假累计 4 个月以上的。

2. 离职员工经折算未休完当年度带薪年休假的,公司是否向其支付未休年休假工资报酬?(　　)

　　A. 支付　　　　　　B. 不支付

问题设计目的:

为了了解公司对带薪年休假制度的执行情况。

法律分析:

《企业职工带薪年休假实施办法》第 12 条第 1 款、第 2 款规定,用人单位与职工解除或者终止劳动合同时,当年度未安排职工休满应休年休假的,应当按照职工当年已工作时间折算应休未休年休假天数并支付未休年休假工资报酬,但折算后不足 1 整天的部分不支付未休年休假工资报酬。前款规定的折算方法为:(当年度在本单位已过日历天数÷365 天)×职工本人全年应当享受的年休假天数－当年度已安排年休假天数。

3. 员工存在应休未休带薪年休假的,公司通常如何处置?(　　)

　　A. 要求员工本人书面提出因个人原因不休年假

　　B. 公司按照员工日工资收入的 200% 额外支付应休未休年休假工资报酬

　　C. 经员工同意安排跨一年度休假

　　D. 年终员工所有应休未休假均作废

问题设计目的:

为了了解公司对员工应休未休年休假的处置是否符合法律的规定。

法律分析:

《职工带薪年休假条例》第 5 条第 3 款规定,单位确因工作需要不能安排职工休年休假的,经本人同意,可以不安排职工休年休假。对职工应休未休的年休假天数,单位应当按照该职工日工资收入的 300% 支付年休假工资报酬;单位因生产、工作特点确有必要跨年度安排职工年休假的,经员工同意可以跨 1 个年度安排。《企业职工带薪年休假实施办法》第 10 条第 2 款规定,用人单位安排职工休年休假,但是职工因本人原因且书面提出不休年休假的,用人单位可以只支付其正常工作期间的工资收入。

第四章

病 假 管 理

第一节 企业常见用工风险点

本节重点

- 病假与医疗期有区别吗？
- 劳动者患病或非因工负伤，用人单位批准病假还是计算医疗期？
- 用人单位应如何规范劳动者的病假申请要求及所需提交的材料？
- 劳动者依据用人单位规章制度提出病假申请，用人单位是否有权利不批？
- 用人单位如何审核劳动者病假真实性？
- 劳动者未按用人单位规章制度申请病假，公司可以按旷工解除劳动合同吗？
- 用人单位拒不批复劳动者病假，并以旷工为由解除劳动合同是否合法？
- 病假（医疗期）期间，用人单位应如何核定工资待遇？

一、病假与医疗期有区别吗？

说明：病假是指劳动者本人因患病或非因工负伤需要停止工作接受治疗时，经医院出具诊断证明后，劳动者向用人单位申请休息的假期。病假属于生理概念，假期的长短根据员工病情或负伤情况判定，不受法律规定限制。

医疗期是法律概念，有明确的法律定义，根据原劳动部发布的《企业职工患病或非因工负伤医疗期规定》的规定，医疗期是指企业职工因患病或非因工负伤停止工作治病休息不得解除劳动合同的时限。医疗期的长短在法律上也有明确的规定，根据本人实际参加工作年限和在本单位工作年限，给予3个月到24个月的医疗假期，目的在于从法律上给患病或非因公负伤的劳动者一段时间的解雇保护。

因此,劳动者享受医疗期待遇意味着劳动者在休病假,但劳动者休病假不一定处于医疗期期间。

二、劳动者患病或非因工负伤,用人单位批准病假还是计算医疗期?

说明: 尽管病假和医疗期有着明显的区别,但请病假是计算医疗期的表现形式。劳动者在患病或非因工负伤时,用人单位批准病假还是计算医疗期,法律上没有明确的规定,这取决于用人单位的自主选择。同时,用人单位应注意,并非所有的病假都可以计算为医疗期,建议用人单位从以下几方面考虑:

1. 劳动者所患疾病或负伤的严重程度,预计恢复需要的时间;
2. 劳动者是否能恢复到原来的工作状态,无论是心理还是身体;
3. 用人单位预期是继续留用劳动者,还是综合各种原因可能与员工解除或终止劳动关系。

三、用人单位应如何规范劳动者的病假申请要求及所需提交的材料?

说明: 为规范用人单位内部管理,减少劳动者由患病或非因公负伤引发的劳动争议,用人单位一般应设定相关规章制度,就劳动者的病假申请流程及材料提交要求予以明确规定,以确保病假管理的规范性和有效性。这些制度可能因企业规模、行业特点、地区政策等因素而有所不同,但一般应包含病假流程、病假时长、病假待遇、病假管理、违规处理等几方面。需要注意的是,规章制度的制定应符合"三大要件"(具体详见规章制度章节),确保合法有效。

以下是针对请病假建议需要提交的材料(见表4-2):

表4-2 请病假材料

提交资料	提交时间	提交人
医疗机构挂号单及病历本	正常:提前;急诊:3日内	本人或本人因病不能提交时由其授权的近亲属提交
员工常住地医保定点医疗机构开具的急诊病假单原件		
医保定点医院开具的建休证明、诊断证明原件		
用人单位需要的其他相关的辅助检查资料复印件(心电图、化验报告单、放射影像报告等)		

四、劳动者依据用人单位规章制度提出病假申请,用人单位是否有权利不批?

说明: 根据《劳动法》第3条规定,劳动者享有休息休假的权利。在劳动者提供了合法医疗证明并符合请假程序的情况下，公司应当尊重并保护劳动者这一权利。因此，如果劳动者的病假申请符合公司规章制度，并且能够提供正规医疗机构出具的疾病诊断证明或其他有效医疗证明材料，用人单位通常没有权利不批准病假申请。

如果劳动者的请假不符合用人单位依法制定的规章制度中规定的流程，或者劳动者没有提供有效的病情证明材料，用人单位无法核实病假的真实性和合规性，则有权不批准病假。需要注意的是，尽管用人单位明确了劳动者申请病假所需提供的材料，但因病情、就诊医院等存在差异，劳动者可能不能严格提交全部病假材料，用人单位应认真审核，确保病假的真实性即可通过审批。如因此拒绝劳动者病假申请，用人单位可能承担不利后果。

五、用人单位如何审核劳动者病假真实性？

说明： 用人单位批准劳动者病假的前提是基于劳动者患病或非因公负伤需要停工治疗的真实性，而实践中不乏有些劳动者利用用人单位的病假规定，开具虚假诊断证明，不仅获取休假还能取得病假工资。同时，绝大多数用人单位本身不具有鉴别疾病严重程度以及识别医院诊断证明真假的能力，劳动者一旦能够提供病假材料，用人单位通常都只能批准病假。为维护用人单位利益，减少劳动者申请虚假病假的可能，建议用人单位如果对劳动者提交的病假材料存疑，可以通过以下几种方式进一步核实病假的真实性：

1. 登录国家卫生健康委员会网站（https://zwfw.nhc.gov.cn/cxx/），通过首页－服务－查信息－执业医师查询，查询医生信息，确认开具诊断证明或建休单的医生的真实性。

2. 用人单位可以持劳动者提供的病假材料向主治医生当面核实真实性。

3. 用人单位可以持劳动者提供的病假材料到医院医政科调查核实。

4. 用人单位可以要求劳动者到指定医院进行病情复核。复核过程中，建议由用人单位安排人员陪同，费用由用人单位垫付，如病情属实，费用由用人单位支出，如病情虚假，则由用人单位向劳动者追偿。

六、劳动者未按用人单位规章制度申请病假，公司可以按旷工解除劳动合同吗？

说明： 劳动者患病或非因公负伤后，需要停止工作休息治疗的，应当按照用人单位的规章制度要求履行病假手续。当然，现实中也可能因为劳动者突发疾病或受伤严重,无法在第一时间告知用人单位和履行请假手续,如果劳动者能够在病情稳定后补充病假材料和病假手续,用人单位则不能视劳动者为旷工。但如果劳动者返岗前始终未能向用人单位告知,也未能履行请假手续,用人单位则可以依据规章制度酌情判断劳动者是否构成旷工并符合一定天数要求,一旦认定旷工,可以根据《劳动合同法》第39条第2项的规定,以"严重违反用人单位的规章制度"为由与劳动者解除劳动合同。需要注意的是,规章制度的制定应符合"三大要件"(具体详见规章制度章节),确保合法有效。

七、用人单位拒不批复劳动者病假,并以旷工为由解除劳动合同是否合法?

说明:劳动者依照用人单位规章制度申请病假并提交病假材料,用人单位拒不批复,并将劳动者未出勤的行为视为旷工,进而解除劳动合同的做法,通常属于违法解除。这一判断基于以下几个方面的法律依据和原则:

1. 法律明确规定劳动者享有休息休假的权利。当劳动者患病需要停止工作,并进行医疗时,有权申请病假,这是劳动者的合法权益,不应受到任何侵犯。《企业职工患病或非因工负伤医疗期规定》第3条明确指出,企业职工因患病或非因工负伤,需要停止工作医疗时,根据本人实际参加工作年限和在本单位工作年限,给予3个月到24个月的医疗期。在此期间,企业应按规定支付病假工资或疾病救济费,且不得解除劳动合同。用人单位拒绝批复劳动者合理的病假申请,实际上侵犯了劳动者的休息休假权,违反了《劳动法》的相关规定。

2. 在病假(医疗期)内,除劳动者存在《劳动合同法》第39条等法定解除的情形,用人单位不得单方解除劳动合同。用人单位将劳动者请病假未获批而不出勤的行为视为旷工,进而解除劳动合同,显然违反了《劳动合同法》的相关规定,违法解除应向劳动者支付赔偿金。

八、病假(医疗期)期间,用人单位应如何核定工资待遇?

说明:根据原劳动部《关于贯彻执行〈中华人民共和国劳动法〉若干问题的意见》第59条的规定,职工患病或非因工负伤治疗期间,在规定的医疗期内由企业按有关规定支付其病假工资或疾病救济费,病假工资或疾病救济费可以低于当地最低工资标准支付,但不能低于最低工资标准的80%。可见,病假(医疗期)期间,用人单位应向劳动者支付病假工资,确认支付标准时应先查询当地法规,有当地法规的,依照当地法规执行,如上海。

用人单位在实际操作中，往往在规章制度中（如休息休假管理制度、薪酬管理制度等）约定病假工资的支付标准，但不得低于法定标准。对于非以最低工资为基数计算病假工资的企业，可参考《上海市企业工资支付办法》，病假工资的计算基数为劳动者所在岗位相对应的正常出勤月工资，不包括年终奖，上下班交通补贴、工作餐补贴、住房补贴、中夜班津贴、夏季高温津贴、加班工资等特殊情况下支付的工资。

第二节　经典案例

【案例简介】

小洪于 2015 年 7 月 1 日入职某公司，岗位是保洁员，双方首次签订了一年期限的劳动合同，后双方续订了三年期限的劳动合同。小洪入职后，某公司对其进行了培训，培训内容包含《安全管理制度》《某公司规章制度实施细则》（以下简称实施细则）、《某公司业务考核标准》，其中实施细则中工作纪律部分规定"每年旷工累计超过 15 天（含），给予辞退或除名处理"，小洪签订了培训确认书，表明自己已知悉并同意遵守上述规定。2016 年 8 月 6 日，小洪在家中受伤，未去单位上班，直至 2016 年 9 月 7 日。2016 年 9 月 1 日，公司给小洪下达通知书，告知小洪自 2016 年 8 月 6 日起至 8 月 31 日止，除公休日外，共旷工 18 天，其没有上交任何病假条和事假单，其行为已经严重违反了单位规章制度中工作纪律部分"每年旷工累计超过 15 天（含），给予辞退或除名处理"的规定，要求其于 2016 年 9 月 6 日前到单位办理离职手续，如逾期未办理，将与其解除劳动合同。小洪收到该通知书后未到单位办理离职手续。2016 年 9 月 7 日，公司经研究决定，自 2016 年 9 月 7 日起将小洪予以辞退。2017 年 8 月 30 日，小洪向劳动争议仲裁委员会申请劳动仲裁，请求继续履行劳动合同。仲裁委员会裁决驳回了小洪的仲裁请求。小洪不服该裁决，诉至法院。

【争议焦点】

员工非因公负伤未按公司规章制度要求提交请假申请是否构成旷工？

【判决结果】

法院没有支持小洪的诉讼请求。

【律师解读】

我国《劳动合同法》第 4 条第 4 款规定："用人单位应当将直接涉及劳动者切身利益的规章制度和重大事项决定公示，或者告知劳动者。"本案中，公司在小洪入职培训时，已经向其讲解了该公司的内部规章制度，包括与劳动者有关的工作纪律，且小洪签订了培训确认书，表明自己已知悉并同意遵守上述规定。所以，公司的内部规章制度对小洪有效。小洪未按照该工作纪律履行请假手续，公司有权与其解除劳动合同。

第三节　操作指引

【概论】

劳动者患病或非因公负伤需要停止工作，治病休息的，应按照公司规章制度要求申请病假，用人单位可参考本操作指引设定病假申请流程及需提交的材料。

【病假申请流程图】

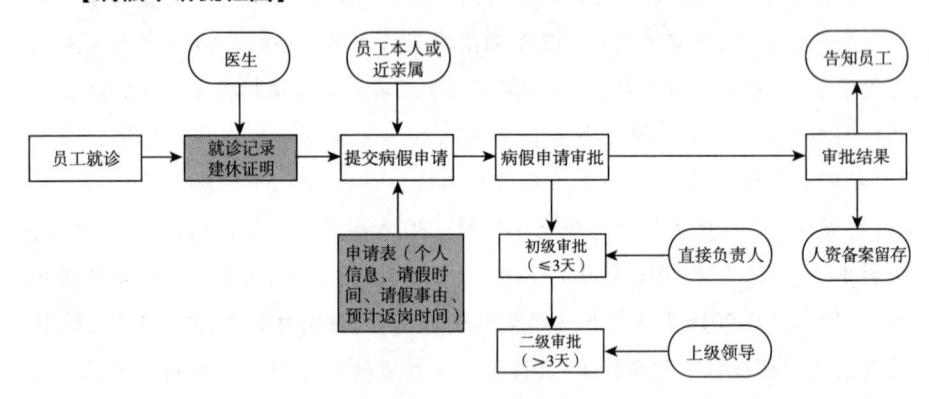

```
                    医生          员工本人或                              告知员工
                                    近亲属                                   ↑
                     ↓                ↓                                      │
   员工就诊 → 就诊记录 → 提交病假申请 → 病假申请审批 →           审批结果
              建休证明                                                        ↑
                                ↓                                             │
                         申请表（个人            初级审批          
                         信息、请假时         （≤3天） ← 直接负责人    人资备案留存
                         间、请假事由、              ↓
                         预计返岗时间）        二级审批  ← 上级领导
                                              （>3天）
```

第四节　实用工具

病假管理制度

【说明】

病假是用人单位设置的常见假种之一，而对病假的管理一般体现在休息休假管理制度中，做好病假管理，规范病假申请流程，既能保障劳动者的健康权和休息休假权等合法权益，也有利于用人单位体现人性化与规范化管理，减少"泡病假"现象，同时降低劳动争议风险。

文件仅供参考，具体请以实际发生情况灵活掌握。

【适用】

用人单位管理的全体员工。

【基本要素】

①病假的定义；

②医疗期的期限；

③申请病假需提供的资料；

④病假申请流程及要求；

⑤不作为病假处理的情形；

⑥病假期间的工资支付标准。

【法律风险】

①对申请病假需提供的资料和申请病假流程要求过于严苛，可能会被认定为无效规定。

②各地对医疗期期限及病假工资的要求可能存在差异，实践中，应以当地法规为准。

③对于不作为病假处理的情形，用人单位应注意保留证据，避免在产生劳动争议后处于不利地位。

【病假管理制度范本】

病假管理制度

1. 病假指员工因病或非因公负伤，需要停止工作接受治疗的期间。
2. 员工根据在公司的工作时间，结合累计工作年限，在医疗周期内享受医疗期。

累计工作年限	在本单位工作年限	医疗期期限	医疗周期
10年以下	5年以下	3个月	6个月
	5年以上	6个月	12个月
10年以上	5年以下	6个月	12个月
	5年以上10年以下	9个月	15个月
	10年以上15年以下	12个月	18个月
	15年以上20年以下	18个月	24个月
	20年以上的	24个月	30个月

> 医疗期期限各地可能存在差异，参照当地法规制定。

3. 员工申请病假的，须向公司提交如下病假资料：

3.1 医疗机构挂号单及病历本；

3.2 员工常住地医保定点医疗机构开具的急诊病假单原件；

> 1. 用人单位根据实际情况制定，医疗机构无法开具的证明，用人单位不能强制要求劳动者提供。
> 2. 用人单位不能限定医院级别或指定医院，也不能限制异地就医。

续表

3.3 医保定点医院开具的建休证明、诊断证明原件； 3.4 因公出差的外省市医保定点医院开具的建休证明、诊断证明原件； 3.5 公司需要的其他相关的辅助检查资料复印件（心电图、化验报告单、放射影像报告等）。 4. 员工申请病假，正常情况下应事前递交病假资料，急诊应于当日通过电话告知直属主管并在3日内补交病假资料。 5. 员工因病向公司提交病假资料，应由员工本人自行提交，员工确因病情或其他原因无法提交的，由公司安排人员取回或由员工委托近亲属递交，非经公司许可，病假员工不得转托他人提交病假资料，否则，按照旷工处理。非经公司同意，公司不接受以快递、邮件的形式提交病假条。 6. 因病或非因公负伤连续病休3个月以上的，重返工作岗位必须经公司主管部门及人力资源部审核，认定可继续从事原工作的，方可重返岗位。 7. 为防止个别员工瞒报病假、小病大养，公司有权视员工的病情情况，要求员工进行病情复查，复查医院为公司指定三级甲等医院。如员工患病属实，复查费用由公司承担；如员工患病不实，复查费用由员工承担，且公司有权按照公司规章制度解除劳动合同并不支付经济补偿。员工非行动困难等特殊原因，均应配合公司的复查行为，如拒不配合，视为患病不实，公司有权在要求复查之日起停发病假待遇，员工继续提交病假手续的，公司有权拒收，直至配合复查。 8. 下列情形不作为病假处理： 8.1 员工酗酒或故意自伤、自残或自杀导致的疾病或伤害； 8.2 非医保定点医疗机构开具的病假证明； 8.3 自称病假，但在事前或事后均不提供病假证明资料的； 8.4 员工提报病假资料不实、不全，经催告后无法补证、补足的； 8.5 制造虚假病假资料被公司查证属实； 8.6 通过威胁、利诱等手段非法获取病假资料的； 8.7 在病假期间外出从事旅游、娱乐等非疾病医治行为的或从事有偿活动的； 8.8 其他违背诚信原则，骗取病假的行为。 出现上述情形，公司有权对员工按照旷工处理，构成严重违反公司规章制度的公司可以解除劳动合同并不支付任何经济补偿。 9. 医疗期内的病假工资按照本市最低工资标准的80%支付。

若对能否返岗存在争议，建议由医疗机构或劳动行政部门出具相关康复证明材料。

实践中，不建议用人单位以此为由辞退劳动者，有被认定违法解除的风险。

用人单位在实践中应谨慎操作，注意留存相关证据材料。

病假工资支付标准各地可能存在差异，参照当地法规制定。

第五节　法律法规及政策指南

《劳动法》

第三条第一款　劳动者享有平等就业和选择职业的权利、取得劳动报酬的权利、休息休假的权利、获得劳动安全卫生保护的权利、接受职业技能培训的权利、享受社会保险和福利的权利、提请劳动争议处理的权利以及法律规定的其他劳动权利。

《劳动合同法》

第三十九条 劳动者有下列情形之一的,用人单位可以解除劳动合同:

(一)在试用期间被证明不符合录用条件的;

(二)严重违反用人单位的规章制度的;

(三)严重失职,营私舞弊,给用人单位造成重大损害的;

(四)劳动者同时与其他用人单位建立劳动关系,对完成本单位的工作任务造成严重影响,或者经用人单位提出,拒不改正的;

(五)因本法第二十六条第一款第一项规定的情形致使劳动合同无效的;

(六)被依法追究刑事责任的。

第五章

医疗期管理

第一节 企业常见用工风险点

本节重点

- 医疗期期限在法律中是如何规定的?
- 医疗期的起止计算点及计算方式是怎样的?
- 特殊疾病的医疗期期限最多只有24个月吗?
- 劳动者是如何利用医疗期规定"泡病假"的?
- 劳动者疑似"泡病假",用人单位该如何处理?
- 劳动者医疗期届满继续请病假,用人单位可否以旷工为由解除劳动合同?
- 医疗期(病假)期间劳动合同到期,用人单位可否终止劳动合同?
- 劳动者医疗期未满,劳动合同一定无法解除吗?

一、医疗期期限在法律中是如何规定的?

说明:根据原劳动部《企业职工患病或非因工负伤医疗期规定》第3条和第4条规定,企业职工因患病或非因工负伤,需要停止工作医疗时,根据本人实际参加工作年限和在本单位工作年限,给予3个月到24个月的医疗期,具体见表4-3:

表4-3 医疗期限与工作年限对照

实际工作年限	本单位工作年限	医疗期期限	累计计算周期
<10年	服务期<5年	3个月	6个月内
	服务期≥5年	6个月	12个月内

续表

实际工作年限	本单位工作年限	医疗期期限	累计计算周期
≥10年	服务期<5年	6个月	12个月内
	5年≤服务期<10年	9个月	15个月内
	10年≤服务期<15年	12个月	18个月内
	15年≤服务期<20年	18个月	24个月内
	服务期≥20年	24个月	30个月内

全国大部分地区医疗期规定与国家规定保持一致，但上海市《关于本市劳动者在履行劳动合同期间患病或者非因工负伤的医疗期标准的规定》中规定，医疗期按劳动者在本用人单位的工作年限设置。劳动者在本单位工作第1年，医疗期为3个月；以后工作每满1年，医疗期增加1个月，但不超过24个月，且上海地区的医疗期计算不包括休息日和法定节假日。

二、医疗期的起止计算点及计算方式是怎样的？

说明：根据《劳动部关于贯彻〈企业职工患病或非因工负伤医疗期规定〉的通知》中的规定，医疗期从病休第1天开始累计计算。而医疗期的届满时间是根据劳动者实际参加工作年限和在本单位的工作年限来确定的，并在规定的周期内累计计算病休时间。当累计病休时间达到规定的医疗期时长时，医疗期即告届满。需要注意的是，在累计计算周期内，病假总天数包含了法定节假日和公休日（上海除外）。

累计计算，即从病休第1天开始，在一个累计计算周期内计算实际休息天数。累计计算周期结束，则医疗期重新计算。例如，应享受3个月医疗期的劳动者，如果从2024年3月5日起第1次病休，那么，该劳动者的医疗期应在3月5日至9月4日的6个月时间内确定，在此期间累计病休3个月即视为医疗期满。累计时间以30天/月为标准，以30天×相应月数作为累加医疗期天数。

三、特殊疾病的医疗期期限最多只有24个月吗？

说明：根据《劳动部关于贯彻〈企业职工患病或非因工负伤医疗期规定〉的通知》的规定，对某些患特殊疾病（如癌症、精神病、瘫痪等）的职工，在24个月内尚不能痊愈的，经企业和当地劳动部门批准，可以适当延长医疗期。

实践中,对于患特殊疾病的职工是否可以不参考劳动者的实际工作年限和本单位工作年限,都可以享受24个月的医疗期呢?各地裁判意见存在差异,如北京、江苏、吉林、湖北、湖南,在相关案件的判决中体现为"劳动者患有特殊疾病,不受实际工作年限或在本单位工作年限的限制,至少享有24个月医疗期"。而广东、浙江、山东、四川、重庆、安徽、河南的相关案件的判决则认为"仍需根据本人实际工作年限、在本单位工作年限计算医疗期,而不能理解为患特殊疾病的最少有24个月的医疗期"。在上海,劳动者患有特殊疾病是否能够直接享受24个月医疗期,则需要经过"鉴定"的前置程序。

对此,各地在执行中,应先查询本地政策法规是否有明确规定,其次可以查找判决案例作为参考,用人单位也可根据劳动者实际病情,在遵守法律规范的情况下,结合本单位实际,放宽对劳动者的医疗期,既体现了用人单位的人文关怀,又降低了争议风险。

四、劳动者是如何利用医疗期规定"泡病假"的?

说明: 劳动者利用医疗期规定"泡病假",说到底是劳动者利用了医疗期的循环计算规则。循环计算,即一旦确定了医疗期,其对应的医疗周期(累计病休时间的计算周期)也是固定的。在这个周期内,员工可以间断休病假,但累计时间不得超过医疗期的规定。如果员工在医疗周期内未休满医疗期,且劳动关系未解除,当超过医疗周期后,若员工再次因病需要休息,可能会根据新的工作年限重新确定医疗期,这可以看作一种"循环"的开始。例如,小文应享受3个月医疗期,按照法律规定,小文可以在6个月内休完,但是小文根据自身的病情和身体状况并没有一次性休完3个月,而是断断续续请病假,直到6个月的累计计算周期届满时,小文累计休的病假天数不足3个月。假设按照工龄和司龄计算,小文享受的医疗期仍为3个月的情况下,那么自上一个医疗期累计计算周期届满后的第2天开始,小文在接下来的6个月里又有了3个月的医疗期。

不仅如此,断断续续请病假的劳动者会有意避开休息日和法定节假日,将本该计入医疗期的天数排除在外,无形中延长了劳动者的休假天数,损害了用人单位的利益。

五、劳动者疑似"泡病假",用人单位该如何处理?

说明: 用人单位在了解了劳动者"泡病假"的方法后,对于疑似"泡病假"的劳动者,用人单位可以采取一系列措施来核实情况并妥善处理。以下是一些具体的处理步骤和建议。

1. 核实病假真实性:用人单位可以要求劳动者提供完整的病假申请材料,包括但不限于病假条、挂号单、缴费凭证、病历、诊断证明、取药单等。这些材料应尽可能详细,以便企业核实其真实性。

2. 复核就医证明材料:仔细复核员工提供的就医证明材料,检查病假单是否有瑕疵,如是否被涂改、是否存在倒开病假单的情况、是否有医生签章和医院专用章等。

3. 核对主治医生情况:登录国家卫生健康委员会网站,查询主治医生的执业信息,包括其所在科室、执业范围等,以确认病假条是否由该医生开具以及是否超出该医生的执业范围。

4. 赴医院实地核实:如有必要,用人单位可以安排人员前往劳动者就诊的医院,向医院医政科或相关部门核实病假证明的真实性。同时,也可以了解劳动者的实际病情和治疗情况。

5. 调查劳动者动向:通过劳动者的社交媒体账号(如微信朋友圈、微博、抖音等)查看其是否在病假期间进行了与生病治疗不符的活动,如旅游、兼职等。此外,也可以安排人员到劳动者家中临时慰问或向劳动者亲属电话询问病情。

如果员工多次"泡病假"或提供虚假病假证明材料,且情节严重,企业可以依据《劳动合同法》及企业的相关规章制度,与其解除劳动合同。在解除劳动合同时,企业应确保事实清楚、证据确凿,并依法履行相关程序。

正因为医疗期存在循环计算的规则,用人单位对劳动者的医疗期管理更应加强,及时关注劳动者病情的变化,严格核实劳动者每次提交的病假材料,必要时对病假的真实性进行多方核实,甚至进行劳动能力鉴定,防止劳动者"小病大养""泡病假"等现象的滋生蔓延,损害用人单位利益。

六、劳动者医疗期届满继续请病假,用人单位可否以旷工为由解除劳动合同?

说明:劳动者医疗期届满后,可能因为病情尚未完全恢复,仍需停工治疗,无法复工,故继续向用人单位请病假,那这种情况下,用人单位如果直接以旷工为由解除劳动合同,则很可能被认定为违法解除。根据《劳动合同法》第40条第1项的规定,劳动者患病或者非因工负伤,在规定的医疗期满后不能从事原工作,也不能从事由用人单位另行安排的工作的,用人单位在提前30日以书面形式通知劳动者本人或者额外支付劳动者1个月工资后,可以解除劳动合同。这意味着,即使医疗期届满,劳动者不能正常复工,用人单位也不能直接以旷工为由解除劳动合同,而应当评估劳动者是否具备从事原工作或另行安排工作的能力。劳动者在医疗期届满后继续请病假,通常是基于其健康状况尚未恢复、仍需休息治疗的合理需求,作为用人单位应当从审核病假证明、评估工作能力、沟通协商等方面着手了解劳动者的病假情况。如果经过沟通协商后,用人单位认为劳动者确实无法继续履行劳动合同,且符合《劳动合同法》第40条第1项规定的解除情形时,用人单位可以依法解除劳动合同,并按照规定支付经济补偿金。

七、医疗期(病假)期间劳动合同到期,用人单位可否终止劳动合同?

说明: 根据《劳动合同法》第44条第1项规定,劳动合同期满,劳动合同可以终止。但对于在医疗期(病假)期间,如果劳动合同到期,用人单位是否可以据此终止劳动合同,根据《劳动合同法》第45条的规定,劳动合同期满,但劳动者患病或者非因工负伤,在规定的医疗期内的,劳动合同应当续延至相应的情形消失时终止。也就是说,即使劳动合同到期,只要员工仍在医疗期内,劳动合同就应当继续有效,直至医疗期结束。如果用人单位违反此规定,将承担相应的法律责任,包括可能支付赔偿金、恢复劳动关系等。

因此,建议用人单位在处理此类问题时,严格遵守相关法律法规的规定,确保劳动者的合法权益不受侵害。同时,用人单位也应与劳动者保持良好沟通,了解其病情和治疗进展,以便更好地为其安排工作和为其提供必要的支持。这既是对劳动者健康权益的尊重和保护,也是用人单位履行社会责任的重要体现。

八、劳动者医疗期未满,劳动合同一定无法解除吗?

说明: 根据医疗期的法律定义,我们可以将医疗期理解为是对劳动者的解雇保护期,劳动者只是因为患病或非因工负伤需要停工,治疗休息,本身并不存在过错,用人单位不能随意解除劳动合同。但这种解雇保护期,并不意味着用人单位一定不能解除劳动合同,有以下三种情形时用人单位是可以解除劳动合同的。

1. 协商解除:根据《劳动合同法》第36条,用人单位和劳动者协商一致,可以解除劳动合同。

2. 劳动者提出:根据《劳动合同法》第37条,劳动者提前30日以书面形式通知用人单位,可以解除劳动合同。劳动者在试用期内提前3日通知用人单位,可以解除劳动合同。

3. 过错性解除:根据《劳动合同法》第39条,劳动者存在过错的情形,用人单位可以解除劳动合同。但需要注意的是,用人单位应有明确证据证明劳动者存在过错,避免出现因举证不利,而被认定为违法解除。

第二节 经典案例

【案例简介】

小洪1994年5月18日入职某公司工作。2004年6月1日,双方订立了无固定期限劳动合同,约定小洪在生产部门工作。2014年3月8日起小洪休病假,依法享受医疗期24个月。2016年3月7日,小洪医疗期满。此后,小洪继续向某公司提供全休假条并申请休病假,最后一份休假申请表的休假时间为2017年8月3日至16日,某公司均准予小洪休病假,其间为小洪支付病假工资。

某公司在征求工会意见之后,于2017年8月8日向小洪送达《劳动合同解除告知书》,以小洪的医疗期满,由于身体原因(颈椎病)持续休病假不能从事原工作,也不能从事公司另行安排的工作为由解除劳动关系。

案件审理过程中,某公司主张医疗期届满后,小洪仍继续向其公司提交全休病假条,充分证明小洪在医疗期满后身体状况仍需全天休息,不具备从事原工作或从事另行安排的工作的基本条件,其公司系合法解除双方之间的劳动关系。

【争议焦点】

医疗期满劳动者继续请病假,用人单位是否可以直接解除劳动合同?

【判决结果】

法院经审理后认为,某公司未能举证证明在作出解除劳动合同决定时,已为小洪另行安排过工作或按照相关规定安排小洪进行了劳动能力鉴定以确定其待遇,某公司仅根据小洪提交病假申请即确认小洪不具备劳动能力、无法从事公司安排的任何工作,在小洪尚处在公司批准的病假期间的情况下,直接作出解除劳动关系的决定,缺乏事实与法律依据,系违法解除,某公司应当向小洪支付违法解除劳动关系赔偿金 88,830 元。

【律师解读】

劳动者在医疗期满后,能从事原工作的,可以继续履行劳动合同。如果不能从事原工作也不能从事由用人单位另行安排的工作,根据《劳动合同法》第 40 条第 1 项规定,用人单位提前 30 天以书面形式通知劳动者本人或额外支付劳动者一个月工资后,可以解除劳动合同。当然,用人单位需要向劳动者支付经济补偿金。

如何认定劳动者不能从事原工作?主要的表现形式有:(1)劳动者医疗期满后,医院出具的诊断证明继续建议劳动者休息治疗;(2)劳动者丧失了对岗位较为重要的从业条件;(3)劳动者完全丧失劳动能力;(4)劳动者患病或受伤后,因健康原因向企业主动提出调整岗位。

如何认定劳动者不能从事用人单位另行安排的工作?劳动者医疗期满后继续提交病假条的行为不能直接推定劳动者必然不能从事用人单位另行安排的工作。如劳动者在医疗期满后仍处于住院阶段,无法出勤,用人单位确实无法为劳动者另行安排工作,应及时与劳动者联系协商,由劳动者结合自身情况,向用人单位提出不能从事另行安排的工作。

如果用人单位和劳动者在是否能从事原工作,或用人单位另行安排的工作存在争议时,可以由劳动鉴定委员会参照工伤与职业病致残程度鉴定标准进行劳动能力鉴定,并根据鉴定结果做出相应处理。

第三节 操作指引

【概论】

劳动者在医疗期满后,最理想的状态是能够正常返岗工作,但在实践中,有部分劳动者可能不能从事原工作需要调岗,或者病情没有痊愈仍需要请病假,再或者丧失劳动能力无法工作等,这就需要用人单位谨慎处理。用人单位可以参考本操作指引关于劳动者医疗期满后针对各种情况的处理流程。

【医疗期满用人单位工作流程图】

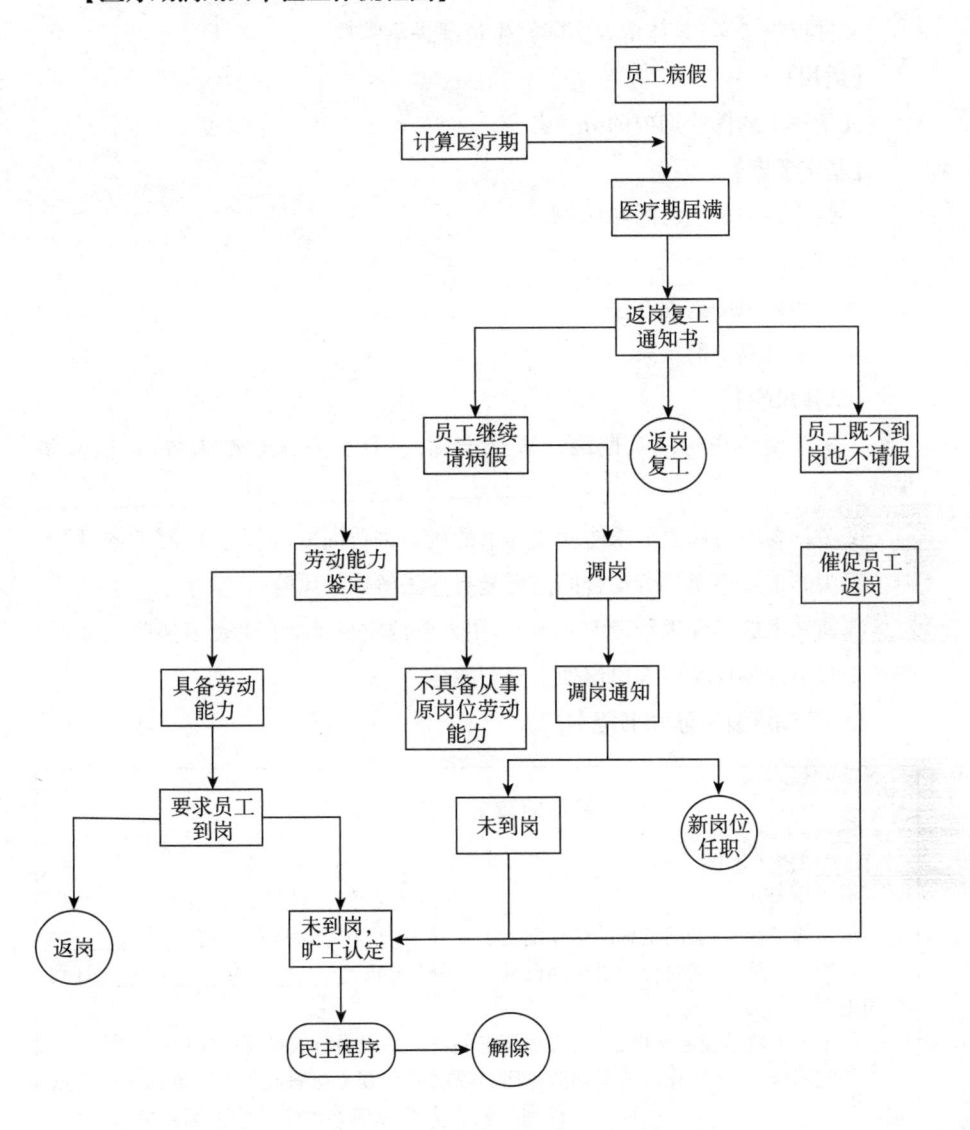

```
                          员工病假
                            │
         计算医疗期 ────────→│
                            ↓
                        医疗期届满
                            ↓
                       返岗复工通知书
         ┌──────────────┬─────────┬──────────────┐
         ↓              ↓         ↓              ↓
    员工继续请病假    返岗复工   员工既不到岗也不请假
         ↓                                      ↓
    劳动能力鉴定        调岗                 催促员工返岗
     ┌────┴────┐         ↓
     ↓         ↓       调岗通知
  具备劳动   不具备从事   ┌───┴───┐
   能力     原岗位劳动    ↓       ↓
     ↓       能力      未到岗   新岗位任职
  要求员工到岗  │         │
     ↓         ↓         ↓
    返岗    未到岗,旷工认定←┘
               ↓
            民主程序 → 解除
```

第四节 实用工具

医疗期满复工通知书

【说明】

医疗期届满前,用人单位应向劳动者发放《医疗期满复工通知书》,以明确劳动者在医疗期满后是否能按时返岗,是否能从事原岗位工作等,这对保障劳动者权益,维护用人单位利益均有必要。

文件仅供参考,具体请以实际发生情况灵活掌握。

【适用】

处于规定的医疗期内的劳动者。

【基本要素】

①医疗期的起止时间和期限;

②复工时间;

③不能复工的处理办法;

④未按时复工的后果。

【法律风险】

①医疗期起止时间及期限计算须准确,一旦少算医疗期天数,本通知将无效。

②劳动者因特殊原因未能就通知书的内容进行回复,也未按时复工的,用人单位视为旷工进而解除劳动合同的可能有违法解除的风险。

③通知书应确保送达劳动者本人,用人单位应妥善留存劳动者签收的证据,避免未来引发争议时用人单位处于不利地位。

【医疗期满复工通知书范本】

医疗期满复工通知书

_____先生/女士(身份证号_____):

由于您因病于_____年____月____日进入医疗期,根据您的工作年限,以及您在本单位的工作时间,确定您的医疗期为____个月,现在您的医疗期将于_____年____月____日结束,届时您的医疗期已满,公司通知您于_____年____月____日到公司上班。

如果您无法胜任原岗位,公司可根据您的身体情况另行安排其他岗位。

若您不能上班,且伴有劳动功能障碍,根据《企业职工患病或非因工负伤医疗期规定》,请于_____年____月____日到公司人力资源部办理劳动能力鉴定申请手续。公司将到_____劳动能力鉴定委员会为您提出劳动能力鉴定申请。

若您未于_____年____月____日到公司上班,也未于_____年____月____日到公司人力资源部办理劳动能力鉴定申请手续,公司将于_____年____月____日起按照旷工处理,并依据公司规章制度,连续旷工____天予以解除劳动合同。

如您对上述内容有异议,请在3日内以书面形式提出,否则视为无异议。

特此通知!

公司名称(盖章):
年　　月　　日

边注:

如果劳动者不能从事原岗位工作,用人单位可以单方调岗,但要注意调岗的合理性。

劳动能力鉴定不是医疗期满处理的必经程序,如员工提出有劳动能力障碍不能回来上班,用人单位有异议的,可以进行劳动能力鉴定。

医疗期满的旷工认定处理,用人单位规章制度中对此应有明确规定,实践中也应谨慎操作,注意规章制度的合法有效性和证据的固化。

续表

备注:本通知书一式两份,通知方与被通知方各执一份,具有同等效力。
人力资源部联系电话:
联系人:

第五节 法律法规及政策指南

《企业职工患病或非因工负伤医疗期规定》

第三条 企业职工因患病或非因工负伤,需要停止工作医疗时,根据本人实际参加工作年限和在本单位工作年限,给予三个月到二十四个月的医疗期:(一)实际工作年限十年以下的,在本单位工作年限五年以下的为三个月;五年以上的为六个月。(二)实际工作年限十年以上的,在本单位工作年限五年以下的为六个月;五年以上十年以下的为九个月;十年以上十五年以下的为十二个月;十五年以上二十年以下的为十八个月;二十年以上的为二十四个月。

第四条 医疗期三个月的按六个月内累计病休时间计算;六个月的按十二个月内累计病休时间计算;九个月的按十五个月内累计病休时间计算;十二个月的按十八个月内累计病休时间计算;十八个月的按二十四个月内累计病休时间计算;二十四个月的按三十个月内累计病休时间计算。

《劳动部关于贯彻〈企业职工患病或非因工负伤医疗期规定〉的通知》

一、关于医疗期的计算问题

1.医疗期计算应从病休第一天开始,累计计算。如:应享受三个月医疗期的职工,如果从1995年3月5日起第一次病休,那么,该职工的医疗期应在3月5日至9月5日之间确定,在此期间累计病休三个月即视为医疗期满。其它依此类推。

2.病休期间,公休、假日和法定节日包括在内。

二、关于特殊疾病的医疗期问题

根据目前的实际情况,对某些患特殊疾病(如癌症、精神病、瘫痪等)的职工,在24个月内尚不能痊愈的,经企业和劳动主管部门批准,可以适当延长医疗期。

《劳动合同法》

第三十八条 用人单位有下列情形之一的,劳动者可以解除劳动合同:

(一)未按照劳动合同约定提供劳动保护或者劳动条件的;

（二）未及时足额支付劳动报酬的；

（三）未依法为劳动者缴纳社会保险费的；

（四）用人单位的规章制度违反法律、法规的规定，损害劳动者权益的；

（五）因本法第二十六条第一款规定的情形致使劳动合同无效的；

（六）法律、行政法规规定劳动者可以解除劳动合同的其他情形。

用人单位以暴力、威胁或者非法限制人身自由的手段强迫劳动者劳动的，或者用人单位违章指挥、强令冒险作业危及劳动者人身安全的，劳动者可以立即解除劳动合同，不需事先告知用人单位。

第四十二条 劳动者有下列情形之一的，用人单位不得依照本法第四十条、第四十一条的规定解除劳动合同：

（一）从事接触职业病危害作业的劳动者未进行离岗前职业健康检查，或者疑似职业病病人在诊断或者医学观察期间的；

（二）在本单位患职业病或者因工负伤并被确认丧失或者部分丧失劳动能力的；

（三）患病或者非因工负伤，在规定的医疗期内的；

（四）女职工在孕期、产期、哺乳期的；

（五）在本单位连续工作满十五年，且距法定退休年龄不足五年的；

（六）法律、行政法规规定的其他情形。

第四十五条 劳动合同期满，有本法第四十二条规定情形之一的，劳动合同应当续延至相应的情形消失时终止。但是，本法第四十二条第二项规定丧失或者部分丧失劳动能力劳动者的劳动合同的终止，按照国家有关工伤保险的规定执行。

第六节　企业用工风险测评

企业的人力资源管理工作中存在以下常见问题：

1. 不清晰人力资源管理中的法律风险点，不清晰法律规定和实务操作之间的差别；

2. 规章制度、员工手册等陈旧，不与时俱进，合理性和合法性存在问题；

3. 人力资源管理工作没有制度化、规范化、流程化，使 HR 管理人员工作流于日常琐碎，与人力资源专员工作无异，不能将精力投放到人力资源的战略管理和企业文化的建设当中来；

4. 人力资源管理中一些必备的合同、协议经不起推敲,达不到明确权利义务的效果;

5. 错发、乱发通知书、证明等。

针对以上问题,结合劳动争议案件仲裁和诉讼实务经验,通过一些简单的测评题帮助企业更快认识、解决人力资源管理过程中的风险。提早发现,尽早预防。

评估报告:

请根据腰封、书签指引查看"企业用工风险评估报告"。如果您不慎丢失了腰封或书签,请随时联系主编客服团队。客服人员将协助您获取评估报告。

公司对医疗期满继续请病假的员工如何处置?（　　）

A. 进行劳动能力鉴定　　　　B. 不批病假,要求到岗工作

C. 调岗　　　　　　　　　　D. 直接辞退

E. 按旷工处理　　　　　　　F. 不做任何处理

问题设计目的:

为了了解公司针对医疗期满继续请病假的员工的应对措施。

法律分析:

《劳动合同法》第40条规定:"有下列情形之一的,用人单位提前三十日以书面形式通知劳动者本人或者额外支付劳动者一个月工资后,可以解除劳动合同:(一)劳动者患病或者非因工负伤,在规定的医疗期满后不能从事原工作,也不能从事由用人单位另行安排的工作的;……"

第六章

女职工三期及其他假期

第一节 企业常见用工风险点

本节重点

- 女职工三期是什么？
- 女职工三期特殊保护有哪些？
- 女职工入职时隐瞒怀孕能否解除劳动合同？
- 女职工休产假需要经过用人单位审批同意吗？
- 实际工作地和用人单位所在地不同，产假期限如何确定？
- 解除三期女职工的风险是什么？
- 入职第二天可以享受婚假吗？
- 男方请陪产假（护理假），单位不批准，员工不来算旷工吗？

一、女职工三期是什么？

说明： 女职工的三期是指孕期、产期和哺乳期。三期是对女职工提供特别法律保护的特殊时期，用来保障女职工在生育期间的合法权益。三期内，女职工可以享受一些特殊保护措施和福利待遇。对于企业而言需严格遵守三期的法律规定，提高针对三期女职工的用工管理法律风险防范意识，避免侵犯女职工生育权益防范用工风险。

二、女职工三期特殊保护有哪些？

说明： 从孕期开始，便有针对女职工的特殊保护，如工作时间与劳动强度的保护（怀孕7个月以上的女职工，不得延长劳动时间或安排夜班劳动，用人单位应安排适当的休息时间,禁忌类工作如有毒有害工作岗位、第三级体力劳动强度的作业、深水或高空作业等,禁止安排怀孕女职工进行)、劳动报酬的保护(用人单位不得因女职工怀孕、生育、哺乳降低其工资)、不得随意解除劳动合同的保护(与三期女职工协商一致解除或三期女职工出现严重违法违纪行为时,不受此限制)、享受产假、哺乳时间等保护。

三、女职工入职时隐瞒怀孕能否解除劳动合同?

说明:《人力资源社会保障部、教育部等九部门关于进一步规范招聘行为促进妇女就业的通知》第 2 条规定:"依法禁止招聘环节中的就业性别歧视。各类用人单位、人力资源服务机构在拟定招聘计划、发布招聘信息、招用人员过程中,不得限定性别(国家规定的女职工禁忌劳动范围等情况除外)或性别优先,不得以性别为由限制妇女求职就业、拒绝录用妇女,不得询问妇女婚育情况,不得将妊娠测试作为入职体检项目,不得将限制生育作为录用条件,不得差别化地提高对妇女的录用标准。国有企事业单位、公共就业人才服务机构及各部门所属人力资源服务机构要带头遵法守法,坚决禁止就业性别歧视行为。"根据上述法条,婚姻、生育状况属于个人隐私,不属于用人单位可以了解的与劳动合同直接相关的基本情况。用人单位通常不能以女职工隐瞒怀孕并办理入职,解除与其签订的劳动合同。

四、女职工休产假需要经过用人单位审批同意吗?

说明:女职工生育享受 98 天产假,其中产前可以休假 15 天;难产的,增加产假 15 天;生育多胞胎的,每多生育 1 个婴儿,增加产假 15 天。针对产假部分地区还有额外的奖励假。如果女职工想在预产期的前 15 天休产假,用人单位必须批准,不在预产期前 15 天以内的企业有权进行审批,但应考虑到员工的需求和公司的安排。

五、实际工作地和用人单位所在地不同,产假期限如何确定?

说明:劳动者的实际工作地点(劳动合同履行地)与用人单位的所在地不在同一城市,劳动者享受的产假期限可能不同。一般情况下,产假期限以劳动者的实际工作地点(劳动合同履行地)为准。但如果用人单位注册地的有关标准高于劳动合同履行地的有关标准,且用人单位与劳动者约定按照用人单位注册地的有关规定执行的,从其约定。但生育津贴属于员工的社保待遇,其标准需依据社会保险待遇的规定,因此生育保险的支付标准需按照参保地的规定执行。

六、解除三期女职工的风险是什么?

说明: 女职工在三期期间受到特殊保护,用人单位不得因女职工怀孕、生育、哺乳而降薪、解除或终止其劳动合同,随意解除三期女职工可能存在如下风险:

1. 继续履行劳动合同:如果用人单位违法解除与三期女职工的劳动合同,女职工有权要求继续履行劳动合同。

2. 支付赔偿金或其他损失:如果用人单位与三期女职工劳动合同已经不能继续履行,用人单位需要支付违法解除劳动合同的赔偿金。

七、入职第二天可以享受婚假吗?

说明:《国家劳动总局、财政部关于国营企业职工请婚丧假和路程假问题的通知》规定:职工本人结婚或职工的直系亲属(父母、配偶和子女)死亡时,可以根据具体情况,由本单位行政领导批准,酌情给予1至3天的婚丧假。《劳动法》第51条规定:劳动者在法定休假日和婚丧假期间以及依法参加社会活动期间,用人单位应当依法支付工资。婚假,是劳动者本人结婚依法享受的假期,入职第2天包含在劳动合同期限内,因此入职第2天的员工可以享受婚假,且各地的婚假天数或有不同,所以要遵循当地关于婚假天数的规定。

八、男方请陪产假(护理假),单位不批准,员工不来算旷工吗?

说明: 陪产假又名陪护假、护理假,是指依法登记结婚的夫妻,女方在享受产假期间,男方享受的有一定时间看护、照料对方的权利。全国各地大多制定了相应的政策,用人单位不能因其不批男方的陪产假(护理假)认定员工旷工。用人单位在规章制度中应完善陪产假休假规则,确保员工在休假时做好交接工作。在实际工作中根据客观情况与劳动者积极协商沟通,共同确定有利于照顾婴幼儿的灵活休假和弹性工作方式。

第二节 经典案例

【案例简介】

小文于2012年12月17日入职广东某电气公司,双方签订有书面劳动合同。电气公司向小文支付工资至2019年4月。小文于2019年5月8日顺产生育一孩,并于 2019 年 5 月 5 日至 8 月 10 日休产假。

2019 年 8 月 20 日,电气公司以小文已连续旷工 6 天为由,向小文发出《解除劳动合同通知书》,解除双方劳动关系。

经查,小文曾于 2019 年 8 月 1 日向电气公司人事经理申请奖励假休假。双方发生纠纷后,小文请求电气公司向其支付产假、奖励假、哺乳期工资损失、违法解除劳动关系赔偿金。仲裁支持了小文的请求。电气公司不服诉至法院。

【争议焦点】

小文因为休生育奖励假,用人单位能否以旷工为由解除与其劳动关系。

【判决结果】

判决电气公司向小文支付产假、奖励假、哺乳假工资损失、违法解除劳动关系赔偿金。

【律师解读】

奖励产假是地方政府对符合法律、法规规定生育子女的夫妻的优惠政策,在规定假期内照发工资,不影响福利待遇和全勤评奖。各个地市的奖励产假也多有不同,如《广东省人口与计划生育条例》第 30 条规定:"符合法律、法规规定生育子女的夫妻,女方享受八十日的奖励假……在规定假期内照发工资,不影响福利待遇和全勤评奖。"《山西省人口和计划生育条例》第 25 条第 1 款规定:"依法办理结婚登记的夫妻可以享受婚假三十日;符合本条例规定生育子女的,女方在享受国家和本省规定产假的基础上,奖励延长产假六十日,男方享受护理假十五日。婚假、产假、护理假期间,享受与在岗人员同等的待遇。"

本案中,小文合法生育,依法享有 80 天奖励假,且已提前向电气公司申请奖励假休假,故电气公司以小文连续旷工 6 天为由解除双方的劳动关系,属违法解除,应依法支付违法解除劳动合同的赔偿金。因用人单位原因导致女职工三期待遇损失的,用人单位还应支付女职工原本在正常劳动关系下依法可获得的产假工资、奖励假工资和部分哺乳期工资。

第三节 操作指引

【概论】

企业如果希望规避三期女职工的用工风险,务必要从以下几个方向进行注意:

1. 做好女职工三期管理,按法律法规的规定保护三期女职工合法权益:一旦确定女职工的三期期限,企业应在此期间遵守法律法规,确保女职工在此期间的权益得到充分保障。

2. 建立健全三期女职工用工管理制度;如果女职工在三期内严重违反用人单位的规章制度,用人单位可以解除劳动合同。企业在日常管理时,应建立健全用工管理制度,同时保留三期女职工严重违反规章制度的证据,避免违法解除的风险。

女职工三期管理需注意以下几方面(见表4-3):

表4-3　女职工三期管理注意事项

制度	注意事项
确保三期女职工享受法定假期	用人单位需保障三期女职工的产前检查时间、产前假、流产假、产假、哺乳时间
不降低"三期"期间的工资标准	用人单位不得因女职工怀孕、产假、哺乳等情形而降低其工资和福利待遇
不随意对三期女职工进行调岗	对三期女职工调岗时尽量协商一致,并签订调岗协议
劳动合同到期顺延	如果女职工处于三期的情形,劳动合同到期时,用人单位应自动延续至法定情形结束

第四节　实　用　工　具

女职工三期确认单

【说明】

女职工三期(孕、产、哺乳期)请(休)假管理是公司休假管理工作的重要组成部分,也是容易令劳资双方产生纠纷的一个环节。用人单位应制作女职工三期请(休)假确认表单,要求三期女职工在请(休)假时填写,以便规范公司请休假管理,同时便于单位在发生劳动纠纷时固定证据,降低单位诉讼风险。

因此,本表单应为公司的必备表单之一。

文件仅供参考,具体请以实际发生情况灵活掌握。

【适用】

适用于与公司建立劳动关系的女性员工,包括符合计划生育法规、政策的孕期、产期及哺乳期女职工等。

【基本要素】

①表单标题;

②三期女职工的基本信息(姓名、部门、职务);
③孕、产、哺乳期三期具体时间;
④请(休)假时间;
⑤请(休)假事由及证明材料;
⑥员工本人签字确认;
⑦各级部门审批意见备注。

【法律风险】
①为用人单位对三期女职工进行管理提供事实依据。
②员工因三期问题引发劳动争议时为企业固定证据。

【女职工三期确认单范本】

<table>
<tr><th colspan="3">女职工三期确认单</th></tr>
<tr><td>姓名</td><td>部门</td><td>职位</td></tr>
<tr><td>三期时间</td><td colspan="2">预产期:_____年___月___日
孕期:_____年___月___日至_____年___月___日
生产日期:_____年___月___日
哺乳期:_____年___月___日至_____年___月___日</td></tr>
<tr><td>类型</td><td colspan="2">□产检假　□产假　□哺乳假　□流产假　□节育假
□其他</td></tr>
<tr><td rowspan="2">休假时间及证明</td><td colspan="2">自_____年___月___日至_____年___月___日,共___天</td></tr>
<tr><td colspan="2">证明材料:

员工签字:
_____年___月___日</td></tr>
<tr><td>部门负责人意见</td><td colspan="2">意见:

负责人签字:
_____年___月___日</td></tr>
<tr><td>人力资源部意见</td><td colspan="2">意见:

负责人签字:
_____年___月___日</td></tr>
</table>

批注:
- 此处据实填写请假员工个人信息。
- 此处由员工写明三期的具体时间。
- 员工根据请假类型在相应的方格内划"√",不得涂改。
- 此处由员工写明休假的具体时间。
- 此处由员工写明其提交公司的三期及休假证明材料并签字确认。
- 员工填好确认单后提报部门主管审批签字。
- 部门负责人提交人力资源部审批签字。

续表

主管领导意见	意见： 领导签字： _____年___月___日

此处由人力资源部提交公司主管领导审核签字。

备注：
1. 女职工请三期假须事先填写请假单并办妥请假手续,方可离开工作岗位。如遇特殊情况不能亲自办理请假手续者,须于当日内委托同事、亲属或以电话报告部门主管获得批准并于假期届满后上班的第1天办理补假手续。
2. 未经核准而先行离开工作岗位,或假期已满未准续假仍不上班者以旷工论处。
3. 谎报请假事由经查实者以旷工论处。
4. 请假须依规定提供挂号单、病历本、诊断证明书、检查报告、收据、处方、《孕产妇保健手册》、准生证、出生证明等证明材料。
5. 员工应按照假期届满上班时间准时上班,公司不再另行通知。

第五节　法律法规及政策指南

《劳动法》

第二十九条　劳动者有下列情形之一的,用人单位不得依据本法第二十六条、第二十七条的规定解除劳动合同：

（一）患职业病或者因工负伤并被确认丧失或者部分丧失劳动能力的；

（二）患病或者负伤,在规定的医疗期内的；

（三）女职工在孕期、产期、哺乳期内的；

（四）法律、行政法规规定的其他情形。

《劳动合同法》

第四十二条　劳动者有下列情形之一的,用人单位不得依照本法第四十条、第四十一条的规定解除劳动合同：

（一）从事接触职业病危害作业的劳动者未进行离岗前职业健康检查,或者疑似职业病病人在诊断或者医学观察期间的；

（二）在本单位患职业病或者因工负伤并被确认丧失或者部分丧失劳动能力的；

（三）患病或者非因工负伤,在规定的医疗期内的；

（四）女职工在孕期、产期、哺乳期的；

（五）在本单位连续工作满十五年,且距法定退休年龄不足五年的；

(六)法律、行政法规规定的其他情形。

第四十五条 劳动合同期满,有本法第四十二条规定情形之一的,劳动合同应当续延至相应的情形消失时终止。但是,本法第四十二条第二项规定丧失或者部分丧失劳动能力劳动者的劳动合同的终止,按照国家有关工伤保险的规定执行。

《妇女权益保障法》

第四十七条 用人单位应当根据妇女的特点,依法保护妇女在工作和劳动时的安全、健康以及休息的权利。

妇女在经期、孕期、产期、哺乳期受特殊保护。

第四十八条 用人单位不得因结婚、怀孕、产假、哺乳等情形,降低女职工的工资和福利待遇,限制女职工晋职、晋级、评聘专业技术职称和职务,辞退女职工,单方解除劳动(聘用)合同或者服务协议。

女职工在怀孕以及依法享受产假期间,劳动(聘用)合同或者服务协议期满的,劳动(聘用)合同或者服务协议期限自动延续至产假结束。但是,用人单位依法解除、终止劳动(聘用)合同、服务协议,或者女职工依法要求解除、终止劳动(聘用)合同、服务协议的除外。

用人单位在执行国家退休制度时,不得以性别为由歧视妇女。

第八十三条 用人单位违反本法第四十三条和第四十八条规定的,由人力资源和社会保障部门责令改正;拒不改正或者情节严重的,处一万元以上五万元以下罚款。

《女职工劳动保护特别规定》

第五条 用人单位不得因女职工怀孕、生育、哺乳降低其工资、予以辞退、与其解除劳动或者聘用合同。

第六条 女职工在孕期不能适应原劳动的,用人单位应当根据医疗机构的证明,予以减轻劳动量或者安排其他能够适应的劳动。

对怀孕7个月以上的女职工,用人单位不得延长劳动时间或者安排夜班劳动,并应当在劳动时间内安排一定的休息时间。

怀孕女职工在劳动时间内进行产前检查,所需时间计入劳动时间。

第九条 对哺乳未满1周岁婴儿的女职工,用人单位不得延长劳动时间或者安排夜班劳动。

用人单位应当在每天的劳动时间内为哺乳期女职工安排1小时哺乳时间;女职工生育多胞胎的,每多哺乳1个婴儿每天增加1小时哺乳时间。

第十四条　用人单位违反本规定，侵害女职工合法权益的，女职工可以依法投诉、举报、申诉，依法向劳动人事争议调解仲裁机构申请调解仲裁，对仲裁裁决不服的，依法向人民法院提起诉讼。

第六节　企业用工风险测评

企业的人力资源管理工作中存在以下常见问题：

1. 不清晰人力资源管理中的法律风险点，不清晰法律规定和实务操作之间的差别；

2. 规章制度、员工手册等陈旧，不与时俱进，合理性和合法性存在问题；

3. 人力资源管理工作没有制度化、规范化、流程化，使 HR 管理人员工作流于日常琐碎，与人力资源专员工作无异，不能将精力投放到人力资源的战略管理和企业文化的建设当中来；

4. 人力资源管理中一些必备的合同、协议经不起推敲，达不到明确权利义务的效果；

5. 错发、乱发通知书、证明等。

针对以上问题，结合劳动争议案件仲裁和诉讼实务经验，通过一些简单的测评题帮助企业更快认识、解决人力资源管理过程中的风险。提早发现，尽早预防。

评估报告：

请根据腰封、书签指引查看"企业用工风险评估报告"。如果您不慎丢失了腰封或书签，请随时联系主编客服团队。客服人员将协助您获取评估报告。

1. 下列哪种情况公司会解雇怀孕女职工？（　　）

A. 休病假超过医疗期　　　　B. 客观情况发生重大变化

C. 不能胜任工作　　　　　　D. 因怀孕女职工严重违规

问题设计目的：

为了了解公司解雇怀孕女工的原因是否存在法律风险。

法律分析：

《劳动合同法》对处于孕期、产期、哺乳期的女职工作了更加严格的特殊保护，明确用人单位不得依《劳动合同法》第 40 条、第 41 条的规定解除劳动合同。也就是说，即使女职工存在不胜任工作，经培训或重新调整工作仍不胜任工作；医疗期满不能从事原来的工作或单位另行安排的工作、客观情况发生重大变化致使原劳动合同无法履行并无法协议一致、经济性裁员等法定可以解除的情形，只要女职工处于三期内，用人单位均不得单方解除劳动合同。如果用人单位强行辞退处于三期的女职工，就属于违法解除。女职工处于"孕期、产期、哺乳期"，并非万能的保护伞。对处于三期内的女职工，《劳动合同法》第42条严格限制用人单位适用非过失性解除或经济性裁员，但并未限制用人单位适用过错性解除。

2. 针对三期女职工，公司能否随意调整其工作岗位？（　　）

A. 能　　　　　　　　B. 否

问题设计目的：

为了了解企业对三期女职工进行调岗是否存在法律风险。

法律分析：

《劳动合同法》第35条第1款规定，用人单位与劳动者协商一致，可以变更劳动合同约定的内容。而工作内容和工作岗位作为劳动合同必备条款，变更需要双方协商一致。除劳动者患病或者非因工负伤，在规定的医疗期满后不能从事原工作的以及劳动者不能胜任工作，用人单位可以行使自主用工权外，原则上要求双方协商一致才能调动。此外，根据《天津市实施〈中华人民共和国妇女权益保障法〉办法》（已失效）第17条第3款规定："用人单位不得以结婚、怀孕、产假、哺乳等为由，直接或者变相对女职工采取以下行为：……（五）休假期满后不安排回原岗位工作，但女职工同意调换的除外。"

3. 公司怀孕女职工在劳动时间内进行产前检查，是否按正常出勤支付工资？（　　）

A. 是　　　　　　　　B. 否

问题设计目的：

为了了解公司对怀孕女职工是否实施了特别保护。

法律分析：

《女职工劳动保护特别规定》第6条第3款规定，怀孕女职工在劳动时间内进行产前检查，所需时间计入劳动时间。因此怀孕女职工产前检查所需时间应按正常出勤支付劳动报酬。

4. 在国家规定的产假期间，女职工产假期间的生育津贴低于本人工资标准的，公司是否向其补足差额？（　　）

A. 依法补足　　　　　　B. 不补足

问题设计目的：

为了了解公司对于女职工生育津贴发放是否存在风险。

法律分析：

《女职工劳动保护特别规定》第 5 条规定："用人单位不得因女职工怀孕、生育、哺乳降低其工资、予以辞退、与其解除劳动或者聘用合同。"

对于已经缴纳社保，但生育津贴不足本人工资的，全国多省市均有明确规定，用人单位需要补差额，如北京市《北京市企业职工生育保险规定》、天津市《市人力社保局关于改进女职工生育津贴申领方式有关问题的通知》、河北省《河北省劳动和社会保障厅、河北省财政厅关于印发〈河北省省直城镇职工生育保险实施细则〉的通知》、山西省《山西省人民政府办公厅关于做好生育保险和职工基本医疗保险合并实施工作的通知》。

第五篇

保密与竞业限制和培训与服务期

- 第一章　商业秘密保护
- 第二章　竞业限制
- 第三章　专项培训与服务期

PART 05

第一章

商业秘密保护

第一节　企业常见用工风险点

本节重点

- 员工保密义务产生的要件是什么?
- 公司是否必须支付保密费用?
- 明确商业秘密的保护范围是否有意义?
- 如何明确职务成果的归属与利益分配?
- 如何确定商业秘密损失?
- 如何对涉密员工进行离职、离岗的管理?

一、员工保密义务产生的要件是什么?

说明： 商业秘密指不为公众所知悉,能为用人单位带来经济利益,具有实用性并经用人单位采取保密措施的技术信息和经营信息。

1. 用人单位采取保密措施

用人单位应当对需要保密的信息采取保密措施,包括订立保密协议,建立保密制度及采取其他合理的保密措施。如果用人单位对于信息不采取保密措施,则丧失产生保密义务的基础和前提。

2. 具有明确法律规定和合同依据

劳动者的保密义务系基于法律而产生,基于劳动合同或者保密协议而细化。

需要强调的是,并非所有的劳动者都负有保密义务,只有那些接触、了解、掌握用人单位商业秘密的劳动者才负有该义务。负有保密义务的劳动者的范围界定,根本上将取决于用人单位对自身商业秘密保护措施、保护范围的界定。

二、公司是否必须支付保密费用？

说明： 保密协议适用于用人单位的商业秘密和与知识产权相关的保密事项。目前法律尚无关于用人单位需要支付保密费用，员工才有遵守保密义务的规定。因此，用人单位与员工约定保密义务，可以不支付保密费用。如果用人单位向全体员工支付保密费用，无疑增加了用人单位的成本。

三、明确商业秘密的保护范围是否有意义？

说明： 保护商业秘密是用人单位的核心目的，但是如何界定商业秘密的范围是实务中的难点，因此，用人单位需要结合自身情况和员工岗位特点，约定具体的商业秘密范围，防止员工出现泄密行为后，用人单位无法举证双方已就该商业秘密内容达成保密约定，导致无法追责的尴尬境地。

四、如何明确职务成果的归属与利益分配？

说明： 明确职务成果的归属与利益分配需要遵循一定的原则和程序。首先，应通过用人单位内部的规章制度明确职务成果的定义及其所有权归属，通常职务成果归用人单位所有。其次，要在劳动合同或专门的知识产权协议中明确规定职务成果的归属条款，确保双方权益得到保障。再次，建立合理的激励机制，根据员工对职务成果的实际贡献给予相应的物质和精神奖励，以激发员工的创新热情。最后，用人单位应保持利益分配的公正性和透明度，确保每位贡献者都能获得应有的回报，从而促进团队合作与持续创新。

五、如何确定商业秘密损失？

说明： 由于保密义务很难事先通过约定合理确定违约金数额，故用人单位对于员工泄密行为只能通过事后追偿的方式弥补损失，因此，用人单位需要根据不同的商业秘密的类型、级别，提前与员工协商具体的损失计算方式，方能在出现泄密行为后依据保密协议主张损失并获得法院一定的认可。

六、如何对涉密员工进行离职、离岗的管理？

说明： 对涉密员工进行离职、离岗管理是保护企业商业秘密的重要环节。首先，应严格执行离职审批程序，确保涉密员工在离职前交回所有涉密资料，并签署保密和竞业限制协议。其次，在员工离岗或离职前，应对其进行脱密处理，根据涉密程度安排一定期限的脱密期,其间限制其接触新的敏感信息。再次,加强信息系统访问权限管理,及时注销或调整涉密员工的账户权限,防止信息外泄。最后,定期对离职员工进行回访,确认其是否遵守保密协议。通过这些措施,可以有效降低因员工离职、离岗带来的信息安全隐患,维护企业的合法权益。

第二节 经典案例

【案例简介】

某禽业公司系一家以养殖、批发、零售鸡、蛋及相关技术咨询服务为主营业务的禽业公司。小洪于2017年8月25日入职到该公司从事销售工作,双方在《劳动合同书》中约定了小洪的保密义务、竞业限制等内容。小洪在职期间与该公司工作人员小文共同负责重庆某区域鸡蛋产品销售工作,并由小文组建"某某岭报单群"微信群与客户进行接洽。该微信群人员构成主要为某禽业公司重庆某片区的蛋类购买客户,亦有某禽业公司管理人员在群内,客户对蛋类的需求通常通过该微信群发布,小洪亦通过该微信群对客户发布的需求信息进行确认并送货。

小文于2019年离职后,该微信群交由小洪管理。2020年11月10日,小洪辞职,并于当年12月到小文经营的"某庆福蛋品"公司工作。小洪自述受小文安排,将某禽业公司管理人员从"某某岭报单群"移出,将群名称变更为"某庆福蛋品报货群",自己的微信名称变更为"某庆福蛋品小洪187×××6715",在该群内销售小文经营的蛋品。2021年2月小洪离开小文经营的公司,并退出"某庆福蛋品报货群"微信群。

某禽业公司遂提起本案诉讼,请求判令小洪立即停止违约行为,履行与其关于竞业限制的约定,并支付违反竞业限制违约金300,000元、损失288,327.29元。

【争议焦点】

客户微信群是否属于用人单位的商业秘密?

【判决结果】

人民法院经审理认为小洪在某禽业公司工作期间,掌握了相对固定的客户信息。围绕客户信息组建的微信群,形式虽有别于传统客户信息承载方式,但在信息技术飞速发展、微信已成为大众的主要通讯工具的现今,人员相对稳定、客户信息相对精准,交易习惯、意向、内容等相对固定的客户微信群,是企业与客户交流沟通信息的经营平台，区别于泛化的广为公众知悉的一般商户名单，更具商业价值与竞争优势。故本案中的微信群属于某禽业公司的商业秘密，具有不公开性及商业价值，应当予以保护。同时，某禽业公司亦安排有管理人员进驻该微信群，应视为已采取了相应的保密举措。

因此，人民法院认为小洪掌握了公司的商业秘密，属于法律规定的其他负有保密义务的人员，应当受竞业限制约束，判决小洪支付某禽业公司违约金20,000元。

【律师解读】

某禽业公司客户微信群作为中小企业经营销售的重要资源，往往具有较大的商业价值，已逐渐成为一种准商业秘密。本案将企业拥有的人员相对稳定，需求相对精准，交易习惯、意向、内容等相对固定，并与之进行商业买卖与交流的客户微信群认定为商业秘密，符合商业秘密"不为公众知悉""具有商业价值""采取相应保密措施"的特性，也符合当前企业商业秘密形式多样化的实际，对于疫情防控背景下中小企业司法保护具有参考借鉴价值。

同时，在认定普通劳动者是否属于法律规定的"其他负有保密义务的人员"时，本案紧紧围绕劳动者是否掌握用人单位的商业秘密、是否违反竞业限制义务、是否侵犯了用人单位商业秘密等竞业限制核心要件进行判断，合理划分了人才流动与企业权利保护的边界，对于公平公正维护劳资双方合法权益具有积极意义。

第三节 操作指引

【概论】

用人单位加强保密管理，需在以下几个方面做好工作：完善保密协议、建立健全保密制度、合理设置保密津贴、明确法律责任。通过这些措施，可以构建起全面的保密管理体系，有效保护企业的核心信息和知识产权。

【用人单位保密管理措施图】

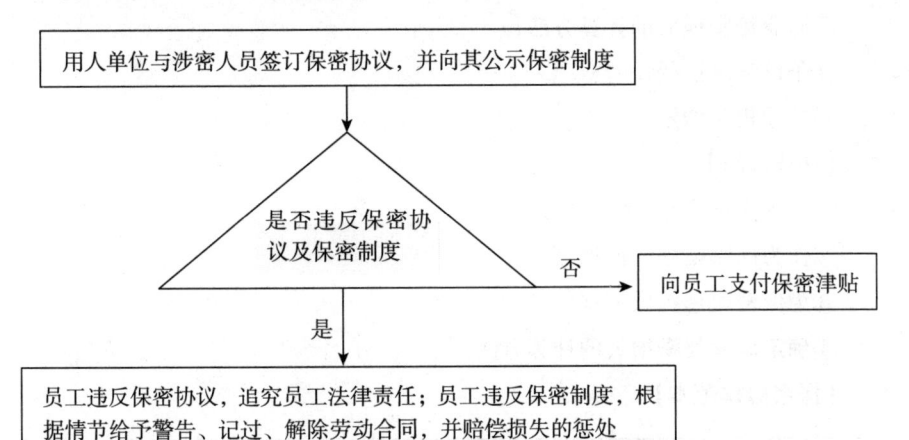

用人单位与涉密人员签订保密协议,并向其公示保密制度

↓

是否违反保密协议及保密制度 —否→ 向员工支付保密津贴

↓是

员工违反保密协议,追究员工法律责任;员工违反保密制度,根据情节给予警告、记过、解除劳动合同,并赔偿损失的惩处

第四节 实用工具

保密协议

【说明】

用人单位在日常的生产经营活动中必然涉及商业秘密,商业秘密认定的前提条件之一就是用人单位针对相应的秘密信息采取了保密措施。另外,据数据显示:商业秘密泄露的主要途径为员工泄密。因此,用人单位应当与涉密岗位的员工签订《保密协议》,用以明确商业秘密的范围以及涉密员工的权利义务,为日后发生商业秘密争议固定证据。

文件仅供参考,具体请以实际发生情况灵活掌握。

【适用】

适用于接触到用人单位商业秘密的全部用工人员,包括劳动合同工、劳务派遣工、业务外包工、劳务雇佣工、借调用工、承揽用工等。

【基本要素】

①保密义务人(员工)的身份界定;

②商业秘密的范围及定义;

③商业秘密的载体;

④商业秘密的保密期限;

⑤保密津贴的性质、支付及扣除;

⑥保密义务;

⑦职务技术信息的归属；

⑧商业秘密损失的计算方法；

⑨争议解决途径；

⑩其他相关约定。

【法律风险】

①初步确定商业秘密范围。

②作为保密措施的证据之一。

③为保密奖惩提供依据。

④确定商业秘密损失的计算方法。

【保密协议范本】

> 1. 协议名称为保密协议，而非保守商业秘密协议，对涉密信息的范围进行最大限度的延伸。
> 2. 本协议仅为参考，由于公司间存在文化、管理、组织架构等方面的巨大差异及各地方法规规定不同，建议公司根据自身特点及当地要求拟定具体条款。

> 正常的铺垫部分，强调协议双方的主体，以及本协议的重要性和必要性。

保密协议

甲方：_____

　　法定代表人：_____　职务：_____

　　住所地：_____

乙方：_____

　　身份证号：_____

　　住址：_____

鉴于：

1. 甲方系按照《中华人民共和国公司法》等相关法律法规在中华人民共和国境内依法登记注册的企业法人。

2. 甲方为本协议项下涉密信息的合法权利人，且甲方对前述涉密信息的取得均进行了大量的成本投入。

3. 乙方系为甲方提供有偿服务并与之建立用工关系的自然人。

　　甲乙双方用工关系为：□劳动　□劳务　□劳务派遣　□借调　□代理　□外包　□承揽　□承包　□其他：_____

4. 乙方承诺进入甲方公司前，对所有曾就职工作的任何企业和自然人均不承担商业秘密的保护、不涉及竞业限制义务。

5. 乙方认可甲方为本协议项下涉密信息的合法权利人。

6. 乙方同意接受甲方提供的相关保密培训。

7. 乙方同意接受甲方制定的相关保密制度的约束。

现经甲乙双方友好协商，就保密事宜签订如下协议，以资共同遵守。

> 目前并无明确的法律专项调整保密问题，均散见于各法律之中，因此，将涉及的法律进行整理，以为本协议提供全面、充实的法律依据。

1. 制定依据

1.1 《中华人民共和国民法典》

1.2 《中华人民共和国反不正当竞争法》

1.3 《中华人民共和国劳动法》

续表

1.4 《中华人民共和国劳动合同法》
1.5 《中华人民共和国刑法》
2. 释义
2.1 涉密信息：包括商业秘密信息和其他保密信息两类。
2.1.1 商业秘密信息指不为公众所知悉，经甲方采取保密措施，具有实用性且能为甲方带来经济利益的全部信息资料。
2.1.2 其他保密信息指虽然不具有实用性或不能为甲方带来经济利益，但甲方必须限制知悉范围的其他非商业秘密的信息资料。
2.2 无意获取：乙方非主动地、无目的地、不经意地在日常生活或工作中接触、了解、知悉、掌握甲方的涉密信息。
2.3 有意获取：乙方主动向甲方范围内外的所有单位或个人询问、打探、刺探、搜集、窃取甲方的涉密信息。
2.4 泄露：乙方有意或无意的因任何目的、以任何行为（包括但不限于书面、口头、计算机媒介、网络传播等）可以使任何单位或个人接触、了解、知晓、掌握甲方涉密信息的情形。

3. 涉密信息范围
3.1 技术信息类：
3.1.1 软件源代码、数据库、技术指标报告、图纸、检测报告、实验数据等。
3.1.2 设计方案、工艺流程、秘方配方、制作方法、操作手册、培训教案等。
3.1.3 样品样机、模具模型等实物。
3.1.4 研发或购买并拥有所有权的资讯系统及其他软件产品的所有代码及技术资料、使用密码及权限。
3.1.5 对外进行技术交流的资料（文字资料、硬盘、光盘、软盘、书刊等相关载体）。
3.2 经营信息类
3.2.1 经营的产品的技术、配方、原材料、工艺、流程和与之相关的计划、方案、情况、信息和资料、公司所属技术人员的个人情况。
3.2.2 从事商务谈判及市场活动的有关信息与资料（客户名单、谈判内容、各种费率标准、项目报价、项目实施方案等）。
3.2.3 内部掌握的各类合同履行情况、报价、协议、意向书及可行性报告、各种公司文件、公司内部限定人员和范围的会议内容和记录。
3.2.4 所有商业客户资源和贸易伙伴名单，包括客户的名称或姓名、地址、法定代表人情况、业务联系人情况、银行账号以及相关的电话、电报、传真等通讯方式。
3.2.5 货源情况、渠道和销售对象的情况、渠道。
3.2.6 重大决策中的秘密事项，包括尚未付诸实施的经营战略、经营方向、经营规划、经营项目及经营决策。
3.2.7 经营活动中的一切货品的资源，包括供应商名称、成本、进货、销售价格、数量、种类、品质、利润情况。
3.2.8 财务决算报告及各类财务报表、统计报表、公司的债权、债务、利润情况、公司投标财务文件及有关经营活动的一切策略、方案、计划、档案情况、信息和资料。

将频繁使用的概念进行提前解释，避免歧义和协议内容冗长。

用人单位在日常管理中存在不具有商业秘密特性的其他信息，但此类信息往往也需要进行保密管理，因此，本协议为保密协议，而非保守商业秘密协议，此处的涉密信息约定应做广义解释，包括非商业秘密的涉密信息。

续表

3.3 其他保密信息类：
3.3.1 办公会议的内容、决议、记录及工作指令等。
3.3.2 甲方掌握的尚未进入市场或尚未公开的各类信息。
3.3.3 公司职员人事档案和工资性、劳务性收入及资料。
3.3.4 公司与经营活动有关的法律事务和有关诉讼的情况。
3.3.5 采取保密措施的其他信息、情况、资料和事项。
3.4 甲乙双方可就涉密信息的具体范围另行签订补充协议。

4. 涉密信息的获得
4.1 类型：
4.1.1 甲方根据乙方的工作需要，授予乙方知悉、掌握甲方涉密信息。
4.1.2 乙方在完成甲方交给的工作过程中，自行开发获得的涉密信息。
4.1.3 乙方在甲方工作期间，无意获取的甲方涉密信息。
4.1.4 乙方有意获取的甲方涉密信息。
4.2 除上述前三种获取类型外，乙方不得因任何目的、以任何手段获取甲方涉密信息，即乙方有意获取甲方涉密信息的行为视为侵犯甲方涉密信息，属于违反本协议约定。

5. 涉密信息载体
5.1 甲方涉密信息以文字、数据、符号、图形、图像、声音等方式依附存在的各种纸介质、磁介质（计算机硬盘、软盘和录音带、录像带等）、光盘、U 盘、胶片等各类物品即为涉密信息载体。
5.2 乙方认可凡甲方标注有"保密"字样的各种载体均为甲方采取保密措施的涉密信息。

6. 保密期限
乙方保密义务不因双方用工关系的解除或终止以及本协议的终止而终结，保密义务期限与涉密信息存续期限相同，即直至涉密信息公开为止。

7. 保密津贴
7.1 甲方为乙方设定保密津贴＿＿＿＿＿＿元/月，保密津贴与保密义务无关，即使乙方放弃享受保密津贴或甲方部分（全部）扣除保密津贴，均不影响乙方本合同项下保密义务的履行。
7.2 乙方应当严格遵守甲方相关的保密制度及本协议项下的保密义务，如存在违约行为，甲方有权扣除保密津贴，具体扣除比例详见甲方《保密管理制度》。

8. 乙方保密义务
8.1 掌握本岗位的保密范围，明确所负责工作的保密责任。
8.2 严格按照甲方规章制度执行保密工作，遵守保密义务。
8.3 不得无故拒不履行甲方关于保密的规章制度、会议纪要、签呈、通知、公示等文件。
8.4 不得无故拒不与甲方签署有关涉密信息的《保密协议》《保密承诺》《竞业限制协议》及相关补充协议。
8.5 不得利用盗窃手段秘密窃取甲方涉密信息。
8.6 不得以金钱、美色、高薪工作或其他利诱手段引诱相关员工向自己透露涉密

续表

信息。

8.7　不得以生命、健康、名誉等手段或利用职权威逼、胁迫相关人员向自己透露涉密信息。

8.8　不得未经甲方许可,披露、使用或允许他人使用甲方涉密信息。

8.9　不得未经甲方许可,在对外接触(包括但不限于对外宣传、洽谈业务、招聘展会、联系通信等)中泄露甲方涉密信息。

8.10　不得未经公司许可,擅自许可(独占、排他、普通、再许可等)他人使用职务工作成果。

8.11　不以发表论文、出版著作、教学、科研、学术报告、新闻报道、成果申报等任何方式公开或传播涉密信息。

8.12　不在国际互联网,无技术加密措施的有线、无线通信中传递涉密信息,不在无保密保障措施的情况下携带和存放密件、密品。

8.13　不使用涉密计算机上互联网,不在上互联网的计算机内存储涉密信息和工作信息。不在便携式计算机中存储涉密信息,便携式计算机和涉密载体的携带外出,要经过审查、审批。

8.14　乙方离职或调岗的,离岗时主动及时清退涉密文件、资料、移动存储介质等涉密载体及其他有效证件,并按照甲方要求的脱密措施调整工作岗位或签署《竞业限制协议》。

8.15　一旦发现涉密信息被泄露,应当及时告知甲方,并立即主动采取有效措施防止泄密范围进一步扩大。

9. 职务工作成果归属

甲乙双方共同确认,乙方在下列情形中完成的工作成果,其财产权益均归属甲方所有:

9.1　在乙方本职工作中取得。

9.2　在甲方交付的研发任务中取得。

9.3　全部或大部分(研发成本70%以上)利用甲方的资金、设备、程序、部件、原材料或其他甲方未公开的技术资源等取得。

9.4　终止或解除用工关系后取得,但该工作成果全部或大部分(研发成本或技术依赖50%以上)是在甲方尚未公开的技术成果或阶段性技术成果基础之上完成,或前述甲方技术成果对现有取得的工作成果有实质性影响的。

9.5　终止或解除用工关系后1年内或竞业禁止(限制)期间从事与原岗位内容或交付任务相关的技术开发工作取得的技术成果。

9.6　甲方委托乙方开发取得的工作成果。

9.7　甲方与乙方之间合作开发的工作成果。

9.8　乙方承包甲方部门或项目期间取得的工作成果。

9.9　其他应归属甲方享有的商业秘密的情形。

10. 职务工作成果收益

乙方对前款取得的工作成果享有署名、个人使用及获得物质报酬(奖励)的权利,具体如下:

10.1　个人使用限于乙方因个人生活需要使用,不得以此获得经济利益。

员工在公司工作期间,有可能在本职工作基础上自行完成相关信息或成果,而前述信息或成果往往属于公司保密的范畴,如不事前界定归属,一旦员工离职,将面临泄密风险。因此,本条主要将应当归属于公司的各种商业秘密信息进行罗列,以防止事后因权属争议,造成商业秘密维权的困难。

关于职务发明创造的规定,员工在职期间完成的信息或成果,也应获得相应物质奖励,在此条中约定以彰显公平,意在保证第4条的规定不因显失公平而出现效力瑕疵。具体操作中,公司可视具体情形决定是否保留。

续表

| 10.2 物质报酬(奖励)提取方式可以按照下列第_____项执行。
10.2.1 每件工作成果奖励_____元。
10.2.2 根据该项商业秘密为甲方获取的经济利益按比例提取，收益数据以甲方财务数据为准，提取比例为____%，提取时间为每半年支付一次。
10.2.3 经甲方股东会决议，以该商业秘密入股，参与分红，具体持股比例另行协商。
10.3 第10.2款3种方式不得同时使用。

11. 离职管理

11.1 乙方因职务需要所持有或保管的一切承载甲方涉密信息的文件、资料、图表、笔记、报告、信件、传真、磁带、磁盘、仪器以及其他任何形式的载体，均归甲方所有，无论涉密信息有无价值。乙方应当于离职时，或者于甲方提出要求时，返还全部载体。

11.2 脱密期

11.2.1 甲乙双方共同确认：根据乙方的工作岗位性质设立乙方离职脱密期，脱密期限为 30 日，此期限与离职交接期限不重合。乙方提出辞职应当提前30日通知甲方，甲方有权调整乙方工作岗位。

11.2.2 脱密期间乙方工资(□按照原岗工资支付 □按照原岗工资的____% 支付)，但乙方出现不能胜任工作岗位等降薪情形除外。

11.2.3 甲方以员工过失性理由辞退乙方，不受前款脱密期限限制。

12. 损失赔偿

甲乙任何一方违反本协议约定，应向对方承担实际损失。具体实际损失的计算方法，按照下列约定依次执行：

12.1 甲方因乙方违约行为受到经济损失的，损失计算方法为：乙方违约行为导致甲方产品销量下降，销量减少数额与单位产品利润之积。

12.2 前述方法难以计算的，损失计算方法为乙方及相关第三人因违约行为获利，即市场销量总数与乙方或相关第三人单位产品利润之积。

12.3 前述12.1、12.2方法难以计算的，以甲方开发商业秘密的研发成本的2倍确定实际损失。

12.4 前述12.1、12.2、12.3方法仍难以计算的，根据乙方违约的过错程度、侵权手段等情形，以甲方财务报表的损失数据为基础，综合确定。

12.5 甲方因乙方违约或侵权行为产生的相关费用(包括但不限于公证费、诉讼费、鉴定费、审计评估费、律师代理费、诉讼辅助人费用、差旅费等)计入实际损失一并赔偿。

13. 争议解决

甲乙双方因本协议发生争议，应友好协商解决，协商不成，提交甲方住所地有管辖权的人民法院诉讼解决。

14. 信息送达

甲乙双方共同确认如下送达信息：

甲方：_____

乙方：_____

如上列送达信息发生变更，变更方应于发生变更情形之日起3个工作日内书面通 |

旁注：

- 泄密的主要途径为员工泄密，而员工泄密绝大多数又来源于离职后泄密。因此，在协议中就涉密岗位员工的离职管理进行单独约定。

- 载体的强制性返还，属于防泄密的最基本的常规措施之一。

- 脱密期属于和竞业限制并列的两大保密措施，目前针对脱密期与《劳动合同法》规定的员工辞职预告期(30日)是否冲突存在争议，因此建议约定为30日以下。考虑到脱密期的重要作用，本协议仍将脱密期作为核心条款予以体现。脱密期不仅仅是脱密期限，而且还应约定脱密期间的岗位、工资等员工待遇问题。另外，脱密期工资一般不得低于原工资水平。

- 商业秘密的定损属于目前诉讼争议中的难点，遭受商业秘密泄密损失的公司往往无法得到有效的赔偿。因此，事前约定损失的计算方法十分必要。本条参照专利相关法规解释的定损方法，进行了递减式罗列，最终设定兜底条款。

- 商业秘密侵权案件是否应当进行劳动争议前置，目前存在争议，为节省单位诉讼成本，故仍然在此约定管辖。

- 常规条款，保证文书送达顺畅。

续表

知对方,未予通知或逾期通知的,对方以原信息送达相关资料的,视为有效。
送达方式包括快递、挂号信、住所地公示、省级报纸公告等。
15. 协议生效
本协议自甲乙双方签字或盖章之日起生效,合同壹式贰份,甲乙双方各持壹份,具有同等法律效力。

甲方: _____   乙方: _____
_____年___月___日   _____年___月___日

> 常规条款,协议生效的条件。
>
> 确保员工本人面签,且与身份证姓名一致,不得出现错字、别字,也不建议填写繁体字。其他页空白处也建议员工签字确认,双页以上文件建议压骑缝章。

第五节　法律法规及政策指南

《劳动合同法》

第二十三条　用人单位与劳动者可以在劳动合同中约定保守用人单位的商业秘密和与知识产权相关的保密事项。

对负有保密义务的劳动者,用人单位可以在劳动合同或者保密协议中与劳动者约定竞业限制条款,并约定在解除或者终止劳动合同后,在竞业限制期限内按月给予劳动者经济补偿。劳动者违反竞业限制约定的,应当按照约定向用人单位支付违约金。

第九十条　劳动者违反本法规定解除劳动合同,或者违反劳动合同中约定的保密义务或者竞业限制,给用人单位造成损失的,应当承担赔偿责任。

《反不正当竞争法》

第九条　经营者不得实施下列侵犯商业秘密的行为:

(一)以盗窃、贿赂、欺诈、胁迫、电子侵入或者其他不正当手段获取权利人的商业秘密;

(二)披露、使用或者允许他人使用以前项手段获取的权利人的商业秘密;

(三)违反保密义务或者违反权利人有关保守商业秘密的要求,披露、使用或者允许他人使用其所掌握的商业秘密;

(四)教唆、引诱、帮助他人违反保密义务或者违反权利人有关保守商业秘密的要求,获取、披露、使用或者允许他人使用权利人的商业秘密。

经营者以外的其他自然人、法人和非法人组织实施前款所列违法行为的,视为侵犯商业秘密。

第三人明知或者应知商业秘密权利人的员工、前员工或者其他单位、个人实施本条第一款所列违法行为,仍获取、披露、使用或者允许他人使用该商业秘密的,视为侵犯商业秘密。

本法所称的商业秘密,是指不为公众所知悉、具有商业价值并经权利人采取相应保密措施的技术信息、经营信息等商业信息。

第六节 企业用工风险测评

企业的人力资源管理工作中存在以下常见问题:

1. 不清晰人力资源管理中的法律风险点,不清晰法律规定和实务操作之间的差别;

2. 规章制度、员工手册等陈旧,不与时俱进,合理性和合法性存在问题;

3. 人力资源管理工作没有制度化、规范化、流程化,使 HR 管理人员工作流于日常琐碎,与人力资源专员工作无异,不能将精力投放到人力资源的战略管理和企业文化的建设当中来;

4. 人力资源管理中一些必备的合同、协议经不起推敲,达不到明确权利义务的效果;

5. 错发、乱发通知书、证明等。

针对以上问题,结合劳动争议案件仲裁和诉讼实务经验,通过一些简单的测评题帮助企业更快认识、解决人力资源管理过程中的风险。提早发现,尽早预防。

评估报告:

请根据腰封、书签指引查看"企业用工风险评估报告"。如果您不慎丢失了腰封或书签,请随时联系主编客服团队。客服人员将协助您获取评估报告。

公司是否对涉密信息采取保密措施?(　　)

A. 是　　　　B. 否

问题设计目的:

为了了解公司对涉密信息是否采取了相应的保密措施。

法律分析:

《反不正当竞争法》第 9 条第 4 款所称的商业秘密,是指不为公众所知悉、具有商业价值并经权利人采取相应保密措施的技术信息、经营信息等商业信息。1998 年修订的《国家工商行政管理局关于禁止侵犯商业秘密行为的若干规定》第 2 条第 1 款规定,商业秘密是指不为公众所知悉,能为权利人带来经济利益,具有实用性并经权利人采取保密措施的技术信息和经营信息。因此,为了更好地保护公司的商业秘密和知识产权相关保密事项,公司应当对保密事项采取保密措施。

第二章

竞 业 限 制

第一节　企业常见用工风险点

本节重点

- 对所有员工均约定竞业限制是否有效？
- 竞业限制的地域范围约定为"全国"有效吗？
- 竞业限制协议未约定经济补偿金，是否就可以不用支付了？
- 逾期支付或未足额支付或在职期间支付竞业限制经济补偿金，有效吗？
- 竞业限制期限可以超过2年吗？
- 用人单位未及时解除竞业限制协议后果是什么？
- 如何约定竞业限制违约责任？

一、对所有员工均约定竞业限制是否有效？

说明：根据《劳动合同法》第24条的规定，竞业限制仅适用于高级管理人员、高级技术人员以及其他负有保密义务的人员。现行法律并未明确界定"高级技术人员"和"其他负有保密义务的人员"的具体范围。实践中，一些用人单位试图通过与所有员工签署竞业限制协议来达到全面覆盖的目的。

然而，要确定某位员工是否可以作为竞业限制纠纷中的适格被申请人或被告，需满足两个条件：一是该员工确实负有保密义务；二是该员工与公司签订了竞业限制协议。如果员工不承担保密义务，则即使签订了竞业限制协议，该协议也会被视为无效。因此，公司在签订竞业限制协议时应确保协议主体适当，以免引发不必要的法律纠纷。

二、竞业限制的地域范围约定为"全国"有效吗？

说明：根据《劳动合同法》第 24 条的规定，竞业限制的范围、地域和期限需由用人单位与劳动者协商确定。实践中，一些地域性强的公司可能会将竞业限制的地域范围约定为"全国"或"全球"。然而，这样的广泛约定可能会因为排除了劳动者的正当权利或过度扩大义务范围而被认定为无效。因此，竞业限制的地域范围应当根据公司的实际经营范围来确定。

此外，《劳动合同法》第 24 条第 2 款规定，竞业限制的行业范围为"生产或经营同类产品、从事同类业务"。对于"是否存在竞争关系"的举证责任在于用人单位。如果对于与用人单位存在竞争关系的单位界定不清，一旦发生纠纷，用人单位可能会面临举证困难。为了避免这种情况，用人单位应当明确界定竞争公司，并将竞争公司的范围扩展到其关联公司，以防止竞争对手通过关联公司的方式规避竞业限制。

三、竞业限制协议未约定经济补偿金，是否就可以不用支付了？

说明：《最高人民法院关于审理劳动争议案件适用法律问题的解释（一）》第 36 条规定，当事人在劳动合同或者保密协议中约定了竞业限制，但未约定解除或者终止劳动合同后给予劳动者经济补偿，劳动者履行了竞业限制义务，要求用人单位按照劳动者在劳动合同解除或者终止前 12 个月平均工资的 30% 按月支付经济补偿的，人民法院应予支持。前款规定的月平均工资的 30% 低于劳动合同履行地最低工资标准的，按照劳动合同履行地最低工资标准支付。

这意味着即便用人单位未与劳动者就经济补偿达成一致，竞业限制协议仍然有效，但经济补偿将依据法定标准执行。我国法律法规并未明确规定竞业限制经济补偿的最低标准，但在地方性法规中可能存在相关规定。因此，在签订竞业限制协议时，应注意遵守各地区出台的特殊标准，确保双方约定的补偿金额不低于当地法规规定的最低标准。

四、逾期支付或未足额支付或在职期间支付竞业限制经济补偿金，有效吗？

说明：《最高人民法院关于审理劳动争议案件适用法律问题的解释（一）》第 38 条规定：当事人在劳动合同或者保密协议中约定了竞业限制和经济补偿，劳动合同解除或者终止后，因用人单位的原因导致 3 个月未支付经济补偿，劳动者请求解除竞业限制约定的，人民法院应予支持。这意味着如果用人单位连续 3

个月未向劳动者支付竞业限制经济补偿金,劳动者可以行使解除权,从而解除竞业限制协议。此外,在最高人民法院民事审判第一庭编著的《最高人民法院新劳动争议司法解释(一)理解与适用》一书中,最高人民法院认为,只要用人单位存在少付经济补偿的行为,即可视为违约,属于"未支付经济补偿"的范畴。

实践中,对于在职期间用人单位支付竞业限制经济补偿金的有效性一直存在争议。尽管一些省份认可这种做法的合法性,但在涉及竞业限制纠纷时,用人单位仍需承担绝对的举证责任,证明已支付的劳动报酬中是否包含了竞业限制经济补偿金,以避免用劳动报酬替代竞业限制补偿金的情况发生。

五、竞业限制期限可以超过 2 年吗?

说明: 原劳动部 1996 年发布的《关于公司职工流动中若干问题的通知》中曾规定竞业限制期限最长不得超过 3 年。然而,《劳动合同法》实施后,我国的竞业限制期限被调整为不得超过 2 年。

虽然竞业限制协议中约定的期限超出 2 年并不会影响整个协议的有效性,但超出的部分将被视为无效。例如,如果用人单位与员工约定的竞业限制期限为 3 年,那么只有前 2 年是有效的,第 3 年员工无须遵守竞业限制协议。

六、用人单位未及时解除竞业限制协议后果是什么?

说明:《最高人民法院关于审理劳动争议案件适用法律问题的解释(一)》第 39 条规定,在竞业限制期限内,用人单位请求解除竞业限制协议的,人民法院应予支持。在解除竞业限制协议时,劳动者请求用人单位额外支付劳动者 3 个月的竞业限制经济补偿的,人民法院应予支持。

由于用人单位解除竞业限制协议相当于放弃了一项权利,因此解除程序相对简单。然而,解除的时间点不同,所需承担的后果也不同。如果用人单位在解除或终止劳动合同的当天或之前单方面通知劳动者不再需要遵守竞业限制协议,则无须支付经济补偿。但如果是在解除或终止劳动合同的次日起,用人单位单方面通知劳动者不再需要遵守竞业限制协议,则需要额外支付 3 个月的竞业限制经济补偿。

因此,用人单位在员工即将离职时应审慎评估是否需要继续执行竞业限制协议,以便合理安排后续步骤。

七、如何约定竞业限制违约责任?

说明: 与保密义务不同,劳动者的竞业限制义务是基于约定产生的,必须通过竞业限制协议或相关条款来确立。因此,违约金责任的前提是双方事先有明确的约定。如果没有约定竞业限制违约金,用人单位要求劳动者支付违约金将得不到支持。

除了违约金外,竞业限制协议还可以约定其他形式的违约责任,例如：

(1)要求劳动者退还已支付的竞业限制补偿金,但需扣除劳动者已经履行竞业限制义务期间的补偿金；

(2)要求劳动者赔偿因违反竞业限制义务给用人单位造成的损失；

(3)要求劳动者继续履行竞业限制义务。

这些条款有助于确保竞业限制协议的有效执行,并为用人单位提供一定的法律保护。

第二节 经典案例

【案例简介】

2017年1月10日,小洪入职某公司从事推拿师工作,双方签订员工保密协议,约定小洪离职后两年内不得从事同类产品或同类公司的相关服务,否则应当一次性向某公司支付不低于50,000元的违约金。2017年11月,小洪取得高级小儿推拿职业培训师证书。2021年5月,小洪从该公司离职,7月入职某社区卫生服务中心中药房工作。某公司主张小洪掌握该公司的客户资料、产品报价方案、培训课程等信息,属于其他负有保密义务的人员,向某劳动人事争议仲裁委员会申请仲裁,要求小洪支付违反竞业限制义务违约金50,000元,某劳动人事争议仲裁委员会未予支持。某公司不服,诉至人民法院。

【争议焦点】

小洪是否属于"其他负有保密义务的人员",即是否可以通过竞业限制协议进行约束。

【判决结果】

审理法院认为,小洪系某公司的推拿师及培训师,不属于公司的高级管理人员及高级技术人员。小洪掌握的客户资料是提供服务过程中必然接触到的基本信息,如客户名称、联系方式等；小洪接触到的产品报价方案对服务的客户公开,潜在的客户经过咨询即可获得；某公司提供的培训课程虽然为自己制作的课件,但课件内的知识多为行业内中医小儿推拿的常识性内容。此外,小洪在公司工作期间通过培训获取的按摩推拿知识及技能也是该行业通用的专业知识及技能。某公司提供的证据仅能证明小洪在日常工作中接触到该公司的一般经营信息，而非核心经营信息。在正常履职期间仅接触用人单位一般经营信息的劳动者不属于《劳动合同法》第 24 条第 1 款规定的其他负有保密义务的人员。某公司主张小洪属于负有保密义务的竞业限制人员，证据不足。审理法院判令驳回某公司要求小洪支付竞业限制违约金的诉讼请求。

【律师解读】

《劳动合同法》规定竞业限制制度的主要目的在于保护用人单位的商业秘密和与知识产权相关的保密事项，规制不正当竞争，而非限制人才在公司间的正常流动。实践中，竞业限制条款存在适用主体泛化等滥用现象。部分用人单位不区分劳动者是否属于掌握本单位商业秘密、与知识产权相关保密事项的人员，无差别地与劳动者签订竞业限制协议，并约定高额违约金。劳动者往往囿于用人单位的优势地位，无法拒绝签订竞业限制协议。不负有保密义务的劳动者离职后进入有竞争关系的新用人单位，原用人单位要求劳动者承担高额违约金，侵害了劳动者的合法权益。本案中，人民法院认定不负有保密义务的劳动者即使签订了竞业限制协议，也无须承担竞业限制义务。审判实践中，人民法院不仅要审理新用人单位与原用人单位之间是否存在竞争关系，更要审理劳动者是否属于应当承担竞业限制义务的人员，旗帜鲜明地否定侵害劳动者自主择业权的违法竞业限制行为，畅通劳动力资源的社会性流动渠道。

第三节　操作指引

【概论】

约定竞业限制的目的是保护用人单位的竞争利益及商业秘密，因此用人单位在选择员工时不仅要符合《劳动合同法》的规定，即竞业限制义务的主体范围为高级管理人员、高级技术人员和其他负有保密义务的人员，还要从自身实际出发考虑人选。

【竞业限制要素表】

竞业限制要素	注意事项
目的	保护用人单位的竞争利益及商业秘密
签订时间	建议在入职伊始便与员工签订
形式	可以在劳动合同中或者保密协议中约定竞业限制，也可以独立签订竞业限制协议

续表

竞业限制要素	注意事项
主体范围	高级管理人员、高级技术人员和其他负有保密义务的人员
期限	不得超过 2 年
经济补偿	有约定时:用人单位按月给予劳动者经济补偿
	未约定时:用人单位按照劳动者在劳动合同解除或者终止前 12 个月平均工资的 30% 按月支付经济补偿。若月平均工资的 30% 低于劳动合同履行地最低工资标准,则按劳动合同履行地最低工资标准支付
违约责任	劳动者违约:应当按照约定向用人单位支付违约金。用人单位还可以要求劳动者按照约定继续履行竞业限制义务
	用人单位违约:因用人单位的原因导致 3 个月未支付经济补偿,劳动者可以请求解除竞业限制约定。在竞业限制期间内,用人单位可以请求解除竞业限制协议。劳动者可以请求用人单位额外支付 3 个月的竞业限制经济补偿

第四节 实 用 工 具

竞业限制协议

【说明】

竞业限制义务是指劳动者在离职后的约定期限内,不从事与原用人单位存在竞争关系行业的不作为义务。因竞业限制义务是以牺牲劳动者的就业权利为代价的,故用人单位需要向劳动者支付竞业限制补偿金。同时,竞业限制义务为约定义务,必须以签订协议书的形式进行明确。因此,针对竞业限制期限、竞业限制补偿金、违约金、竞业限制行为等主要内容均需要通过竞业限制协议进行明确。

文件仅供参考,具体请以实际发生情况灵活掌握。

【适用】

适用于高级管理人员、高级技术人员和其他负有保密义务的人员。此外,仅限于劳动用工,其他用工模式下的雇员,不具有操作空间。

【基本要素】

①竞业限制义务人的岗位;

②竞业限制期限(法定、约定);

③违反竞业限制义务的行为;

④竞业限制补偿金(数额、支付时间、条件、方式、暂停支付等);

⑤用人单位不支付竞业限制补偿金的处理；
⑥竞业限制义务人拒不领取竞业限制补偿金的处理；
⑦用人单位对竞业限制协议的单方解除权；
⑧劳动合同非正常解除或终止对竞业限制协议的影响；
⑨劳动争议期间竞业限制义务的履行；
⑩争议解决途径；
⑪其他相关约定。

【法律风险】

①明确竞业限制相关概念，避免操作误区。

②针对法律规定的盲区进行有针对性的约定，增强用人单位事后救济的可操作性和执行性。

【竞业限制协议范本】

> 本协议仅作参考，由于公司间存在文化、管理、组织架构等方面的巨大差异及各地方法规规定不同，建议公司根据自身特点及当地要求拟定具体条款。

竞业限制协议

甲方：_____

法定代表人：_____ 职务：_____

住所地：_____

乙方：_____ 身份证号：_____

住址：_____

> 通常的铺垫部分，强调协议双方的主体，以及本协议的重要性和必要性。明确竞业限制义务的法律基础及竞业限制协议的制定依据。

鉴于：

1. 甲方系按照《中华人民共和国公司法》等相关法律法规在中华人民共和国境内依法登记注册的企业法人。

2. 乙方在甲方工作岗位上能够接触甲方及其集团企业或关联企业的商业秘密。且乙方认识到对甲方任何商业秘密任何形式的披露将使甲方遭受严重的经济利益损失或使甲方处于严重不利的竞争地位。

3. 甲乙双方已经就乙方保密事宜进行约定。

现经甲乙双方友好协商，根据《中华人民共和国劳动合同法》《中华人民共和国劳动法》《中华人民共和国反不正当竞争法》等法规政策，就乙方竞业限制事宜，签订如下协议，以资共同遵守。

> 将频繁使用的概念进行提前解释，避免歧义与协议内容冗长。

1. 释义

1.1 竞业限制义务：指甲乙双方劳动关系终结后，乙方在约定期限内不得进行对甲方业务构成竞争影响的作为或不作为义务。

1.2 竞业限制期限

1.2.1 法定竞业限制期：甲乙双方劳动关系的存续期间。

续表

1.2.2 约定竞业限制期:甲乙双方约定的在劳动关系终结后履行竞业限制义务的期间。

1.3 甲方业务:以甲方营业执照的经营范围为准。

1.4 工作任职:与企业法人或自然人建立用工关系(包括但不限于劳动、劳务、劳务派遣、借调、业务外包、民事承揽、承包等),并直接或间接提供有偿或无偿的服务。

1.5 获取利益

1.5.1 以报酬、好处费、分红、报销款等方式获取金钱。

1.5.2 取得股东(含隐名或干股)、投资人、合伙人、顾问等经济地位。

1.5.3 无偿获取服务、旅游、实物、医疗等。

1.5.4 使乙方的近亲属通过上述方式获取利益。

1.6 甲方客户

1.6.1 甲乙双方劳动关系存续期间以及劳动关系终结后1年内仍与甲方存在业务往来的交易主体。

1.6.2 甲乙双方劳动关系存续期间以及劳动关系终结之时正处于评估、谈判、接触、准备发展的潜在交易主体。

1.7 实际损失

1.7.1 因乙方违约行为给甲方造成的直接、间接损失。

1.7.2 甲方因乙方违约或侵权行为产生的相关费用(包括但不限于公证费、诉讼费、鉴定费、审计评估费、律师代理费、诉讼辅助人费用、差旅费等)。

1.8 劳动关系终结:无论何种原因导致的劳动关系的解除或终止。

1.9 近亲属以现行法律确定的范围为准,包括姻亲。

2.竞业限制义务

2.1 乙方不得在以下单位工作任职:

2.1.1 与甲方业务有竞争关系的单位。

2.1.2 前款单位在中华人民共和国境内或该单位关联企业所在的其他任何地方直接或间接的设立、参股、控股、实际控制的公司、企业、研发机构、咨询调查机构等经济组织。

2.2 乙方不得与甲方客户发生商业接触。该种商业接触包括为其提供信息、提供服务、收取订单、直接或间接转移公司的业务的行为以及其他各种对公司的业务产生或有可能产生不利影响的行为,不论是否获得利益。

2.3 乙方不得直接或间接在本协议第2.1条所列单位获取利益。

2.4 乙方不得自营或与他人合作直接参与生产、经营与甲方有竞争关系的同类产品或业务。

2.5 乙方不得直接或间接引诱、要求、劝说、雇用或鼓励甲方的其他员工离职或怂恿、诱使甲方的任何员工在其他单位任职。

2.6 乙方不得向与甲方有竞争关系的单位直接或间接提供任何形式的咨询服务、合作或劳务。

2.7 乙方不得直接或间接劝说、威逼、利诱、怂恿、鼓励或以其他方式促使甲方客户、供应商、许可人、被许可人或与甲方存在潜在业务关系的意向主体终止或变更与甲

本协议的核心内容,主要为竞业限制员工的不作为义务,在此应当尽量细化明确。

续表

方的合作模式。

2.8 乙方不得委托、授意、默许其近亲属从事上述条款禁止的行为。

3. 竞业限制期限

3.1 乙方竞业限制期限为劳动关系存续期间及甲乙双方终止或解除劳动关系之日起2年内。劳动关系存续期间，甲方不支付竞业限制补偿金，乙方承诺不以劳动关系存续期间无竞业限制补偿金抗辩竞业限制义务的履行。

3.2 劳动关系存续期间包括乙方待岗、停薪留职、劳动关系期限顺延等特殊时间。

3.3 甲乙双方对劳动关系终止或解除存在争议的，以生效法律文书确定的终止或解除日期为准。在此之前，均视为竞业限制期间。

4. 竞业限制补偿金

4.1 甲方按照乙方劳动合同解除或者终止前12个月平均工资的30%向乙方支付竞业限制补偿金，每月支付一次，支付时间为当月____日之前，如遇节假日向后顺延。

4.2 乙方于每次竞业限制补偿金支付期限的前____日向甲方提供(□就业证 □社保缴费凭证 □个人存档证明 □劳动关系证明 □其他_____)等资料的复印件，以证明其符合竞业限制补偿金支付的状态，如无法按照甲方要求提供，甲方有权拒付竞业限制补偿金。

4.3 竞业限制补偿金以(□转账 □现金 □其他)方式支付，如乙方收款信息变更，应及时向甲方通报，不得无故拒不受领竞业限制补偿，如因乙方原因导致甲方无法支付竞业限制补偿金，甲方有权进行提存，提存费用可从竞业补偿金中予以扣除。

4.4 乙方拒绝接受、自行放弃、不领取竞业限制补偿金，或因乙方原因导致甲方无法正常发放竞业限制补偿金的，因此造成的损失由乙方自行承担，且不免除乙方的竞业限制义务。

5. 协议解除

5.1 甲乙双方经协商一致，可以解除本协议。

5.2 甲方有权根据乙方违反竞业限制义务的严重程度，决定是否解除本协议，本协议自书面通知乙方解除之日起即行解除。协议解除后不影响甲方向乙方追究违约责任的权利。

5.3 甲方根据其自身的生产经营需要，可以单方解除竞业限制协议，本协议自书面通知乙方解除之日起即行解除。如在劳动关系终结之前解除，则甲方无须担负任何经济补偿。如在劳动关系终结之后的竞业限制期限内解除，则甲方除担负解除日前的竞业限制补偿金外，仍须额外支付3个月的竞业限制补偿金作为乙方就业的补偿。

5.4 如甲方无故未依约支付竞业限制补偿金满3个月或未足额支付竞业限制补偿金达到应付金额的____%，乙方应在上述情形发生之日起30日内进行催告，如催告期满，甲方仍不能依约支付竞业限制补偿，乙方有权解除本协议。但催告期内，乙方必须履行竞业限制义务。乙方不经催告而直接解除本协议的，不发生解除效力。

竞业限制分为法定与约定两种，法定竞业限制应当属于员工的附随义务，而约定竞业限制以签订竞业限制义务为前提，因此，竞业限制期限应当约定明确。

法定竞业限制期限应当包括非正常出勤的期间。

避免劳资双方因解除或终止劳动合同发生争议而影响竞业限制期限的履行，在此就竞业限制期限予以明确。

该30%低于劳动合同履行地最低工资标准的，按照劳动合同履行地最低工资标准支付。

竞业限制补偿金的最低标准，用人单位可以根据自身的实际情况予以设定，但不得低于此下限。

竞业限制补偿金的支付周期及形式。

实务中由于对离职员工无法有效管控，造成公司需支付竞业限制补偿金但无法达到竞业限制义务的情形大量存在，在此，就支付设定合理的审核条件，有助于公司对离职员工的管控。

避免离职员工恶意拒不受领竞业限制补偿金，并以此解除竞业限制协议以逃避竞业限制义务履行的情形。

强调用人单位单方解除竞业限制协议的权利。

公司对竞业限制义务具有单方的解除权，如约定的竞业限制期限尚未开始，则解除无须赔偿，如在约定的竞业限制期限内，则应支付3个月的竞业限制补偿金作为对价。

此款约定一则为保护竞业限制离职员工的利益，二则为避免竞业限制员工利用公司不支付竞业限制补偿金的情形，有意拖延催告，扩大竞业限制补偿金的支付。

单方设定催告期，其效力有待司法认定。

续表

6. 违约责任

6.1 乙方违反竞业限制义务应向甲方返还已支付的竞业补偿金并向甲方支付已付竞业限制补偿金 2 倍的违约金。

6.2 如前述违约责任仍无法弥补甲方损失,甲方有权以实际损失向乙方主张赔偿责任。

6.3 乙方支付违约金后,如本协议尚未解除,其仍应当按照协议约定履行竞业限制义务。

7. 争议解决

履行协议过程中发生争议,甲乙双方应友好协商,协商不成,可提交甲方住所地劳动争议仲裁委员会仲裁,如涉及商业秘密侵权事宜,可就该部分一并提交甲方住所地人民法院诉讼解决。

8. 信息送达

8.1 甲乙双方共同确认如下送达信息:

甲方:_____

乙方:_____

8.2 如上列送达信息发生变更,变更方应于发生变更情形之日起 3 个工作日内书面通知对方,未予通知或逾期通知的,对方以原信息送达相关资料的,视为有效。

8.3 送达方式包括快递、挂号信、住所地公示、省级报纸公告等。

9. 特别约定

9.1 不论乙方因何种原因离职,其均应在进入新用人单位就职前向甲方书面说明新的用人单位的名称、性质和主营业务。

9.2 本协议项下义务不受甲乙双方劳动争议影响,劳动争议期间(包括但不限于调解、仲裁、诉讼、执行等),双方应共同遵守竞业限制及补偿金支付义务。双方因竞业限制发生争议的除外。

10. 协议生效

10.1 协议自双方签字或盖章之日起生效。

10.2 协议壹式贰份,甲乙双方各持一份。

甲方:　　　　　　　　　　　　　　　　乙方:

　　年　　月　　日　　　　　　　　　　　　年　　月　　日

旁注:
- 主要针对违反竞业限制约定离职员工的违约处理和索赔。
- 《民法典》第 585 条规定,当事人可以约定一方违约时应当根据违约情况向对方支付一定数额的违约金,也可以约定因违约产生的损失赔偿额的计算方法。约定的违约金低于造成的损失的,人民法院或者仲裁机构可以根据当事人的请求予以增加;约定的违约金过分高于造成的损失的,人民法院或者仲裁机构可以根据当事人的请求予以适当减少。当事人就迟延履行约定违约金的,违约方支付违约金后,还应当履行债务。
- 竞业限制争议应当进行劳动争议前置程序,但如涉及侵犯商业秘密的,为保证维权效力,可以直接进行法院诉讼程序。
- 常规条款,保证文书送达顺畅。
- 进一步明确竞业限制义务与劳动合同解除或终止的原因无直接关系。
- 常规条款,协议生效的条件。
- 确保员工本人面签,且与身份证姓名一致,不得出现错字、别字,也不建议填写繁体字。其他页空白处也建议员工签字确认,双页以上文件建议压骑缝章。
- 竞业限制协议签订的时间法律上没有明确的规定,实务中,用人单位往往认为竞业限制义务在劳动合同终结时方开始,因此,在离职过程中要求员工签署竞业限制协议,此时,如员工拒不签署,则用人单位并无有效的管控措施,因此,建议在入职伊始便与员工签订竞业限制协议。

解除(终止)竞业限制义务通知书

【说明】

公司在与员工解除或终止劳动合同后不需要员工按照原来的竞业限制协议约定继续履行竞业限制义务的,应及时向员工出具解除或终止竞业限制义务的通知书。

文件仅供参考,具体请以实际发生情况灵活掌握。

【适用】

负有竞业限制义务的员工。

【基本要素】

①标题；

②员工的基本信息；

③劳动合同解除的时间；

④竞业限制协议约定的竞业限制义务；

⑤解除竞业限制协议的时间；

⑥竞业限制补偿支付情况；

⑦公司盖章和落款日期。

【法律风险】

①未及时通知解除事项，产生额外支付补偿金的风险。

②公司单方行使竞业限制协议解除权时，未书面通知员工，导致诉讼中举证不能的法律风险。

【解除(终止)竞业限制义务通知书范本】

解除(终止)竞业限制义务通知书

_____先生/女士(身份证号_____)：

您于_____年___月___日与公司解除/终止劳动合同关系。根据您与公司签订的《竞业限制协议》，您负有竞业限制义务。现公司决定提前解除/终止您的竞业限制义务，并正式通知您，自_____年___月___日起，您无须履行双方签订的《竞业限制协议》中约定的竞业限制义务，公司不再向您支付竞业限制补偿。

如对上述内容或处理结果有异议请在_____年___月___日前向公司提出。

特此通知！

被通知人：　　　　　　　　　　　　公司名称(盖章)：

　年　月　日　　　　　　　　　　　　　　　　　年　月　日

备注：本通知书一式两份，通知方与被通知方各执一份，具有同等效力。

边注：
- 是解除还是终止提示企业根据解除或终止情形选择性拟定(下同)。
- 1. 本通知书需要向员工出具，如公司当面送达，需要求员工确认签收，可另行制作签收单，或在本通知书上手写"本人已收到本通知书，×××，年月日"等信息，由公司保存。
- 2. 需邮寄送达时，请确保员工有效送达地址并保留邮寄送达相关单据。

履行竞业限制义务通知书

【说明】

公司在与员工解除或终止劳动合同后需要员工按照双方签订的竞业限制协议约定履行竞业限制义务时，应向员工出具履行竞业限制义务的通知书。

文件仅供参考,具体请以实际发生情况灵活掌握。

【适用】

负有竞业限制义务的员工。

【基本要素】

①标题;

②员工的基本信息;

③劳动合同解除的时间;

④竞业限制协议约定的竞业限制义务;

⑤履行竞业限制义务的起始时间;

⑥竞业限制补偿支付情况;

⑦公司盖章和落款日期。

【法律风险】

①未及时通知履行竞业限制义务,引发商业秘密被泄露的风险。

②公司未及时通知员工履行竞业限制义务,给公司造成损失,向员工追责时举证不能的风险。

【履行竞业限制义务通知书范本】

履行竞业限制义务通知书

_____先生/女士(身份证号_____):

您于_____年___月___日与公司解除劳动合同关系,根据您与公司签订的《竞业限制协议》,您负有竞业限制义务。现公司正式通知您,请您自_____年___月___日起履行竞业限制义务,期限为___个月,具体的义务范围以双方签订的协议内容为准。公司将按照约定向您指定账户_____支付补偿金,如账户发生变更,您应在账户发生变更之日起 3 日内书面通知公司,因未及时通知,导致公司无法支付补偿金的,公司不承担相关责任,您仍应按照《竞业限制协议》履行竞业义务。

公司有可能通知您提前终止竞业限制义务,请以公司的通知为准,在公司通知之前您有义务严格履行竞业限制义务。

如对上述内容或处理结果有异议请在_____年___月___日前向公司书面提出。

特此通知!

被通知人:　　　　　　　　　　　公司名称(盖章):

年　月　日　　　　　　　　　　　　　年　月　日

备注:本通知书一式两份,通知方与被通知方各执一份,具有同等效力。

由于公司间存在文化、管理、组织架构等方面的巨大差异及各地方法规规定不同,建议公司根据自身特点及当地要求拟定具体条款及实践操作。

1. 本通知书需要向员工出具,如公司当面送达,需要求员工确认签收,可另行制作签收单,或在本通知书上手写"本人已收到本通知书,×××,年月日"等信息,由公司保存。
2. 需邮寄送达时,请确保员工有效送达地址并保留邮寄送达相关单据。

第五节　法律法规及政策指南

《劳动合同法》

第二十三条　用人单位与劳动者可以在劳动合同中约定保守用人单位的商业秘密和与知识产权相关的保密事项。

对负有保密义务的劳动者,用人单位可以在劳动合同或者保密协议中与劳动者约定竞业限制条款,并约定在解除或者终止劳动合同后,在竞业限制期限内按月给予劳动者经济补偿。劳动者违反竞业限制约定的,应当按照约定向用人单位支付违约金。

第二十四条　竞业限制的人员限于用人单位的高级管理人员、高级技术人员和其他负有保密义务的人员。竞业限制的范围、地域、期限由用人单位与劳动者约定,竞业限制的约定不得违反法律、法规的规定。

在解除或者终止劳动合同后,前款规定的人员到与本单位生产或者经营同类产品、从事同类业务的有竞争关系的其他用人单位,或者自己开业生产或者经营同类产品、从事同类业务的竞业限制期限,不得超过二年。

《最高人民法院关于审理劳动争议案件适用法律问题的解释(一)》

第三十六条　当事人在劳动合同或者保密协议中约定了竞业限制,但未约定解除或者终止劳动合同后给予劳动者经济补偿,劳动者履行了竞业限制义务,要求用人单位按照劳动者在劳动合同解除或者终止前十二个月平均工资的30%按月支付经济补偿的,人民法院应予支持。

前款规定的月平均工资的30%低于劳动合同履行地最低工资标准的,按照劳动合同履行地最低工资标准支付。

第三十七条　当事人在劳动合同或者保密协议中约定了竞业限制和经济补偿,当事人解除劳动合同时,除另有约定外,用人单位要求劳动者履行竞业限制义务,或者劳动者履行了竞业限制义务后要求用人单位支付经济补偿的,人民法院应予支持。

第三十八条　当事人在劳动合同或者保密协议中约定了竞业限制和经济补偿,劳动合同解除或者终止后,因用人单位的原因导致三个月未支付经济补偿,劳动者请求解除竞业限制约定的,人民法院应予支持。

第三十九条　在竞业限制期限内,用人单位请求解除竞业限制协议的,人民法院应予支持。

在解除竞业限制协议时,劳动者请求用人单位额外支付劳动者三个月的竞业限制经济补偿的,人民法院应予支持。

第四十条 劳动者违反竞业限制约定,向用人单位支付违约金后,用人单位要求劳动者按照约定继续履行竞业限制义务的,人民法院应予支持。

第六节 企业用工风险测评

企业的人力资源管理工作中存在以下常见问题:

1.不清晰人力资源管理中的法律风险点,不清晰法律规定和实务操作之间的差别;

2.规章制度、员工手册等陈旧,不与时俱进,合理性和合法性存在问题;

3.人力资源管理工作没有制度化、规范化、流程化,使 HR 管理人员工作流于日常琐碎,与人力资源专员工作无异,不能将精力投放到人力资源的战略管理和企业文化的建设当中来;

4.人力资源管理中一些必备的合同、协议经不起推敲,达不到明确权利义务的效果;

5.错发、乱发通知书、证明等。

针对以上问题,结合劳动争议案件仲裁和诉讼实务经验,通过一些简单的测评题帮助企业更快认识、解决人力资源管理过程中的风险。提早发现,尽早预防。

评估报告:

请根据腰封、书签指引查看"企业用工风险评估报告"。如果您不慎丢失了腰封或书签,请随时联系主编客服团队。客服人员将协助您获取评估报告。

1.公司与下列哪些人员约定竞业限制义务?(　　)

A.全体员工　　B.高级管理人员　　C.高级技术人员

D.负有保密义务的人员　　E.无具体标准,有部分 BCD 之外的人员

问题设计目的:

为了了解公司对竞业限制人员范围的确定是否违反相关法律规定。

法律分析:

《劳动合同法》规定,竞业限制的人员仅限于用人单位的高级管理人员、高级技术人员和其他负有保密义务的人员。竞业限制的约定不得违反法律、法规的规定。因此,用人单位不得与上述规定范围之外的员工约定竞业限制义务。

2. 员工离职时，公司认为其不再需要继续遵守竞业限制义务的，单位如何处理？（　　）

A. 双方协商进行解除

B. 离职时单方通知解除

C. 离职后单方通知解除

D. 停发竞业限制补充金，以实际行动表明解除

问题设计目的：

为了了解公司是否了解应当在员工离职时解除竞业限制协议。

法律分析：

根据《最高人民法院关于审理劳动争议案件适用法律问题的解释（一）》第37条的规定，劳动者履行了竞业限制义务后要求用人单位支付经济补偿的，人民法院应予支持。根据该解释第39条的规定，在竞业限制期限内，用人单位请求解除竞业限制协议的，可以解除竞业限制协议，但是在解除竞业限制协议时，劳动者请求用人单位额外支付劳动者3个月的竞业限制经济补偿的，人民法院应予支持。

第三章

专项培训与服务期

第一节 企业常见用工风险点

本节重点

- 用人单位提供哪种培训,可以与劳动者约定服务期?
- 违约金的数额应如何确定?
- 服务期期限是否可以超过劳动合同的期限?

一、用人单位提供哪种培训,可以与劳动者约定服务期?

说明:《劳动合同法》第22条第1款规定,"用人单位为劳动者提供专项培训费用,对其进行专业技术培训的,可以与该劳动者订立协议,约定服务期"。服务期是指劳动者因接受用人单位提供的专业技术培训,向用人单位承诺自己必须为用人单位服务的最短期限。它是用人单位与劳动者的约定义务,如果用人单位为了劳动者能够带来更大的经济利益,提高其专项技能,给劳动者提供了专项培训,就需要与员工签订培训协议约定员工服务期限。

《劳动合同法》第22条明确规定了用人单位可以与劳动者约定服务期的条件为:(1)由用人单位承担培训费用;(2)不属于用人单位基于履行法定义务而对劳动者进行的培训。

在劳动关系中,用人单位为员工提供的免费培训、入职培训,均不符合上述条件,即便双方签订了培训协议,约定了服务期,该服务期约定对员工也不产生法律约束力。

另外,在很多外资企业中,用人单位为劳动者提供"海外研修"的机会,在出国之前与劳动者签订《培训服务期协议》,约定服务期。然而,实际情况是:所谓的研修其实跟出国前从事的工作相同,没有任何专业技术上的培训和提升。用人单位以这种名为培训,实为劳务输出的方式与员工约定服务期,其性质不符合专项技术培训的要件,服务期约定对劳动者同样不产生法律约束力。

二、违约金的数额应如何确定？

说明:《劳动合同法》第22条第2款规定,劳动者违反服务期约定的,应当按照约定向用人单位支付违约金。违约金的数额不得超过用人单位提供的培训费用。用人单位要求劳动者支付的违约金不得超过服务期尚未履行部分所应分摊的培训费用。

《劳动合同法实施条例》第16条明确界定了用人单位为劳动者支付的专项培训费用具体包括以下几项:(1)有支付凭证的培训费用;(2)培训期间的差旅费用;(3)因培训产生用于该劳动者的其他直接费用。实务中存在一些用人单位将培训期间支付的工资各项社保福利等费用也列入培训费用的,而这些费用因不符合法定的培训费用要件,在劳动仲裁与诉讼中往往不能得到支持。

服务期协议的违约金是填平性质的补偿,并不具有惩罚性,因此违约金的数额不得超过用人单位为劳动者支付的培训费用,如果约定的违约金数额超过用人单位实际支付的培训费用便无法得到劳动仲裁或人民法院的支持。

三、服务期期限是否可以超过劳动合同的期限？

说明:《劳动合同法实施条例》第17条规定,"劳动合同期满,但是用人单位与劳动者依照劳动合同法第二十二条的规定约定的服务期尚未到期的,劳动合同应当续延至服务期满;双方另有约定的,从其约定"。

因此,服务期的期限可以长于、短于或者等于劳动合同的期限。用人单位需要明确的是当劳动合同期限届满,服务期尚未届满时,如果双方没有特别约定,劳动者和用人单位任何一方都不得随意终止劳动合同,否则就得承担相应的法律责任。

第二节 经典案例

【案例简介】

2013年6月1日,小洪与A公司签订无固定期限劳动合同,到A公司工作。2014年7月3日,小洪与A公司签订培训协议,该公司安排小洪到外地参加一年专业技术培训。培训协议约定：由 A 公司支付培训费、差旅费，并按照劳动合同约定正常支付小洪培训期间工资；小洪培训完成后在 A 公司至少服务 5 年；若小洪未满服务期解除劳动合同，应当按照 A 公司在培训期间所支出的所有费用支付违约金。

培训期间，A 公司实际支付培训费 47,000 元、差旅费 5600 元，同时支付小洪工资 33,000 元。

培训结束后，小洪于 2015 年 7 月 3 日回 A 公司上班。

2018 年 3 月 1 日，小洪向 A 公司递交书面通知，提出于 2018 年 4 月 2 日解除劳动合同。

A 公司要求小洪支付违约金 85,600 元（47,000 元 + 5600 元 + 33,000 元），否则拒绝出具解除劳动合同的证明。为顺利入职新用人单位，小洪支付了违约金，但认为违约金数额违法，遂申请仲裁，申请人请求：裁决 A 公司返还违法收取的违约金 85,600 元。

【争议焦点】

培训期间工资是否属于专项培训费用。

【判决结果】

员工脱产参加培训是在劳动合同履行期间由公司安排的，目的是提升其个人技能，使其能够创造更大的经营效益，员工参加培训的行为，应当视为履行对公司的劳动义务。因此，公司支付给员工培训期间的工资不属于专项培训费用，在核算违约金时应予以扣除。已支付给公司的，员工有权要求返还。

【律师解读】

根据《劳动合同法》的规定，用人单位为劳动者提供专项培训费用，对其进行专业技术培训的，可以与该劳动者约定服务期。劳动者违约的，应当支付违约金，违约金的数额不得超过用人单位提供的培训费用。

同时，《劳动合同法实施条例》第 16 条就培训费用范围进一步作了明确，即包括用人单位为了对劳动者进行专业技术培训而支付的有凭证的培训费用、培训期间的差旅费用以及因培训产生的用于该劳动者的其他直接费用。

从字面含义理解，专项培训费用是因培训而产生的直接费用，而工资则是用人单位基于劳动者履行劳动合同义务而支付给劳动者的劳动报酬。实践中用人单位安排员工参加培训，目的是提升员工个人技能，使其能够创造更大的经营效益，应视为员工在履行劳动合同义务，因此培训期间的工资不属于培训费用。

第三节 操作指引

【概论】

《劳动合同法》第 22 条第 1 款规定,用人单位为劳动者提供专项培训费用,对其进行专业技术培训的,可以与该劳动者订立协议,约定服务期。

企业的培训按照性质可以分为:入职培训、职业培训和专项培训,只有专项培训,企业才可以与员工约定服务期。

企业为员工提供专项培训并约定服务期,应签订书面专项培训协议,明确服务期的计算起点、服务期的期限、培训费用、违约金条款、劳动合同期限和服务期期限相关关系处理等内容。

【培训与服务期流程图】

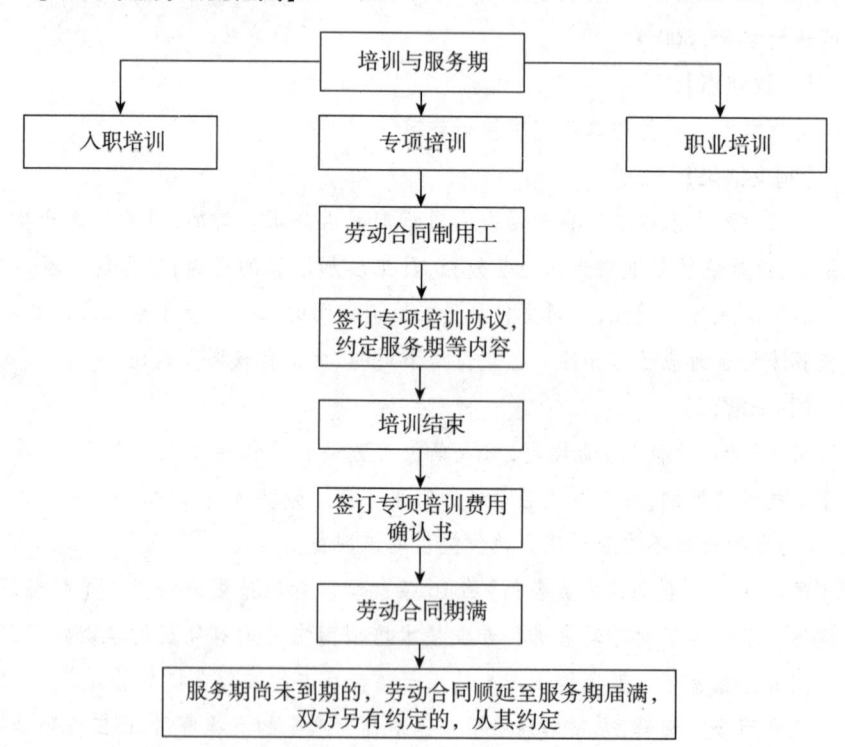

```
                    培训与服务期
           ┌────────────┼────────────┐
           ↓            ↓            ↓
        入职培训      专项培训      职业培训
                        ↓
                    劳动合同制用工
                        ↓
                  签订专项培训协议,
                   约定服务期等内容
                        ↓
                      培训结束
                        ↓
                   签订专项培训费用
                       确认书
                        ↓
                    劳动合同期满
                        ↓
            服务期尚未到期的,劳动合同顺延至服务期届满,
                   双方另有约定的,从其约定
```

第四节 实 用 工 具

专项培训管理制度

【说明】

该管理制度是针对公司对员工出资进行专项技术培训进行有效管理的制度。具体而言,公司出资对员工进行专业知识和技能的培训时,公司就享有与员工签订专项培训协议约定服务期的权利。从专项培训计划的制定一直到培训结束,公司都要对员工进行合理的安排和管理。在培训期间,要明确公司和员工的义务,以便区分责任,当一方违反与另一方约定的义务时就要承担相应的法律责任。

文件仅供参考,具体请以实际发生情况灵活掌握。

【适用】

用于规范公司的专项培训管理工作,适用于与公司建立劳动关系的全体员工。尤其是公司现有的专业技术人员与中高层管理人员。在公司为员工出资提供专业技术培训时,公司将依据该管理制度对员工进行管理。

【基本要素】

①目的;

②适用范围;

③培训性质;

④培训原则;

⑤专项培训的提出;

⑥培训计划的制订;

⑦专项培训协议的签订;

⑧服务期期限的确定;

⑨对员工培训期间的管理;

⑩培训期间的工资待遇;

⑪培训费用的确认;

⑫违约金数额的确定;

⑬对服务期内员工的管理;

⑭附则。

【法律风险】

①公司为提高员工专业知识和技能的培训出资的,才可以与员工签订专项培训协议约定服务期。

②专项培训计划如何制订。

③专项培训协议如何签订。

④服务期期限如何确定。

⑤培训期间如何对员工进行管理,员工应承担何种义务。

⑥培训期间员工的工资待遇如何发放。

⑦培训费用如何确认。

⑧违约金数额如何确定。

⑨员工服务期离职的法律责任。

【专项培训管理制度范本】

专项培训管理制度

1. 目的

为了满足公司对具有专业知识和技能员工的需求,公司需要对员工的专项技术培训进行有效的管理,特制定本制度指导公司的专项技术培训活动。

2. 适用范围

本制度适用于公司全体劳动合同制员工。

3. 培训性质

本制度只针对公司对员工所进行的专项技术培训管理。本制度中的专项技术培训是指需要公司出资并且能够提高员工专业知识和专业技能的培训。在培训期间,公司可以与员工签订培训协议,约定服务期。

4. 培训原则

公司在对员工进行专项技术培训时,应该有计划、分批、分阶段地实行。按照公司对人员的需求,确定合适的人员参加专业技术培训。

5. 专项培训的提出

(1)公司根据自身的发展情况提出对员工进行培训的要求。

(2)各部门根据本部门对专业知识和技能员工的需求,提出培训的需求。

(3)员工需要提高专业知识和技能向部门主管提出培训的需求。

(4)人力资源部汇总公司与各部门对员工进行培训的需求,制订培训计划。

6. 培训计划的制订

(1)人力资源部是员工培训工作的管理部门,其负责以下工作:

①负责公司员工培训计划的编制和实施工作;

②负责与员工签订专项培训协议;

③负责监督培训协议的落实情况。

(2)确定培训的具体时间、地点、内容、培训方法和培训形式。

续表

(3)各部门要配合人力资源部的工作,把自己部门需要培训的情况告知人力资源部,由人力资源部统筹和安排。

7.确定培训费用

(1)培训费用具体项目

根据培训内容以及培训人员的数量来大致确定培训费用的金额。培训费用具体包括以下几项:有支付凭证的培训费用;培训期间的差旅费用;因培训产生的用于员工的其他直接费用。

(2)专项培训协议的签订

在人力资源部制订培训计划且确定人员名单后,公司应当与接受培训的员工签订专项培训协议。具体如下:

①公司组织的培训

公司制订培训计划、确定培训人员之后,人力资源部应当与培训人员签订专项培训协议,与员工约定服务期和违反服务期应承担的违约责任,并明确其他相关的权利和义务。

②员工自己参加的培训

员工自己参加培训时,如公司提前同意支付培训费用,公司在培训之前与员工签订专项培训协议。

如果公司事后同意报销员工的培训费用,公司可以在员工要求报销培训费用时与员工签订专项培训协议。

8.服务期限的确定

(1)服务期是公司与员工约定的,在员工进行专项培训后,为公司服务的最低年限。公司需要根据公司对员工的需求以及为员工出资的培训费用来确定服务期期限。

(2)根据不同的培训形式,服务期的起算点分为以下几种情况。

①脱产培训:员工脱产培训的,服务期的起算点为员工培训结束后到公司上班的第一天。

②半脱产培训:员工半脱产培训的,服务期的起算点为员工向公司提交经培训取得的合格证书之日。

③不脱产培训:员工不脱产培训的,服务期的起算点为员工向公司提交经培训取得的合格证书之日。

9.服务期与劳动合同期限发生冲突的处理

服务期长于劳动合同期限时,劳动合同期限自动延长至服务期期限届满。但是公司有权选择放弃服务期利益,可以在劳动合同到期时与员工终止劳动合同。

10.对员工培训期间的管理

(1)员工须在培训期限内参加完全部培训课程,认真学习并掌握相应的技术和相关专项知识,准时通过有关的培训考试或取得相关证书。

(2)员工在培训期间所获悉的商业秘密归属公司,应严格按照公司保密制度及保密协议的要求遵守保密义务。

(3)培训结束后1周内,员工须给人力资源部提交培训费用发票凭证原件及复印件、培训课件资料、培训证书原件及复印件和培训总结,人力资源部核查属实后即可将复印件存档。如果员工培训结束后不能通过考核,员工需要返还公司支付的培训费用。

在公司确定培训人员之后,要与员工签订专项培训协议,以便公司能够与员工约定服务期,在员工违约的时候让员工承担相应的违约金责任。

该条指出了公司组织的培训,公司与员工签订专项培训协议的时机。

该条指出了员工自己参加的培训,与员工签订专项培训协议的时机。

公司与员工约定的服务期期限不能太长,也不宜太短,太长的服务期可能导致服务期到期公司需要与员工签订无固定期限劳动合同;太短的服务期对员工的约束力低,达不到公司用人的需求。

该条指出了服务期期限与劳动合同期限不同时的处理方式,尤其是在服务期长于劳动合同期限时的处理。以避免员工以劳动合同到期为由,不再履行未到期的服务期期限,使公司遭受不必要的损失。

该条指出了员工在培训期间,员工需要完成的培训任务。

该条指出了员工在培训期间的保密义务,如果员工不保守秘密,将要承担相应的法律责任。

该条指出员工培训结束后,要及时到人力资源部报到,并且要提交相应的票据、培训资料和培训证书等给人力资源部查证,以确定员工培训的费用、员工培训合格的情况。

该条指出了员工在培训期间需要每月向公司报告培训的情况，以便公司了解员工培训的状况，为以后评判员工培训是否培训合格的依据。	（4）员工在专业技术培训期间，应当每月以书面形式向公司报告培训情况，并附培训机构对员工的培训成绩、培训评定等相关考核的记录。 （5）员工培训结束后，应当及时回到公司报到。 11. 培训期间的工资待遇 员工在培训期间，工资待遇正常发放。具体发放办法依据公司薪酬福利管理制度或双方约定执行。
培训期间，公司与员工的劳动关系是存续的，公司应该正常发放工资待遇。	12. 违约金数额的确定 根据相关法律法规，员工违反服务期约定的，违约金的数额不得超过公司提供的培训费用。公司应当按照支付的培训费用与员工约定违约金数额。
违约金的数额与培训费用的数额息息相关，违约金的数额不能超过培训费用的数额。	13. 对服务期内员工的管理 对在服务期内的员工，公司应当按照正常工资调整机制调整员工的劳动报酬。 14. 员工在服务期内离职需要承担的法律责任 （1）如果员工违反服务期约定，在服务期内离职，员工将承担支付违约金的法律责任。违约金的数额根据员工未履行的服务期的年限折算。
根据《劳动合同法》的规定，在服务期内，公司也需要根据规定提高员工的劳动报酬。并且公司不能出现造成员工被动辞职的情况，否则当员工据此辞职时，不能向其主张违约金责任。	（2）如果员工出现《劳动合同法》第39条规定的情形，公司可解除与员工签订的劳动合同，而服务期未满，员工也要承担未履行完的服务期所应分摊的培训费用。 （3）上述违约金的计算方式为：培训费用×（未履行服务期限÷服务期限）×100%。
1. 该条指出了员工服务期内离职的法律风险：员工无故离职或者故意违反公司规章制度，公司解除劳动合同时，员工仍然要承担违约金责任。 2. 指出了违约金的计算方式。	15. 附则

专项培训协议核心条款

【说明】

公司对员工进行专业技术培训的情况下，才可以与员工签订专项培训协议并且约定服务期。如果员工违反该协议，需要根据该协议承担相应的违约责任。

文件仅供参考，具体请以实际发生情况灵活掌握。

【适用】

适用于公司为员工出资进行专业知识和专业技能的培训而应当签订的合同。主要针对的是公司现有专业技术人员与中高层管理人员。

【基本要素】

①协议双方的基本信息；

②前言部分；

③培训时间；

④培训地点；

⑤培训内容；

⑥培训形式；

⑦培训费用；

⑧公司在培训期间的义务；

⑨员工在培训期间的义务；

⑩服务期期限；

⑪违约责任；

⑫ 培训费用的确认；

⑬争议解决；

⑭其他约定。

【法律风险】

①签订专项技术培训协议的主体问题。

②确定培训费用，进而确定违反服务期约定的违约金数额。

③约定服务期的年限，从而确定每年应分摊的培训费用。

④员工在培训期间的义务，员工违约应当承担的违约责任。

【专项培训协议范本】

专项培训协议

甲方：_____ 法定代表人：_____

联系电话：_____ 住所地：_____

乙方：_____ 身份证号码：_____

联系电话：_____ 地址：_____

鉴于甲方与乙方签订专项培训协议是为适应甲方经营发展，提升乙方的专业知识和技能，根据《中华人民共和国劳动法》《中华人民共和国劳动合同法》、双方签订的《劳动合同》以及其他相关法律法规的规定，甲乙双方本着自愿、平等的原则，经协商一致，同意签订本专项培训协议，以资共同遵守。

1. 培训时间：

乙方参加本次培训的时间为_____年___月___日至_____年___月___日。

2. 培训地点：

乙方到_____（地点）参加专业技术培训。

3. 培训内容：

根据甲方对乙方专业知识和技能的需求以及乙方本身的工作能力，甲方会给乙方安排不同的培训内容，本次安排的培训内容为：_____

4. 培训形式：

根据本次培训的内容，采用（□脱产，□半脱产，□不脱产）的培训形式。

5. 培训费用_____元。

此为协议的前言部分，一般包括如下内容：

1. 订立协议双方的主体资格问题。
2. 订立协议的目的。
3. 订立协议所依据的法律法规。
4. 订立协议所依据的原则。
5. 订立协议时双方的意思表示。

---

1. 协议的必备条款。
2. 期限一般具体到年月日，在不能精确到日的时候，可以到年或者月。

---

1. 协议的必备条款。
2. 甲方可以跟乙方协商确定，应当是具体地点。

---

1. 协议的必备条款。
2. 甲方需要让乙方知道培训的具体内容，乙方有选择参加或者不参加的权利。

---

1. 协议的必备条款。
2. 该条是为了约定培训形式，不同的培训形式，甲方与乙方义务是不同的。

续表

1. 协议的必备条款。 2. 该条款约定了甲方在培训期间应当承担的义务,甲方必须遵照执行,如果违反甲方将承担相应的责任。 3. 甲方主要的义务是支付培训费用和发放乙方工资。	6. 甲方在培训期间的义务: 甲方承担乙方专项技术培训的培训费用。 采用脱产或半脱产形式培训的,甲方对乙方接受专业技术培训的时间,应计入工作时间之内,按连续工龄累计。
1. 协议的必备条款。 2. 该条款是很重要的条款,约定了乙方在培训期间应当履行的义务,以及违反义务要承担的责任。	7. 乙方在培训期间的义务: 乙方在培训期间应当遵守培训纪律,准时参加培训,不得缺席,否则按照旷工处理,甲方有权据此取消乙方的培训资格,乙方应当赔偿甲方的培训费用损失。 由于乙方个人原因终止培训,甲方将不承担乙方的培训费用,甲方已经支付的培训费用可以要求乙方返还。 乙方须在培训期限内参加完全部培训课程,认真学习掌握相应的技术和相关专项知识,准时通过有关的培训考试或取得相关证书。 乙方在培训期间所获悉的商业秘密归属甲方,乙方应严格按照甲方保密制度及保密协议的要求遵守保密义务。
1. 协议的核心条款,服务期的约定可以确保培训结束后乙方来甲方上班。 2. 服务期的年限不宜过长,由双方协商一致确定。	8. 服务期期限: (1)经甲乙双方协商一致,乙方的服务期为_____月。 (2)乙方服务期起算点按照下述_____项确定:
1. 协议的必备条款。 2. 不同的培训形式,甲方确定服务期起算点的方式也不同。	①乙方脱产培训的,服务期的起算点为乙方培训结束后到甲方上班的第1天。 ②乙方半脱产培训的,服务期的起算点为乙方向甲方提交经培训取得的合格证书之日。 ③乙方不脱产培训的,服务期的起算点为乙方向甲方提交经培训取得的合格证书之日。
1. 协议的必备条款。 2. 当服务期期限与劳动合同期限发生冲突时的处理方式。 ------ 该约定有无效的风险。	(3)服务期限短于劳动合同期限的,以约定的服务期限为准;服务期限长于劳动合同期限的,劳动合同期限顺延至服务期满。但是如果甲方自愿放弃服务期利益,以劳动合同到期终止劳动关系的,乙方不用再履行剩下的服务期,双方劳动关系终止,乙方不用承担违约责任。如因顺延至服务期满导致出现应签订无固定期限劳动合同情形(如连续工作10年以上等)的,待服务期满后,劳动合同依法终止,甲乙双方不因该情形而签订无固定期限劳动合同。
1. 协议的必备条款。 2. 如果乙方违反服务期约定,应承担相应的违约金责任。 3. 指出了违约金的计算方式;违约金的数额与培训费用的数额以及已经履行完的服务期期限息息相关。	9. 违约责任: …… 10. 培训费用的确认: 乙方在此确认,本次培训费用为人民币_____元,甲方已经全部承担。 11. 其他约定: ……
1. 协议的必备条款。 2. 培训费用的确认主要是为了固定书面证据。 3. 违约金的数额不能超过培训费用的数额,因此确认培训费用,也是为了确定违约金数额做准备。	12. 协议生效: 本协议自双方签字或盖章之日起生效。 合同壹式贰份,甲乙双方各持一份,具有同等法律效力。 (此后无正文) 甲方:　　　　　　　　　　　　　　　乙方: 　年　月　日　　　　　　　　　　　　　　年　月　日

第五节　法律法规及政策指南

《劳动合同法》

第二十二条　用人单位为劳动者提供专项培训费用，对其进行专业技术培训的，可以与该劳动者订立协议，约定服务期。

劳动者违反服务期约定的，应当按照约定向用人单位支付违约金。违约金的数额不得超过用人单位提供的培训费用。用人单位要求劳动者支付的违约金不得超过服务期尚未履行部分所应分摊的培训费用。

用人单位与劳动者约定服务期的，不影响按照正常的工资调整机制提高劳动者在服务期期间的劳动报酬。

《劳动合同法实施条例》

第十六条　劳动合同法第二十二条第二款规定的培训费用，包括用人单位为了对劳动者进行专业技术培训而支付的有凭证的培训费用、培训期间的差旅费用以及因培训产生的用于该劳动者的其他直接费用。

第十七条　劳动合同期满，但是用人单位与劳动者依照劳动合同法第二十二条的规定约定的服务期尚未到期的，劳动合同应当续延至服务期满；双方另有约定的，从其约定。

第二十六条　用人单位与劳动者约定了服务期，劳动者依照劳动合同法第三十八条的规定解除劳动合同的，不属于违反服务期的约定，用人单位不得要求劳动者支付违约金。

有下列情形之一，用人单位与劳动者解除约定服务期的劳动合同的，劳动者应当按照劳动合同的约定向用人单位支付违约金：

（一）劳动者严重违反用人单位的规章制度的；

（二）劳动者严重失职，营私舞弊，给用人单位造成重大损害的；

（三）劳动者同时与其他用人单位建立劳动关系，对完成本单位的工作任务造成严重影响，或者经用人单位提出，拒不改正的；

（四）劳动者以欺诈、胁迫的手段或者乘人之危，使用人单位在违背真实意思的情况下订立或者变更劳动合同的；

（五）劳动者被依法追究刑事责任的。

第六篇

社会保险

PART 06

第一节　企业常见用工风险点

本节重点

- 社会保险应在什么时间缴纳？
- 社会保险缴纳基数如何核定？
- 哪些项目计入社会保险缴纳基数？
- 社会保险追缴是否有时效限制？
- 新入职、离职员工当月出勤未满15天，是否可以不予缴纳社会保险？
- 未依法缴纳社会保险的法律后果？

一、社会保险应在什么时间缴纳？

说明： 按照《社会保险法》第58条的规定，用人单位应当自用工之日起30日内为其职工向社会保险经办机构申请办理社会保险登记。未办理社会保险登记的，由社会保险经办机构核定其应当缴纳的社会保险费。

但实际操作中，用人单位即使是按照上述规定在用工之日起的30日内缴纳社保，然而由于员工发生工伤时，企业未缴纳社保，也可能导致员工不能享受工伤待遇，由用人单位承担相应的损失，因此建议用人单位咨询所在地区的经办政策，及时为新入职员工缴纳社保。

关于员工入职后企业未在30日内为其缴纳社保对其造成的损失，是否由企业来承担，需要结合当地的经办政策。

二、社会保险缴纳基数如何核定？

说明： 员工社保缴纳基数根据员工上一年度的工资性收入的月平均额来确定，社保缴费基数有上限和下限：第一，员工工资低于缴费基数下限时，用人单位按员工实际工资收入申报，社保费按缴费基数下限缴纳。第二，若员工工资处于缴费基数下限和缴费基数上限之间，用人单位按员工实际工资收入申报，社保费按申报的职工实际工资缴纳。第三，若员工工资高于基数上限，用人单位按员工实际工资收入申报，社保费按缴费基数上限缴纳。

新入职员工社保缴费基数按照员工入职第1个月工资缴纳。

三、哪些项目计入社会保险缴纳基数？

说明： 社保基数是由员工工资来决定的，社保基数是按照员工上一年度的平均工资来缴纳的。

社保缴纳基数主要包括以下项目：计时工资、计件工资、奖金、津贴和补贴、加班加点工资以及特殊情况下支付的工资。这些项目共同构成了劳动者的工资总额，是计算社保缴纳金额的基础。

除上述工资项目外，还有一些特殊的情况，是不计入员工工资的，如发放的创造发明奖、国家星火奖、自然科学奖、科学技术进步奖等一系列有关劳动保险和职工福利的费用，不应该纳入统计范畴。此外，劳动保护的各种支出，有关离休、退休、退职人员待遇的各项支出，支付给外单位人员的稿费、讲课费及其他专门工作报酬等也不应该纳入统计范畴。根据国家的规定，这些费用不计入工资总额，也就不计入员工社保的缴纳基数。

四、社会保险追缴是否有时效限制？

说明： 按照《劳动保障监察条例》第20条的规定，违反劳动保障法律、法规或者规章的行为在2年内未被劳动保障行政部门发现，也未被举报、投诉的，劳动保障行政部门不再查处。由此，可以得出，社保局社保追缴的时效是2年。

尽管一般时效为2年，但在实际操作中，如果因特定原因导致时效中断或延长，追缴时效可能会相应调整。比如，如果用人单位或劳动者在时效期间内向对方主张权利、向有关部门请求权利救济或对方同意履行义务，仲裁时效可能会中断，并从中断时起重新计算。

在实操中，需要注意的是，即使劳动保障行政部门的追缴时效已过，社保费的征收机构一般仍可依法继续查处，直至追缴成功。这表明，在实际操作中，社保费的征收可能并不完全受两年时效的限制。

根据以上所述，判断社保的追缴时效时建议结合所在地区的相关规定。

五、新入职、离职员工当月出勤未满15天，是否可以不予缴纳社会保险？

说明： 根据《社会保险法》第58条的规定，用人单位应当自用工之日起30日内为其职工向社会保险经办机构申请办理社会保险登记。按照规定，只要劳动者在当月有出勤记录，不论天数多少，用人单位都应当为其缴纳社保。

实操中，很多用人单位按照员工在职天数来确定是否为该员工缴纳社保，是不可以的。社保缴纳是劳动者的法定权益,也是用人单位应履行的义务,不应因工作时间长短而有所区别。员工在劳动关系中,无论工作时间长短,都应享有这些基本保障。公司应当按照国家规定为劳动者缴纳社会保险费,这是公司的法定义务。

六、未依法缴纳社会保险的法律后果?

说明:对于用人单位来说,未依法缴纳社保的法律后果主要包括:

1.经济补偿和赔偿。根据《劳动合同法》第38条的规定,用人单位未依法为劳动者缴纳社会保险费的,劳动者可以解除劳动合同,并要求用人单位支付经济补偿金。经济补偿按劳动者在本单位工作的年限,每满1年支付1个月工资的标准向劳动者支付。此外,由于企业未依法缴纳社保,给员工造成损失的,由用人单位承担相应的损失。

2.行政处罚。用人单位未按时足额缴纳社会保险费的,由社会保险费征收机构责令限期缴纳或补足,并自欠缴之日起按日加收0.05%的滞纳金;逾期仍不缴纳的,由有关行政部门处欠缴数额1倍以上3倍以下的罚款。

3.其他法律责任。用人单位未按规定办理社会保险登记的,由社会保险行政部门责令限期改正;逾期不改正的,对用人单位处应缴社会保险费数额1倍以上3倍以下的罚款。

第二节 经典案例

【案例简介】

2018年6月,小洪入职某文化公司,担任教师岗位工作。后小洪在工作中受伤并被认定为工伤。2020年8月,小洪以未及时发放工资为由提出辞职。2020年9月,小洪与某商务公司签订劳动合同,该公司通知小洪需要前单位为其办理社保减员,否则将因无法缴纳社保视为试用期不符合录用条件与其解除劳动合同。2020年11月5日,某商务公司以此为由与小洪解除劳动合同。后小洪申请仲裁,要求某文化公司赔偿因未及时办理社保减员造成的损失。小洪对仲裁裁决不服,诉至法院。某文化公司则称因小洪受过工伤,办理程序复杂,故未按时办理,其公司为小洪缴纳社保至2020年10月并于2020年11月20日办理社保减员,故不同意赔偿损失。

【争议焦点】

由于企业原因未及时办理社保手续,给员工造成的损失,谁来承担?

【判决结果】

法院经审理认为,用人单位应当在解除或者终止劳动合同时出具解除或终止劳动合同的证明,并在15日内为劳动者办理档案和社会保险关系转移手续。本案中,某文化公司与小洪解除劳动关系后未在法定期限内为小洪办理社保关系转移手续,致使小洪在入职新公司后因无法缴纳社保而被解除劳动关系。某文化公司虽主张因社保政策原因未能及时办理,但未就此提交证据加以证明。综上,法院认定某文化公司未及时为小洪办理社保减员,导致新单位与小洪解除劳动关系,应给予小洪相应赔偿;同时,考虑小洪并未将已被新单位录用及如不及时办理社保减员将被解除劳动关系的后果告知某文化公司,且通常情况下用人单位在劳动者离职后继续为其缴纳社保属于自损行为,某文化公司并不存在不办理社保减员的主观故意,故应减轻某文化公司的赔偿责任。最终,法院结合小洪与新单位解除劳动关系时间、再次就业时间、新单位月工资标准、双方过错程度等因素判决某文化公司赔偿小洪部分损失。

【律师解读】

社会保险关系到劳动者的切身利益,为劳动者缴纳社会保险系用人单位的法定义务。法律同时规定,当双方劳动关系解除后,用人单位应在法定期间内为劳动者办理社会保险关系转移手续,以便劳动者再次就业时新用人单位办理增员。实践中,存在部分用人单位迟延办理社保减员手续导致劳动者无法顺利就业造成损失的情形,对此,劳动者与用人单位应注意以下问题:(1)用人单位应按法律规定及时办理社会保险关系转移手续。《劳动合同法》第50条第1款规定,用人单位应当在解除或者终止劳动合同后15日内为劳动者办理社会保险关系转移手续。用人单位人事专员对此应明确知晓并按时办理,如因不可归结于单位的原因无法按时办理应要求相关部门出具书面材料予以证明并向劳动者做出相应解释。(2)劳动者应督促用人单位及时办理。虽然法律规定办理社会保险转移手续系用人单位法定义务,并未要求劳动者督促提醒,且通常情况下,用人单位为防止劳动关系解除后继续缴纳社会保险导致损失扩大不会无故拖延办理社保转出手续,但作为劳动者为减少自身损失亦应尽到合理的提示义务。

第三节 操作指引

【概论】

本操作流程主要为员工新入职社保缴纳、社保基数核定、社保减员等实操流程,在参照本流程的基础上,建议参照当地经办窗口的相关规定。

【社保实操流程图】

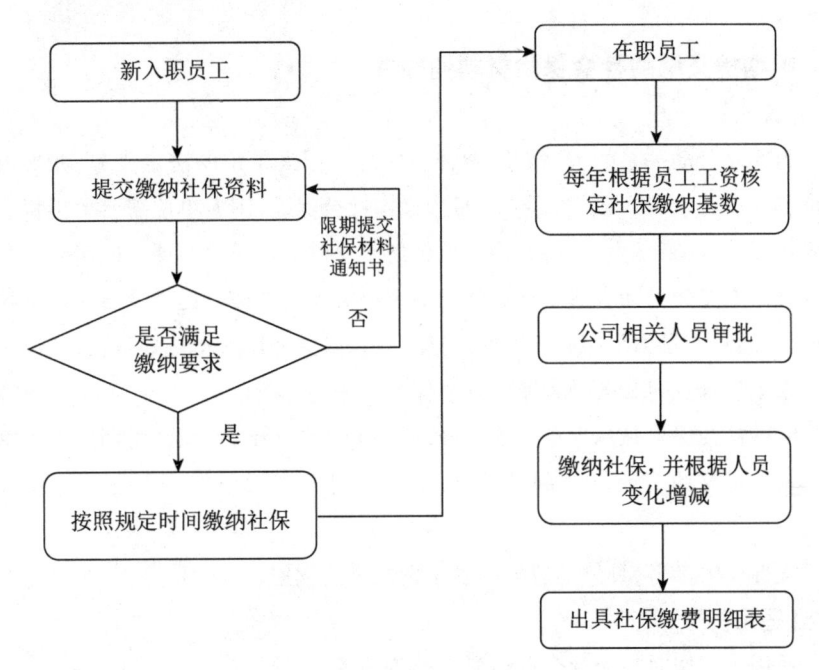

```
    新入职员工                          在职员工
        │                                  │
        ▼                                  ▼
   提交缴纳社保资料  ◄──────           每年根据员工工资核
        │         限期提交                定社保缴纳基数
        │         社保材料                     │
        ▼         通知书                      ▼
    是否满足  ──否──┘                   公司相关人员审批
    缴纳要求                                  │
        │                                    ▼
        是                              缴纳社保,并根据人员
        ▼                                  变化增减
  按照规定时间缴纳社保                        │
                                            ▼
                                      出具社保缴费明细表
```

【说明】

1.新入职员工,应在入职 30 天内,按照第 1 个月工资缴纳社保。员工应按照当地社保缴纳规定,提交相应的社保缴纳材料。

2.若员工不能按照规定提供社保缴纳材料或者仍处于社保缴纳状态,用人单位应及时向员工送达《限期提供缴纳社保材料通知书》,并明确限期不能提供材料的后果。

3.若员工仍在其他用人单位缴纳社保,在本公司不能正常缴纳社保,此类人员不会被企业录用。

但实操中,很多企业可能会录用此类人员,降低风险的操作建议是员工出具《不参保申请及承诺书》,并每个月提供社保缴纳的证明,保证原单位不缴纳社保时,新用人单位应及时缴纳社保。

4.同时对于在原单位仍缴纳社保人员,建议新用人单位缴纳单工伤险或者商业保险,以规避工伤的风险。若用人单位所在地区有单工伤险,建议优先选择单工伤险。

5.在职员工,应在用人单位所在地区规定的时间内,按时进行社保基数的调整,并做好员工社保缴纳的明细表,做好员工个人部分社保代缴代扣的证明。

第四节 实用工具

限期提交缴纳社会保险材料通知书

【说明】

为建立劳动关系的劳动者缴纳社会保险是用人单位的法定义务,如果用人单位不能在劳动者入职之日起 30 日内缴纳社会保险,用人单位需要承担相应的法律责任,劳动者发生工伤的,用人单位需要支付工伤保险待遇。但实践中存在用人单位不能为劳动者缴纳社会保险是因为劳动者未按时提交社会保险材料的情形,该通知书是为了明确未及时缴纳社会保险并非用人单位导致,避免被认定为用人单位未及时为劳动者缴纳社会保险。

缴纳社会保险是用人单位的义务,如果劳动者不配合,在试用期内用人单位可以依据双方约定或规章制度,以劳动者不符合录用条件为由与其解除劳动合同。

文件仅供参考,具体请以实际发生情况灵活掌握。

【适用】

适用于未按时提交社会保险材料的劳动者。

【基本要素】

①告知劳动者,用人单位将为其办理社会保险的情况;

②告知劳动者,办理社会保险需要其提供的材料以及不提供或者不按时提供应承担的法律后果。

【法律风险】

①缴纳社会保险是用人单位的义务,如果劳动者不配合,在试用期内用人单位可以依据双方约定或规章制度,以劳动者不符合录用条件为由与其解除劳动合同。

②防止由于劳动者不按时提供社会保险材料导致用人单位无法在 30 日之内给劳动者缴纳社会保险。

【限期提交缴纳社会保险材料通知书范本】

限期提交缴纳社会保险材料通知书

_____先生/女士：

由于你未向公司提供社会保险缴纳所需材料，本单位无法按照法律规定为你办理社会保险手续，现本单位要求你在规定期限内提供下列办理社会保险所需的材料：

1. 身份证原件及复印件
2. 最高学历的毕业证书原件及复印件
3. 户口本原件及复印件
4.《职工养老保险手册》
5. 社会保险经办机构要求提供的其他材料

如果你在收到此通知之日起____日内没有提供以上材料，本单位将视为你不符合录用条件并且可以依据《劳动合同法》第39条第1项的规定，以你在试用期内不符合录用条件为由解除与你的劳动合同。

特此通知

单位盖章：　　　　　　　　　　　　　　　　年　月　日

> 1. 对于新入职的劳动者，用人单位需要在员工入职之日起30日内为其缴纳社会保险。
> 2. 在缴纳社会保险的时候，需要劳动者提交办理社会保险所需的材料（目前有些地区不需要，具体根据当地实际情况），如果劳动者不提供或者不按时提供，应承担相应的法律责任。
>
> 公司根据实际需要增加明确具体的资料名称。
>
> 1. 本通知书需要向员工出具，如公司当面送达，需要求员工确认签收，可另行制作签收单，或在本通知书上手写"本人已收到本通知书，×××，年月日"等信息，由公司保存。
> 2. 需邮寄送达时，请确保员工有效送达地址并保留邮寄送达相关单据。

第五节　法律法规及政策指南

《社会保险法》

第五十七条　用人单位应当自成立之日起三十日内凭营业执照、登记证书或者单位印章，向当地社会保险经办机构申请办理社会保险登记。社会保险经办机构应当自收到申请之日起十五日内予以审核，发给社会保险登记证件。

用人单位的社会保险登记事项发生变更或者用人单位依法终止的，应当自变更或者终止之日起三十日内，到社会保险经办机构办理变更或者注销社会保险登记。

市场监督管理部门、民政部门和机构编制管理机关应当及时向社会保险经办机构通报用人单位的成立、终止情况，公安机关应当及时向社会保险经办机构通报个人的出生、死亡以及户口登记、迁移、注销等情况。

第八十六条　用人单位未按时足额缴纳社会保险费的，由社会保险费征收机构责令限期缴纳或者补足，并自欠缴之日起，按日加收万分之五的滞纳金；逾期仍不缴纳的，由有关行政部门处欠缴数额一倍以上三倍以下的罚款。

第六节　企业用工风险测评

企业的人力资源管理工作中存在以下常见问题：

1. 不清晰人力资源管理中的法律风险点，不清晰法律规定和实务操作之间的差别；

2. 规章制度、员工手册等陈旧，不与时俱进，合理性和合法性存在问题；

3. 人力资源管理工作没有制度化、规范化、流程化，使 HR 管理人员工作流于日常琐碎，与人力资源专员工作无异，不能将精力投放到人力资源的战略管理和企业文化的建设当中来；

4. 人力资源管理中一些必备的合同、协议经不起推敲，达不到明确权利义务的效果；

5. 错发、乱发通知书、证明等。

针对以上问题，结合劳动争议案件仲裁和诉讼实务经验，通过一些简单的测评题帮助企业更快认识、解决人力资源管理过程中的风险。提早发现，尽早预防。

评估报告：

请根据腰封、书签指引查看"企业用工风险评估报告"。如果您不慎丢失了腰封或书签，请随时联系主编客服团队。客服人员将协助您获取评估报告。

1. 公司未缴纳社会保险的员工类型（　　）

A. 自身拒绝缴纳人员　　　　　　B. 国企停薪留职再就业人员

C. 享受街道低保待遇人员　　　　D. 在其他单位缴纳保险人员

E. 公司购买商业保险代替社会保险人员

问题设计目的：

为了了解公司为员工缴纳社保是否存在风险。

法律分析：

《劳动法》第 72 条规定，用人单位和劳动者必须依法参加社会保险，缴纳社会保险费。《社会保险法》第 4 条规定，中华人民共和国境内的用人单位和个人依法缴纳社会保险费，有权查询缴费记录、个人权益记录，要求社会保险经办机构提供社会保险咨询等相关服务。《工伤保险条例》第 2 条规定，中华人民共和国境内的各类企业、有雇工的个体工商户应当依照本条例规定参加工伤保险，为本单位全部职工或者雇工缴纳工伤保险费。

工伤、医疗、生育、失业等保险条例无一不规定了当职工遇到需要保险理赔的情形而企业未缴纳相应保险而所有赔付责任由企业承担的条款。

劳动者还可以依照《劳动合同法》第38条的规定以用人单位未依法为劳动者缴纳社会保险费为由解除劳动合同，进而依照该法第46条的规定要求用人单位支付经济补偿金。

2. 公司对自身未上保险且拒绝公司缴纳保险的员工如何处理？（　　）

A. 说服员工缴纳　　　　　　B. 与之签订"弃保协议"

C. 以现金方式额外支付保险补助　　D. 解除劳动合同

问题设计目的：

为了了解公司在面临员工拒交社保的情况下的做法是否存在风险。

法律分析：

根据社会保险法、社会保险费征缴暂行条例、工伤保险条例等法律的规定，公司依法不为员工缴纳社保将承担严重的行政处罚。

《最高人民法院关于审理劳动争议案件适用法律问题的解释（一）》第1条第5项规定，劳动者以用人单位未为其办理社会保险手续，且社会保险经办机构不能补办导致其无法享受社会保险待遇为由，要求用人单位赔偿损失发生的纠纷；属于劳动争议，当事人不服劳动争议仲裁机构作出的裁决，依法提起诉讼的，人民法院应予受理。劳动者还可以依照《劳动合同法》第38条的规定以用人单位未依法为劳动者缴纳社会保险费为由解除劳动合同，进而依照该法第46条的规定要求用人单位支付经济补偿金。

3. 公司为员工缴纳保险的基数（　　）

A. 以社保局公布的最低社保基数为准

B. 与员工自行约定

C. 以员工上一年度月平均工资为准

D. 新入职员工以起薪当月工资收入为准

问题设计目的：

为了了解公司为员工确定社保缴纳的基数是否存在风险。

法律分析：

根据《职工基本养老保险个人账户管理暂行办法》第7条、第8条的规定，职工本人一般以上一年度本人月平均工资为个人缴费工资基数，新招职工（包括研究生、大学生、大中专毕业生等）以起薪当月工资收入作为缴费工资基数；从第二年起，按上一年实发工资的月平均工资作为缴费工资基数。

《社会保险费征缴暂行条例》第23条规定,缴费单位未按照规定办理社会保险登记、变更登记或者注销登记,或者未按照规定申报应缴纳的社会保险费数额的,由劳动保障行政部门责令限期改正;情节严重的,对直接负责的主管人员和其他直接责任人员可以处1000元以上5000元以下的罚款;情节特别严重的,对直接负责的主管人员和其他直接责任人员可以处5000元以上10,000元以下的罚款。

4.公司是否为未依法在本单位缴纳社会保险的多重劳动关系员工和非全日制员工缴纳工伤保险?(　　)

A.是　　　B.否

问题设计目的:

本题是为了了解公司在为员工缴纳工伤保险方面是否存在法律风险。

法律分析:

《劳动和社会保障部关于非全日制用工若干问题的意见》第12条规定,用工人为应当按照有关规定为建立劳动关系的非全日制劳动者缴纳工伤保险。

第七篇
规章制度

- 第一章 规章制度生效要件
- 第二章 规章制度的制定

PART 07

第一章

规章制度生效要件

第一节 企业常见用工风险点

本节重点

- 企业劳动规章制度的生效要件包括哪些?
- 劳动规章制度在制定过程中,何为适格的主体?
- 劳动规章制度在制定过程中如何履行民主及公示程序?
- 在履行民主程序时,员工未提意见或提出相反意见,如何处理?
- 企业工会与职工代表大会有何区别?企业无工会是否影响制度生效?
- 职工代表大会或全体职工大会,能否分期、分批、分地域召开?
- 只适用于某一部门的规章制度,是否仅向该部门征求意见?
- 派遣用工及借调用工,其规章制度适用有何特别规定?
- 母子公司、总分公司的规章制度是否能通用?

一、企业劳动规章制度的生效要件包括哪些?

说明: 根据劳动法律法规相关规定,一份有效的劳动规章制度,必须同时满足以下3方面的要求,才能对员工产生效力和约束力:一是规章制度制定的主体必须适格,即制定者必须具备制定内部劳动规则的法律资格。二是规章制度制定的内容必须合法且合理,即不得违反国家法律、行政法规和地方法规的规定,至于合理的认定标准法律层面没有明确的规定,属于司法自由裁量权的范畴。三是规章制度生效过程必须经过民主议定及公示告知程序。以上3方面在制度制定过程中必须满足法律的规定,否则规章制度将不对员工产生效力,亦不得作为劳动争议案件在司法机关审理的依据。

二、劳动规章制度在制定过程中,何为适格的主体?

说明:我国《劳动法》及《劳动合同法》明确规定,用人单位应当依法建立和完善劳动规章制度,保障劳动者享有劳动权利、履行劳动义务。由此可知,规章制度的制定主体应当是用人单位本身。实践当中,很多用人单位制定规章制度由公司内的某个部门、股东会、董事会、法定代表人、总经理等拟定并发布,此类规章制度因其制定主体不适格,属于无效或未生效的规章制度,存在法律风险。

为了避免规章制度因主体不适格不生效或无效的问题,即使该规章制度是公司内某个部门具体负责起草的(通常是公司人力资源部负责,或者法务部、办公室负责),最后也须以公司名义发布,这样才能保证规章制度的权威性和可执行性。此外,需要额外说明的是,规章制度制定过程中尽管有职工、工会参与,但这并不意味着,参与者具有制度制定的权力,在整个过程中,员工仅有建议权,工会有建议权及审核权,而不具有决策权。只有用人单位,才有规章制度制定最终的决策权。

三、劳动规章制度在制定过程中如何履行民主及公示程序?

说明:《劳动合同法》第4条第2款至第4款规定,"用人单位在制定、修改或者决定有关劳动报酬、工作时间、休息休假、劳动安全卫生、保险福利、职工培训、劳动纪律以及劳动定额管理等直接涉及劳动者切身利益的规章制度或者重大事项时,应当经职工代表大会或者全体职工讨论,提出方案和意见,与工会或者职工代表平等协商确定。在规章制度和重大事项决定实施过程中,工会或者职工认为不适当的,有权向用人单位提出,通过协商予以修改完善。用人单位应当将直接涉及劳动者切身利益的规章制度和重大事项决定公示,或者告知劳动者"。

从法条当中,我们不难看出,涉及员工切身利益的规章制度或重大事项,在制定或修改过程中,企业需要履行民主议定、公示告知两个环节。

民主议定,即制度制定或修订过程中,需面向员工征求意见,并最终与工会或职工协商确定制度的最终版本。实践过程中,向员工征求意见的方式可以采取多种多样的形式,举例如表7-1:

表 7-1 向员工征求意见的方式

序号	民主议定方式	民主议定留存书面材料
1	通过电子邮件、线上办公软件（如 OA 系统、钉钉、企业微信）等方式向员工发布征求意见的通知并收集意见	·线上通知截屏 ·员工已读回执(如有) ▲注意：电子证据经公证后会更具证明力，实践中为降低举证难度，建议企业线上发布草案后，让全体员工线下提交意见，保留书面证据
2	通过发放、回收征求意见表单的方式向员工收集意见	·《规章制度征求意见表》
3	通过召开全体职工大会或职工代表大会就规章制度草案征求意见	·《会议通知》 ·《会议签到表》 ·《规章制度民主讨论、协商会议纪要》 ·《规章制度审核和确定会议纪要》 ·现场照片

公示告知，就是在征求职工意见的基础上确定最终版本后，将制度的全部内容告知全体员工。公示的本质在于对外披露，让全体员工在公开渠道获取；而告知的本质是企业主动送达员工，让员工知晓。因此，实践中，公示或告知的方式也是多种多样的，例如表 7-2：

表 7-2 公示、告知的方式

序号	公示、告知方式	公示、告知留存书面材料
1	召开全体职工大会或组织全体职工进行规章制度培训，并让员工在培训记录上签名	·规章制度培训 PPT ·《规章制度培训签到表》 ·《规章制度培训记录表》
2	组织全体员工参加规章制度考试，记录考核结果并由劳动者签字确认	·《规章制度考试试卷》
3	在微信群、钉钉群、OA 办公系统发布规章制度并由员工阅读	·通过计算机技术手段记录劳动者浏览制度的情况 ▲注意：电子证据经公证后会更具证明力，实操中为降低举证难度，还是建议企业在微信、钉钉、OA 办公系统发布后，仍以书面形式让员工确认已阅读该制度内容并同意遵守

续表

序号	公示、告知方式	公示、告知留存书面材料
4	将规章制度张贴在办公场所的公示栏里,将制度的公示现场以拍照、录像等方式记录备案,并让员工以书面形式确认已阅读该制度	·规章制度公示现场照片或录像 ·《规章制度公示告知确认书》
5	将规章制度作为劳动合同的附件,在合同中约定"劳动者已详细阅读,并愿意遵守用人单位的《××规章制度》",让劳动者在劳动合同及规章制度上签字	·《劳动合同签收单》(含制度) ▲注意:实践中不太建议将制度以劳动合同附件形式公示告知,规章制度的生效形式属于企业与员工"共议单决",而劳动合同的生效形式属于双方"共议共决",如果将制度作为合同附件,日后在修订制度时,生效程序方面必然带来很多不便
6	将规章制度印制成册发放给员工,交由其阅读,并在阅读后签字确认	·《规章制度签收回执》
7	以邮件的形式发送给员工	·规章制度发信记录 ▲注意:电子证据经公证后会更具证明力,实操中为降低举证难度,还是建议用人单位在发出制度后,仍以书面形式让员工确认已阅读该制度内容并同意遵守

特别提示:企业无论采取何种形式履行民主议定、公示告知程序,都要保留相应证据,以便未来在应对劳动争议案件时,能够证明单位已履行了相应的法定程序。

四、在履行民主程序时,员工未提意见或提出相反意见,如何处理?

说明:很多企业担心,在向员工征询意见时,如果员工未提出意见,或者不同意制度的某个条款,在法律层面民主程序就无法生效,其实这是个错误的认知。民主程序的意义在于提出意见、讨论意见的这个过程,至于员工是否提出意见,或者提出了什么样的意见,那是员工的个人权利,企业无须完全与之协商一致,只要绝大多数员工未对该制度的执行提出反对意见,只要用人单位能够证明,企业已经履行了征询意见、协商确定的过程,在法律层面,就视为企业履行了法定的民主程序。

五、企业工会与职工代表大会有何区别?企业无工会是否影响制度生效?

说明:实践中,很多企业对企业工会及职工代表大会在制定、修改规章制度时的组织职能没有正确的认知。

常见误区一：认为企业没有成立工会影响规章制度的建设；

常见误区二：认为企业工会可以替代职工代表行使表决权。

首先，企业工会是中华全国总工会的基层组织，属于社团法人。而职工代表大会是一种会议制度，是企业实行民主管理的基本形式。企业工会是职工代表大会的工作机构，而不是常设机构，它的职能是建立、健全职工代表大会制度，组织召开职工代表大会会议，包括选举职工代表、落实大会决议的提案等。尽管企业工会和职工代表大会在民主管理方面的任务和作用有很多一致的方面，但企业工会无权履行职工代表大会的相关职责，仅为用人单位实行民主管理的组织者而非决策者。

其次，根据《劳动合同法》相关规定，用人单位在制定、修改规章制度时，应当经职工代表大会或者全体职工讨论，提出方案和意见，与工会或者职工代表平等协商确定。由此可以看出，工会的作用是在用人单位收集职工意见后，与之协商讨论意见的必要性与可执行性，最终由用人单位决策制度的最终版本。但如果用人单位没有成立工会，也并不影响民主程序的履行，用人单位可以将收集上来的意见选择与职工代表讨论协商。

六、职工代表大会或全体职工大会，能否分期、分批、分地域召开？

说明：很多企业表示，企业在组织召开职工代表大会或全体职工大会时，因企业经营特点，不方便在同一时间、同一地点组织会议，如果将时间、地点、人员分开来召开会议，担心不符合法定形式。其实关于这个问题，法律并没有规定企业必须在同一时间、同一地点组织召开会议，职工代表大会或全体职工大会可以分期、分批、分地域进行召开，对于劳动合同履行地较分散的企业，也可以组织召开线上会议，当然，无论是线下还是线上会议，用人单位一定要保留民主议定的过程证据。

七、只适用于某一部门的规章制度，是否仅向该部门征求意见？

说明：公司在制定规章制度过程中，对于只适用于某一部门的制度，是面向全体职工履行民主程序，还是仅面向该部门成员履行民主程序，对此，法律上并无相应的法律规定，司法实践中存在两种观点：一种是单位内部部门规章制度的制定及修改仍需严格遵循《劳动合同法》第4条规定的程序，即经单位职工代表大会或全体职工讨论并经与工会或职工代表协商，方才有效。另一种观点则是单位内部门规章制度的制定及修改程序,可以仅面向该部门内成员履行民主程序,只要制度制定的内容不违反法律、行政法规的规定,且面向全体部门成员进行公示,即有效。

八、派遣用工及借调用工,其规章制度适用有何特别规定?

说明: 先说派遣用工的规章制度适用问题。根据《劳动合同法》及《劳务派遣暂行规定》的规定,被派遣劳动者在用工单位严重违规且被退回劳务派遣单位的,劳务派遣单位有权依据法律规定解除劳动合同,并不支付经济补偿。这也就意味着,实践中,劳务派遣单位与劳动者建立劳动关系时,理应向劳动者告知,其有义务遵守用工单位的规章制度,因其严重违反用工单位规章制度被退回的,派遣公司有权依据相关法律规定进行解雇。与此同时,用工单位在接收被派遣劳动者时,也需将其自己单位的规章制度向被派遣劳动者进行告知。这样一来,劳务派遣单位与用工单位在劳动者的制度适用方面全面进行了告知,形成了程序上的闭环。

再说借调用工的规章制度适用问题。实践中,因企业经营需要,关联单位间彼此借调员工的情形经常发生,在这种特殊用工关系中,被借调的劳动者在借入方单位工作,但劳动关系仍在借出方单位,当劳动者在借入方发生违规情形的时候,往往借出方会因此与劳动者解除劳动关系,这一过程中解除的依据及解除的证据便成为司法审判的关键点。事实上,法律层面关于借调用工中,被借调劳动者的规章制度适用问题没有任何明文规定,但从司法实践的总结中,我们认为,因借出单位与被借调劳动者仍然保持劳动关系,因此有必要在借出前与劳动者进行约定,如劳动者在借调期间,严重违反借入方单位相关制度,借出方单位有权予以解除劳动合同,不支付经济补偿。与此同时,借入方单位也应事先将其本单位规章制度向借调员工进行告知,以便作为将来处理争议的依据。

九、母子公司、总分公司的规章制度是否能通用?

说明: 实践中经常看到企业内部母子公司、总分公司通用一套规章制度。从法律层面讲,母公司的规章制度并不能当然适用于子公司,主要是因为母子公司都是独立的法人实体,拥有独立的法律地位和经营自主权,因此母公司的规章制度不能自动对子公司员工产生约束力。当然,实践当中,也不乏地方的司法判例支持母公司的规章制度适用于子公司,但前提是要经过一系列的法律程序和条件,即母公司的规章制度草案要面向子公司的全体职工或职工代表履行民主议定程序,并向子公司的全体职工进行公示告知。除此之外,母公司的规章制度对于子公司还要具有合法性及合理性,因为母子公司的经营范围、经营方向、所在地域不一定完全一致,因此,在制定规章制度过程中还要考虑经营差异与地区差异等。

再说总分公司,在法律层面,总公司是独立的法人实体,分公司是总公司的分支机构,不具有独立的法人资格,其民事责任由总公司承担,原则上讲,总公司的规章制度在分公司内部经过民主议定、公示告知后,可以直接适用于分公司。尽管分公司受总公司规章制度的约束,但这并不意味着分公司不具有独立性和自主权,在劳动规章制度制定方面,分公司可以根据自身的实际情况和需要,制定一些符合总公司规章制度精神且适用于分公司的具体实施细则或补充规定。如果某些规章制度与总公司的业务、地域或文化等存在明显差异,可能需要进行适当的调整或补充。如果分公司所在地区有特定的法律法规要求,也需要遵守当地的规定。

第二节 经典案例

案例一
【案例简介】

小文于2018年12月1日至某公司工作,2023年5月20日,某公司向小文送达《解除劳动合同通知书》,告知小文因其虚假报销,违反《××员工手册》第十五节、《××奖惩管理制度》第三章第13条、第四章第16条相关规定,属于严重违反公司规章制度,依据《劳动合同法》第39条第2项规定,决定于2023年5月25日解除与小文的劳动合同。

劳动合同解除后,小文先后提起仲裁和诉讼,请求确认某公司违法解除劳动合同,要求支付经济赔偿金。小文认为,某公司仅在OA办公系统上发布文件,没有任何的修改意见以及员工对相应制度的协商意见,故没有履行合法的民主协商程序。

【争议焦点】

企业在制定或修改规章制度过程中,其在履行民主议定程序时,职工未提意见,是否影响民主程序的有效性。

【判决结果】

法院再审认为:某公司将拟实施的规章制度通过OA办公系统先行征集员工意见,员工如认为征集意见稿内容不适当,完全有权利向某公司提出,进而通过协商予以修改完善，员工未提修改意见或建议并不意味着平等协商的民主程序未履行。故《××员工手册》《××奖惩管理制度》经过民主程序确定，能够作为处理双方劳动争议的依据，且《××员工手册》《××奖惩管理制度》的内容并未违反法律、行政法规的规定，不存在明显不合理的情形，已向劳动者公示或告知，可以作为某公司用工管理的依据。

【律师解读】

随着现代化办公方式的普及，用人单位通过OA办公系统、单位局域网、电子邮件等方式与劳动者进行信息沟通与交流已成常态。案例中的公司通过线上OA与员工沟通员工手册及规章制度草案的修订意见，并保留了过程发生的证据，足以证明企业在制定规章制度过程中履行了法定的民主程序。

案例二

【案例简介】

被告(某公司)以原告(小文)未按公司规定办理相关手续，擅自早退、伪造打卡记录为由，于2020年7月14日向原告邮寄解除原、被告劳动关系的处罚通知书，原告于2020年7月17日收到该通知书，原、被告之间的劳动关系于收到该通知书当日解除；原告认为公司规章制度程序不合法，先后提起仲裁和诉讼，主张公司承担违法解除劳动合同的赔偿金。庭审中，被告向法院提交相关证据，其中，被告提交的第四组证据中2019年6月10日《就业规则》及《处罚规定》的草案全体员工说明会会议纪要载明，时间为2019年6月10日，地点为上海多媒体会议室，参加会议人员为上海全体员工(详细参考签到名单)。2019年6月11日《就业规则》及《处罚规定》的草案全体员工说明会会议纪要载明，时间为2019年6月11日，地点为天津会议室，参加会议人员为上海全体员工(详细参考签到名单)。两份会议纪要均载明，《就业规则》及《处罚规定》说明事宜的议题，通报工作守则具体修改内容：针对新《就业规则》及《处罚规定》的修改事宜，经公司管理人员讨论拟定了修改方案，向全体通报，针对该《就业规则》及《处罚规定》的修改方案，要求大家如有意见以部门为单位进行汇总6月21日前提交人事G，通知大家会议的说明资料与修改版的《就业规则》及《处罚规定》，在公共盘中保存的位置，公司将针对各位员工提出的意见建议进行协商讨论后确定新的《就业规则》及《处罚决定》并向全体员工公布。

【争议焦点】

企业在制定或修改规章制度过程中，通过召开职工代表大会或全体职工大会向职工征求意见时，其会议分期、分批、分地域召开是否有效？

【判决结果】

本案中,结合一审法院查明的上述事实,被告于 2019 年 6 月经过大多数员工民主讨论修改就业规则、制定处罚规定,后续在包括原告在内的被告所有员工均可查阅的 TMHS 公共盘进行了公示,可以认定为已经过民主议定程序。

【律师解读】

案例中的企业分别于 2019 年 6 月 10 日、6 月 11 日,在上海和天津两个地区,分别组织两地的工作人员,召开有关规章制度修订征询意见的通知会议,虽然是分期、分批、分地域召开的,但此举已经完成了向全体员工征求意见的法定程序,故法院认定企业已经履行了民主议定程序。

案例三

【案例简介】

公司以员工小洪为他人代打卡严重违反公司规章制度为由,解除与小洪的劳动关系,小洪认为单位系违法解除,要求单位承担违法解除劳动合同的赔偿金。小洪认为,公司适用的规章制度《业务运营中心－团队日常管理制度》未经过有效的民主程序,制定过程中仅向小洪所在部门征求意见,未经职工代表大会或者全体职工讨论,其制定程序上不符合《劳动合同法》第 4 条的规定。而公司认为该制度为业务运营中心的日常管理制度,属于部门制度,涉及的是部门员工,其他部门用不到该制度,故未向其他部门征询意见。

【争议焦点】

用人单位的规章制度只适用于某一部门时,其民主协商过程是否可以仅面向该部门成员征求意见。

【判决结果】

公司辞退小洪所依据的规章制度仅向小洪所在部门征求意见,未经职工代表大会或者全体职工讨论,在此规章制度的制定程序上不符合《劳动合同法》第 4 条的规定。鉴于此,公司以小洪严重违反公司规章制度为由将其辞退缺乏事实和法律依据,构成违法解除劳动合同,应向小洪支付违法解除劳动合同赔偿金。

案例四

【案例简介】

小文,在某电力公司综合事务岗位从事管理工作,离职后要求公司支付其在职期间应发未发的奖金,公司则认为依据公司《管理部门考核管理办法(试行)》,该员工作为管理部门人员未按照该《管理部门考核管理办法(试行)》完成业绩,不应发放奖金;小文则主张,该《管理部门考核管理办法(试行)》未经职工代表大会或者全体职工讨论,其制定程序不合法;公司答辩称,公司召集全体管理人员讨论《管理部门考核管理办法(试行)》,其本身就是在履行民主程序,且经过全体管理人员签到确认。此外,公司还辩称,即使公司制定规章制度在程序上存在一定的瑕疵,但相关规章制度的内容不违反法律、行政法规的规定,且不存在明显不合理的情形,因此,公司的规章制度和员工守则应当作为法院审理劳动争议案件的依据。

【争议焦点】

用人单位的规章制度只适用于某一部门或某一特定群体时,其民主协商过程是否可以仅面向该部门或该特定群体征求意见。

【判决结果】

法院认为:公司主张根据该公司《管理部门考核管理办法(试行)》进行考核,按考核结果决定是否发放奖金,并提交相应的证据证明小文知晓该考核管理办法以及其所在部门当年度每月的奖金发放情况。小文否认知晓该考核管理办法,但未提交相反证据。此外,小文未提交证据证明单位应向其发放奖金的主张成立,故对其诉请不予支持。

【律师解读】

从司法判例上来看,各地区对于企业制定某一部门规章制度时,其征求意见的对象范围存在观点差异,一部分地区认为,当规章制度仅适用于某一部门时,征求意见的对象范围应面向全体职工,而另一部分地区则认为,征求意见的对象仅在部门范围内实施即可,且制度内容合法并已经向劳动者公示。实践中,建议各单位应根据所在地司法裁判观点操作执行;如在当地无生效裁判先例,则建议单位内部部门在制定或修改规章制度时仍严格遵循《劳动合同法》第4条规定的民主及公示程序。

案例五

【案例简介】

2018年11月14日,小洪被派遣公司派至用工单位工作,其间严重违反用工单位制度,被退回至派遣公司,派遣公司与小洪解除了劳动合同,小洪主张派遣公司违法解除,认为其制度没有经过法定程序生效。为此,用工单位举证了2022年11月9日,用工单位组织召开了职工代表大会,就《××公司员工日常行为规范》及《处理细则》进行讨论,参会的职工代表在《××公司第二届第二次职工代表大会决议》签字确认;2022年11月22日,用工单位向全体员工下发了上述行为规范及细则的通知,小洪在通知上签字确认。派遣公司提交的《劳动合同》中约定"严重违反用工单位规章制度,并被用工单位退回的,视为严重违反甲方规章制度,构成严重违纪",《派遣员工手册》亦规定"派遣员工严重违反用工单位规章制度或者纪律,被用工单位依法退回的,公司可以解除劳动合同",为证明员工手册已履行民主公示程序,派遣公司还提交了《员工代表大会规章制度征求意见表》,以及小洪在《派遣员工手册》尾部的签名。

【争议焦点】

劳务派遣人员严重违规,用工单位将其退回的制度依据,及派遣公司解除劳动合同是否合法。

【判决结果】

法院认为,根据派遣公司提交的《员工代表大会规章制度征求意见表》,能够证明《派遣员工手册》系经过职工代表大会讨论,制定程序合法。小洪在《派遣员工手册》尾部签名确认,应视为其已知悉相关规章制度。由于小洪3次脱岗、离岗被公司(用工单位)退回,严重违反用工单位、用人单位的规章制度,故公司(派遣单位)依据涉案《××公司员工日常行为规范》《劳动合同》《派遣员工手册》解除与小洪的劳动关系符合法律规定,公司(派遣单位)不应支付小洪违法解除劳动合同赔偿金。

【律师解读】

案例中的用工单位通过召开职工代表大会的形式,就规章制度的制定履行了民主程序,并最终向小洪履行了告知程序。在小洪发生严重违规事件后,用工单位依据该制度合法地行使了将小洪退回派遣单位的权利。此后,派遣单位依据双方《劳动合同》的约定以及向全体职工履行告知义务的《员工手册》,且在本单位内经过与职工代表征求意见、协商确定后,将小洪解雇。该案件中无论是用工单位还是派遣单位,全部按照《劳动合同法》相关规定使其制度对企业内员工生效,最终成为人民法院审理案件的有效依据。

案例六

【案例简介】

小文,于2015年4月21日进入青岛某公司,担任质量工程师。2021年5月19日,小文因严重违规,被青岛某公司解除劳动合同。小文向公司主张违法解除劳动合同的赔偿金,认为公司解除合同依据的《员工手册》乃为北京总公司制定,不对其产生效力。为此,公司举证了:2020年1月15日,青岛某公司与北京某公司青岛城阳分公司职工代表(其中青岛某公司职工代表为7名,其余3名北京某公司青岛城阳分公司职工代表)审议《员工手册》并作出决议,决议中载明青岛某公司在征得员工代表、工会意见和建议的基础上,经多次讨论修改、制定《员工手册》,明确了公司的各项制度,员工的权利、义务和应遵循的行为规范等。经人事部报总经理批准后公布,员工代表发言,全体与会代表全体表决,一致通过《员工手册》。最终版由员工签字认可后施行。《员工手册》序言载明:本手册适用范围为北京某公司及其分公司、全资子公司(含青岛某公司)、各地办事处或其他分支机构的全体员工。

【争议焦点】

总公司作为规章制度的制定主体,同时面向总公司及分公司员工履行民主议定程序,并向分公司全体职工公示告知,其制度是否对分公司员工有效。

【判决结果】

法院认为:青岛某公司《员工手册》制定程序合法、内容有效。青岛某公司施行的《员工手册》虽由其母公司北京某公司起草,但该《员工手册》中明确载明该手册适用范围包含青岛某公司,青岛某公司在征得公司职工代表、工会意见和建议的基础上,由职工代表决议通过该《员工手册》,且决议中载明员工签字认可后施行,小文等多名员工亦在该手册附件《承诺》中签字,承诺"本人已详细阅读并完全了解本《员工手册》的内容,作为××公司的员工,我承诺将完全遵照并严格遵守公司制度,并遵守公司随后对本制度不断修改的内容,如果因本人违反规章制度,或使公司利益受损,本人自愿接受处罚,并承担法律责任",且在该手册施行过程中青岛某公司还组织了培训学习活动,尽到了告知义务。综上,法院认为,青岛某公司施行的《员工手册》制定过程中充分保障了职工的参与权与知情权,程序合法。

【律师解读】

案涉的《员工手册》虽然由总公司制定,但其内容面向青岛子公司及分公司的职工代表征求意见,与工会协商确定,最终向全体员工履行了告知义务。对此,法官认为上述程序足以证明该手册内容对青岛地区的子公司及分公司全体员工具有约束力。尽管该生效程序得到了法官的认可,但还是要提醒各用人单位注意,该案的判决仅属于主流观点,实践中也不乏一些相反的裁审观点,认为母子公司的制度必须独立适用,所以建议各单位在公司间制度适用问题上谨慎处理,尽量采取独立制定、独立适用的方法,避免因地区差异导致案件败诉。

第三节 操作指引

【概论】

用人单位通过召开全体职工大会或职工代表大会的形式,履行规章制度制定及修订过程中的民主议定、公示告知程序。

【规章制度制定及修订流程图】

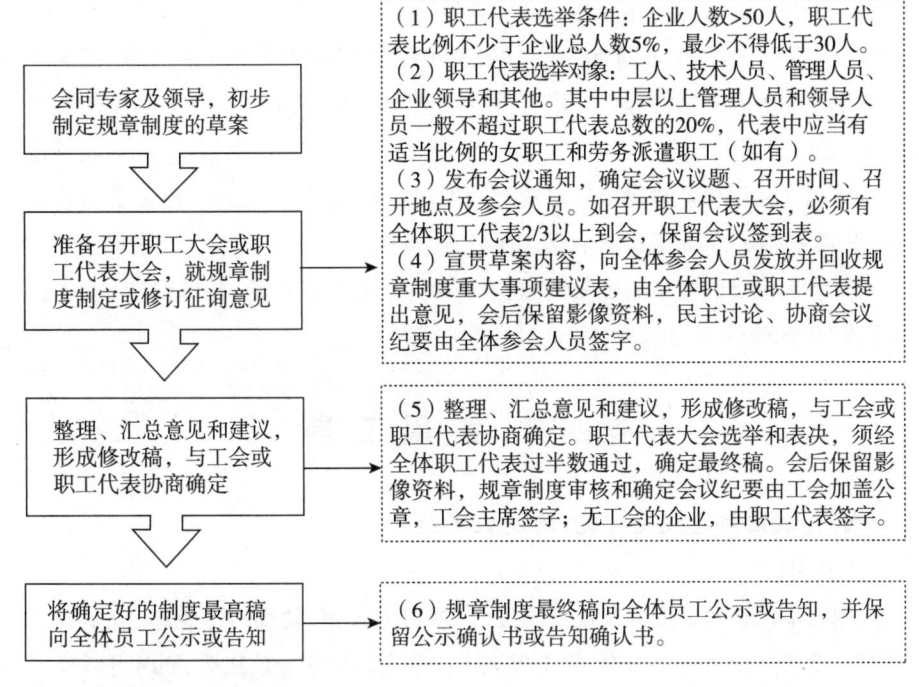

```
会同专家及领导,初步        (1)职工代表选举条件:企业人数>50人,职工代
制定规章制度的草案          表比例不少于企业总人数5%,最少不得低于30人。
       ↓                   (2)职工代表选举对象:工人、技术人员、管理人员、
                           企业领导和其他。其中中层以上管理人员和领导人
准备召开职工大会或职        员一般不超过职工代表总数的20%,代表中应当有
工代表大会,就规章制 →      适当比例的女职工和劳务派遣职工(如有)。
度制定或修订征询意见        (3)发布会议通知,确定会议议题、召开时间、召
       ↓                   开地点及参会人员。如召开职工代表大会,必须有
                           全体职工代表2/3以上到会,保留会议签到表。
                           (4)宣贯草案内容,向全体参会人员发放并回收规
                           章制度重大事项建议表,由全体职工或职工代表提
                           出意见,会后保留影像资料,民主讨论、协商会议
                           纪要由全体参会人员签字。

整理、汇总意见和建议,      (5)整理、汇总意见和建议,形成修改稿,与工会或
形成修改稿,与工会或 →      职工代表协商确定。职工代表大会选举和表决,须经
职工代表协商确定           全体职工代表过半数通过,确定最终稿。会后保留影
       ↓                   像资料,规章制度审核和确定会议纪要由工会加盖公
                           章,工会主席签字;无工会的企业,由职工代表签字。

将确定好的制度最高稿       (6)规章制度最终稿向全体员工公示或告知,并保
向全体员工公示或告知 →     留公示确认书或告知确认书。
```

【说明】

1. 会同专家及领导,初步制定规章制度的草案。

2. 如果用人单位符合召开职工代表大会的条件,先按照规定的比例和程序选举产生职工代表。例如,《甘肃省职工代表大会条例》第4条中规定企业人数高于50人可以召开职工代表大会,否则只能召开职工大会。根据《企业民主管理规定》第8条规定职工代表的比例一般不少于企业总人数的5%,最少不得低于30人。对于部分省市地区有规定的按地区规定执行,如北京、山东,高于100人的企业可以召开职工代表大会,职工代表的人数根据企业人数递进增加。职工代表中应当有工人、技术人员、管理人员、企业领导人员和其他方面的职工。其中中层以上管理人员和领导人员一般不超过职工代表总数的20%,有女职工和劳务派遣职工的企业,代表中应当有适当比例的女职工和劳务派遣职工。

3. 有工会的企业由工会组织会议的召开;无工会的企业,由企业内部行政部门发布会议通知,确定会议的议题、召开时间及召开地点,参会人员可以是全体职工,也可以是职工代表,如果召开职工代表大会的话,正式会议必须有全体职工代表的2/3以上到会,保留"会议签到表"。

4. 会议上需宣贯规章制度草案内容,向全体参会人员发放并回收"规章制

度重大事项建议表",由全体职工或职工代表提出意见,会后保留影像资料,"民主讨论、协商会议纪要"由全体参会人员签字。

5.整理、汇总全体职工或职工代表提出的意见和建议,形成修改稿,通知工会或职工代表召开协商确定会议。需要提醒大家的是,职代会选举和表决相关事项,必须按照少数服从多数的原则,经全体职工代表过半数通过,确定规章制度最终稿。会后保留影像资料,"规章制度审核和确定会议纪要"由工会加盖公章,工会主席签字;无工会的企业,由职工代表签字。

6.将确定好的规章制度最终稿向全体员工公示或告知,并保留"公示确认书"或"告知确认书"。

第四节 实用工具

公司规章制度民主讨论、协商会议纪要

【说明】

用人单位在制定或修改规章制度时,就民主议定、协商讨论程序、公示解读规章制度召开全体员工大会、员工代表大会等所使用的会议纪要,同时可以作为仲裁或诉讼中证明规章制度已经通过民主协商议定程序制定的证据。

文件仅供参考,具体请以实际发生情况灵活掌握。

【适用】

适用于制定或修改规章制度、公示解读召开讨论会议时形成的书面文件。

【基本要素】

①标题;

②会议召开的基本信息;

③会议的主要内容;

④会议的主题;

⑤参会人数;

⑥各项会议议程内容;

⑦参会人员签到表。

【法律风险】

①证明制定规章制度经过民主协商讨论。

②证明制定规章制度经全体职工或职工代表参与。

③证明规章制度制定程序合法。

【公司规章制度民主讨论、协商会议纪要范本】

_____公司规章制度民主讨论、协商会议纪要

会议时间：
会议地点：
会议主持：
会议记录人员：
参会人员：_____
会议纪要：

　　公司根据管理需要制定了《规章制度（征求意见稿）》，依据相关法律规定，公司组织全体参会人员对《规章制度（征求意见稿）》进行民主讨论、协商。会议由×××主持，会议的主要内容纪要如下。

会议确定的主题：
　　由全体参会人员与公司对《规章制度（征求意见稿）》进行协商讨论。
参会人员：
　　会议应到____人，实到____人。
第一项议程：
　　由____对《规章制度（征求意见稿）》进行讲解和说明。以下是主要内容：
　　1. _____；
　　2. _____；
　　3. _____。
第二项议程：
　　由全体参会人员就《规章制度（征求意见稿）》存在疑问、不解的地方进行提问，与会人员一致认为_____对《规章制度（征求意见稿）》的讲解清晰、明了，没有疑问。
第三项议程：
　　由全体参会人员对《规章制度（征求意见稿）》的规定提出方案和意见。
第四项议程：
　　就全体参会人员对《规章制度（征求意见稿）》的意见及建议进行汇总。
　　主要意见及建议如下：
　　1. _____；
　　2. _____；
　　3. _____。
第五项议程：
　　会议确定由公司结合全体参会人员的方案和意见对《规章制度（征求意见稿）》进行修改并制定《规章制度》，交由全体参会人员大会审核、确定。
　　本次会议在民主、和谐的气氛下顺利结束，全体参会人员与公司就《规章制度（征求意见稿）》进行了充分的讨论和协商。

---

1. 公司可以根据当地司法实践程序要求，履行相应民主集中程序。

2. 整个会议纪要的"规章制度"都需要根据实际需要修改为具体的"员工手册""奖惩制度"等，需与实际通过的文件名称一致。

根据《劳动合同法》第4条规定，单位制定与劳动者重大利益相关的制度时，应当经职工代表大会或者全体职工讨论，提出方案和意见，与工会或者职工代表平等协商确定。因此，参会人员应当是全体职工或者全体职工代表出席参加。

会议纪要的内容应当重点突出以下几个方面："规章制度制定""全体职工""全体职工代表""民主协商""民主讨论"。

第一项议程应当是告知全体职工规章制度的内容条款。首先，应当将规章制度下发给全体职工或职工代表；其次，再由单位代表对规章制度进行讲解，并对重点条文进行说明。

第二项议程是配合第一项议程进行的，重点是让全体职工知晓规章制度的内容，进行法定程序的告知。

第三项议程由全体职工代表对规章制度提出修改意见和建议，是法定民主议定程序的重要体现，也是日后作为公司履行民主议定程序的重要证据。

第四项议程是第三项的汇总体现，同样是民主议定程序的重要证据。

第五项议程是明确公司已经履行了民主议定程序的总结。

续表

序号	参加人员	部门	签到	备注
1	（　）		（　）	
2				
3				
4				
5				
6				
7				
…				

附件：与会人员签到表
_____公司规章制度民主讨论、协商会议签到表

此处是公司与全体职工代表进行民主协商议定的证据保留，必须由全体参会人员签名，并且签名应当清晰可辨认，不得潦草涂写。

整个会议纪要的"规章制度"都需要根据实际需要修改为具体的"员工手册""奖惩制度"等，需与实际通过的文件名称一致。

请注意员工名字是否正确，防止错别字。

请确保是员工本人签字，防止代签。

公司规章制度审核和确定会议纪要

【说明】

用人单位在制定或修改规章制度的过程中，会征求劳动者的方案和意见，并在此基础上对规章制度进行修改、完善，直至规章制度确定定稿。在确定定稿时，一般有一个民主通过定稿的过程。这时用人单位可用会议纪要的形式记录下来民主确定的过程。

文件仅供参考，具体请以实际发生情况灵活掌握。

【适用】

适用于制定规章制度，召开通过规章制度定稿会议时形成的书面文件。

【基本要素】

①标题；

②会议召开的基本信息；

③会议的主要内容；

④会议的主题；

⑤参会人数；

⑥各项会议议程内容；

⑦参会人员签到。

【法律风险】

① 证明制定规章制度经过民主协商讨论。

② 证明制定规章制度经全体职工或职工代表参与。

③ 证明规章制度制定程序合法。

④ 证明规章制度向全体职工进行了公示解读,完成公示程序。

【公司规章制度审核和确定会议纪要范本】

<u>　　　　　</u>**公司规章制度审核和确定会议纪要** 〔整个会议纪要的"规章制度"都需要根据实际需要修改为具体的"员工手册""奖惩制度"等,需与实际通过的文件名称一致。〕

会议时间:

会议地点:

会议主持:

会议记录人员:

参会人员: 〔第二次会议的时间,应当在第一次讨论会议的基础上适当后延。〕

会议纪要: 〔此次的参会人员应当与第一次会议参会人员基本相同。〕

　　公司根据管理需要制定了《规章制度(征求意见稿)》,并于<u>　　　</u>年<u>　　</u>月<u>　　</u>日召开全体员工/员工代表大会,由员工对意见稿进行讨论,提出方案和意见。公司结合全体参会人员的方案和意见,确定了《规章制度》。公司组织全体参会人员对《规章制度》进行审核和通过。会议由<u>　　　　</u>主持,会议的主要内容纪要如下。〔需按照实际制度名称修改。〕

会议确定的主题:

　　由参会人员与公司对《规章制度》审核和通过。

参会人员:

　　会议应到<u>　　</u>人,实到<u>　　</u>人。

第一项议程: 〔第一项议程与民主讨论会议相同,对规章制度做基本讲解,对重要规章制度条款进行重点说明。〕

　　由<u>　　　　</u>对《规章制度》进行讲解和说明。以下是主要内容:

　　1. <u>　　　　　　　　　　　　　　　　　　　　　　　　</u>;

　　2. <u>　　　　　　　　　　　　　　　　　　　　　　　　</u>;

　　3. <u>　　　　　　　　　　　　　　　　　　　　　　　　</u>。

第二项议程: 〔第二项议程重点强调规章制度制定中,全体职工参与和平等协商确定的过程。根据法律规定,单位应当与职工代表尽量进行"平等协商",如果协商不能达成一致意见,单位有单方决定权。〕

　　由参会人员就《规章制度》对征求意见稿的修改部分进行审核。经仔细审核,参会人员一致认为《规章制度》在征求意见稿的基础上,充分考虑了参会人员对征求意见稿的方案和意见,体现了员工意志,体现了民主性。

第三项议程:

　　公司与参会人员一致确认《规章制度》为最终定稿,并确定于<u>　　　</u>年<u>　　</u>月<u>　　</u>日颁布施行。

续表

序号	参加人员	部门	签到	备注
	附件：与会人员签到表			
	_____公司规章制度审核和确定会议签到表			
1	（　）		（　）	
2				
3				
4				
5				
6				
7				
…				

旁注：
- 整个会议纪要的"规章制度"都需要根据实际需要修改为具体的"员工手册""奖惩制度"等，需与实际通过的文件名称一致。
- 请注意员工名字是否正确，防止错别字。
- 请确保是员工本人签字，防止代签。

规章制度告知确认书

【说明】

用人单位在制定各种规章制度时，往往涉及劳动者的切身利益，劳动者对用人单位作出的影响其切身利益的决定有知悉权。同时，劳动者也可以针对用人单位违反法律规定做出损害劳动者切身利益的行为，提出解除劳动合同并要求其支付经济补偿。因此，用人单位制定规章制度告知确认书就显得尤其重要。规章制度的确认表明劳动者已经知悉用人单位的各种决策和规定，同时也表明其接受用人单位的规章制度的管理。因此，此确认书为用人单位的必备表单之一。

文件仅供参考，具体请以实际发生情况灵活掌握。

【适用】

用人单位制定各项规章制度，保证劳动者的知悉权及制度公示的有效性。

【基本要素】

①标题；

②员工的基本信息；

③阐明员工已详细阅读和全面了解规章制度；

④规章制度的版本信息；

⑤本人承诺；

⑥当事人确认；

⑦员工签收情况备注。

【法律风险】

①避免劳动者未知悉而未生效的法律风险。

②避免规章制度对劳动者不具有约束力的法律风险。

【规章制度告知确认书范本】

规章制度告知确认书

本人_____（身份证号：_____）已详细阅读并已全面理解公司的×××版×××规章制度。

本人承诺：将严格遵守公司的规章制度，如有违反，本人将接受公司按照相关规定进行的各类处理。

特此确认。

确认人：
年　月　日

用于用人单位制定相应规章制度后，为履行告知程序，保证员工的知悉权，以及制度的有效性，特别定此确认书，保障员工已经详细知悉。

需要本人亲自签字确认，保障本人阅读的真实性。

根据实际版本填写，尽可能填写全部需要告知员工的规章制度。

要求员工当面签字，防止代签。

确定日期的时间为制度颁发后，保证其真实合法性。

规章制度培训记录表

【说明】

"无规矩不成方圆"，规章制度越来越受到企业和员工的关注。一个合法、有效的规章制度有助于企业合法、合理地管理员工，行使企业的用工自主权，并可以作为处罚员工的重要依据。

然而，在大量的劳动争议案件中，我们发现很多企业的规章制度不仅没有相应民主程序，而且也没有经过公示程序，导致企业规章制度不仅违反了相关的法律法规，而且在劳动争议中，员工以不知晓公司的规章制度使得企业在遇到劳动争议时只能被动地处理，甚至承担败诉的风险。

因此企业若想规避相关的法律风险，不仅需要民主程序合规合法，更需要完善的告知程序，如规章制度的培训，以此作为日后解除劳动关系的有利证据，降低企业的法律风险。因此，规章制度培训记录表应作为用人单位的重要表单之一。

文件仅供参考，具体请以实际发生情况灵活掌握。

【适用】

用人单位给员工进行规章制度培训时所留存的材料。

【基本要素】

①列明被通知人培训的时间和地点；

②列明被通知人培训的内容；

③列明被通知人培训的内容摘要。

【法律风险】

①避免用人单位安排培训但未记录的法律风险。

②避免不能提供培训证据的法律风险。

③避免员工否认用人单位安排过培训的风险。

【规章制度培训记录表范本】

规章制度培训记录表

按照公司具体规章制度名称进行填写。

培训时间：		培训题目：
培训人：		培训方式：
地点：		记录人：
培训内容摘要：		
参会人员签字：		

参会人员本人面签。

规章制度考试试卷

【说明】

用人单位在制定各种规章制度时，往往涉及劳动者的切身利益，劳动者对用人单位作出的影响其切身利益的决定有知悉权。同时，劳动者也可以依据用人单位违反法律规定做出损害劳动者切身利益的行为，而提出解除劳动合同并要求其支付经济补偿。因此，用人单位履行规章制度公示告知程序就显得尤其重要。

通过制度考试试卷表明劳动者已经经过学习、考试评价知悉用人单位的各种决策和规定，同时也表明其接受用人单位的规章制度的管理。因此，制度考试试卷为用人单位制度公示告知程序之一。

文件仅供参考，具体请以实际发生情况灵活掌握。

【适用】

用人单位制定各项规章制度，保证劳动者的知悉权及制度公示的有效性。

【基本要素】
①考试所涉及制度名称；
②员工的基本信息；
③考试题目；
④得分；
⑤提交人签字和日期。

【法律风险】
避免劳动者主张其未知悉规章制度的法律风险。

【规章制度考试试卷范本】

规章制度考试试卷

（此试卷每题____分,80分为及格,100分为满分）

姓名：_____ 部门：_____ 考试日期：_____ 分数：_____

1. 因公外出办事应提前_____填写《员工公出单》，经____经理批准后方可外出。
   A. 1天　　　　　B. 2天　　　　　C. 0.5天

2. 特殊情况下确需加班的，必须履行事前申请和审批流程，并填写《加班申请表》，得到批准后，方能加班。加班时间以小时计算，最小计量单位为_____。
   A. 1小时　　　　B. 0.5小时　　　C. 2小时

3. 员工应当在每年的_____之前休完全部法定年休假。
   A. 12月31日　　 B. 次年3月31日　C. 均可

……（略）

注：①80分以下需要补考。
②培训考试成绩纳入员工综合评估。
③员工答题前已充分知悉公司_____制度，并已认真学习。

提交人：_____　时间：_____

（本试卷仅为样稿作为参考，公司应根据自身制度内容进行题目设计。务必要求员工本人面签。）

（员工本人签字。）

第五节　法律法规及政策指南

《劳动法》

第四条　用人单位应当依法建立和完善规章制度，保障劳动者享有劳动权利和履行劳动义务。

《劳动合同法》

第四条　用人单位应当依法建立和完善劳动规章制度，保障劳动者享有劳动权利、履行劳动义务。

用人单位在制定、修改或者决定有关劳动报酬、工作时间、休息休假、劳动安全卫生、保险福利、职工培训、劳动纪律以及劳动定额管理等直接涉及劳动者切身利益的规章制度或者重大事项时，应当经职工代表大会或者全体职工讨论，提出方案和意见，与工会或者职工代表平等协商确定。

在规章制度和重大事项决定实施过程中，工会或者职工认为不适当的，有权向用人单位提出，通过协商予以修改完善。

用人单位应当将直接涉及劳动者切身利益的规章制度和重大事项决定公示，或者告知劳动者。

《北京市高级人民法院、北京市劳动人事争议仲裁委员会关于印发〈北京市高级人民法院、北京市劳动人事争议仲裁委员会关于审理劳动争议案件解答（一）〉的通知》

63.用人单位在《劳动合同法》实施前制定的规章制度的效力如何认定？

用人单位在《劳动合同法》实施前制定的规章制度，虽未经过《劳动合同法》第四条第二款规定的民主程序，但内容未违反法律、行政法规及政策规定，并已向劳动者公示或告知的，可以作为用人单位用工管理的依据。

《天津市高级人民法院关于印发〈天津法院劳动争议案件审理指南〉的通知》

23.对于《中华人民共和国劳动合同法》第四条第二款规定的规章制度，用人单位制定时经过以下程序之一的，可以认定为已经经过民主议定程序：

（1）经过职工代表大会或者全体职工讨论协商；

（2）与用人单位工会平等协商；

（3）与用人单位职工代表平等协商。

《江苏省高级人民法院、省劳动争议仲裁委员会关于印发〈关于审理劳动争议案件的指导意见〉的通知》（已失效）

第十八条　用人单位在《劳动合同法》实施前制定的规章制度，虽未经过《劳动合同法》第四条规定的民主程序，但其内容不违反法律、行政法规及政策规定，且不存在明显不合理的情形，并已向劳动者公示或者告知的，可以作为处理劳动争议的依据。

用人单位在《劳动合同法》实施后制定、修改规章制度，经法定民主程序与工会或职工代表协商，但未达成一致意见，若该规章制度的内容不违反法律、行政法规的规定、不存在明显不合理的情形，且已向劳动者公示或者告知的，可以作为处理劳动争议的依据。

有独立法人资格的子公司执行母公司的规章制度,如子公司履行了《劳动合同法》第四条规定的民主程序,或母公司履行了《劳动合同法》第四条规定的民主程序且在子公司内向劳动者公示或告知的,母公司的规章制度可以作为处理子公司劳动争议的依据。

《浙江省高级人民法院民一庭关于审理劳动争议案件若干问题的意见》

第三十四条　用人单位在《劳动合同法》实施前制定的规章制度,虽未经过该法第四条第二款规定的民主程序,但内容未违反法律、行政法规、政策及集体合同规定,不存在明显不合理的情形,并已向劳动者公示或告知的,可以作为人民法院审理劳动争议案件的依据。

《劳动合同法》实施后,用人单位制定、修改或者决定直接涉及劳动者切身利益的规章制度或者重大事项时,未经过该法第四条第二款规定的民主程序的,一般不能作为人民法院审理劳动争议案件的依据。但规章制度或者重大事项决定的内容未违反法律、行政法规、政策及集体合同规定,不存在明显不合理的情形,并已向劳动者公示或告知,且劳动者没有异议的,可以作为人民法院审理劳动争议案件的依据。

《广东省高级人民法院、广东省劳动争议仲裁委员会关于适用〈劳动争议调解仲裁法〉、〈劳动合同法〉若干问题的指导意见》(已失效)

第二十条　用人单位在《劳动合同法》实施前制定的规章制度,虽未经过《劳动合同法》第四条第二款规定的民主程序,但内容未违反法律、行政法规及政策规定,并已向劳动者公示或告知的,可以作为用人单位用工管理的依据。

《劳动合同法》实施后,用人单位制定、修改直接涉及劳动者切身利益的规章制度或者重大事项时,未经过《劳动合同法》第四条第二款规定的民主程序的,原则上不能作为用人单位用工管理的依据。但规章制度或者重大事项的内容未违反法律、行政法规及政策规定,不存在明显不合理的情形,并已向劳动者公示或告知,劳动者没有异议的,可以作为劳动仲裁和人民法院裁判的依据。

《深圳市中级人民法院关于审理劳动争议案件的裁判指引》

七十二、用人单位在《劳动合同法》实施前制定的规章制度,虽未经过《劳动合同法》第四条第二款规定的民主程序,但内容未违反法律、行政法规及政策规定,并已向劳动者公示或告知的,可以作为用人单位用工管理的依据。

《劳动合同法》实施后,用人单位制定、修改直接涉及劳动者切身利益的规章制度或重大事项时,未经过《劳动合同法》第四条第二款规定的民主程序的,原则上不能作为用人单位用工管理的依据。但规章制度或重大事项的内容未违反法律、行政法规及政策规定,不存在明显不合理的情形,并已向劳动者公示或告知的,劳动者没有异议的,可以作为用人单位用工管理的依据。

七十三、《劳动合同法》第四条第二款规定的"平等协商确定"主要是指程序上的要求,如果平等协商无法达成一致,最后决定权在用人单位。如该规章制度违反法律法规的规定,给劳动者造成损害的,劳动者可依据《劳动合同法》第八十条寻求救济。

第六节　企业用工风险测评

企业的人力资源管理工作中存在以下常见问题:

1. 不清晰人力资源管理中的法律风险点,不清晰法律规定和实务操作之间的差别;

2. 规章制度、员工手册等陈旧,不与时俱进,合理性和合法性存在问题;

3. 人力资源管理工作没有制度化、规范化、流程化,使 HR 管理人员工作流于日常琐碎,与人力资源专员工作无异,不能将精力投放到人力资源的战略管理和企业文化的建设当中来;

4. 人力资源管理中一些必备的合同、协议经不起推敲,达不到明确权利义务的效果;

5. 错发、乱发通知书、证明等。

针对以上问题,结合劳动争议案件仲裁和诉讼实务经验,通过一些简单的测评题帮助企业更快认识、解决人力资源管理过程中的风险。提早发现,尽早预防。

评估报告:

请根据腰封、书签指引查看"企业用工风险评估报告"。如果您不慎丢失了腰封或书签,请随时联系主编客服团队。客服人员将协助您获取评估报告。

1. 公司制定规章制度的程序是(　　)

A. 经职工代表大会讨论后颁布　　　　B. 经全体职工讨论后颁布

C. 与工会或者职工代表平等协商后颁布　　D. 总经理审批后颁布

E. 制定后直接颁布

问题设计目的:

为了了解公司的规章制度是否通过民主程序制定或修改,以及通过哪种民主程序制订和修改。

法律分析：

《劳动合同法》和相关司法解释对用人单位制定规章制度的程序进行了严格的规定。规章制度的内容必须经过民主程序确定。规章制度的制定程序的关键是要保证制定出来的规章制度内容具有民主性和科学性。用人单位在制定、修改或者决定直接涉及劳动者切身利益的劳动报酬、工作时间、休息休假、劳动安全卫生、保险福利、职工培训、劳动纪律以及劳动定额管理等规章制度或者重大事项时，应当经职工代表大会或者全体职工讨论，提出方案和意见，与工会或者职工代表平等协商确定。规章制度必须经过讨论、提案、协商的民主程序。最高人民法院在其司法解释中规定，通过民主程序制定的规章制度才可以作为审理案件的依据。《最高人民法院关于审理劳动争议案件适用法律问题的解释（一）》第50条规定，用人单位根据《劳动合同法》第4条规定，通过民主程序制定的规章制度，不违反国家法律、行政法规及政策规定，并已向劳动者公示的，可以作为确定双方权利义务的依据。

用人单位制定的内部规章制度与集体合同或者劳动合同约定的内容不一致，劳动者请求优先适用合同约定的，人民法院应予支持。

2.公司修改、补充规章制度的程序是（　　）

A.经职工代表大会讨论后修改　　　B.经全体职工讨论后修改

C.与工会或者职工代表平等协商后修改　　D.总经理审批后修改

E.直接修改实施

问题设计目的：

为了了解公司规章制度的修改、补充是否经过民主程序协商确定。

法律分析：

根据《劳动合同法》和相关司法解释规定，法律对用人单位修改、补充规章制度的程序进行了严格的规定。用人单位在制定、修改或者决定直接涉及劳动者切身利益的劳动报酬、工作时间、休息休假、劳动安全卫生、保险福利、职工培训、劳动纪律以及劳动定额管理等规章制度或者重大事项时，应当经职工代表大会或者全体职工讨论，提出方案和意见，与工会或者职工代表平等协商确定。规章制度必须经过讨论、提案、协商的民主程序。最高人民法院在其司法解释中规定，通过民主程序制定的规章制度才可以作为审理案件的依据。《最高人民法院关于审理劳动争议案件适用法律问题的解释（一）》第50条规定，用人单位根据《劳动合同法》第4条规定，通过民主程序制定的规章制度，不违反国家法律、行政法规及政策规定，并已向劳动者公示的，可以作为确定双方权利义务的依据。

用人单位制定的内部规章制度与集体合同或者劳动合同约定的内容不一致,劳动者请求优先适用合同约定的,人民法院应予支持。

3.公司规章制度对员工的公示形式是(　　)

A.员工入职时统一签收或确认　　　B.公告栏张贴

C.作为劳动合同附件列明　　　　　D.培训学习并签到

问题设计目的:

为了了解公司的规章制度向员工公示的形式,以便公司采用正确的公示方式将规章制度公示给员工。

法律分析:

劳动合同法严格规定了用人单位规章制度制定的程序和生效条件。经过法定程序制定并向劳动者公示后规章制度才生效。尽量避免如下公示方法:(1)网站公布(举证困难);(2)电子邮件告知(举证困难);(3)公告栏、宣传栏张贴(举证困难)。

4.公司是否存在统一适用母公司规章制度的情形?(　　)

A.是　　　　　　　　　　　　　　B.否

问题设计目的:

为了了解公司是否存在将母公司的规章制度直接适用子公司的情形,如果存在会有哪些法律风险。

法律分析:

母公司与子公司均是独立的法人,各自独立承担民事责任。虽然母公司通过控股或者契约方式能够实际控制子公司的经营管理决策,但并不等于母公司制定的规章制度能够直接适用于子公司的员工。基于劳动合同的相对性,子公司劳动者的相对方是子公司而非母公司,即子公司劳动者的用人单位是子公司而非母公司。因此,母公司制定的规章制度并不当然对子公司的员工具有约束力。

第二章

规章制度的制定

第一节 企业常见用工风险点

本节重点

- 制定规章制度是否属于法律强制性规定？
- 劳动规章制度的种类应该包括哪些？
- 员工手册与规章制度有何区别？
- 规章制度的体例架构如何设计？
- 规章制度是否对企业内的非劳动关系人员产生约束力？
- 用人单位能否利用规章制度约束员工工作时间以外的行为？
- 规章制度条款就同一内容产生冲突或理解分歧，如何适用？
- 规章制度与劳动合同内容发生冲突时，优先适用哪一个？
- 适用惩罚制度对违规员工实施处分时，应注意哪些原则？
- 规章制度内容不合法、不合理，会产生什么样的法律后果？

一、制定规章制度是否属于法律强制性规定？

说明：根据《劳动合同法》相关规定，制定规章制度既是企业的权利，也是企业的义务，企业不制定规章制度不当然违反法律规定，但从管理角度而言，劳动规章制度是企业内部的"法规"，是用人单位制定的组织劳动过程和进行劳动管理的规则的总和，正所谓无规矩不成方圆，所以站在管理角度，还是建议企业建立严而有序的制度规则。

除此之外，《最高人民法院关于审理劳动争议案件适用法律问题的解释（一）》第50条第1款规定，"用人单位根据劳动合同法第四条规定，通过民主程序制定的规章制度,不违反国家法律、行政法规及政策规定,并已向劳动者公示的,可以作为确定双方权利义务的依据"。也就是说,如果企业不制定一份有效的规章制度,未来在面对劳动争议案件时,可能不利于为自身抗辩提供依据。

二、劳动规章制度的种类应该包括哪些?

说明: 规章制度内容广泛,包括用人单位经营管理的各个方面,实践中,用人单位应当根据本单位的实际情况,结合本单位生产经营活动的特点,明确具体岗位、部门应当遵守的制度。一般而言,劳动规章制度的内容主要包括:

1. 劳动用工制度,包括职工招用、培训教育、劳动合同管理、工作时间、休息休假、工资福利、社会保险福利待遇等内容;

2. 职工劳动纪律,包括劳动纪律、职工守则、保密制度、奖励和惩罚制度内容;

3. 其他用人单位需要的劳动规章制度。

三、员工手册与规章制度有何区别?

说明: 员工手册和规章制度虽然都是企业管理的重要组成部分,但它们在内容、功能作用上存在明显的区别。员工手册更侧重于企业内部的员工行为规范,同时承载传播企业形象和企业文化功能,是有效的管理工具,也是员工的行动指南;而规章制度则更侧重于具体的劳动管理规定,它规范指引企业部门工作与职工行为,是完善劳动合同制度、解决劳动争议不可缺少的有力手段。

四、规章制度的体例架构如何设计?

说明: 通常情况下,劳动规章制度的体例架构分为3部分,分别是前言部分、主文部分、附则部分(见表7-3):

表7-3 规章制度的体例架构

体例架构	内容	注意事项
前言部分	主要内容包括规章制度的制定依据、制定目的、制定原则、适用范围、相关术语解释等	·制定目的是指所制定的规章制度要获得的直接结果的高度概括,制定目的作为规章制度的必备条款,应当在规章制度的"第一条"做出表述。 ·制定依据是指所制定的规章制度的法律依据和事实根据。法律依据主要指依据的具体法律、法规、规章、政策等,事实依据主要是指企业的实际情况。可表述为"根据有关法律、法规及××规定,结合本公司实际,制定本规定"

续表

体例架构	内容	注意事项
前言部分		·规章制度的适用范围,是指规章所适用的空间、人和行为。例如,"本规定适用于公司本部、各大区及下属分中心与公司建立劳动关系的员工"
主文部分	主要内容包括制定机构及职责,执行规章制度的具体方式方法,详细的权利义务要求,责任追究等	·其中管理机构是指规章制度确定的主要管理某一方面工作的部门或协助管理某一方面工作的部门。例如,"××部门和××部门是××工作的主管部门,分别在××、××范围内负责××"
附则部分	主要内容包括规章制度的解释权、生效日期、过渡性条款等	·规章制度的实施日期,可以表述为"本规定自××年××月××日起实施",或"本规定自公布之日起实施"。 ·所谓过渡性条款,即新设定的规范对既存事实和行为的溯及力问题做出的限制性规定和过渡性安排。例如,"本规定实施前××(原既存事实和行为),应当自本规定施行之日起××期限内,按照本规定的规定办理"

五、规章制度是否对企业内的非劳动关系人员产生约束力?

说明:企业内的规章制度,通常只对受劳动关系调整的员工有约束力,对企业内非劳动关系雇员(以下简称非劳人员)不当然产生效力,除非双方就制度适用问题有相关约定,或在制定制度过程中,非劳人员参与了民主议定环节,并对其进行公示,此时,该制度才对非劳人员有约束力。实践中,建议企业根据规章制度的具体内容,选择性适用于非劳人员,如果具有劳动关系特征的制度适用于非劳人员,对非劳人员进行过多的用工干预,使其具备人身隶属性、经济依附性的特征,那么非劳用工也有被认定为劳动用工的风险。

六、用人单位能否利用规章制度约束员工工作时间以外的行为?

说明:规章制度主要是用来规范员工在工作时间内的工作行为和劳动纪律,确保工作场所的正常运作。原则上讲,用人单位的规章制度只在工作时间对劳动者有约束力,对于工作以外的时间,规章制度无权约束。比如,有些企业规定员工"下班后不能打黑车""在家里要孝敬父母",这些超出工作时间外的个人行为,都不受企业规章制度的约束。除非员工在工作时间外的个人行为间接影响到公司的利益,如穿着企业制服的员工在自媒体上发表不当言论,这种情形可能会间接损害公司的名誉及声誉。对于此类情形,在有相关条款约定的情况下,可以通过规章制度来约束员工。

七、规章制度条款就同一内容产生冲突或理解分歧,如何适用?

说明: 劳动立法的基本立场在于保护劳动关系双方当事人的正当合法权益,同时按照有利于劳动者的原则给予劳动者适当倾斜保护。又因为用人单位享有依法制定劳动纪律和规章制度对劳动者行使劳动管理的权利,这就使得劳动者在劳动法律关系中处于从属性地位。因此,我们有理由认为,规章制度中就同一内容出现条款冲突,或双方对条文的理解产生分歧时,应作出有利于劳动者的解释。

八、规章制度与劳动合同内容发生冲突时,优先适用哪一个?

说明: 根据《最高人民法院关于审理劳动争议案件适用法律问题的解释(一)》第50条规定,用人单位根据《劳动合同法》第4条规定,通过民主程序制定的规章制度,不违反国家法律、行政法规及政策规定,并已向劳动者公示的,可以作为确定双方权利义务的依据。用人单位制定的内部规章制度与集体合同或者劳动合同约定的内容不一致,劳动者请求优先适用合同约定的,人民法院应予支持。

由此我们可以看出,司法实践中,当规章制度与劳动合同内容发生冲突的时候,劳动者请求适用劳动合同约定的,可以作为案件审理的依据。

九、适用惩罚制度对违规员工实施处分时,应注意哪些原则?

说明: 惩罚制度作为企业内部规范员工行为准则,实施处罚管理的重要依据,企业在制定和适用该制度时,应格外注意以下几点原则,避免因适用不当承担违法责任:

1. 注意累计处罚的周期。实践中,对于一些"大错不犯,小错不断"的员工而言,大多企业会制定累计处分的惩罚制度,即当员工的某种轻度违规行为发生频次过高时,企业将给予其更高一级别的处罚办法,直至解除劳动合同。但实操中,因累计处分的周期设置不当,很多用人单位在落地执行累计处分惩罚制度时会发生一些尴尬情形,比如公司规定"自然年内累计两次警告处分视为一次严重警告处分",当员工两次警告处分分别发生在当年12月和次年1月时,就超出了1个"自然年"的累计周期,无法视为严重警告。为此,用人单位在撰写累计

处分条款时,应尽量考虑周全,保证制度的可执行性,关于累计处分的建议条款如下:

(1)自第1次受到或视为严重警告处分之日起,1年内受到或视为两次严重警告处分,公司可解除劳动合同;

(2)自然年内第3次发生本制度第×条中一般过错或失职行为之一的,给予严重警告处分;

(3)在职期间第5次发生本制度第×条中一般过错或失职行为之一的,予以解除劳动合同;

(4)在职期间第2次发生本制度第×条中较为严重过错或失职行为之一的,予以解除劳动合同。

2.注意惩罚的有效期间。对于惩罚的有效期间,司法实践中一直存在两项争议,一是当员工发生违规行为后,企业最晚于多长时间内可以对员工实施处分;二是该处分形成后是否存在有效期。

对于前者,法律并没有给予明确的规定,仅部分省市地区有自己的规定,比如浙江省规定"用人单位一般应在知道或者应当知道之日起5个月内行使劳动合同解除权"。天津市规定"应自知道或应当知道劳动者存在上述情形(指违规行为)之日起6个月内作出解除劳动合同的决定"。辽宁省规定"用人单位应当从知道或者应当知道职工违反规章制度行为之日起一年内作出处理决定。逾期未处理的,不得再追究其责任"。实践中,地区有参考规定的,适用地区规定,地区无规定的,建议用人单位在合理的有效期间尽快作出处罚的决定,建议最长不超过半年。另外需要提醒大家的是,当违规行为产生的时间与被发现的时间相差过远时,其惩罚的有效期间从用人单位知道或者应当知道之日起计算。

针对后者,处分形成后是否存在有效期问题,劳动法律法规中亦未见明文规定,原则上用人单位可以不设置处分的有效期,如果要设置的话,企业可以自定义,或者参考《事业单位工作人员处分规定》第5条规定,事业单位工作人员接受处分的期间为:警告,6个月;记过,12个月;降低岗位等级,24个月。

3.注意一事不可二罚。实践中应注意员工的同一违规行为不可给予两次处罚,如张三是公司某项目的关键成员,因不服从管理、旷工等多起违规行为,按主观程度、行为恶劣程度,足以构成严重违规,但因公司人才短缺,暂时给予严重警告处分,待项目结束后,公司又以原违规事实解除合同。这种"一事二罚"的行为,严重不具备合理性,且违背处罚的原则。司法实践中将会认定公司违法解除。

4.必要的术语解释。惩罚制度中对于员工违规行为轻重程度的描写,难免会使用一些非量化的副词,如"给企业造成重大损害的,给予解除劳动合同处理",但该类条款因为没有做出具体的量化描述,用人单位在适用该条款时将面临违法解除的风险。对此,用人单位应在制度中对程度副词进行量化解释,如"重大损害包括但不限于给单位造成经济损失×××元及以上的,造成人员伤亡的,造成企业停产停工超过1天的……"与此同时,其他容易引起歧义的术语、词汇,亦应进行详细的描述或定义,保证规章制度的可执行性。

5.避免经济性罚款。实践中很多用人单位问,对员工实施警告、记过等处罚时,可否一并实施经济性罚款,这里需要明确告知用人单位,企业是不具备经济性罚款权利的,用人单位对员工罚款的行为属于克扣劳动者劳动报酬,会导致劳动者追偿,甚至引发被迫辞职的法律风险。为此,企业的惩罚制度中应杜绝出现"罚款"的字眼。需要额外说明的是,虽然企业不具备经济处罚权,但企业具备经济管理权,具体表现在企业可以扣减员工的奖励性工资科目,如绩效、奖金等。所以建议用人单位合理规划员工的工资结构,合理行使用工自主权。

6.关于申诉程序。为保证处罚决定的公平合理,很多用人单位提倡在惩罚制度中设置申诉程序,即劳动者收到处罚通知后,几个工作日内以书面形式提出异议,未提异议视为认可企业的处罚决定。该条款一经写入制度,严格意义上讲,员工在未履行申诉程序前,企业的处罚决定尚处于未生效状态,尤其对于解除劳动合同的处罚,这无疑给用人单位增加了解除难度,附加了举证责任。为降低处罚决定的风险,建议各单位将申诉程序设置成处罚过程中的非必经程序,减少用人单位举证责任。建议条款如下:

"申诉是公司赋予员工的权利,而非违规处罚的必经程序。对于主观故意、行为恶劣、后果严重、事实清楚等情况下,公司将不给予员工申诉权。其他情形公司视情况决定,无论员工是否行使该权利,均不影响公司作出处分决定。"

7.违规处罚无制度依据时的处理。用人单位在制定惩罚制度时,不太可能详尽员工所有可能发生的违规行为,实践中,当员工的严重违规行为与惩罚制度条款无法匹配时,用人单位便丧失了解除的依据。对此,司法实践中有这样一种审判意见,在用人单位没有规章制度或规章制度不完善的情况下,用人单位可基于劳动者对劳动纪律或职业道德的违反而解除劳动合同。

例如,北京市高级人民法院、北京市劳动人事争议仲裁委员会2024年4月30日发布的《关于审理劳动争议案件解答(一)》第80问提到:《劳动法》第3条第2款中规定:"劳动者应当遵守劳动纪律和职业道德"。上述规定是对劳动者的基本要求,即便在规章制度未作出明确规定、劳动合同亦未明确约定的情况下,如劳动者存在严重违反劳动纪律或职业道德的行为,用人单位可以依据《劳动法》第3条第2款的规定与劳动者解除劳动合同。

持有相同观点的地区还有:上海、江苏、浙江、安徽、广州、深圳、重庆等地,尽管大量司法判例给予了支持,但仍需提醒各用人单位,企业依据《劳动法》第3条第2款以及《劳动法》第25条第2项辞退严重违纪员工,存在可行性,但是风险极大。要结合员工违规行为的严重程度、违反劳动纪律的严重后果来作出合理的决定,避免不当解除带来的法律风险。

十、规章制度内容不合法、不合理,会产生什么样的法律后果?

说明:根据《劳动合同法》及相关法律法规规定,企业制定的规章制度应确保内容合法且合理,即不得违反国家法律、行政法规及政策规定,不得违反公序良俗。实践中看到有部分企业在制定规章制度时,过度行使用工自主权,其管理规定明显违反法律规定,如强制劳动者加班、不安排劳动者休年休假、对劳动者实行罚款等行为;还有很多用人单位制定了一些不合理的制度条款,如规定女职工在职期间不得婚育、请假超过3天扣4天工资、上厕所需要审批等,这些管理规则都严重侵害劳动者的劳动权益。

当企业规章制度不具备合法性及合理性时,将承担以下法律后果:(1)由劳动行政部门责令改正,给予警告;(2)给劳动者造成损害的,承担赔偿责任;(3)规章制度不合法给劳动者造成损害的,劳动者还可依据《劳动合同法》第38条规定行使被迫辞职权,主张经济补偿;(4)用人单位依据不合法不合理的规章制度与劳动者解除劳动合同,将面临违法解除的赔偿责任。

第二节 经典案例

案例一

【案例简介】

小洪于2019年3月入职某贸易公司。2021年4月某晚,小洪与另4名公司员工聚餐时因琐事争吵,并发生轻微肢体冲突,造成同行他人不同程度的人身伤害及其他物损。后民警到场处置调解,未对小洪采取治安拘留或其他强制措施。事后,某贸易公司认为聚餐系工作关系的延续,小洪上述行为已严重违反公司规章制度,遂向小洪送达了辞退通知书。小洪不服公司上述处理,起诉要求公司支付违法解除劳动合同赔偿金。

【争议焦点】

用人单位是否可以利用单位内的规章制度约束员工工作时间以外的行为。

【判决结果】

法院经审理认定,某贸易公司关于晚间聚餐应视为工作关系的延续缺乏事实及法律依据,公司相关规章制度亦未有关于员工在工作时间及工作场所以外的行为要求。至于当日发生冲突的起因,小洪是否存在主动挑起争端、故意毁坏财物、殴打他人行为等违法情节,结合公安机关对当晚"肢体冲突"事件的认定中并未进行责任划分的处理结果,无法推定小洪存在主观恶意。据此,法院认定某贸易公司解除与小洪之间的劳动合同,缺乏事实与法律依据,属于违法解除劳动合同。

【律师解读】

通常,除法律另有规定的、用人单位规章制度可以规范劳动者的情形之外,用人单位制定的规章制度对于劳动者的非工作行为没有规范效力,不能作为约束劳动者非工作时间活动的依据。

本案中,聚餐时间为下班后,聚餐地点在单位场所外,在用人单位未提供特别规定的情况下,劳动者在该时间段的行为不受规章制度的制约。所以用人单位以违纪为由解除劳动合同时,应当审慎判断劳动者行为的违法程度与违纪认定的适应性,不得任意扩大规章制度的适用范围。

案例二

【案例简介】

原告(小文)向被告(某公司)主张2018年2月至2020年9月期间加班工资232,358元。被告处《员工手册》第2.3.4条规定"对于各部门主管及以上管理人员,加班一般以调休作为补偿,不计发加班工资,此类员工加班后应在当年(12月31日前)及时申请调休并休完,否则视为自动放弃"。双方劳动合同约定"被告因工作需要必须安排原告加班加点的,应依法给予原告补休或支付加班加点工资原告加班加点的工资基数为每月26,000元"。为此,双方对于规章制度及劳动合同的适用问题产生争议。

【争议焦点】

规章制度与劳动合同内容发生冲突时,劳动者是否可以请求适用劳动合同?

【判决结果】

法院认为:根据《最高人民法院关于审理劳动争议案件适用法律问题的解释(一)》第50条第2款的规定,用人单位制定的内部规章制度与集体合同或者劳动合同约定的内容不一致,劳动者请求优先适用合同约定的,人民法院应予支持。故法院对原告要求被告按照劳动合同的约定支付2018年2月至2019年9月期间加班工资的请求,依法予以支持。

【律师解读】

根据司法解释规定,用人单位制定的内部规章制度与集体合同或者劳动合同约定的内容不一致,劳动者可以请求优先适用合同约定。另外,根据对劳动者有利的原则,对同一内容劳动合同约定比规章制度规定更严苛时,有法院认为用人单位无权请求优先适用劳动合同。因此,公司在签订劳动合同及制定规章制度时,应注意相互协调,可以通过制定或修改规章制度对劳动合同未涉及的内容进行规定或细化,但若涉及与劳动合同相冲突的,应签订劳动合同变更协议。

案例三

【案例简介】

某公司《员工手册》第72条列举了违纪处分的形式,即一般警告、严重警告和解除劳动合同,并规定,凡经发出1次严重警告后,倘再犯一般警告或严重警告的过失,公司可解除劳动合同。《员工手册》第75条列举了解除劳动合同的具体情形,其中包括1年内受到2次严重警告的。2020年1月2日,公司给予员工小文严重警告1次;1月9日,公司给予小文一般警告1次,并依据《员工手册》第72条规定对小文予以解除劳动合同。小文经仲裁后提起诉讼,要求公司向其支付违法解除劳动合同的赔偿金。小文认为公司依据《员工手册》第72条解除劳动合同属违法解除,其不具备第75条规定的可解除劳动合同的情形;公司认为其解除劳动合同可以适用第72条,也可以适用第75条。

【争议焦点】

规章制度中关于解除劳动合同情形的条款发生冲突或产生分歧时,是否应做出有利于劳动者的解释。

【判决结果】

法院认为,《员工手册》第72条和第75条均规定了公司可以解除劳动合同的情形,从文义来看,第75条规定的公司可作出解除劳动合同处理的条件更为严苛。考虑到解除劳动合同是用人单位对劳动者最严厉的惩戒措施等因素,在双方对条文的理解产生分歧时,应作有利于劳动者的解释,在对小文作出解除劳动合同决定时应当适用更为严苛、更为具体的第75条规定,故法院判决公司向小文支付违法解除劳动合同的赔偿金。

【律师解读】

本案中,案涉公司《员工手册》第72条规定的劳动合同解除条件比第75条的规定更为宽松,从而有利于用人单位而不利于劳动者,因而在两者发生冲突的情况下,劳动者援引对其相对有利的条款抗辩用人单位的处罚决定过重的,法院应从维护劳动者合法权益的角度出发予以采纳。本案判决恰当地体现了对相对弱势一方劳动者权益的合理保护,为各类案件判决提供了指引,也提醒用人单位,在通过规章制度实现对劳动者管理的过程中,要注重规章制度的严谨性、规范性,提高有效管理能力。

第三节　操作指引

【概论】

为保证用人单位规章制度的合法性及有效性,在制定或修改过程中,除要满足制定主体及制定程序的要求外,其制定内容亦应保证可执行性。

【规章制度制定注意事项图】

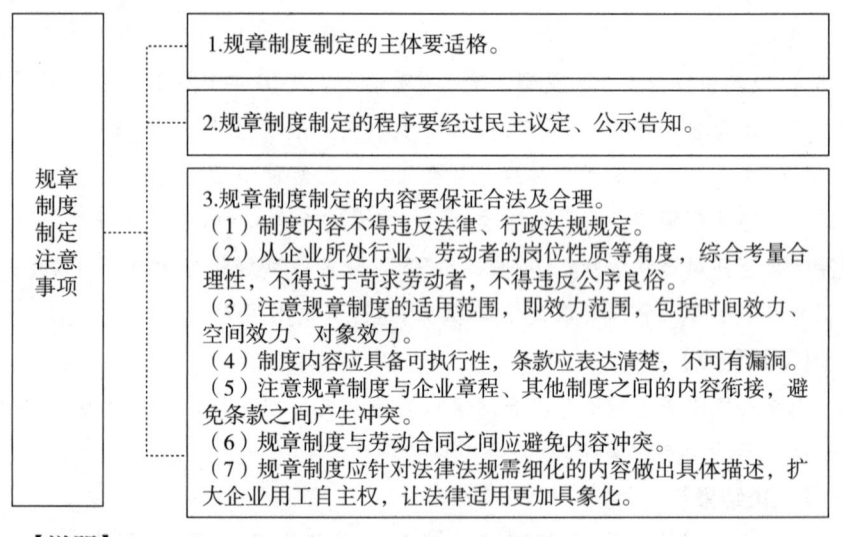

规章制度制定注意事项
1. 规章制度制定的主体要适格。
2. 规章制度制定的程序要经过民主议定、公示告知。
3. 规章制度制定的内容要保证合法及合理。
　（1）制度内容不得违反法律、行政法规规定。
　（2）从企业所处行业、劳动者的岗位性质等角度,综合考量合理性,不得过于苛求劳动者,不得违反公序良俗。
　（3）注意规章制度的适用范围,即效力范围,包括时间效力、空间效力、对象效力。
　（4）制度内容应具备可执行性,条款应表达清楚,不可有漏洞。
　（5）注意规章制度与企业章程、其他制度之间的内容衔接,避免条款之间产生冲突。
　（6）规章制度与劳动合同之间应避免内容冲突。
　（7）规章制度应针对法律法规需细化的内容做出具体描述,扩大企业用工自主权,让法律适用更加具象化。

【说明】

规章制度在制定或修订过程中,首先注意制度制定的主体必须是企业自身,制定过程要经过民主议定、公示告知的程序,鉴于前述文内有详细说明,这里不再赘述。需要强调的是规章制度内容的可执行性应表现在以下几个方面:

（1）制度内容不得违反法律、行政法规规定,这意味着所有规定必须符合国家和地方政府的相关法律法规,确保员工的权益不受侵犯。

（2）规章制度不仅要在法律层面上合法,还要在逻辑和实际上合理,确保员工和企业之间的权利义务平衡。这就意味着制度内容不得过于苛求劳动者,不得违反公序良俗,各企业规章制度内容不可能千篇一律,要根据企业所处行业、劳动者的岗位性质等角度综合考量内容的合理性。

(3)规章制度的适用范围,即制度的效力范围,包括时间效力、空间效力,以及对象效力。比如,规章制度对哪一部门、哪一类岗位有效,除针对劳动关系人员有效外,是否对非劳动关系用工人员有效;此外,规章制度对员工行为的约束不得超出工作范围以外。

(4)规章制度制定的内容应具备可执行性,条款应表达清楚,不可有漏洞,如旷工一次给予警告处分,文中的"一次"如何理解,一次是多长时间,这样的条款表述不清晰,在实操中不具备可操作性,也就失去了约束力。

(5)注意规章制度与企业章程、其他制度之间的内容衔接,避免条款之间产生冲突,当制度条款自相矛盾时,司法实践中会做出有利于劳动者一方的解释,不利于企业管理。

(6)规章制度与劳动合同之间应避免内容冲突,当制度与合同内容发生矛盾时,应劳动者请求而适用。

(7)规章制度应针对法律法规需细化的内容做出具体描述,如什么是严重违规,什么是重大损害,如何界定不胜任工作等,需进一步在制度中量化定义,目的是扩大企业用工自主权,让法律适用更加具象化。

第四节 实用工具

奖惩管理制度

【说明】

奖惩制度,是用人单位对其员工依法进行奖励或惩罚,以强化人事管理的制度。包括实行奖惩的原则、条件、种类、方式、程序、手续,以及行使奖惩权限等内容,是用人单位行使用工自主权的最为重要的法律制度依据。

文件仅供参考,具体请以实际发生情况灵活掌握。

【适用】

所有签订劳动合同、与公司建立劳动关系的职工。

【基本要素】

①制度标题;

②制定目的;

③奖惩原则;

④适用范围；

⑤奖励种类和范围；

⑥奖励的程序；

⑦惩罚种类和范围；

⑧惩罚的程序；

⑨损失赔偿范围；

⑩处分申诉程序；

⑪附则。

【法律风险】

为用人单位对员工做出的奖励和处分提供制度依据保障。

【奖惩管理制度范本】

奖惩管理制度

1. 制定目的

为明确奖惩的依据、标准和程序，使奖惩公开、公平、公正，更好地规范员工的行为，保证各项制度有效执行，激励员工敬业爱岗，特制定本制度。

2. 奖惩原则

2.1 以精神奖励为主，物质奖励为辅。

2.2 奖与罚并存，做到奖优罚劣，鼓励上进，鞭策落后。

3. 适用范围

本制度适用于公司全体劳动合同制员工，劳务派遣制员工等参照本制度执行。

4. 奖励（略）

5. 奖励的程序（略）

6. 惩罚

6.1 惩罚的种类

6.1.1 员工在违反本规章制度规定或者公司其他规定、指令时，根据其情节严重程度，将按本制度给予相应的处分。

6.1.2 公司根据情节严重程度将违规行为区分为3个级别，并给予员工相应处分，调查期间公司有权停止其职务。

6.1.2.1 轻微违规行为：给予书面警告处分。

6.1.2.2 中等违规行为：给予记过处分。

6.1.2.3 严重违规行为：给予解除劳动合同处分。

6.2 书面警告

员工有以下轻微违规行为之一的，处以书面警告处分：

6.2.1 自然月内累计迟到或早退满3次；

6.2.2 自然月内累计因员工本人原因漏打卡满3次；

6.2.3 旷工1天的；

本制度仅作参考，由于公司间存在文化、管理、组织架构等方面的巨大差异及各地方法规规定不同，建议公司根据自身特点及当地要求拟定相应制度。

公司可根据自身情况在此增加或变更相应的奖励措施。需要注意的是，明确的制度必须兑现，否则可能会产生员工的诉求。

相应违规情形还应结合当地司法实践做综合判断，建议公司结合实际情况对违规情形的设置作合理性判断。发现员工出现违规情形建议公司及时做出处理，部分地区对于违规行为存在追溯期的规定。

目前的审判实践对停薪留职的合法性、合理性存在争议，建议公司谨慎使用。

根据公司的实际情况对违规情形、违规程度、金额等条件进行调整，但须具备合理性。

续表

	批注
6.2.4 因过错使公司或者客户遭受经济损失满1000元不满5000元的； ……	根据公司的实际情况对违规情形、违规程度、金额等条件进行调整，但须具备合理性。
6.3 记过 员工有以下中等违规行为之一的，处以记过处分： 6.3.1 受到2次书面警告的处分的； 6.3.2 1年(年历)内累计旷工达2天的； 6.3.3 虚报考勤(含加班及各种休假)、代替或委托他人打考勤卡； 6.3.4 因过错使公司或其客户遭受经济损失满5000元不满10,000元的； ……	司法实践中，该行为出现频率较高，特别提示公司应对该违规行为做好处罚过程的证据留存，如向员工出具记过处罚单等。累计记过达到2次可认定严重违规进行解除操作。
6.4 解除劳动合同 员工有以下严重违规行为之一的，处以解除劳动合同处分： 6.4.1 受到2次记过处分； 6.4.2 连续旷工3天及以上或者1年内累计旷工4天及以上的； 6.4.3 因过错使公司或者其客户遭受经济损失满10,000元的； ……	根据公司的实际情况对违规情形、违规程度、金额等条件进行调整。解除劳动合同属于最严厉的一种惩罚方式，所以公司在处理严重违规员工的过程中应切实落实解除依据、证据、程序3方面内容，避免造成违法解除。
7.惩罚程序 7.1 针对任何员工发生违反公司规定的违规行为，视员工违规行为的严重程度，公司保留惩处的权利。给予处罚须填写《违规确认单》。《违规确认单》由违规员工签字认可，经部门负责人签字后，报人力资源部备案。在确认员工违规事实存在的基础上，如员工拒不签字，由部门主管与人事人员共同签字并注明情况。针对解除劳动合同的情形，由公司确定后向员工送达解除劳动合同通知书。 7.2 公司解除劳动合同以盖有公章的书面解除劳动合同通知书为准，其他任何个人(含法定代表人)对员工的任何口头辞退的表述或言辞均不属于公司最终的辞退决定。 7.3 对于保管或可以接触公司公章的员工，解除劳动合同通知书需有法定代表人或总经理签字方有效。 8.损失赔偿 8.1 员工违反本规章制度之规定或者有其他故意、重大过失的行为，给公司造成经济损失的，公司有权要求员工进行赔偿。 8.2 在工伤或者其他事故中，给第三方造成人身伤害、经济损失的，员工应承担归责于员工部分的赔偿责任。 9.减轻处分处罚、损害负担额 在适用本规章制度规定的处分时，该员工如能真诚反省，积极改正，协助并致力于各项事后补救措施，为挽回公司受到的经济及名誉损失、损害作出显著贡献，鉴于该等具体情况，且考量该员工平常一贯的工作表现和业务成绩，总经理有权特别许可减轻或者部分免除或者免除其处分、处罚及损害赔偿负担额。	
10.申诉程序 公司建立员工申诉程序。如员工受到不公平对待，可按照下列步骤申诉： 10.1 向直接领导或部门负责人提出申诉(口头或书面)，力求问题在此阶段解决；	如将申诉程序纳入管理制度中，司法实践中存在处分阶段对公司程序方面的限制性要求。建议将申诉程序纳入调查取证阶段进行，再以最终调查取证结果进行进一步处理。

续表

提示风险：司法实践中对"最终解释权归公司"采用"格式条款"规则处理。也就是说，如果对于规定内容的理解发生争议的，应当按照通常理解予以解释。对规定内容有2种以上解释的，应当作出不利于公司（制定方）的解释。	10.2　如果直接领导不能解决问题或职员不满意解答，可向人力资源部门提出书面申诉或填写《违规情况申诉单》； 10.3　如果人力资源部无法确认和解决，将安排转至总经理，由总经理做出最终裁决。 10.4　员工申诉是公司赋予员工的权利，而非员工处分的必经程序，无论员工是否行使该权利，均不影响公司作出处分决定。 11.附则 11.1　公司负责本制度的拟定、修改，并经民主程序及公示后执行。 11.2　公司或授权人力资源部负责本制度的最终解释。 11.3　本制度内容与法律法规相抵触的，以现行法律法规为准。 11.4　本制度与公司之前发布的制度抵触时，以本制度为准。

第五节　法律法规及政策指南

《劳动合同法》

第三十八条　用人单位有下列情形之一的，劳动者可以解除劳动合同：……（四）用人单位的规章制度违反法律、法规的规定，损害劳动者权益的……

第八十条　用人单位直接涉及劳动者切身利益的规章制度违反法律、法规规定的，由劳动行政部门责令改正，给予警告；给劳动者造成损害的，应当承担赔偿责任。

《最高人民法院关于审理劳动争议案件适用法律问题的解释（一）》

第五十条　用人单位根据劳动合同法第四条规定，通过民主程序制定的规章制度，不违反国家法律、行政法规及政策规定，并已向劳动者公示的，可以作为确定双方权利义务的依据。

用人单位制定的内部规章制度与集体合同或者劳动合同约定的内容不一致，劳动者请求优先适用合同约定的，人民法院应予支持。

《天津市人力资源和社会保障局关于印发天津市贯彻落实〈劳动合同法〉若干问题实施细则的通知》

第十七条　用人单位应当依法建立和完善劳动规章制度，对严重违反规章制度的情形应加以明确，未明确具体规定的，用人单位不得依据《劳动合同法》第三十九条第（二）项规定与劳动者解除劳动合同。

《江苏省高级人民法院、省劳动争议仲裁委员会关于印发〈关于审理劳动争议案件的指导意见〉的通知》(已失效)

第十九条 用人单位以劳动者严重违反规章制度为由解除劳动合同的,人民法院、仲裁机构应当审查用人单位规章制度的制定程序是否合法、劳动者的违纪行为在规章制度中是否有明确规定、规章制度对劳动者严重违纪行为的规定是否公平合理等,以判断劳动者是否属于严重违反用人单位规章制度、用人单位解除劳动合同的行为是否合法有效。

《四川省高级人民法院民事审判第一庭关于印发〈关于审理劳动争议案件若干疑难问题的解答〉的通知》

24. 认定用人单位规章制度的效力,需考察规章制度的制定程序是否合法,内容是否违反法律、行政法规及政策规定,是否公示或者告知劳动者。另外,还要结合劳动者的违纪行为在规章制度中是否有明确规定、规章制度对劳动者违纪行为的规定是否公平合理等因素,严格审查用人单位解除劳动合同的行为是否符合《劳动合同法》第三十九条第(二)项的规定。

《北京市高级人民法院、北京市劳动人事争议仲裁委员会关于印发〈北京市高级人民法院、北京市劳动人事争议仲裁委员会关于审理劳动争议案件解答(一)〉的通知》

80. 在规章制度未作出明确规定、劳动合同亦未明确约定的情况下,劳动者严重违反劳动纪律和职业道德的,用人单位是否可以解除劳动合同?

《劳动法》第三条第二款中规定:"劳动者应当遵守劳动纪律和职业道德"。上述规定是对劳动者的基本要求,即便在规章制度未作出明确规定、劳动合同亦未明确约定的情况下,如劳动者存在严重违反劳动纪律或职业道德的行为,用人单位可以依据《劳动法》第三条第二款的规定与劳动者解除劳动合同。

《深圳市中级人民法院关于审理劳动争议案件的裁判指引》

八十九、劳动者严重违反劳动纪律,用人单位可以依据《劳动法》第二十五条的规定解除劳动合同。

宁波市中级人民法院关于审理劳动争议案件若干疑难问题的解答(三)

八、用人单位没有建立规章制度或规章制度对具体违纪行为规定不明确,若劳动者存在多次旷工、工作中多次打架斗殴等情形的,用人单位以"严重违反劳动纪律"为由与劳动者解除劳动合同是否合法?

答:如劳动者明显违反职业操守等行为确实存在且情节严重的,应当认定用人单位的解除行为合法,但对于"情节严重"的认定,应当从事实、证据及世俗、情理等角度从严把握。

第六节　企业用工风险测评

企业的人力资源管理工作中存在以下常见问题：

1. 不清晰人力资源管理中的法律风险点，不清晰法律规定和实务操作之间的差别；

2. 规章制度、员工手册等陈旧，不与时俱进，合理性和合法性存在问题；

3. 人力资源管理工作没有制度化、规范化、流程化，使 HR 管理人员工作流于日常琐碎，与人力资源专员工作无异，不能将精力投放到人力资源的战略管理和企业文化的建设当中来；

4. 人力资源管理中一些必备的合同、协议经不起推敲，达不到明确权利义务的效果；

5. 错发、乱发通知书、证明等。

针对以上问题，结合劳动争议案件仲裁和诉讼实务经验，通过一些简单的测评题帮助企业更快认识、解决人力资源管理过程中的风险。提早发现，尽早预防。

评估报告：

请根据腰封、书签指引查看"企业用工风险评估报告"。如果您不慎丢失了腰封或书签，请随时联系主编客服团队。客服人员将协助您获取评估报告。

1. 公司奖惩制度中是否对违规员工设定了罚款处罚？（　　）

　　A. 否　　　　　　　　B. 是

问题设计目的：

为了了解公司是否存在对违规员工设定了罚款处罚现象，如果存在，则公司涉嫌违法。

法律分析：

现实生活中，很多用人单位奖惩制度、考勤制度中经常有罚款的规定。根据我国行政处罚法的规定，对财产的处罚只能由法律、法规和规章设定。公司是没有罚款的权力的。公司可以制定规章制度，但必须合理合法，不能超越法律法规给予其的权限。很显然，公司对员工进行罚款属于违法行为。

2. 员工出现违规的行为，公司何时对其进行处罚？（　　）

　　A. 3 个月之内处罚　　　B. 1 年内处罚　　　C. 超过 1 年才处罚

问题设计目的：

为了了解公司对违规员工的惩处有无时限要求,如果无时间要求,则公司将面临很大的法律风险。

法律分析：

处罚须具有时效性特征,并不是公司想什么时候进行惩处都可以。尽管法律法规没有明确时效期,但企业自主适用时建议要在合理时效内。且在仲裁时倾向保护劳动者的,一旦失去了这个及时性原则,企业就会败诉。如果违规行为与告诫之间的时间间隔很长,告诫对员工产生的效果就会削弱。在员工违规之后迅速进行告诫,员工会更倾向于承认自己的错误,而不是替自己狡辩。

3.公司是否规定了员工代打卡的处罚措施?（　　）

A.是　　　　　　　　B.否

问题设计目的：

为了了解公司是否存在禁止代打卡的规定,如果公司对代打卡问题有相应的惩罚规定,则可以有效防止员工代打卡。

法律分析：

考勤制度中有关于员工代打卡处罚的规定,才能减少代打卡现象的发生。代打卡是严重的违规行为,这是对劳动关系的作弊。没有来的员工请同事代打卡创造虚假的出勤记录,从而骗取薪资,是可以作为解除劳动合同的直接原因的。

第八篇
劳动合同解除与终止

- 第一章 协商解除劳动关系
- 第二章 员工主动辞职
- 第三章 员工被动辞职
- 第四章 企业单方解除（过失性辞退）
- 第五章 企业单方解除（非过错性辞退）
- 第六章 企业单方解除的手续
- 第七章 劳动合同终止
- 第八章 经济性裁员
- 第九章 离职交接

PART 08

第一章

协商解除劳动关系

第一节　企业常见用工风险点

本节重点

- 如何明确是由员工提出还是由企业提出解除劳动合同？
- 如何使解除劳动合同的协议内容严谨、完整，协商解除协议如何具备一次性封闭式对价补偿条款、无争议确认条款等？
- 协商解除如何谨慎沟通，避免出现解除之后的风险？
- 单一主体和相关主体如何一并解除劳动关系？
- 解除协议如何明确法定效力和约定效力？

一、如何明确是由员工提出还是由企业提出解除劳动合同？

说明： 协商解除分用人单位提出和劳动者提出两种情况。

如果用人单位提出解除劳动合同，劳动者同意解除，那么用人单位应向劳动者支付经济补偿。若劳动者失业保险缴费满1年，已进行失业登记，可申领失业保险金。如果劳动者提出协商解除劳动合同，用人单位同意解除，则用人单位无须支付劳动者经济补偿，劳动者也不能申领失业保险金。所以，在与员工签订协商解除劳动合同协议时需要通过书面的形式明确提出主体。

二、如何使解除劳动合同的协议内容严谨、完整，协商解除协议如何具备一次性封闭式对价补偿条款、无争议确认条款等？

说明： 解除劳动合同协议的内容应当严谨、完整，解除劳动合同协议至少应具备如下基本要素：

1. 协议双方的基本信息；
2. 提出解除劳动合同的主体；
3. 解除劳动合同的时间；
4. 一次性对价补偿；
5. 社会保险；
6. 退工配合条款；
7. 无争议确认条款。

对于协商解除的补偿问题，不仅要约定经济补偿，还要对在职期间涉及的各项费用结算情况一并提出并书面确认，通过一次性封闭式对价补偿条款，尽可能穷尽一切支付项目，避免协商解除后二次赔付的风险。如果对于对价补偿方包括项目的约定内容较为敏感，还可以通过"法定工资及福利和约定工资及福利"的表述方式予以代替。总之，约定内容应尽可能穷尽可能需要支付给员工的全部费用。

三、协商解除如何谨慎沟通，避免出现解除之后的风险？

说明：一般情况下，用人单位提出协商解除劳动合同的，应当向劳动者支付经济补偿。经济补偿的支付标准，按照《劳动合同法》第47条"经济补偿按劳动者在本单位工作的年限，每满一年支付一个月工资的标准向劳动者支付。六个月以上不满一年的，按一年计算；不满六个月的，向劳动者支付半个月工资的经济补偿。劳动者月工资高于用人单位所在直辖市、设区的市级人民政府公布的本地区上年度职工月平均工资三倍的，向其支付经济补偿的标准按职工月平均工资三倍的数额支付，向其支付经济补偿的年限最高不超过十二年。本条所称月工资是指劳动者在劳动合同解除或者终止前十二个月的平均工资"确定。

在与劳动者协商签订解除劳动合同协议时面临对劳动关系履行期间全部费用的结算问题，如果用人单位在此项费用计算中出现纰漏或因协议内容不严谨间接促使劳动者对解除时的费用结算产生过度请求，就会增加用人单位的解除成本。建议用人单位在解除劳动合同协议书中对已协商确定的包括经济补偿在内的全部工资及福利等进行"列举性表述＋概括性后缀表述收尾＋等"的方式表述，以支付一次性对价补偿金方式进行约定。

四、单一主体和相关主体如何一并解除劳动关系？

说明：如果关联企业之间存在交叉混同用工的情况，且在用工期间没有明确用工主体,协商解除后企业将面临多重劳动关系的认定的风险,从而承担不必要的费用,因此,用人单位(甲方)和劳动者(乙方)应在解除劳动合同协议书中约定"对价补偿包括乙方在甲方的关联企业(包括但不限于集团公司、母公司、子公司、分公司等)之间基于借调关系、劳动关系等可能获得的全部补偿,乙方与甲方的关联企业再无任何争议"。通过该条款的约定来规避员工离职后再对关联企业主张相关费用的风险。

五、解除协议如何明确法定效力和约定效力？

说明：根据《最高人民法院关于审理劳动争议案件适用法律问题的解释(一)》第35条的规定:"劳动者与用人单位就解除或者终止劳动合同办理相关手续、支付工资报酬、加班费、经济补偿或者赔偿金等达成的协议,不违反法律、行政法规的强制性规定,且不存在欺诈、胁迫或者乘人之危情形的,应当认定有效。前款协议存在重大误解或者显失公平情形,当事人请求撤销的,人民法院应予支持。"如果协议内容和签订存在违法违规事由,可能会存在用人单位违规解除或协议无效被撤销的风险。

对于有毒有害等存在职业病危害的岗位,在协商解除前用人单位应当安排劳动者进行健康体检,《职业病防治法》第35条第2款明确规定:"……对未进行离岗前职业健康检查的劳动者不得解除或者终止与其订立的劳动合同。"该规定属于法律的强制性规定,用人单位必须遵守,否则协商解除协议将有可能被认定为无效。

在解除劳动合同协议中,用人单位支付给劳动者的经济补偿经常发生低于法定赔偿标准的情况,而劳动者为快速拿到补偿也会同意该数额,为防止劳动者拿到补偿后再以重大误解或显失公平为由要求撤销协议增加补偿金额,建议用人单位在合同中约定:"双方约定的一次性对价补偿数额为双方自愿协商之数额,若与法定数额有所出入,乃为一方自愿对其合法权利进行的适当处分,任何一方不得以存在重大误解或协商数额显失公平等为由主张撤销本协议或确认本协议无效。"如果没有这样的约定并且员工的赔偿数额不足法定赔偿数额的70%,那么劳动者以显失公平或重大误解为由主张合同无效或者撤销合同,就很有可能得到仲裁或法院的支持。

第二节 经典案例

【案例简介】

2018年5月9日,小洪入职某科技公司,职位为运维工程师,税前薪资为每月13,000元。

2019年1月21日,某科技公司人事部通过电子邮件向小洪发出提前解除劳动合同通知书,主要内容为:依据《劳动合同法》第36条的相关规定,公司决定于2019年1月22日与您提前解除劳动合同,你方在解除劳动合同后的有关经济补偿和工作交接等事宜,将根据《劳动合同法》第46条、第47条的规定和双方在劳动合同里已有的约定处理。2019年1月22日,小洪进行工作交接,并在工作交接单上签字。

2019年1月24日,小洪向仲裁委申请仲裁,仲裁委逾期未作出裁决,小洪诉至法院。

原告诉讼请求,判决某科技公司支付违法解除劳动合同赔偿金。

某科技公司辩称,劳动合同系双方协商一致解除,故不同意支付解除劳动合同赔偿金。

【争议焦点】

劳动者能否要求用人单位支付违法解除赔偿金。

【判决结果】

某科技公司给付小洪违法解除劳动合同赔偿金26,000元。

【律师解读】

我们先来看一下法院说理部分。

法院认为:根据法律规定,用人单位与劳动者协商一致,可以解除劳动合同。该案中,某科技公司主张系与小洪协商一致解除劳动合同,小洪对此不予认可,因电子邮件的发送与接收功能具有自动性,某科技公司通过电子邮件发送解除通知的行为并未体现双方协商一致的过程,小洪对此只能被动接受,因某科技公司已经与小洪解除劳动合同,其在工作交接单签字的行为仅是对双方交接工作的确认,并不代表小洪对某科技公司解除行为的认可,故某科技公司提交的上述证据均无法证明系与小洪协商一致解除劳动合同。综上,根据法律规定,用人单位违反《劳动合同法》规定解除或者终止劳动合同的,应当向劳动者支付赔偿金。故对小洪要求某科技公司支付违法解除劳动合同赔偿金的诉讼请求,法院予以支持。

《劳动合同法》第36条规定:"用人单位与劳动者协商一致,可以解除劳动合同。"《最高人民法院关于审理劳动争议案件适用法律问题的解释(一)》第44条规定:"因用人单位作出的开除、除名、辞退、解除劳动合同、减少劳动报酬、计算劳动者工作年限等决定而发生的劳动争议,用人单位负举证责任。"解除劳动合同的举证责任由用人单位来承担,如果举证不能,用人单位要承担不利后果。

该案中,某科技公司仅以向小洪邮箱发送协商解除协议而主张与小洪协商一致解除劳动合同,因协商依据不足,最终被认定为违法解除。

首先,某科技公司发送的提前解除劳动合同通知书不等同于协议书,通知书侧重于单方性,协议书侧重于双方协商一致。《劳动合同法》第36条规定:"用人单位与劳动者协商一致,可以解除劳动合同。"所谓"协商一致",顾名思义就是需要用人单位与劳动者就合同解除达成一致意见,而非任何一方单方决定。协商一致解除是指用人单位与劳动者在完全自愿的情况下,相互协商,在彼此达成一致意见的基础上提前终止劳动合同的行为。

其次,某科技公司通过电子邮件发送解除通知的送达方式存在问题。实践中,有些单位认为以快递或电子邮件的形式向劳动者送达协商解除协议,只要劳动者签收快递或接收邮件就视为劳动者接受了协商解除协议,或者在协商解除协议中写明逾期不回复或不签字就视为双方协商一致。上述操作均不符合法律规定,不产生协商一致解除合同的法律后果。

最后,建议用人单位要在劳资双方协商一致解除劳动合同的基础上,签订书面解除劳动合同协议书,就劳动合同解除时间、应支付补偿金额及支付时间、工作交接时间、保密条款或竞业限制条款、一次性解决全部争议条款等明确约定,通过签订完善的协商解除协议书避免发生争议。

第三节　操作指引

【概论】

针对上述用工风险,单位与员工进行协商解除的操作时可参考操作指引,确定提出主体,根据双方协商情况,推导至单位劝导、员工自辞、员工被迫辞职、单位激励措施、协商解除的操作方式。协商解除是劳动关系解除中风险相对较小的解除方式,但在实践中用人单位依然不能掉以轻心,务必做好解除过程和协商结果以及履行情况的证据留存。如有必要建议留存与员工协商过程的录音录像,并保存好视听证据原件。

【协商解除流程图】

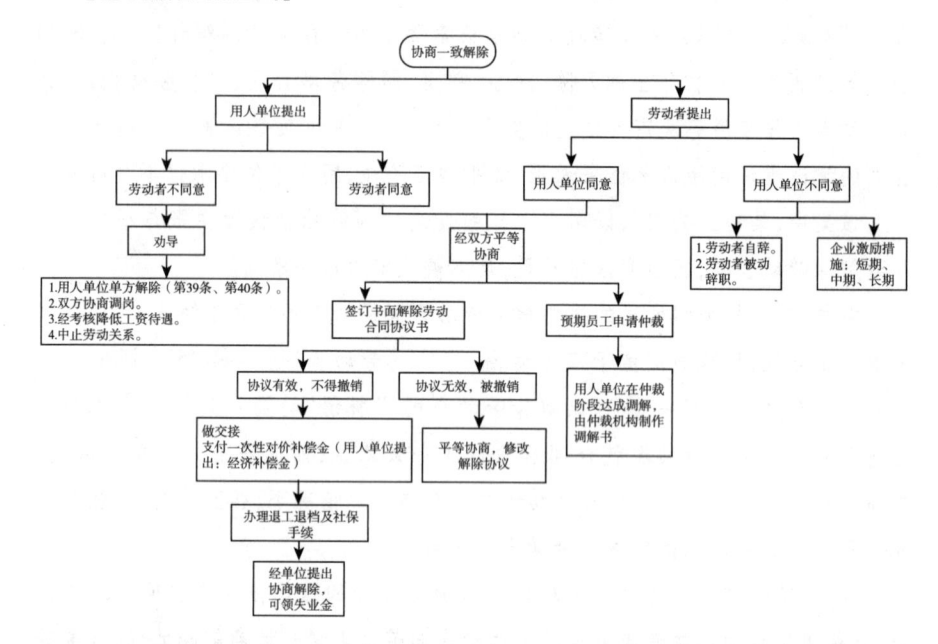

```
                        协商一致解除
                    ┌───────┴───────┐
                用人单位提出      劳动者提出
                ┌───┴───┐         ┌───┴───┐
            劳动者不同意 劳动者同意  用人单位同意 用人单位不同意
                │        │          │          ┌───┴───┐
               劝导    经双方平等    经双方平等  1.劳动者自辞。  企业激励措
                │      协商         协商       2.劳动者被动  施：短期、
        1.用人单位单方解除（第39条、第40条）。  │         辞职。       中期、长期
        2.双方协商调岗。         签订书面解除劳动  预期员工申请仲裁
        3.经考核降低工资待遇。    合同协议书        │
        4.中止劳动关系。          ┌───┴───┐      用人单位在仲裁
                              协议有效，不得撤销 协议无效，被撤销 阶段达成调解，
                                 │              │           由仲裁机构制作
                                做交接        平等协商，修改    调解书
                           支付一次性对价补偿金  解除协议
                           （用人单位提出；
                           经济补偿金）
                                 │
                            办理退工退档及社保
                                手续
                                 │
                            经单位提出
                            协商解除，
                            可领失业金
```

第四节　实用工具

解除劳动合同协议书

【说明】

　　协商解除劳动合同是企业与员工解除劳动合同的重要方式之一，协商解除劳动合同可以适用于各种类型的劳动合同解除程序中，签订解除协议的目的在于劳资双方劳动关系的无争议终结。但在实践中，企业因操作不当，不仅未达到解除劳动关系的效果，反而引发新的争议，给企业带来不必要的风险。企业操作不当最主要的表现在于双方未订立书面的解除劳动合同协议书，或订立的解除劳动合同协议书的内容约定不当，导致因内容显失公平被撤销或者违反强制性法律法规被认定无效。

　　文件仅供参考，具体请以实际发生情况灵活掌握。

【适用】

　　本协议书在企业与员工经平等协商就解除劳动合同事宜达成一致意见时使用。

【基本要素】

①协议双方的基本信息

主要包括企业和员工的基本信息，其中企业信息主要包括企业名称、住所和法定代表人或者主要负责人；员工信息主要包括劳动者的姓名、住址和居民身份证或者其他有效身份证件号码。

②解除劳动合同的动议主体

主要描述的是由企业或是员工首先提出的解除劳动合同的意思表示。

③解除劳动合同的时间

约定企业和员工解除劳动合同的具体日期。

④一次性对价补偿

主要约定因企业和员工协商解除劳动合同而产生的经济补偿金、其他费用的支付以及在此基础上发生的税务事宜。

⑤社会保险

主要约定企业为员工缴纳社会保险的最后时间。

⑥退工配合条款

主要约定企业和员工在办理退工退档和社会保险关系转移手续中的权利和义务。

⑦无争议确认条款

主要约定企业和员工之间确认双方无争议的内容。

【法律风险】

①确定劳动合同解除时间、补缴社会保险期间、工资结算时间，避免因此产生的风险。

②确定经济补偿金等费用的数额、支付方式、支付时间及税务承担事宜，避免因此产生的风险。

③确定办理工作交接、退工退档、社会保险关系转移手续的权利和义务，避免因此产生的风险。

【解除劳动合同协议书范本】

<pre>
                    解除劳动合同协议书

    甲方（用人单位）：
    乙方（劳动者）：   身份证号：
    甲、乙双方于_____年____月____日签订【□无固定期限 □为期_____年
</pre>

1. 协商解除劳动合同使用。
2. 适用于全部劳动合同解除情形（包括限制解除等）。
3. 有效控制劳动争议纠纷。

解除双方现行有效的劳动合同。

续表

注释	协议内容
乙方领取失业金需要。	□以完成_____工作为期限　□非全日制】的劳动合同。现经甲乙双方友好协商，就劳动合同解除事宜，签订如下协议，以资共同遵守。
如实际情况是员工因个人原因提出离职，根据法律规定公司没有向员工支付经济补偿的法定义务。	一、经甲方提出，甲乙双方协商一致，双方劳动合同于_____年___月___日解除，劳动权利义务关系即行终结。
确定双方劳动权利义务终结时间。 一次性封闭式对价补偿，建议公司根据实际工资构成进一步约定并穷尽一切赔偿项目。	二、甲方于_____年___月___日前向乙方一次性支付人民币_____元（¥_____）。该费用为甲乙双方解除劳动合同的一次性对价补偿，包括但不限于未结算工资、带薪年休假折算工资、加班费、值班费、防暑降温费、冬季取暖补贴费、经济补偿、赔偿金、罚金、各类奖金及提成、各类津贴及补贴、社会保险费用及住房公积金等。在签订本协议前，双方对国家相关法律法规及自身权益进行了充分的了解，因此双方确认本条所述费用为甲、乙双方所自愿协商之数额，若与法定数额有所出入，乃一方自愿对其合法权利进行的适当处分，故任何一方不得以存在重大误解或协商数额显失公平等为由主张撤销本协议或确认本协议无效。与上述所有款项相关的所有个人所得税由乙方个人依法承担，由甲方在此款项中依法代扣代缴。
尽可能排除用人单位与劳动者合意规避社保缴费义务的风险。 该条款可能无法对抗社保及公积金部门要求公司追缴费用的要求，建议公司谨慎操作。	乙方通过上述费用自行缴纳劳动合同存续期间的社会保险及住房公积金差额部分。
确定社会保险关系终结时间，有时劳动合同解除时间与保险关系终结时间未必同步。	三、甲方为乙方缴纳社会保险费至_____年___月止，甲方为乙方缴纳住房公积金至_____年___月止。
无违法用工行为确认，乙方认可甲方已经依法履行了用人单位义务。	四、甲乙双方在此确认：劳动合同履行期间，双方已依法签订了书面的劳动合同，解除劳动合同之日前的劳动报酬（包括但不限于工资、加班费、带薪年休假折算工资、奖金、补贴、津贴等）已结清。乙方不得再因为原劳动合同的履行、变更、解除，向甲方要求支付其他任何费用、补偿或赔偿。
如存在劳动关系解除日前提前离岗的情形，建议用人单位做好假期、调休申请审批的相关手续。 离职交接配合条款，避免无法交接造成用人单位损失。	五、乙方在甲方处在岗的最后日期为_____年___月___日,乙方按照甲方《离职管理规定》的交接流程进行工作交接。如乙方交接不清，导致甲方损失，其应向甲方承担赔偿责任。
退工及社保关系转移配合条款，避免劳动者拒不配合退工导致用人单位损失。	六、甲方按照当地人力资源和社会保障局的规定为乙方办理退工退档及社会保险减除手续，乙方应当予以配合，因乙方原因导致甲方无法正常办理上述手续的，甲方不承担责任，如造成甲方损失，甲方有权向乙方追偿。
确保之前签署的约定劳动者义务的协议继续有效。	七、甲乙双方在劳动合同解除之前签署的《保密协议》《竞业限制协议》继续有效，不因劳动关系解除而受到任何影响，甲乙双方仍应严格依约履行。
劳动者进一步维权限制条款，虽存在效力问题，但此约定一般可以有效规避劳动者的仲裁或起诉行为。	八、本协议生效后,甲乙双方就劳动关系再无其他争议。乙方不得以任何方式对甲方进行诋毁、诽谤、恶意中伤或进行任何有损甲方形象或利益的行为，也不得再提起任何异议程序（包括但不限于劳动争议仲裁、监察投诉、举报、民事诉讼等）。一经发现，甲方有权将已付款项全部追回，并向乙方追究进一步责任。
	九、乙方在此确认,本协议第二条约定的一次性对价补偿包括对乙方在甲方的关联企业（包括但不限于集团公司、母公司、子公司、分公司等）间基于借调关系、劳动关系等可能获得的全部对价补偿,乙方与甲方的关联企业再无任何争议。
协议生效时间约定。	十、本协议自甲乙双方签订之日起生效，协议壹式贰份，甲乙双方各持一份。
	（此后无正文）

		续表	
甲方（盖章）： 年　月　日		乙方（签字）： 身份证号： 年　月　日	建议与劳动者面签。

第五节　法律法规及政策指南

《劳动法》

第二十四条　经劳动合同当事人协商一致，劳动合同可以解除。

《劳动合同法》

第三十六条　用人单位与劳动者协商一致，可以解除劳动合同。

第四十六条　有下列情形之一的，用人单位应当向劳动者支付经济补偿：

（一）劳动者依照本法第三十八条规定解除劳动合同的；

（二）用人单位依照本法第三十六条规定向劳动者提出解除劳动合同并与劳动者协商一致解除劳动合同的；

（三）用人单位依照本法第四十条规定解除劳动合同的；

（四）用人单位依照本法第四十一条第一款规定解除劳动合同的；

（五）除用人单位维持或者提高劳动合同约定条件续订劳动合同，劳动者不同意续订的情形外，依照本法第四十四条第一项规定终止固定期限劳动合同的；

（六）依照本法第四十四条第四项、第五项规定终止劳动合同的；

（七）法律、行政法规规定的其他情形。

第四十七条　经济补偿按劳动者在本单位工作的年限，每满一年支付一个月工资的标准向劳动者支付。六个月以上不满一年的，按一年计算；不满六个月的，向劳动者支付半个月工资的经济补偿。

劳动者月工资高于用人单位所在直辖市、设区的市级人民政府公布的本地区上年度职工月平均工资三倍的，向其支付经济补偿的标准按职工月平均工资三倍的数额支付，向其支付经济补偿的年限最高不超过十二年。

本条所称月工资是指劳动者在劳动合同解除或者终止前十二个月的平均工资。

第六节　企业用工风险测评

企业的人力资源管理工作中存在以下常见问题：

1.不清晰人力资源管理中的法律风险点,不清晰法律规定和实务操作之间的差别;

2.规章制度、员工手册等陈旧,不与时俱进,合理性和合法性存在问题;

3.人力资源管理工作没有制度化、规范化、流程化,使 HR 管理人员工作流于日常琐碎,与人力资源专员工作无异,不能将精力投放到人力资源的战略管理和企业文化的建设中;

4.人力资源管理中一些必备的合同、协议经不起推敲,达不到明确权利义务的效果;

5.错发、乱发通知书、证明等。

针对以上问题,结合劳动争议案件的仲裁和诉讼实务经验,通过一些简单的测评题,帮助企业更快地认识、解决人力资源管理过程中的风险。提早发现,尽早预防。

评估报告:

请根据腰封、书签指引查看"企业用工风险评估报告"。如果您不慎丢失了腰封或书签,请随时联系主编客服团队。客服人员将协助您获取评估报告。

1.员工在个人辞职手续上是否对工作交接、劳动关系的争议问题作出了承诺?(   )

　　A.是　　　　　　B.否

问题设计目的:

为了了解员工在提出个人辞职时,企业在离职手续上是否对用工风险进行了兜底性防范。

法律分析:

《劳动合同法》第50条第1款、第2款　用人单位应当在解除或者终止劳动合同时出具解除或者终止劳动合同的证明,并在15日内为劳动者办理档案和社会保险关系转移手续。

劳动者应当按照双方约定,办理工作交接。用人单位依照本法有关规定应当向劳动者支付经济补偿的,在办结工作交接时支付。

第90条　劳动者违反本法规定解除劳动合同,或者违反劳动合同中约定的保密义务或者竞业限制,给用人单位造成损失的,应当承担赔偿责任。

《最高人民法院关于审理劳动争议案件适用法律问题的解释(一)》第35条　劳动者与用人单位就解除或者终止劳动合同办理相关手续、支付工资报酬、加班费、经济补偿或者赔偿金等达成的协议,不违反法律、行政法规的强制性规定,且不存在欺诈、胁迫或者乘人之危情形的,应当认定有效。

前款协议存在重大误解或者显失公平情形,当事人请求撤销的,人民法院应予支持。

《劳动争议调解仲裁法》第 27 条　劳动争议申请仲裁的时效期间为 1 年。仲裁时效期间从当事人知道或者应当知道其权利被侵害之日起计算。

前款规定的仲裁时效,因当事人一方向对方当事人主张权利,或者向有关部门请求权利救济,或者对方当事人同意履行义务而中断。从中断时起,仲裁时效期间重新计算。

因不可抗力或者有其他正当理由,当事人不能在本条第 1 款规定的仲裁时效期间申请仲裁的,仲裁时效中止。从中止时效的原因消除之日起,仲裁时效期间继续计算。

劳动关系存续期间因拖欠劳动报酬发生争议的,劳动者申请仲裁不受本条第 1 款规定的仲裁时效期间的限制;但是,劳动关系终止的,应当自劳动关系终止之日起一年内提出。

2. 在企业组织架构调整、经营状态恶化等情况下,公司为降本增效是否会选择直接与劳动者解除劳动合同?(　　)

A. 直接解除劳动合同

B. 与员工协商调岗无果后解除劳动合同

C. 作出降薪处理,但不解除劳动合同

D. 不做处理

问题设计目的:

为了了解公司在出现《劳动合同法》第 40 条第 3 项情形时是否存在违法解除劳动合同的法律风险。

法律分析:

《劳动合同法》第 40 条规定,有下列情形之一的,用人单位提前 30 日以书面形式通知劳动者本人或者额外支付劳动者一个月工资后,可以解除劳动合同:(1)劳动者患病或者非因工负伤,在规定的医疗期满后不能从事原工作,也不能从事由用人单位另行安排的工作的;(2)劳动者不能胜任工作,经过培训或者调整工作岗位,仍不能胜任工作的;(3)劳动合同订立时所依据的客观情况发生重大变化,致使劳动合同无法履行,经用人单位与劳动者协商,未能就变更劳动合同内容达成协议的。

第二章

员工主动辞职

第一节　企业常见用工风险点

本节重点

- 企业如何评估挽留辞职员工的可行性、必要性？
- 如何留存员工辞职的书面材料？
- 企业是否可在30天预告期内随时通知员工办理离职手续？
- 企业如何对不辞而别员工的工资、工作交接、劳动关系解除等手续进行明确，并留存备案？
- 如何审查是否存在限制性辞职情形？

一、企业如何评估挽留辞职员工的可行性、必要性？

说明：员工辞职分为主动辞职和被动辞职，与被动辞职不同，员工主动辞职并不是因为单位有过错，而是因为自身的原因主动提出离职。那么企业如何评估是否对主动辞职的员工进行挽留呢？这要根据员工的具体情况和企业的需求来判断，比如，员工能力较强，现有企业不能给员工提供更好的发展和愿景，那么在这种情况下员工可能会主动跳槽而选择主动辞职；或员工的诉求在本企业得不到满足，也会让员工产生不愿意和企业共同前进的想法；还有员工要照顾家人不得不辞职等情况。如果企业认为员工本人比较优秀，不愿意人才流失，企业应该进行离职面谈并进行挽留，由于员工是主动辞职并不是因为单位有过错导致的被动辞职，所以还是能够真心和企业对话并且真实表达自己对企业的看法的，这也是企业发现组织问题进而提升组织能力的很好时机，同时也是与辞职员工保持联系为企业储备后续人才的重要方式，因此，要抓住机会听取员工意见，与员工进行离职面谈和挽留。企业可以在以下几方面进行沟通，比如：

（1）你最喜欢本公司的方面有哪些，最不喜欢本公司的方面有哪些？

（2）在你所在的工作岗位上，你面临的最大的困难和挑战是什么？

（3）你认为公司应该采取哪些措施来更有效地吸引和留住人才？

二、如何留存员工辞职的书面材料？

说明： 根据《劳动合同法》第37条的规定，劳动者提前30日以书面形式通知用人单位，可以解除劳动合同。劳动者在试用期内提前3日通知用人单位，可以解除劳动合同。

对于劳动者主动辞职，法律没有对劳动者辞职的理由进行任何实质条件的要求，同样，用人单位也无须向劳动者支付经济补偿，劳动者也将失去获得失业保险金的基础事实。有的劳动者为获取经济补偿及失业保险金或出于其他目的，在主动辞职后反悔，要求用人单位支付解除劳动合同的经济补偿，由于用人单位对劳动合同的解除原因负有举证义务，因此在用人单位不能举证证明是劳动者主动辞职的情况下，往往要承担支付经济补偿的责任。

因此，当劳动者以个人原因向用人单位提出离职时，用人单位应请人力资源部负责人第一时间保留劳动者的书面辞职通知，并审核辞职原因是否为个人原因。这样，即便劳动者反悔或日后改变辞职理由，在仲裁或诉讼阶段，用人单位也可以证明解除劳动合同的原因，以此抗辩经济补偿的支付。

三、企业是否可在30天预告期内随时通知员工办理离职手续？

说明： 我国法律对用人单位的单方解除权的情形进行了明确的规定，即《劳动合同法》第39条的6种、第40条的3种和第41条的经济性裁员情形，共10种情形，也就是说用人单位单方解除劳动合同要符合10种法定情形中的最少一种，否则属于违法解除合同。但是对于劳动者的单方解除情形，法律并未有任何实质性的要求，只是有一个时间上的限制，那就是应当提前30天以书面方式通知用人单位，只要30天到期劳动合同即解除，用人单位是没有批准权的。由此可以看出，提前30天提出解除是劳动者的法定义务也是用人单位的权利，用人单位有权要求劳动者干满30天再离职，当然也可以放弃权利，随时通知劳动者办理离职手续。

四、企业如何对不辞而别员工的工资、工作交接、劳动关系解除等手续进行明确,并留存备案?

说明:在劳动合同的履行过程中,很多劳动者会采用不辞而别的方式来离职,并且很有可能过段时间到仲裁机构请求解除与原单位的劳动合同并主张经济补偿,对此,很多企业的规章制度里规定"员工不辞而别的,视为自动离职",然而,法律并没有自动离职的规定,如果企业不按照法定形式解除劳动合同,那双方的劳动关系依然存在,不能视为劳动合同自动解除。

在企业不能证明解除原因,而员工向仲裁机构申请在职员工的各项待遇或申请被迫离职补偿时,很多地区的仲裁审判机构是支持劳动者的在职待遇请求或解除理由的,因此用人单位要在劳动者不辞而别的第一时间尽快以法定形式处理员工的离职手续,对于不辞而别的员工,单位应当按照规章制度的规定提出解除,并有效送达解除通知,才能完成劳动关系的解除。

根据《工资支付暂行规定》第9条的规定,劳动关系双方依法解除或终止劳动合同时,用人单位应在解除或终止劳动合同时一次性付清劳动者工资。所以,员工的工资不受是否办理工作交接的影响,应在劳动关系解除时一次性付清工资。

五、如何审查是否存在限制性辞职情形?

说明:用人单位为劳动者提供专项培训费用,对其进行专业技术培训的,可以与劳动者订立协议约定服务期,劳动者违反服务期约定的,应当按照约定向用人单位支付违约金。协议约定的违约金数额不得超过用人单位提供的专项培训费用,如劳动者违反服务期约定,用人单位要求劳动者支付的违约金不得超过服务期尚未履行部分所应分摊的培训费用。

用人单位与劳动者可以在劳动合同中约定保守用人单位的商业秘密和与知识产权相关的保密事项。对负有保密义务的劳动者,用人单位可以在劳动合同或者保密协议中与劳动者约定竞业限制条款,并约定在解除或者终止劳动合同后,在竞业限制期限内按月给予劳动者经济补偿。劳动者违反竞业限制约定的,应当按照约定向用人单位支付违约金。

在员工主动离职时,用人单位应当对上述限制性离职行为进行审核,如果存在劳动者服务期未满的情形,可以要求劳动者按照约定支付违约金。如果劳动者签署了竞业限制协议,用人单位应评估劳动者离职后履行竞业限制义务的必要性,如不必要履行,可以告知劳动者不再履行竞业限制协议,即劳动者可以自由择业,用人单位也无须支付竞业限制补偿金;如竞业限制协议有必要履行,则告知劳动者离职后须履行原来双方签订的竞业限制协议,并可以要求劳动者离职后告知新用人单位的名称及主营业务和劳动者的岗位内容等,以此来判断员工是否竞业以及用人单位支付竞业限制补偿金的依据。用人单位还应注意在员工离职后每月支付竞业限制补偿金,如连续3个月未支付,劳动者要求解除竞业限制协议,一般都会得到仲裁或法院的支持。

第二节 经典案例

【案例简介】

2019年3月1日,小文入职南京某医院,从事护理工作。2020年4月2日上午,医院召开临时会议,护理部主任小洪、护士长小文(本案原告)、护士小武等人到达会议现场后,小洪与医院负责人小孙发生争执,让小武当场提交5份辞职信(包括小文等5人,辞职信内容一致,且均为打印签名),医院负责人当场询问小文等人是否集体辞职,小文等人表示辞职后离开会议室,但护士小马当场表示不同意与他人集体辞职,要继续在医院工作。

2020年4月7日,医院发文通知各科室及小文本人,免去小文护士长职务。2020年4月9日,医院书面通知小文:4月10日完成离职交接,4月工资发放至4月10日,如未完成交接手续4月工资暂缓发放。2020年4月10日,小文办理离职工作交接手续,并在交接表上注明:本人小文于2020年4月10日被医院辞退。小文不服仲裁裁决,诉至人民法院。

小文要求医院支付4月工资708.89元,违法解除劳动合同赔偿金37,333.33元。

【争议焦点】

1. 他人代为提交本人未签字的辞职信,能否认定为主动辞职;
2. 劳动者能否要求用人单位支付违法解除赔偿金。

【判决结果】

一审法院判决:(1)被告某医院支付原告小文2020年4月劳动报酬708.77元;(2)驳回原告小文的其他诉讼请求。二审法院判决:驳回上诉,维持原判。

【律师解读】

我们先来看一下法院说理部分。

该案中,一审法院认为:被告不构成违法解除,不需支付赔偿金。《劳动合同法》第37条规定,劳动者提前30日以书面形式通知用人单位,可以解除劳动合同。该案中,根据证人小马、小陈等人的陈述及原告对证人小马证言的意见等考虑,法院对原告等人在2020年4月2日被告召开的会议上提出辞职的事实予以认定。原告的书面辞职信虽系他人代交,但其在现场并未提出异议,之后亦未主动索回辞职信,故应视为其以书面形式通知用人单位解除劳动合同。原告未在辞职信上签名,并不影响其以书面形式通知用人单位解除劳动合同的效力。被告根据原告提交的辞职信,同意与原告解除劳动合同关系,免去原告职务并通知其办理离职交接手续,符合法律规定。原告以被告违法解除劳动关系为由主张赔偿金,无事实依据,法院不予支持。

二审法院认为:《劳动合同法》第37条规定赋予了劳动者单方解除劳动合同的权利,该解除权是一种形成权,只要享有解除权的当事人作出解除的意思表示并到达对方,就发生解除的法律效力。根据小马、小陈等证人证言的内容及小文的陈述可知,会议当天,他人代替小文向某医院作出辞职的意思表示并代交辞职信,小文当时在现场并未像小马那样主动明确表示不辞职,也未主动取回辞职信,而是与他人一起离开会议室。可见,小文关于解除劳动合同的意思表达已经传达至某医院,即小文享有的单方解除劳动合同的权利已履行完毕,双方之间的劳动合同产生解除的法律效力,小文主张某医院支付违法解除劳动关系的赔偿金,缺乏事实和法律依据,不予支持。

《劳动合同法》第37条规定,劳动者提前30日以书面形式通知用人单位,可以解除劳动合同。一方面是时间要求,劳动者需提前30日通知用人单位,在30日内,用人单位应招聘新员工以保证企业的正常生产经营;另一方面是形式要求,劳动者需采用书面形式通知。法律未规定是否需要本人签字确认。

该案中小文系完全民事行为能力人,小文已经作出解除劳动合同的意思表示,该意思表示已送达用人单位——某医院,小文系自愿辞职,后续小文主张某医院支付违法解除劳动关系的赔偿金,不仅缺乏事实与法律依据,且违反诚实信用原则,不应得到支持。

当员工以个人原因向企业提出离职时,人力资源部负责人要第一时间保留该员工的书面辞职通知,因为劳动者辞职权为形成权,解除通知一旦送达企业,非特殊原因不得撤回和撤销,也不能更改解除的理由。

第三节 操作指引

【概论】

对于员工主动辞职,法律没有对劳动者的辞职理由进行规定,也就是说劳动者不需要说明解除劳动合同的原因,满足提前通知的义务即可离职。

【员工主动辞职流程图】

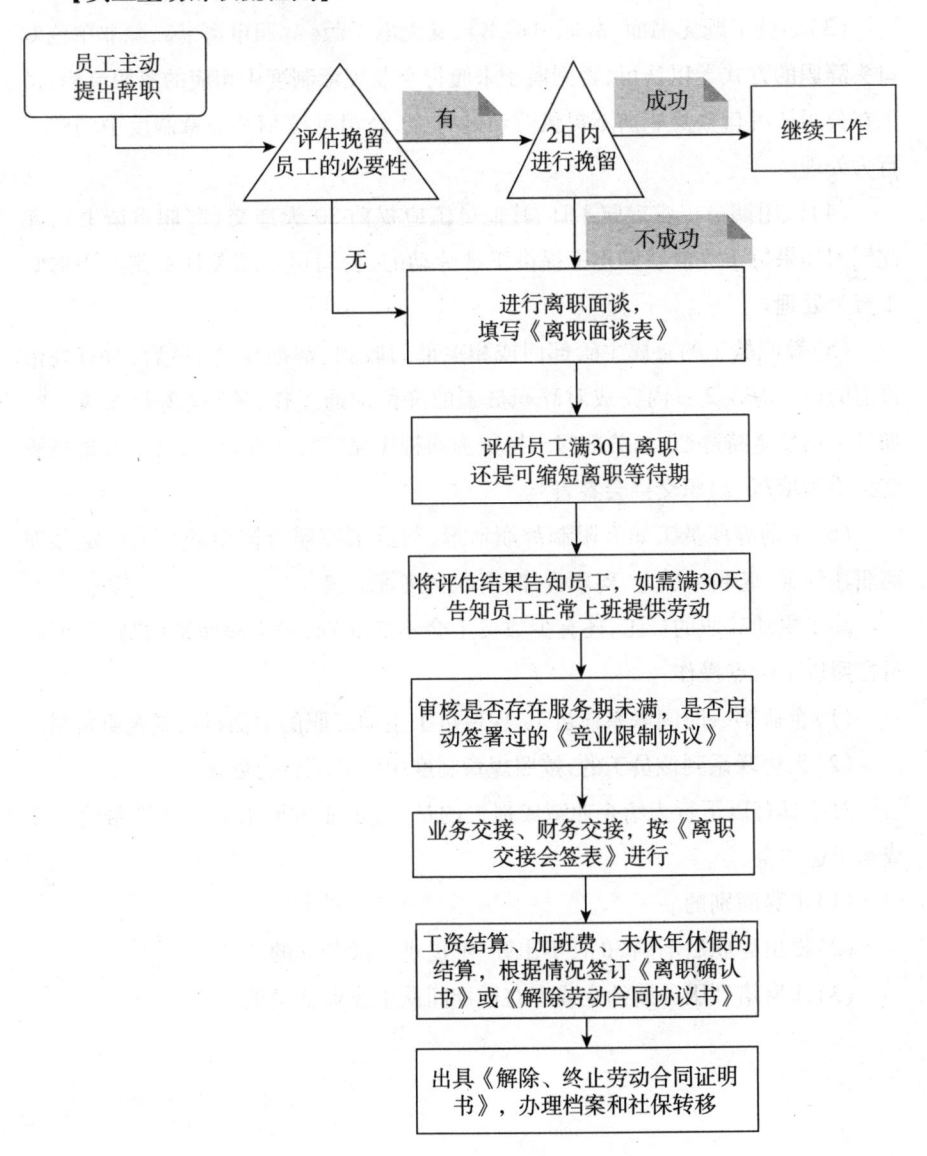

```
员工主动          评估挽留        有      2日内      成功     继续工作
提出辞职    →    员工的必要性   →   进行挽留    →
                    │                   │
                    │ 无                │ 不成功
                    ↓                   ↓
                进行离职面谈,填写《离职面谈表》
                            ↓
                评估员工满30日离职还是可缩短离职等待期
                            ↓
                将评估结果告知员工,如需满30天告知员工正常上班提供劳动
                            ↓
                审核是否存在服务期未满,是否启动签署过的《竞业限制协议》
                            ↓
                业务交接、财务交接,按《离职交接会签表》进行
                            ↓
                工资结算、加班费、未休年休假的结算,根据情况签订《离职确认书》或《解除劳动合同协议书》
                            ↓
                出具《解除、终止劳动合同证明书》,办理档案和社保转移
```

【说明】

对于主动辞职的员工，在按照上述流程图操作的同时，以下6个细节要同步进行考虑：

（1）员工辞职应填写书面《辞职申请书》，并按照企业规章制度的规定递交负责接收辞职通知的直属主管或人力资源部。

（2）公司不接受口头辞职方式，员工在提交书面《辞职申请书》有困难的情况下，可以通过微信或邮件的方式提交电子版《辞职申请书》。

（3）如员工既无书面《辞职申请书》，又无电子版《辞职申请书》，除非单位对口头辞职的方式予以认可，否则属于未履行企业规章制度中相应的离职流程，员工在公司认可口头辞职前不提供劳动的行为，公司可按相关规章制度中的旷工行为处理。

（4）试用期员工应提前3日、其他员工应提前30天递交《辞职申请书》，在此期间如果员工无故缺勤拒不提供正常劳动的，公司可按相关规章制度中的旷工行为处理。

（5）辞职员工的直属主管部门或相关部门收到《辞职申请书》后，对有挽留价值的员工应在2日内完成对辞职员工的挽留沟通工作，填写《离职面谈表》，如员工仍然坚持辞职，相关部门于挽留沟通程序完成后2日内，与员工办理离职交接手续填写《离职交接会签表》。

（6）主动辞职员工如有限制辞职情形，与员工按照合同中的相关约定办理离职违约金、离职补偿金、离职告知、离职交接等手续。

除了主动辞职的员工，还有少数员工会不辞而别，对不辞而别的员工，企业可按照以下两点操作：

（1）企业第一时间联系该员工，保留员工主动辞职的书面材料或视听资料。

（2）无法联系到该员工的，按照规章制度中的旷工行为处理。

对于具有以下行为给企业造成损失的员工，企业可要求员工承担赔偿责任或承担违约金：

（1）不辞而别的。

（2）提出辞职后不满30日不出勤、不提供正常劳动的。

（3）违反培训服务期约定或者在职期间从事竞业活动的。

第四节 实用工具

辞职申请书

【说明】

《劳动合同法》赋予了员工在多种情形下可以单方面解除劳动合同的权利，而《辞职申请书》是员工行使解除权的最直接的体现，《辞职申请书》中列明的事项决定了员工离职时间、离职原因以及公司是否应为员工支付离职经济补偿。

文件仅供参考，具体请以实际发生情况灵活掌握。

【适用】

用于员工因个人原因或因单位过错提出辞职时使用。

【基本要素】

①标题；

②辞职人基本信息；

③员工辞职的原因；

④劳动关系解除日期；

⑤承诺事宜；

⑥辞职人签字及日期。

【法律风险】

①明确离职的提出主体。

②明确离职原因。

③明确离职时间。

④固定员工提出辞职的证据。

【辞职申请书范本】

辞职申请书

辞职人_____（身份证号：_____）。

本人由于_____原因主动向_____公司提出辞职。

双方劳动关系：

□于_____年___月___日解除 _____

□于本文件送达之日起即行解除 _____

本人承诺：在双方劳动关系解除之前保证正常出勤，认真配合公司进行工作交接，服从公司作出的各种合理安排和决定。本人与_____公司及该公司的关联企业

> 本申请书适用于员工本人提出辞职，对于员工辞职用人单位无法定审批权，但应注意在让员工签署本通知书前做好沟通工作，明确员工在辞职时的具体原因与诉求，做到风险的事前防范，一旦该申请书的辞职原因列明因公司过错，符合《劳动合同法》第38条中规定的(1)未按照劳动合同约定提供劳动保护或者劳动条件的；(2)未及时足额支付劳动报酬的；(3)未依法为劳动者缴纳社会保险费的；(4)用人单位的规章制度违反法律、法规的规定，损害劳动者权益的；(5)因本法第26条第1款规定的情形致使劳动合同无效的；(6)法律、行政法规规定劳动者可以解除劳动合同的其他情形。用人单位以暴力、威胁或者非法限制人身自由的手段强迫劳动者劳动的，或者用人单位违章指挥、强令冒险作业危及劳动者人身安全的，劳动者可以立即解除劳动合同，不需事先告知用人单位。
> 此时公司存在承担离职经济补偿的风险。

> 如员工因个人原因离职，横线处应明确为"个人原因"防止出现表述含糊不清导致的解除风险。

> 在员工因个人原因辞职的情况下，公司有权要求员工提前30日出具该申请书，在此期间办理工作交接及离职手续。

> 员工按照《劳动合同法》第38条解除劳动关系时使用，或者经公司同意的情况下因个人原因提出辞职使用。

> 如离职员工与关联企业存在相关争议，建议在离职前完成相关工资、福利等待遇结算。
>
> 1. 辞职人签字为通知书的必备内容。
> 2. 签字应当面签。
> 3. 落款日期为员工送达申请书日期，应为员工本人填写。

（包括但不限于集团公司、母公司、子公司、分公司等）之间基于劳务关系、借调关系、劳动关系等可能获得的全部佣金、未结算工资、带薪年休假折算工资、加班费、值班费、防暑降温费、冬季取暖补贴费、经济补偿、赔偿金、罚金、各类奖金及提成、各类津贴及补贴、社会保险费用及住房公积金等已全部结清，本人与_____公司及其关联企业再无任何争议。

辞职人：_____
年　　月　　日

离职面谈表

【说明】

本工具的作用不在于风险控制，更多的是企业人力资源管理的实务，因为对企业管理比较重要又发生在劳动合同解除的关键节点上，所以，有一定重要性。

文件仅供参考，具体请以实际发生情况灵活掌握。

【适用】

主动辞职的优秀员工。

【基本要素】

了解员工的离职原因及对企业的意见和建议、有助于企业以后能够留住优秀人才。

【离职面谈表范本】

> 建议表单内容补充完整。
>
> 企业根据情况自行填写。

离职面谈表

填表日期：_____年___月___日

离职人员姓名：	所在部门：
担任职位：	员工工号：
1.	
2.	
3.	
4.	
5. 你最喜欢本公司的方面有哪些，最不喜欢本公司的哪些方面？	
6. 在你所在的工作岗位上，你面临的最大的困难和挑战是什么？	

续表

7. 你对公司招聘该岗位的任职者有什么建议？	
8. 你认为公司应该采取哪些措施来更有效地吸引和留住人才？	
9.	
10.	
面谈者签字：	员工签字：

离职交接会签表

【说明】

员工在职期间因其工作内容与组织体系内各部门关联交集，因此离职交接过程有必要与各部门联动交接，一张《离职交接会签表》将各部门交接情况集合在一起。方便各部门之间交流，同时，也方便人力资源部对各部门交接情况进行监督管理，履行其监交人职责。

文件仅供参考，具体请以实际发生情况灵活掌握。

【适用】

本表单可在员工办理离职交接时，由人力资源部提供，并让离职员工按照表单指示，顺序与各部门办理交接之用。

【基本要素】

①员工基本情况；

②各部门交接内容明细；

③经手人签字及日期；

④离职人员签字及日期；

⑤相关负责人签字及日期。

【法律风险】

①有利于各部门之间对交接内容进行信息共享，规避因信息不对称带来的风险。

②有利于人力资源部全面监管交接进程，落实监交人责任到位，从全局把控离职人员因交接环节带来的风险。

③在一定程度上能规避劳动争议发生，固定交接证据。

【离职交接会签表范本】

此表单为会签表，即员工离职前需持该表单，到各部门办理交接手续，待各部门经办人签字后，最终人事部门负责将该表单收入员工个人档案。

如交接内容较多可另附交接清单。

公司可根据自己的管理流程对该会签表进行调整。

请公司各部门据实进一步填写交接事项。

请公司各部门据实进一步填写交接事项。

请公司各部门据实进一步填写交接事项。

1. 最后工作日通常是员工离开工作岗位或工作交接完毕之日。
2. 最后工作日不一定等于劳动合同解除日，如果员工离职前存在应休未休年休假，或存在加班调休，用人单位有权要求员工休息后再离职，因此劳动合同解除日可能会晚于最后工作日。

请公司各部门据实进一步填写交接事项。

1. 如员工在职期间签订了培训协议，离职时务必确认服务期是否履行完毕，与员工结算违约金。
2. 如员工在职期间签订了竞业限制协议，离职时务必确认是否启动竞业限制。

离职交接会签表

姓　名		部　门		岗　位	
入职日期					

所在部门确认			
文件、资料类上交情况（另附交接清单）	资料（含书面/电子形式）：		部门经手人签字
^	其他交接：		
^	^		日期：

财务部门确认			
应收、应付因私借款及公务借款情况	应收、应付款项：		财务经手人签字
^	公务借款报销合计：		
^	因私借款合计：		
^	其他交接：		日期：

行政确认			
财产、物资清点及移交手续情况	电脑密码：		行政经手人签字
^	工作 E-mail、QQ 密码：		
^	IT 设备检查收回：		
^	办公文具、名片、胸卡：		
^	门、工位、文件柜等钥匙：		日期：
^	其他交接：		

人事确认			
劳动关系劳动报酬权限回收	本月最后工作日：		人事经手人签字
^	最后结薪日：		
^	社保、公积金终止日期：		
^	钉钉权限/微信群/QQ 群清除：		日期：
^	是否签订培训协议、竞业限制协议：		

续表

本人确认上述离职交接手续完成，与_____公司解除劳动关系，自此再无任何争议和纠纷，并保证不外泄在职期间所了解的公司相关商业、技术等秘密，离职后若公司发现本人在离职前后有任何损害公司利益的行为，本人同意向公司支付相应赔偿。 本人离职后联系电话为： 离职人员签字： 日期：			
部门主管	签字：	日期	
部门经理	签字：	日期	
总经理	签字：	日期	

（务必本人面签。）
（可根据公司实际管理情况进行调整。）

第五节 法律法规及政策指南

《劳动合同法》

第二十二条 用人单位为劳动者提供专项培训费用，对其进行专业技术培训的，可以与该劳动者订立协议，约定服务期。

劳动者违反服务期约定的，应当按照约定向用人单位支付违约金。违约金的数额不得超过用人单位提供的培训费用。用人单位要求劳动者支付的违约金不得超过服务期尚未履行部分所应分摊的培训费用。

用人单位与劳动者约定服务期的，不影响按照正常的工资调整机制提高劳动者在服务期期间的劳动报酬。

第二十三条 用人单位与劳动者可以在劳动合同中约定保守用人单位的商业秘密和与知识产权相关的保密事项。

对负有保密义务的劳动者，用人单位可以在劳动合同或者保密协议中与劳动者约定竞业限制条款，并约定在解除或者终止劳动合同后，在竞业限制期限内按月给予劳动者经济补偿。劳动者违反竞业限制约定的，应当按照约定向用人单位支付违约金。

第二十四条 竞业限制的人员限于用人单位的高级管理人员、高级技术人员和其他负有保密义务的人员。竞业限制的范围、地域、期限由用人单位与劳动者约定，竞业限制的约定不得违反法律、法规的规定。

在解除或者终止劳动合同后，前款规定的人员到与本单位生产或者经营同类产品、从事同类业务的有竞争关系的其他用人单位，或者自己开业生产或者经营同类产品、从事同类业务的竞业限制期限,不得超过二年。

  第三十七条 劳动者提前三十日以书面形式通知用人单位,可以解除劳动合同。劳动者在试用期内提前三日通知用人单位,可以解除劳动合同。

  第四十六条 有下列情形之一的,用人单位应当向劳动者支付经济补偿:

  (一)劳动者依照本法第三十八条规定解除劳动合同的;

  (二)用人单位依照本法第三十六条规定向劳动者提出解除劳动合同并与劳动者协商一致解除劳动合同的;

  (三)用人单位依照本法第四十条规定解除劳动合同的;

  (四)用人单位依照本法第四十一条第一款规定解除劳动合同的;

  (五)除用人单位维持或者提高劳动合同约定条件续订劳动合同,劳动者不同意续订的情形外,依照本法第四十四条第一项规定终止固定期限劳动合同的;

  (六)依照本法第四十四条第四项、第五项规定终止劳动合同的;

  (七)法律、行政法规规定的其他情形。

  第九十条 劳动者违反本法规定解除劳动合同,或者违反劳动合同中约定的保密义务或者竞业限制,给用人单位造成损失的,应当承担赔偿责任。

  《工资支付暂行规定》

  第九条 劳动关系双方依法解除或终止劳动合同时,用人单位应在解除或终止劳动合同时一次付清劳动者工资。

第六节 企业用工风险测评

  企业的人力资源管理工作中存在以下常见问题:

  1.不清晰人力资源管理中的法律风险点,不清晰法律规定和实务操作之间的差别;

  2.规章制度、员工手册等陈旧,不与时俱进,合理性和合法性存在问题;

  3.人力资源管理工作没有制度化、规范化、流程化,使 HR 管理人员工作流于日常琐碎,与人力资源专员工作无异,不能将精力投放到人力资源的战略管理和企业文化的建设中;

  4.人力资源管理中一些必备的合同、协议经不起推敲,达不到明确权利义务的效果;

  5.错发、乱发通知书、证明等。

  针对以上问题,结合劳动争议案件的仲裁和诉讼实务经验,通过一些简单的测评题，帮助企业更快地认识、解决人力资源管理过程中的风险。提早发现，尽早预防。

评估报告：

请根据腰封、书签指引查看"企业用工风险评估报告"。如果您不慎丢失了腰封或书签，请随时联系主编客服团队。客服人员将协助您获取评估报告。

1. 公司针对不辞而别的员工一般如何处理？（　　）

A. 视为自动解除劳动合同

B. 催告或通知后视为自动解除劳动合同

C. 公司直接解除劳动合同

D. 催告或通知后公司依据规章制度解除劳动合同

问题设计目的：

为了了解公司针对不辞而别员工的劳动关系的处理问题是否存在风险。

法律分析：

《劳动合同法》第36条至第41条对劳动合同的解除方式有明确规定。合同解除方式有3种，即员工单方解除、双方协商解除、企业单方解除，法律上并不存在劳动合同的自动解除。员工出现不辞而别的情形时公司需依据《劳动合同法》做出解除劳动合同处理。

2. 公司是否规定员工主动辞职需要经过公司审批同意？（　　）

A. 是　　　　　B. 否

问题设计目的：

为了了解公司是否对员工辞职进行审批。

法律分析：

《劳动合同法》第37条明确规定，"劳动者提前三十日以书面形式通知用人单位，可以解除劳动合同。劳动者在试用期内提前三日通知用人单位，可以解除劳动合同"。也就是说劳动者辞职时，并不需要有什么特别的理由，只要提交了书面的辞职通知，无论用人单位是否批准，30日后他就可以离开工作岗位，用人单位也必须为其结算工资，办理相关离职手续。而在试用期内的便更简单，只要提前3日通知，而且也不是必须通过书面形式。

第三章

员工被动辞职

第一节 企业常见用工风险点

本节重点

- 如何避免未按劳动合同的约定提供劳动保护或劳动条件？
- 如何及时足额向员工支付劳动报酬？
- 如何依法为员工缴纳社会保险？
- 如何制定企业合法、合理的规章制度，避免违法损害员工权益？
- 在签订劳动合同时，如何避免出现导致劳动合同无效的情形？
- 如何在劳动合同、规章制度中设置员工被迫辞职的通报程序？

一、如何避免未按劳动合同的约定提供劳动保护或劳动条件？

说明：员工辞职分为主动辞职和被动辞职，与主动辞职不同，员工被动辞职是因为单位有过错导致员工被迫提出辞职。员工被迫辞职，企业依法应当支付员工解除劳动合同的经济补偿，按照《劳动合同法》第47条的规定，经济补偿按劳动者在本单位工作的年限，每满一年支付一个月工资的标准向劳动者支付，俗称"N"。

依据《劳动合同法》的规定，企业有下列情形之一的，劳动者可以提出被迫辞职，单方解除劳动合同：

1. 未按照劳动合同约定提供劳动保护或者劳动条件的；
2. 未及时足额支付劳动报酬的；
3. 未依法为劳动者缴纳社会保险费的；
4. 用人单位的规章制度违反法律、法规的规定，损害劳动者权益的；

5. 以欺诈、胁迫的手段或者乘人之危,使对方在违背真实意思的情况下订立或者变更劳动合同的;

6. 在劳动合同中用人单位免除自己的法定责任、排除劳动者权利的;

7. 劳动合同违反法律、行政法规强制性规定的;

8. 用人单位以暴力、威胁或者非法限制人身自由的手段强迫劳动者劳动的;

9. 用人单位违章指挥、强令冒险作业危及劳动者人身安全的;

10. 法律、行政法规规定劳动者可以解除劳动合同的其他情形。

因企业过错,导致员工被迫提出辞职的,员工无须提前告知企业,解除通知有效告知送达企业即完成单方解除劳动合同。

依据《劳动合同法》第17条的规定,劳动保护和劳动条件是劳动合同应当具备的条款,那么,企业在与员工签订劳动合同时,如何避免出现未按劳动合同的约定提供劳动保护或劳动条件的状况呢?

可从以下两个方面考虑:

1. 劳动合同中谨慎约定劳动保护条款。对于法定的对劳动者进行劳动保护的内容,即便在劳动合同中不约定,企业也要履行法定劳动保护义务,为劳动者发放劳动保护用品等;对于非法定劳动保护内容,企业如需在劳动合同中约定,一定要谨慎处理,如果约定了就要做到,如果做不到就不要约定。

2. 劳动合同中明确约定劳动条件条款。劳动条件并没有法律法规的统一规定,劳动关系建立后,企业会根据实际情况给员工提供相关的劳动条件,编者认为,劳动条件主要指物质设备条件、安全卫生条件和能够提供给员工施展技能的技术条件等,如果劳资双方需要在劳动合同中对劳动条件做出明确约定,企业应根据实际履行能力作出具体明确的约定,并按照约定严格执行。

二、如何及时足额向员工支付劳动报酬?

说明: 在本风险点中,我们首先要明确4个概念:第一,什么是"劳动报酬"?第二,什么是"未足额"?第三,什么是"未及时"?第四,合规的支付劳动报酬的时间是何时?下面将一一进行说明。

1. 什么是"劳动报酬"?

劳动报酬是劳动者付出体力或脑力劳动所得的对价,体现的是劳动者创造的社会价值,劳动报酬包括计时工资、计件工资、奖金、津贴和补贴、加班费以及特殊情况下支付的工资等。"未及时足额支付劳动报酬"是员工提出被迫离职的法定情形之一，此处的未支付劳动报酬有两种情形，一是未及时支付劳动报酬，二是未足额支付劳动报酬。

2. 什么是"未足额"？

根据原劳动部印发的《工资支付暂行规定》及其补充规定的规定，"未足额"或"克扣"系指用人单位无正当理由扣减劳动者应得工资（在劳动者已提供正常劳动的前提下用人单位按劳动合同规定的标准应当支付给劳动者的全部劳动报酬）。不包括以下减发工资的情况：

（1）国家的法律、法规中有明确规定的；

（2）依法签订的劳动合同中有明确规定的；

（3）用人单位依法制定并经职代会批准的厂规、厂纪中有明确规定的；

（4）企业工资总额与经济效益相联系，经济效益下浮时，工资必须下浮的（但支付给劳动者工资不得低于当地最低工资标准）；

（5）因劳动者请事假等相应减发工资等。

3. 什么是"未及时"？

"未及时"或"无故拖欠"系指用人单位无正当理由超过规定付薪时间未支付劳动者工资。不包括以下情形：

（1）用人单位遇到非人力所能抗拒的自然灾害、战争等原因，无法按时支付工资；

（2）用人单位确因生产经营困难、资金周转受到影响，在征得本单位工会同意后，可暂时延期支付劳动者工资，延期时间的最长限制可由各省、自治区、直辖市劳动行政部门根据各地情况确定，其他情况下拖欠工资均属无故拖欠。

4. 合规的支付劳动报酬的时间是何时？

《劳动法》第50条规定，工资应当以货币形式按月支付给劳动者本人。不得克扣或者无故拖欠劳动者的工资。

《工资支付暂行规定》第7条规定：工资必须在用人单位与劳动者约定的日期支付，如遇节假日或休息日，则应提前在最近的工作日支付。第8条规定：对完成一次性临时劳动或某项具体工作的劳动者，用人单位应按有关协议或合同规定在其完成劳动任务后即支付工资。第9条规定：劳动关系双方依法解除或终止劳动合同时，用人单位应在解除或终止劳动合同时一次付清劳动者工资。

根据以上规定，我们能看出，除了一次性劳动报酬和解除、终止前一个月的工资有明确的支付时间，对于主要的全日制用工模式下工资何时支付，我国法律及部门规章仅规定工资要每月支付一次，并没有规定具体支付时间。

我国幅员辽阔,省份众多,各地区情况不同,因此各地区根据实际情况制定了比较详细的工资支付条例。

下面是编者收集整理的全国部分省市工资发放的时间标准。

北京市:至少每月向劳动者支付一次工资。

《北京市工资支付规定》

第九条第二款、第三款 用人单位可以按照小时、日、周、月为周期支付工资。以完成一定工作任务计发工资的,应当在工作任务完成后即时支付劳动者工资。但用人单位应当至少每月向劳动者支付一次工资。

用人单位支付劳动者工资应当按照规定的日期足额支付,不得克扣或者无故拖欠。工资支付日期遇法定休假日或者休息日的,应当提前在最近的工作日支付。

上海市:每月至少向劳动者支付一次工资。

《上海市企业工资支付办法》

六、企业应当每月至少支付一次工资,支付工资的具体日期由企业与劳动者约定。如遇法定休假节日或休息日,通过银行发放工资的,不得推迟支付工资;直接发放工资的,应提前支付工资。

对实行年薪制或按考核周期兑现工资的劳动者,企业应当每月按不低于最低工资的标准预付工资,年终或考核周期期满时结算。

广东省:用人单位至少每月向劳动者支付工资。

《广东省工资支付条例》

第十条 用人单位应当以货币形式按照确定的工资支付周期足额支付工资,不得拖欠或者克扣。

实行月、周、日、小时工资制的,工资支付周期可以按月、周、日、小时确定。

实行计件工资制或者以完成一定任务计发工资的,工资支付周期可以按计件或者完成工作任务情况约定,但支付周期超过一个月的,用人单位应当按照约定每月支付工资。

实行年薪制或者按考核周期支付工资的,用人单位应当按照约定每月支付工资,年终或者考核周期届满时应当结算并付清工资。

第十二条 用人单位与劳动者应当在劳动合同中明确约定工资支付周期和支付日期。

用人单位应当按照约定的日期支付劳动者工资;遇法定休假日或者休息日,应当提前在最近的工作日支付。

深圳市：用人单位应当至少每月向员工支付一次工资。

《深圳市员工工资支付条例》

第九条　用人单位应当与员工约定工资及其支付周期、支付日等内容。

第十一条第一款、第二款　工资支付周期不超过一个月的，约定的工资支付日不得超过支付周期期满后第七日；工资支付周期超过一个月不满一年的，约定的工资支付日不得超过支付周期期满后的一个月；工资支付周期在一年以上的，约定的工资支付日不得超过支付周期期满后的六个月。

工资支付周期为一个月的，自用工之日起至约定的工资支付日不满一个月的工资，用人单位可以在首个工资支付日按日折算支付，也可以在下一个工资支付日合并支付，具体由用人单位与员工协商确定。

第十二条　用人单位因故不能在约定的工资支付日支付工资的，可以延期五日；因生产经营困难，需延期超过五日的，应当征得本单位工会或者员工本人书面同意，但是最长不得超过十五日。

天津市：至少一个月支付一次工资。

《天津市工资支付规定》

第十一条　用人单位应当按集体合同或劳动合同约定的日期支付劳动者工资。

约定的工资支付日期遇法定休假日或休息日的，应当提前在最近的工作日支付。

用人单位应当至少一个月支付一次工资（实行经营者年薪制的按有关规定执行）。

用人单位以周、日、小时支付劳动者工资的，其工时折算按照每日工作8小时，每周工作40小时、每月平均工作20.92日计算。

对完成一次性临时工作任务的劳动者，用人单位应当在工作任务完成后3个工作日内支付工资。

山东省：至少一个月支付一次工资。

《山东省企业工资支付规定》

第十六条　企业应当按照劳动合同或者工资集体协议约定的日期足额支付劳动者工资，不得克扣或者拖欠工资。工资支付日期遇到法定节假日或者休息日的，企业应当在节假日或者休息日前最近的工作日支付。

企业应当每月至少支付给劳动者一次工资，但实行年薪制的，可以按照规定的比例和期限定期支付劳动者工资。

对于从事临时性工作的劳动者,工作期间少于1个月的,企业应当在临时工作任务完成时立即支付劳动者工资;工作期间超过1个月的,企业应当按月支付劳动者工资。

明确了以上4个问题后,企业就知道如何避免出现"未及时足额向员工支付劳动报酬"的情形,从而避免企业支付经济补偿的后果。

三、如何依法为员工缴纳社会保险?

说明:《劳动合同法》对"未依法为劳动者缴纳社会保险费"仅作了概括性的规定,具体哪些缴纳现状可以归纳为"未依法"中呢?概括来讲,未依法缴纳分为未缴纳社保、未及时缴纳社保、未足额缴纳社保、未全部缴纳社保4种情形,如果企业的缴纳行为符合4种中的一种或几种,劳动者以"未依法为劳动者缴纳社会保险费"为由,主张被迫解除劳动合同的经济补偿,是否会得到法律的支持呢?各地在实际执行中的标准存在差异,表8-1列举了各地对未缴纳社保、未及时缴纳社保、未足额缴纳社保、未全部缴纳社保以及劳动者主动放弃缴纳社保等情况是否能被认定为被迫辞职,并要求支付经济补偿的情况,还列举了部分省市的部分裁判结果。

表8-1 部分省市缴纳社保相关裁判

地区	未缴纳社保	未及时缴纳社保	未足额缴纳社保	未全部缴纳社保	劳动者主动放弃缴纳社保
北京市	支持	不支持	不支持	不支持	支持
天津市	限期改正否则支持	限期改正否则支持	限期改正否则支持	限期改正否则支持	—
浙江省	支持	—	—	—	—
江苏省	支持				
广东省	支持	不支持	不支持	不支持	限期改正否则支持
深圳市	一个月内改正否则支持	一个月内改正否则支持	一个月内改正否则支持	一个月内改正否则支持	—
厦门市	支持	不支持	不支持	不支持	
福州市	支持	—	—	—	不支持
山东省	支持	支持	不支持 行政处理	支持	—

续表

地区	未缴纳社保	未及时缴纳社保	未足额缴纳社保	未全部缴纳社保	劳动者主动放弃缴纳社保
贵州省	一个月内改正否则支持	—	—	—	—
湖南省	支持	支持	支持	支持	—

四、如何制定企业合法、合理的规章制度，避免违法损害员工权益？

说明：企业为保障生产经营秩序、实现管理权会制定各类规章制度，规章制度也成为员工的行为准则。规章制度涉及劳动者的切身利益，法律规定企业制定规章制度应当进行民主讨论和协商程序，即民主议定程序，但是用人单位享有最终决定权。如果用人单位滥用决定权，制定的规章制度违法进而侵害了员工权益怎么办呢？相应的规制条款就是《劳动合同法》第38条第1款第4项的"用人单位的规章制度违反法律、法规的规定，损害劳动者权益的"条款，依据该条款的规定，用人单位要为此支付经济补偿。

企业制定的规章制度，从内容来讲，不能违反法律规定并且要合理；从程序来讲，要通过民主议定程序和公示告知程序，同时，民主议定流程也是保证规章制度合理性的重要保障。

五、在签订劳动合同时，如何避免出现导致劳动合同无效的情形？

说明：《劳动合同法》第26条第1款规定，以欺诈、胁迫的手段或者乘人之危，使对方在违背真实意思的情况下订立或者变更劳动合同的，劳动合同无效或者部分无效；用人单位免除自己的法定责任、排除劳动者权利的，劳动合同无效或者部分无效；违反法律、行政法规强制性规定的，劳动合同无效或者部分无效。

劳资双方签订劳动合同时，应注意以上内容，避免签订的劳动合同在出现劳动争议时被仲裁或被法院认定为劳动合同无效或劳动合同的相关条款无效。

六、如何在劳动合同、规章制度中设置员工被迫辞职的通报程序？

说明：根据《劳动合同法》的规定，共有10种企业过错的行为（在本节第一个重点中已有详细描述，这里不再赘述），可导致劳动者被迫辞职，因此企业在制定劳动合同及规章制度时可对哪些行为属于过错行为进行约定，但是法定大于约定，因此企业在制定约定内容时，还应注意相关法律及地方法规的规定。如果企业能够证明某行为确实属于客观原因导致,而非企业故意为之,企业对此并无主观上的恶意并且在劳动者提出主张后能够予以改正,则有可能免除相应的法律责任。因此,用人单位可以预先设定被迫解除劳动合同的限制性条款,给劳动者被迫解除设定一定的通报程序,一方面避免不必要的争议发生,另一方面降低企业支付经济补偿的概率。

第二节 经典案例

【案例简介】

2008年,小文入职A医院。2017年至2020年4月,小文在A医院任肿瘤科(放疗室)护士长。2019年1月9日,A医院与小文签订书面劳动合同书:第1条约定,合同期限为2019年1月1日至2021年12月31日;第2条约定,小文工作岗位为护理岗位。2020年4月10日,A医院开展竞聘上岗选拔护士长的相关工作,小文未报名参加。同日,A医院发文免去了小文肿瘤科(放疗室)护士长的职务。2020年4月14日,A医院将小文从肿瘤科(放疗室)护士岗位调动至妇产科护士岗位。

2020年5月26日,小文以未经协商、违法单方变更其劳动岗位、降薪降职为由提出与A医院解除劳动合同。双方对经济补偿及补发工资产生争议,经当地人事争议仲裁委员会裁决,A医院应补发给小文工资2500元、经济补偿91,615.2元。A医院不服仲裁裁决,诉至人民法院。

A医院请求判决不应支付工资及经济补偿。

【争议焦点】

用人单位是否有权单方面对未参加竞聘上岗的职工进行调岗降薪。

【判决结果】

一审法院判决A医院向小文补发2020年4月和5月工资共2500元并支付经济补偿91,615.2元。A医院不服一审判决,提起上诉。二审法院判决:驳回上诉,维持原判。

【律师解读】

用人单位行使经营管理自主权应合约合法合理,不可损害劳动者合法权益。

首先,用人单位行使经营管理自主权应符合劳动合同约定。劳动合同是用人单位和劳动者就双方权利、义务达成的书面协议。一经依法订立即对双方具有约束力,不得单方面随意变更。劳动合同的变更必须遵守六大原则——合法原则、合理原则、公平原则、平等自愿原则、协商一致原则和诚实守信原则。如要变更劳动者的工作内容需要协商一致才可变更,用人单位不可单方变更。该案中,双方在签订劳动合同时小文已经任职肿瘤科(放疗室)护士长职务,按照惯例和诚实信用原则,合同中约定的"护理岗位"应理解为护理岗位护士长职务或相当职务。A医院采取"竞聘上岗"方式在全院护理人才中选拔护士长,选拔结果直接影响小文的职务,在未与其协商一致的情况下单方面将其调整到其他科室一般护理岗位突破了合同约定,损害了劳动者权益。

其次,用人单位经营管理自主权的行使应符合法律规定。岗位和劳动报酬的调整实质上是对劳动合同核心内容的变更。关于合同变更,如劳动者存在合同期满、不胜任工作、客观情况发生重大变化、裁员前,则用人单位享有单方调岗权。如涉及女工"三期"、工伤评残员工、涉密员工离职前,则用人单位可以依需调整、依法变薪。除此之外,如需调岗变薪,用人单位和劳动者需要事前协商一致才可以。但在该案中,小文不存在以上情形,A医院的单方调岗降薪行为违反法律规定。

最后,用人单位经营管理自主权的行使不能超过合理范围。该案中,A医院将小文的工资从每月7000余元调整到1000多元,明显不符合一般劳动者对职业发展的期待等常理,不具有合理性。

《劳动合同法》第38条规定了员工被迫辞职的情形,因单位过错员工被迫辞职,无须提前告知用人单位,解除通知有效告知送达单位,即完成单方解除劳动合同。用人单位在调岗调薪时,要注意合法性与合理性,以防员工被迫辞职。

第三节 操作指引

【概论】

员工以单位存在《劳动合同法》第38条规定的情形为由提出解除劳动合同并主张经济补偿的情形,近几年越来越多,这就要求企业用工要贯彻合规原则,另外,企业在接到员工被迫解除劳动合同通知书后,也应该掌握应对措施,根据流程处理。

【员工被迫辞职流程图】

```
员工以企业存在《劳动合同法》
第38条的情形为由提出辞职
        ↓
员工提出的具体解除事由，根据
《劳动合同法》第38条，逐一对照
是否存在相关情形
        ↓
是否未提供劳动保护、劳动条件
        ↓
是否拖欠工资
        ↓                          企业如有任意一项，
是否未依法缴纳社保               则需支付"N"的经济
        ↓                          补偿办理解除手续
是否规章制度违法且损害员工权益
        ↓
劳动合同是否存在无效情形
        ↓
是否存在强迫劳动、强令冒险作业等
        ↓
如不存在任何一项情形
        ↓
书面告知员工
    ↓           ↓
同意劳动合同解除   不同意劳动合同解除    劝说    员工回来
但不同意解除原因   继续履行劳动合同      →      继续工作
    ↓                 ↓
                  员工不回来         也不提仲裁  企业根据情
员工同意    员工提出仲裁                →      况办理解除
双方协商解除                ↓
                       提出仲裁
                          ↓
                    进入仲裁、诉讼环节
```

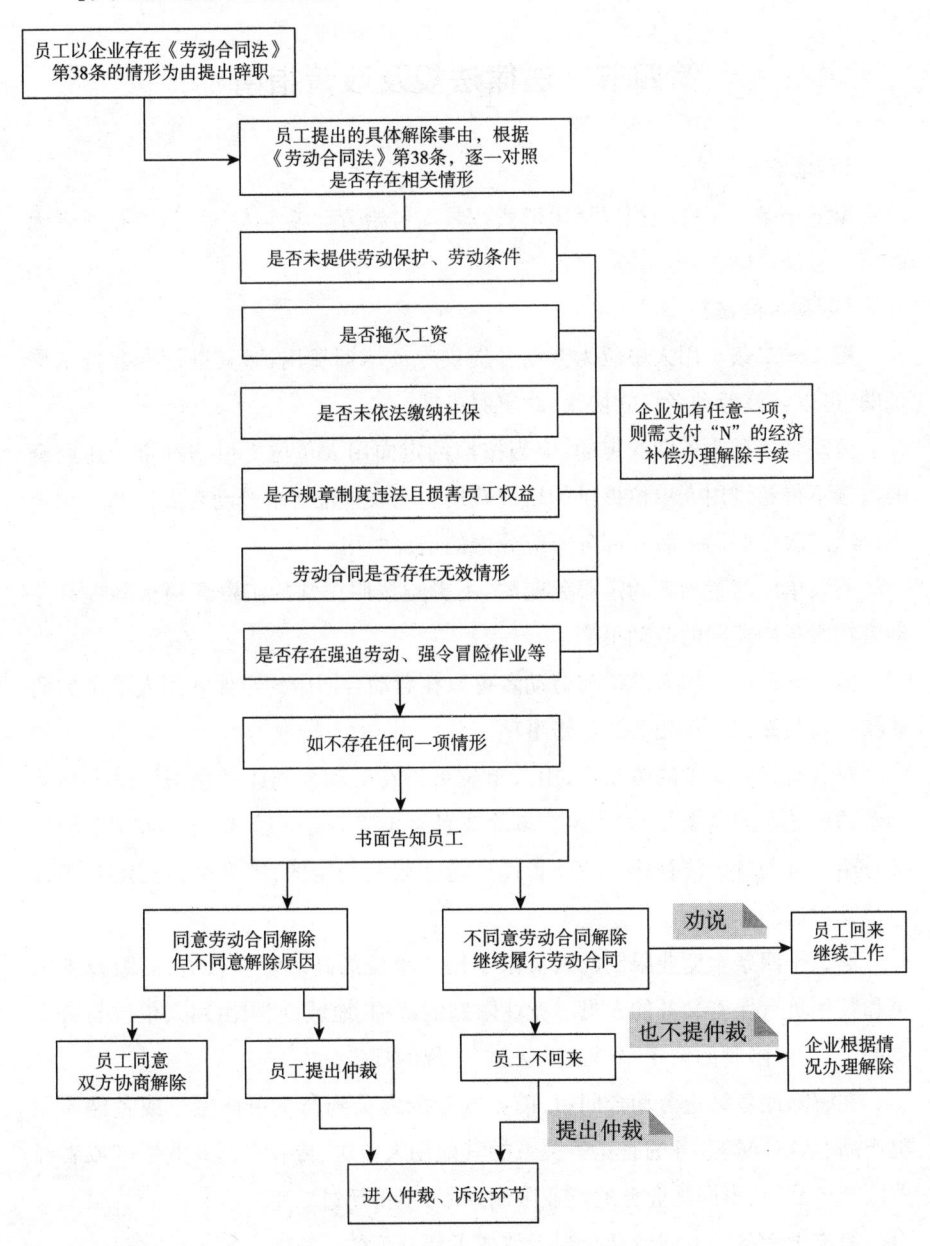

【说明】

根据以上流程图，最关键的节点是，企业收到员工的被迫解除劳动合同通知书后，要根据员工提出的具体解除事由，逐一进行核实，如果员工提出的事由无事实依据，则应及时回复员工对解除事由提出的异议，为后期劳动合同解除的谈判奠定基础。

第四节　法律法规及政策指南

《劳动法》

第五十条　工资应当以货币形式按月支付给劳动者本人。不得克扣或者无故拖欠劳动者的工资。

《劳动合同法》

第二十二条　用人单位为劳动者提供专项培训费用，对其进行专业技术培训的，可以与该劳动者订立协议，约定服务期。

劳动者违反服务期约定的，应当按照约定向用人单位支付违约金。违约金的数额不得超过用人单位提供的培训费用。用人单位要求劳动者支付的违约金不得超过服务期尚未履行部分所应分摊的培训费用。

用人单位与劳动者约定服务期的，不影响按照正常的工资调整机制提高劳动者在服务期期间的劳动报酬。

第二十三条　用人单位与劳动者可以在劳动合同中约定保守用人单位的商业秘密和与知识产权相关的保密事项。

对负有保密义务的劳动者，用人单位可以在劳动合同或者保密协议中与劳动者约定竞业限制条款，并约定在解除或者终止劳动合同后，在竞业限制期限内按月给予劳动者经济补偿。劳动者违反竞业限制约定的，应当按照约定向用人单位支付违约金。

第二十四条　竞业限制的人员限于用人单位的高级管理人员、高级技术人员和其他负有保密义务的人员。竞业限制的范围、地域、期限由用人单位与劳动者约定，竞业限制的约定不得违反法律、法规的规定。

在解除或者终止劳动合同后，前款规定的人员到与本单位生产或者经营同类产品、从事同类业务的有竞争关系的其他用人单位，或者自己开业生产或者经营同类产品、从事同类业务的竞业限制期限，不得超过二年。

第二十六条　下列劳动合同无效或者部分无效：

（一）以欺诈、胁迫的手段或者乘人之危，使对方在违背真实意思的情况下订立或者变更劳动合同的；

（二）用人单位免除自己的法定责任、排除劳动者权利的；

（三）违反法律、行政法规强制性规定的。

对劳动合同的无效或者部分无效有争议的,由劳动争议仲裁机构或者人民法院确认。

第三十七条 劳动者提前三十日以书面形式通知用人单位,可以解除劳动合同。劳动者在试用期内提前三日通知用人单位,可以解除劳动合同。

第三十八条 用人单位有下列情形之一的,劳动者可以解除劳动合同:
(一)未按照劳动合同约定提供劳动保护或者劳动条件的;
(二)未及时足额支付劳动报酬的;
(三)未依法为劳动者缴纳社会保险费的;
(四)用人单位的规章制度违反法律、法规的规定,损害劳动者权益的;
(五)因本法第二十六条第一款规定的情形致使劳动合同无效的;
(六)法律、行政法规规定劳动者可以解除劳动合同的其他情形。

用人单位以暴力、威胁或者非法限制人身自由的手段强迫劳动者劳动的,或者用人单位违章指挥、强令冒险作业危及劳动者人身安全的,劳动者可以立即解除劳动合同,不需事先告知用人单位。

第四十六条 有下列情形之一的,用人单位应当向劳动者支付经济补偿:
(一)劳动者依照本法第三十八条规定解除劳动合同的;
(二)用人单位依照本法第三十六条规定向劳动者提出解除劳动合同并与劳动者协商一致解除劳动合同的;
(三)用人单位依照本法第四十条规定解除劳动合同的;
(四)用人单位依照本法第四十一条第一款规定解除劳动合同的;
(五)除用人单位维持或者提高劳动合同约定条件续订劳动合同,劳动者不同意续订的情形外,依照本法第四十四条第一项规定终止固定期限劳动合同的;
(六)依照本法第四十四条第四项、第五项规定终止劳动合同的;
(七)法律、行政法规规定的其他情形。

第九十条 劳动者违反本法规定解除劳动合同,或者违反劳动合同中约定的保密义务或者竞业限制,给用人单位造成损失的,应当承担赔偿责任。

《工资支付暂行规定》

第七条 工资必须在用人单位与劳动者约定的日期支付。如遇节假日或休息日,则应提前在最近的工作日支付。工资至少每月支付一次,实行周、日、小时工资制的可按周、日、小时支付工资。

第八条 对完成一次性临时劳动或某项具体工作的劳动者,用人单位应按有关协议或合同规定在其完成劳动任务后即支付工资。

第九条 劳动关系双方依法解除或终止劳动合同时,用人单位应在解除或终止劳动合同时一次付清劳动者工资。

第五节 企业用工风险测评

企业的人力资源管理工作中存在以下常见问题:

1. 不清晰人力资源管理中的法律风险点,不清晰法律规定和实务操作之间的差别;

2. 规章制度、员工手册等陈旧,不与时俱进,合理性和合法性存在问题;

3. 人力资源管理工作没有制度化、规范化、流程化,使 HR 管理人员工作流于日常琐碎,与人力资源专员工作无异,不能将精力投放到人力资源的战略管理和企业文化的建设中;

4. 人力资源管理中一些必备的合同、协议经不起推敲,达不到明确权利义务的效果;

5. 错发、乱发通知书、证明等。

针对以上问题,结合劳动争议案件的仲裁和诉讼实务经验,通过一些简单的测评题,帮助企业更快地认识、解决人力资源管理过程中的风险。提早发现,尽早预防。

评估报告:

请根据腰封、书签指引查看"企业用工风险评估报告"。如果您不慎丢失了腰封或书签,请随时联系主编客服团队。客服人员将协助您获取评估报告。

对应当支付经济补偿的离职情形,公司何时支付经济补偿?(　　)

A. 办结工作交接当日　　　　B. 办结工作交接之前

C. 办结工作交接之后压放一段时间

问题设计目的:

为了了解公司向劳动者支付离职经济补偿的时间是否存在相关法律风险。

法律分析:

《劳动合同法》第 50 条第 2 款规定,劳动者应当按照双方约定,办理工作交接。用人单位依照该法有关规定应当向劳动者支付经济补偿的,在办结工作交接时支付。同时,该法第 85 条规定,用人单位解除或者终止劳动合同,未依照该法规定向劳动者支付经济补偿的,由劳动行政部门责令限期支付经济补偿;逾期不支付的,责令用人单位按应付金额 50% 以上 100% 以下的标准向劳动者加付赔偿金。

第四章 企业单方解除（过失性辞退）

第一节 企业常见用工风险点

本节重点

- 劳动者试用期不符合录用条件，用人单位如何无成本解除劳动合同？
- 用人单位如何以"严重违反用人单位规章制度"为由与劳动者解除劳动合同？
- 用人单位如何确定劳动者严重失职、营私舞弊给企业造成重大损害？
- 劳动者兼职，用人单位可以单方解除劳动合同吗？
- 劳动者学历造假，用人单位可以单方解除劳动合同吗？
- 被依法追究刑事责任包括哪些情形？

一、劳动者试用期不符合录用条件，用人单位如何无成本解除劳动合同？

说明：按照《劳动合同法》第39条的规定，劳动者试用期不符合录用条件，用人单位可以单方解除劳动合同，但是用人单位在解除前应注意以下要点。

1. 录用条件要明确。试用期是用人单位和劳动者依法约定的考察期，经过试用，可能出现试用不符合录用条件而选择解除劳动合同的情况。实务中，录用条件通常要具备3个基本前提：一是内容必须合法；二是必须明确具体；三是必须让劳动者知悉。按照这个要求，用人单位要把相关录用条件进行公示并要员工签字确认，并保留好相应证据存档备查。

2. 考核结果要可量化。以劳动者不符合录用条件为由解除劳动合同时，法规给予用人单位的举证责任较高。这就要求在试用期考核标准和办法上，要结合录用条件设定，对员工是否符合录用条件能够作出客观可量化的结论。

3.解除决定要在试用期届满前作出。根据《劳动部办公厅对〈关于如何确定试用期内不符合录用条件可以解除劳动合同的请示〉的复函》的规定,用人单位只有在劳动者试用期届满前,才能以不符合录用条件为由解除劳动合同,试用期届满后,用人单位无权再以不符合录用条件为由解除劳动合同。

二、用人单位如何以"严重违反用人单位规章制度"为由与劳动者解除劳动合同?

说明: 严重违规解除劳动合同时,用人单位应注意实体和程序两个层面。实体层面,对于严重违规的事实认定,用人单位应负有举证责任,所以在处理员工严重违规的时候,应注意留存违规事实的证据,比如可以通过录音、录像、证人证言等,必要的时候可以通过表单工具(如《违规情况申诉单》)确认的方式锁定员工违规证据。程序层面,在确定好违规事实后,还要有配套的合法、有效的规章制度作为解除依据。

三、用人单位如何确定劳动者严重失职、营私舞弊给企业造成重大损害?

说明: 对于劳动者严重失职、营私舞弊的情况,用人单位应结合规章制度及岗位职责,对失职、舞弊行为事实进行认定及留存证据,用以进一步证明员工失职、营私舞弊的行为与企业的经济损失有直接的因果关系。

另外,对于"重大损害"的标准,法律上没有明确的规定,需要企业根据实际情况在规章制度或劳动合同中进行明确,以确定重大损害的界定标准,这样在对过错员工进行解除时才能做到有理有据,以避免违法解除的情况发生。

四、劳动者兼职,用人单位可以单方解除劳动合同吗?

说明: 按照《劳动合同法》第39条的规定,劳动者同时与其他用人单位建立劳动关系,对完成本单位的工作任务造成严重影响,或者经用人单位提出,拒不改正的,用人单位享有单方解除权。

根据相关的法律规定,我国并不禁止双重或者多重劳动关系,但是对于存在多重劳动关系的员工,如果有以下情形,用人单位是可以单方解除劳动合同的:第一,对本单位工作任务造成严重影响;第二,经单位提出后拒不改正。

另外,如果用人单位在规章制度中明确禁止员工存在多重劳动关系,并将该情况列为严重违反规章制度的范围,用人单位同样可以以严重违规情形来解除劳动关系。

五、劳动者学历造假,用人单位可以单方解除劳动合同吗?

说明: 根据《劳动合同法》第 26 条、第 39 条的规定,劳动者如果以欺诈、胁迫、乘人之危,使对方在违背真实意思的情况下订立或者变更劳动合同,致使劳动合同无效,则用人单位可以单方解除劳动合同。

根据上述规定,劳动者学历造假,通过欺诈的方式向用人单位提供虚假信息,用人单位是否可以单方解除,关键在于该虚假信息是否诱使用人单位做出错误的意思表示,即该信息是否是用人单位决定订立劳动合同的关键,如果不是,那么不能认定劳动合同无效,用人单位就无权依此单方解除劳动合同。

另外,用人单位可以将提供虚假信息作为严重违反单位规章制度的情形,以严重违规情形来解除劳动关系。

六、被依法追究刑事责任包括哪些情形?

说明: 根据《关于贯彻执行〈中华人民共和国劳动法〉若干问题的意见》第 29 条第 2 款的规定,"'被依法追究刑事责任'是指:被人民检察院免予起诉的、被人民法院判处刑罚的、被人民法院依据刑法第三十二条免予刑事处分的"。

刑事责任问题有专业的概念限定,而不能想当然地理解为,只要员工被限制了人身自由,就认定为被追究了刑事责任。比如,被拘留、逮捕的人员仍属于犯罪嫌疑人,并未被司法机关确认追究刑事责任;员工被行政拘留的、被进行行政处罚的,虽然限制了人身自由并被追究了责任,但依然不属于被追究刑事责任的范畴。另外,有些情况下,看似没有被限制人身自由,但是事实上属于被追究刑事责任的范畴,比如被判管制、三年以下有期徒刑,适用缓刑的。总之,是否被追究刑事责任,应以司法机关依法作出的已经生效的裁判文书为核心依据,而不能以员工的人身自由是否被剥夺为判断标准。

根据《关于贯彻执行〈中华人民共和国劳动法〉若干问题的意见》第 28 条第 1 款的规定,劳动者涉嫌违法犯罪被有关机关收容审查、拘留或逮捕的,用人单位在劳动者被限制人身自由期间,可与其暂时停止劳动合同的履行。因此,对于被限制人身自由,但是还未被司法机关确认追究刑事责任的员工,用人单位可以中止劳动合同,在劳动合同中止期间,用人单位可以暂停支付劳动报酬,以降低用人单位的用工成本。

第二节 经典案例

【案例简介】

小洪于1995年7月21日入职A公司,担任生产流水部门的包装操作员。双方共签订三次劳动合同,自2007年1月1日起,劳动合同期限变更为无固定期限合同。小洪的月工资标准为5853.75元。双方于2016年1月15日解除劳动关系。

关于解除劳动合同的原因,A公司称:"解除原因是小洪在进行LAMX0190的批文件结算过程中,在批文件中故意伪造说明书的废品数量,以保证物料平衡计算结果满足批文件设置的限度要求,严重违反了公司的规章制度,给公司造成巨大损失。"

A公司提交的《违纪处理函》显示:2015年12月16日,小洪在A-730包装操作间进行LAMX0190的批文件结算过程中,没有按照批文件的要求计算说明书物料平衡相关数据,而是伪造说明书废品数量,以保证物料平衡计算结果满足批文件设置的最低限度要求。进而导致后续批次LAMX0190说明书物料平衡计算结果异常。该行为违反了良好文件记录与数据完整性的要求。为了严肃操作纪律,提高全员的数据完整性意识,给予解除劳动关系的处分。小洪收到该函,但不接受处理结果。

A公司《员工劳动纪律管理细则》第3条内容为:"纪律处分类别。对违反劳动纪律的处分分为下列4种:口头警告、书面警告、最后书面警告、解除劳动关系。违反本细则未明示的其他纪律,经调查核实,并经工厂管委会讨论决定,依情节轻重,给予相应处罚。(1)口头警告。有下列情况之一,经调查核实,给予口头警告:……违反工厂相关标准操作流程及安全行为规定,但尚未对公司造成损失的行为……(2)书面警告。有下列情况之一,经调查核实,给予书面警告:……违反工厂相关标准操作流程及安全行为规定,造成实际损失,但情节较轻……(3)最后书面警告。有下列情况之一,经调查核实,给予最后书面警告:……违反工厂相关标准操作流程及安全行为规定,造成实际损失,情节较重……(4)解除劳动关系。有下列情况之一,经调查核实,属严重违纪行为并构成严重违反工厂规章制度,公司有权依照《劳动合同法》第39条的规定解除劳动关系:……玩忽职守、违反工厂相关标准操作流程,且给公司业务造成严重影响或损失,或对他人造成严重人身、财产损失的;……篡改公司文件记录;虚报工作、个人资料(如雇佣申请表、考勤记录、病假证明、学历证明等)……"。

被告小洪对此不予认可,其主张借用说明书的行为不属于严重违反公司规章制度,且未对公司造成损失,公司解除劳动关系的行为是违法的。

小洪就此提起劳动仲裁申请,要求A公司支付解除劳动关系经济补偿,劳动人事争议仲裁委员会裁决A公司支付其解除劳动关系经济补偿120,001.9元。A公司不服仲裁裁决,提起诉讼。

A公司诉称:判令A公司无须向小洪支付1995年7月21日至2016年1月15日的解除劳动关系经济补偿120,001.9元。A公司系药品生产企业,需要严格按照《药品生产质量管理规范》(GMP)进行生产。根据该规范的要求,数据完整性是制药质量体系确保药品质量的基石。保证记录的准确性、可靠性、可追溯性都属于数据完整性的范畴。A公司《员工劳动纪律管理细则》规定,篡改公司文件记录;虚报工作、个人资料(如雇佣申请表、考勤记录、病假证明、学历证明等)的,属于严重违反工厂规章制度,公司有权依照《劳动合同法》第39条的规定解除劳动关系。小洪作为生产流水部门长期从事相关工作的药品包装操作员,已经充分知悉相关法律法规及公司规章制度对于数据完整性的要求,但2015年12月16日其在昌平工厂A-730包装操作间进行LAMX0190的批文件结算过程中,在批文件中故意伪造说明书的废品数量,以保证物料平衡计算结果满足批文件设置的限度要求。小洪篡改批文件记录的行为,严重违反了A公司的规章制度,A公司有权解除劳动合同。

小洪辩称:其行为属于违反工厂相关标准操作流程及安全行为,未达到解除劳动合同的程度,借用说明书的数量只体现在废品中,对A公司未产生实际损失。A公司违法辞退小洪,应支付解除劳动关系经济补偿。

【争议焦点】

小洪未如实记录LAMX0190批文件中说明书废品数量、其自行按照物料平衡计算要求填写说明书废品数量的行为是否属于篡改公司文件记录,并达到解除劳动合同的程度。

【判决结果】

根据《劳动法》第3条第2款的规定,劳动者应当遵守劳动纪律。《最高人民法院关于审理劳动争议案件适用法律若干问题的解释》(法释〔2001〕14号,已失效)第19条规定,"用人单位根据《劳动法》第四条之规定,通过民主程序制定的规章制度,不违反国家法律、行政法规及政策规定,并已向劳动者公示的,可以作为人民法院审理劳动争议案件的依据"。该案中,A公司的《员工手册》和《员工劳动纪律管理细则》经过民主程序且已告知小洪,故可以作为该案审理依据。根据A公司提交的培训记录,A公司亦对小洪进行了良好文件规范培训,可见小洪知悉正确、及时记录批文件的工作要求。根据庭审中的当事人陈述,小洪认可其应当遵守《药品生产质量管理规范》的相关要求。其中《药品生产质量管理规范》第184条规定,所有药品的生产和包装均应当按照批准的工艺规程和操作规程进行操作并有相关记录,以确保药品达到规定的质量标准,并符合药品生产许可和注册批准的要求。对员工违反劳动纪律的行为A公司制定的规章制度区分严重程度设定了口头警告、书面警告、最后书面警告、解除劳动关系4种处分形式,在4种形式下均规定了不同程度违反工厂相关标准操作流程导致的后果。

该案中,要判断小洪的行为属于A公司规章制度中的哪一具体情形及其行为后果,必须考量小洪的工作岗位和职责要求。首先,小洪的行为属于A公司规章制度中的哪一具体情形。小洪为包装操作员,根据A公司提供的工作描述,小洪的主要职责要求包括产品知识、工艺知识、操作技能、生产协调、设备维护、设备故障处理、质量合规、偏差处理、工艺/清洁/设备验证、安全等方面的内容。根据小洪的工作岗位及工作职责要求,结合《药品生产质量管理规范》第184条的规定,法院认为,小洪作为包装操作员应当按照操作规程进行操作并如实记录,其如实记录义务应属于操作规程的必然要求。故其未如实记录废品说明书数量、自行按照物料平衡计算要求填写说明书废品数量的行为应当属于违反工厂相关标准操作流程,而不属于直接或间接篡改公司文件记录。其次,小洪的行为造成的后果是否达到解除劳动关系的程度。法院认为,《员工劳动纪律管理细则》规定违反工厂相关标准操作流程,且给公司业务造成严重影响或损失,或对他人造成严重人身、财产损失的,A公司有权解除劳动合同。根据《药品生产质量管理规范》第215条的规定,在物料平衡检查中,发现待包装产品、印刷包装材料以及成品数量有显著差异时,应当进行调查,未得出结论前,成品不得放行。A公司主张因小洪未如实记录废品说明书数量的行为导致该案所涉批次产品迟延放行,法院予以采信。法院认为,小洪的行为所造成的产品迟延放行并未达到给公司业务造成严重影响或损失,或对他人造成严重人身、财产损失的程度,对A公司所持小洪直接或间接篡改公司文件记录,构成严重违反公司规章制度依法解除劳动合同的主张不予采信。

判决:A公司于判决生效后10日内支付小洪1995年7月21日至2016年1月15日解除劳动合同经济补偿120,001.88元。

【律师解读】

用人单位以劳动者违反规章制度为由解除劳动合同的,应审查劳动者的行为是否严重违反公司规章制度,给用人单位业务造成严重影响或损失,或者对他人造成严重人身、财产损失。在用人单位规章制度设置了纪律处分类别的情况下,应判断劳动者的行为属于规章制度中的哪一具体情形及其行为后果,同时考量劳动者的工作岗位和职责要求,判定解除劳动合同的合法性。如果劳动者违反规章制度的行为并未达到规章制度规定的应予解除劳动关系的严重程度,用人单位不能以此为由解除劳动合同。

第三节 操作指引

【概论】

严重违规解除劳动合同属于员工过错性解除,适用于用人单位的全体员工,毫无例外。劳动派遣员工可以将其退回劳务派遣单位,即便对于《劳动合同法》第42条规定的医疗期、女工三期或因其他情形而享有特殊解除保护的员工,只要存在《劳动合同法》第39条规定的包括严重违反规章制度在内的6种过错情形之一,用人单位就可以单方解除劳动合同,且无须提前通知,无须支付经济补偿。

【严重违规解除流程图】

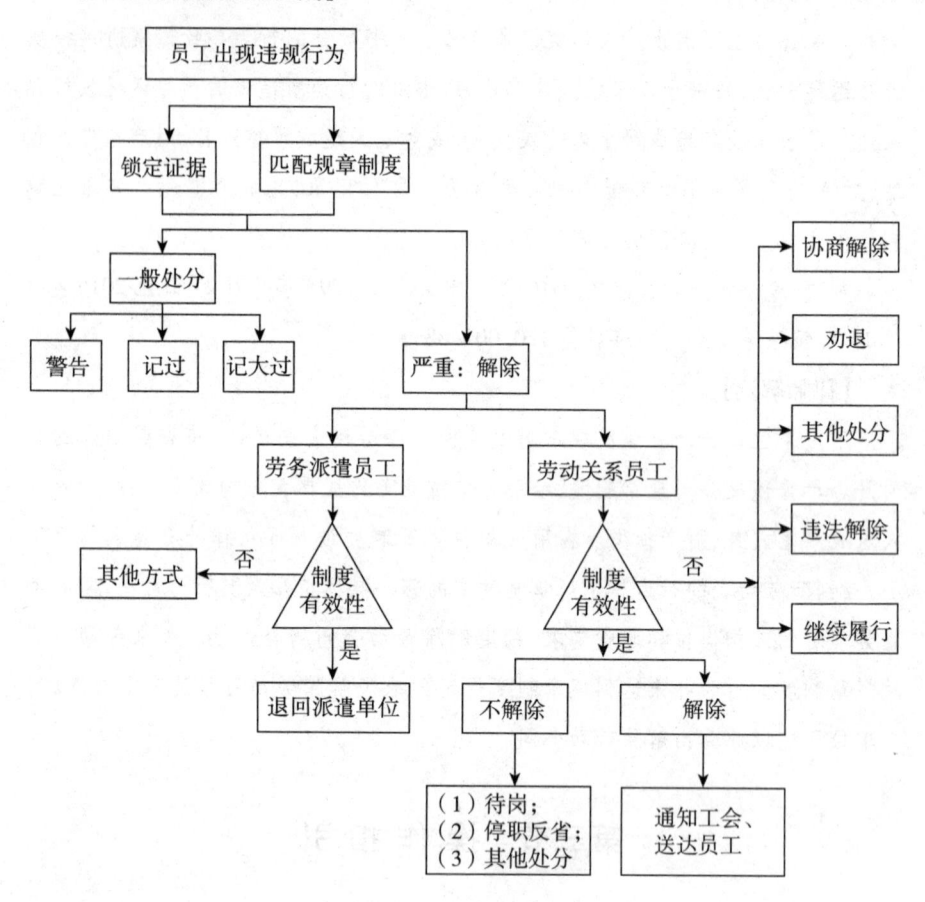

第四节 实用工具

违规确认单

【说明】

《违规确认单》是用人单位在依据规章制度作出惩处决定时，向员工进行告知的书面通知。

文件仅供参考，具体请以实际发生情况灵活掌握。

【适用】

由用人单位向劳动者作出惩处决定的书面告知。

【基本要素】

①标题；

②被惩处员工；

③员工的基本信息；

④惩处的种类；

⑤惩处的事由及依据；

⑥当事人确认；

⑦员工签收情况备注；

⑧核准、审核、制表人员签字；

⑨公司盖章和落款日期。

【法律风险】

①履行法律规定的程序，避免造成违法惩处的风险。

②固定用人单位对员工作出惩处决定的事实依据。

③固定用人单位对员工作出惩处决定的制度依据。

【违规确认单范本】

违规确认单

公司名称（盖章）：_____

日期：　　年　　月　　日

姓名		身份证号		部门/岗位		工号	
违规事实							
惩处意见	□书面警告　　□记过　　□解除劳动合同						
惩处依据							
员工确认	本人认可上述事实并接受处理结果 （签字）　　　　　　　　　　　　　年　　月　　日						
部门经理意见		人力资源部意见			总经理意见		

本确认单仅为参考，由于公司间存在文化、管理、组织架构等方面的巨大差异及各地方法规规定不同，建议公司根据自身特点及当地要求拟定相应内容。

违规确认单应当一式两份，一份交给员工，一份由单位进行留档备份。

加盖公司公章。

注意核对准确。

此处填写作出惩处所依据的事实。

根据惩处情况，在框内打"√"根据奖惩制度中设定的处罚种类进行更改即可；填写时尽量避免涂改。

此处填写作出奖惩所依据的制度，尽可能全面。

此处尽量要求由员工自行签字确认，以固定惩处事实，以便日后在仲裁庭审时，能够作为处分的事实依据。

续表

签字：	签字：	签字：
年　月　日	年　月　日	年　月　日

备注：
(1) 如被惩处人拒绝签字，由部门主管与人事部人员共同签字并注明情况；
(2) 本违规确认单自　年　月　日起生效

> 应注意违规确认单有效送达的问题，对送达情况的相关证据进行留存。
>
> 如果员工拒绝签字认可的话，可安排由其主管领导及人事部门共同签字并注明情况，并在单位进行公示，也可以将奖/惩事实进行固定。

违规情况申诉单

【说明】

《违规情况申诉单》是用人单位在依据规章制度作出惩处决定前由员工填写的情况说明。

文件仅供参考，具体请以实际发生情况灵活掌握。

【适用】

员工对违规情况进行申诉说明时使用。

【基本要素】

①标题；

②申诉员工的基本信息；

③违规事实；

④员工意见及申诉理由；

⑤当事人签字；

⑥员工签收情况备注；

⑦负责人意见及签字；

⑧公司盖章和落款日期。

【法律风险】

①固定用人单位对员工作出惩处决定的事实依据。

②提高企业处理员工违规行为过程中程序的合理性，尽量避免违法惩处造成的风险。

【违规情况申诉单范本】

违规情况申诉单

姓名		身份证号		岗位	
违规事实（列明日期、违规情节等情况）					
员工确认	□认可　　　　　　　□不认可 员工签字：　　　　　　　　　　　　年　月　日				
员工申诉意见及申诉理由	员工签字：　　　　　　　　　　　　年　月　日				
部门主管意见		人力资源部意见		总经理意见	
签字： 　　　年　月　日		签字： 　　　年　月　日		签字： 　　　年　月　日	
备注： （1）填写人应如实填写违规事实，不得捏造、虚构事实或为逃避责任而恶意诬陷他人； （2）如违规员工拒绝签字，由部门负责人与人力资源部门人员组成见证人共同签字并注明情况，见证人共同签字即视为违规确认单生效； （3）如果员工拒绝在本核实单上签字，见证人共同签字视为违规情况核实单生效； （4）员工对违规事实不认可的，应在员工意见及申诉理由处写明具体意见、理由，若拒绝填写，可视为认可违规事实部分内容。					

旁注：
- 对违规事实的描述要求客观、具体、明确。
- 此处尽量要求由员工自行签字确认，以固定违规和惩处事实。确保员工本人面签，且与身份证姓名一致，不得出现错字、别字，也不建议填写繁体字。若员工不予认可，务必要求员工在下栏填写申诉理由，并面签确认。
- 落款日期为员工填写违规情况核实单日期，应为员工本人填写。
- 员工意见及申诉理由要求员工本人填写，主要内容为员工对违规事实的申辩。
- 确保员工本人面签且与身份证姓名一致不得出现错字、别字，也不建议填写繁体字。
- 应为员工本人根据实际日期填写。
- 确保相关负责人面签且与身份证姓名一致，不得出现错字、别字，也不建议填写繁体字（其他签字处同）。
- 由于其他部门人员企业有利害关系，尽管该约定对企业有利但该约定的有效性存在一定风险。同时，建议企业将该约定（规定）的意思内容写进相关制度或劳动合同。

第五节　法律法规及政策指南

《劳动合同法》

第二十六条第一款　下列劳动合同无效或者部分无效：

（一）以欺诈、胁迫的手段或者乘人之危，使对方在违背真实意思的情况下订立或者变更劳动合同的；

（二）用人单位免除自己的法定责任、排除劳动者权利的；

（三）违反法律、行政法规强制性规定的。

第三十九条　劳动者有下列情形之一的，用人单位可以解除劳动合同：

（一）在试用期间被证明不符合录用条件的；

（二）严重违反用人单位的规章制度的；

（三）严重失职，营私舞弊，给用人单位造成重大损害的；

（四）劳动者同时与其他用人单位建立劳动关系，对完成本单位的工作任务造成严重影响，或者经用人单位提出，拒不改正的；

（五）因本法第二十六条第一款第一项规定的情形致使劳动合同无效的；

（六）被依法追究刑事责任的。

第六节　企业用工风险测评

企业的人力资源管理工作中存在以下常见问题：

1. 不清晰人力资源管理中的法律风险点，不清晰法律规定和实务操作之间的差别；

2. 规章制度、员工手册等陈旧，不与时俱进，合理性和合法性存在问题；

3. 人力资源管理工作没有制度化、规范化、流程化，使 HR 管理人员工作流于日常琐碎，与人力资源专员工作无异，不能将精力投放到人力资源的战略管理和企业文化的建设中；

4. 人力资源管理中一些必备的合同、协议经不起推敲，达不到明确权利义务的效果；

5. 错发、乱发通知书、证明等。

针对以上问题，结合劳动争议案件的仲裁和诉讼实务经验，通过一些简单的测评题，帮助企业更快地认识、解决人力资源管理过程中的风险。提早发现，尽早预防。

评估报告：

请根据腰封、书签指引查看"企业用工风险评估报告"。如果您不慎丢失了腰封或书签，请随时联系主编客服团队。客服人员将协助您获取评估报告。

1. 公司以员工试用期不符合录用条件为由解除劳动合同的决定，是在试用期内作出还是在试用期结束后作出？（　　）

　　A. 在试用期内作出　　　　B. 在试用期结束后作出

问题设计目的：

为了了解公司在以试用期员工不符合录用条件为由与其解除劳动合同时是否违反法律规定。

法律分析：

根据《劳动合同法》第 39 条的规定，劳动者在试用期间被证明不符合录用条件的，用人单位可以解除劳动合同。也就是说，公司作出解除决定应当在试用期间，而不能在试用期结束后。

2. 公司是否存在以员工同时与其他用人单位建立劳动关系为由直接辞退员工的情形？（　　）

A. 是　　　　　　B. 否

问题设计目的：

为了了解公司对存在同时与其他用人单位建立劳动关系情形的员工，是否直接辞退。

法律分析：

《劳动合同法》第 39 条规定，劳动者同时与其他用人单位建立劳动关系，对完成本单位的工作任务造成严重影响，或者经用人单位提出，拒不改正的，用人单位可以与劳动者解除劳动关系。因此，用人单位以员工兼职为由与其解除劳动关系的前提是用人单位可以证明员工因同时与其他用人单位建立劳动关系给本单位的工作任务造成了严重影响，或用人单位提出后员工拒不改正。直接解除被认定为违法解除的风险较高。

第五章

企业单方解除(非过错性辞退)

第一节 企业常见用工风险点

本节重点

- 患病或非因工负伤,医疗期满解除劳动合同如何符合法定条件和程序?
- 不胜任工作解除,如何符合法定条件和程序?
- 如何确定情势变更?
- 如何避免对具有限制解除情形的员工进行辞退?

一、患病或非因工负伤,医疗期满解除劳动合同如何符合法定条件和程序?

说明: 劳动关系的解除,除员工辞职、劳资双方协商解除之外,企业还有单方解除劳动合同的权利,但是法律对企业的单方解除权进行了明确的规定,也就是非法定事由不允许解除,否则就是违法解除,违法解除的企业要承担解除无效继续履行劳动合同的后果或支付赔偿金("2N")的后果。

企业单方解除劳动合同主要包括两种情形,一种是因为员工过错企业进行的解除,在不构成违法解除的情形下,企业无须支付经济补偿或赔偿金;另一种是员工没有过错,企业依然有权解除,但是要支付补偿金,如果企业没有提前30日通知解除,还要额外支付一个月工资作为代通知金。

对于企业解除过错员工的情形,在本篇第四章中已经详细阐述,不再赘述。

本章的内容是企业单方解除的第二种情形,即员工无过错解除情形,此时即便解除合法,也需要支付经济补偿,如果解除理由或解除程序违法,企业还要承担违法解除的法律责任,包含解除无效继续履行劳动合同的后果或支付赔偿金

("2N")的后果。

根据《劳动合同法》第40条的规定,有下列情形之一的,用人单位提前30日以书面形式通知劳动者本人或者额外支付劳动者一个月工资后,可以解除劳动合同:1.劳动者患病或者非因工负伤,在规定的医疗期满后不能从事原工作,也不能从事由用人单位另行安排的工作的;2.劳动者不能胜任工作,经过培训或者调整工作岗位,仍不能胜任工作的;3.劳动合同订立时所依据的客观情况发生重大变化,致使劳动合同无法履行,经用人单位与劳动者协商,未能就变更劳动合同内容达成协议的。

根据上述法律规定,我们逐一分析以《劳动合同法》第40条第1款的解除风险点,即"患病或非因工负伤,医疗期满解除如何符合法定条件和程序"的问题,企业可以从4个方面对解除条件进行规定:1.在规章制度中明确区分病假与医疗期的界限;2.明确病假的制度、请假条件、流程;3.医疗期满后及时向员工发出复工返岗通知书;4.医疗期满后员工无法从事原岗位工作的,对其进行合理调岗。

对于医疗期满引发的解除程序是这样的:根据员工的累计工龄和本公司工龄确定医疗期,经劳动能力鉴定或制度约定情形来判断是否属于医疗期满后不能从事原工作或其他工作。如是,征求工会意见、解除劳动合同;如不是,根据员工劳动能力程度安排适当的工作。

二、不胜任工作解除,如何符合法定条件和程序?

说明:对于不胜任工作的解除,在实践中,企业被认定为违法解除的比例很大,主要是对于前期员工不胜任工作的判断依据不明确以及确认不胜任工作后的操作不合乎法律规定。对于不胜任工作的认定,应实行证据化、流程化、表单化管理,需要对员工在职期间的岗位职责及对应的考核标准予以量化明确,并有效告知员工,签署《岗位职责确认单》或者《责任书》,如果制定考核制度,还需要履行民主议定和公示告知流程。该重点可从以下3个方面进行考虑。

1.企业考核制度、岗位职责如何具体明确?

比如,可以在制度中做出如下约定。符合下列情形之一的员工,属于不胜任工作:

(1)绩效考核结果为不合格或不胜任工作的;

(2)竞聘或竞争未能上岗的;

（3）连续两个月无法完成月任务业绩指标的；

（4）未取得岗位所需的职业资格、资质等，包括但不限于特种作业操作证或特种设备作业证等法律法规及公司规定要求的资格资质的等。

2. 企业在员工第一次不能胜任工作后如何调岗或培训？

企业经过考核，确认员工不能胜任工作，需要将考核结果告知员工，并对其进行培训或调岗。无论培训还是调岗，目的都在于帮助员工提高技能进而胜任工作，因此，调岗要尽量与员工的个人技能相关联，调整到适合的岗位，但是调岗不能出现侮辱性或歧视性的调岗。

因不胜任导致的调岗，企业可以不与员工协商，单方面进行调岗操作，员工的薪酬也可以跟随岗位的变化而变化，薪随岗变。

培训或调岗后，还要进行第二次考核，如果员工依然不能胜任工作，企业才可以合法解除劳动关系。

3. 企业对不能胜任工作的员工的第二次考核及事实依据如何明确？

企业对员工培训或调岗后，要进行第二次考核，员工是否胜任工作。第二次考核的依据应当与首次考核依据一样，应该具体明确，可量化可考核，考核的依据可以在考核制度中规定，也可以在劳动合同中约定，无论何种方式，都要达到制度合理、员工明确的结果。

对于不胜任工作引发的解除程序是这样的：首先证明不胜任→培训或调岗后再次证明不胜任→征求工会意见→解除劳动合同。

三、如何确定情势变更？

说明：

1. 企业如何掌握情势变更的法定情形？

《劳动合同法》第40条规定的"劳动合同订立时所依据的客观情况发生重大变化"，笔者简称为"情势变更"。我国法律法规对于什么是"客观情况发生重大变化"没有具体明确的规定，从字面意义来看，当用人单位与劳动者双方订立劳动合同时所依据的客观情况发生重大变化，以至于履行劳动合同的基础不复存在的情形，才属于"客观情况发生重大变化"。

2. 如何客观判断客观情况发生重大变化？

为了正确理解"劳动合同订立时所依据的客观情况"，可以参照《北京市高级人民法院、北京市劳动人事争议仲裁委员会关于审理劳动争议案件法律适用问题的解答》第 12 条:"劳动合同订立时所依据的客观情况发生重大变化"是指劳动合同订立后发生了用人单位和劳动者订立合同时无法预见的变化,致使双方订立的劳动合同全部或者主要条款无法履行,或者若继续履行将出现成本过高等显失公平的状况,致使劳动合同目的难以实现。下列情形一般属于"劳动合同订立时所依据的客观情况发生重大变化":(1)地震、火灾、水灾等自然灾害形成的不可抗力;(2)受法律、法规、政策变化导致用人单位迁移、资产转移或者停产、转产、转(改)制等重大变化的;(3)特许经营性质的用人单位经营范围等发生变化的。

那么,"组织架构调整"是否属于情势变更呢?企业在面临经济下行压力的情况下,往往会通过调整组织架构,精简部门人员,削减部门预算,甚至裁撤低效益部门的方式,作出组织架构调整,涉及被裁撤部门的员工调岗,甚至解除劳动关系事宜。企业认为,这种情况是内部的组织架构调整属于客观情况,热衷于以"客观情况发生重大变化"为由解除与员工的劳动关系,但这个理由往往得不到员工认可,由此产生大量劳动争议。"组织架构调整"是否属于情势变更,要根据具体情况具体分析,如果组织架构的调整原因是在当初与员工订立劳动合同时不能预见的、情况发生后企业无法避免的,则属于"客观情况发生重大变化",否则,企业将组织架构调整纳入"客观情况发生重大变化"的范畴,对员工实行调岗降薪的行为,可能不会得到仲裁委员会及法院支持。

3. 企业适用情势变更,如何履行协商变更劳动合同法定程序?

在出现形势变更情形后,企业要与员工协商变更劳动合同,如果无法协商一致,单位可以单方解除劳动合同。这是企业经常忽略的一项程序。如果达到合规解除的后果,企业不仅要与员工就变更劳动合同进行协商,还要保留协商的书面文件和协商过程的证据,毕竟,没有证据的事实,都无法被证明。

四、如何避免对具有限制解除情形的员工进行辞退?

说明: 对于非过错性解除劳动合同,《劳动合同法》还规定了限制解除的 6 种情形,根据《劳动合同法》第 42 条的规定,劳动者有下列情形之一的,用人单位不得依照本法第 40 条、第 41 条的规定解除劳动合同:

1. 从事接触职业病危害作业的劳动者未进行离岗前职业健康检查,或者疑似职业病病人在诊断或者医学观察期间的;

2. 在本单位患职业病或者因工负伤并被确认丧失或者部分丧失劳动能

力的；

3. 患病或者非因工负伤，在规定的医疗期内的；

4. 女职工在孕期、产期、哺乳期的；

5. 在本单位连续工作满15年，且距法定退休年龄不足5年的；

6. 法律、行政法规规定的其他情形。

对于上述《劳动合同法》规定的限制解除的情形，企业应谨慎处理。但是不排除员工自愿辞职，双方协商解除以及企业依照《劳动合同法》第39条单方解除过错员工的情形，做前述解除时，需要注意操作流程、事实认定及相关证据的留存。

第二节　经典案例

【案例简介】

2005年7月，被告小洪进入原告某通讯公司工作，劳动合同约定小洪从事销售工作，基本工资每月3840元。该公司的《员工绩效管理办法》规定：员工半年、年度绩效考核分为S、A、C1、C2四个等级，分别代表优秀、良好、价值观不符、业绩待改进；S、A、C(C1、C2)等级的比例分别为20%、70%、10%；不胜任工作原则上考核为C2。小洪原在该公司分销科从事销售工作，2009年1月后因分销科解散等原因，转岗至华东区从事销售工作。2008年下半年、2009年上半年及2010年下半年，小洪的考核结果均为C2。某通讯公司认为，小洪不能胜任工作，经转岗后，仍不能胜任工作，故在支付了部分经济补偿的情况下解除了劳动合同。

2011年7月27日，小洪提起劳动仲裁。同年10月8日，仲裁委作出裁决：某通讯公司支付违法解除小洪劳动合同的赔偿金余额36,596.28元。某通讯公司认为其不存在违法解除劳动合同的行为，故于同年11月1日诉至法院，请求判令不予支付解除劳动合同赔偿金余额。

【争议焦点】

用人单位依据末位淘汰制解除劳动合同是否合法。

【判决结果】

原告某通讯公司支付违法解除被告小洪劳动合同的赔偿金余额36,596.28元。双方均未上诉，判决已发生法律效力。

【律师解读】

我们先来看一下法院说理部分。

为了保护劳动者的合法权益,构建和发展和谐稳定的劳动关系,《劳动法》《劳动合同法》对用人单位单方解除劳动合同的条件进行了明确限定。原告某通讯公司以被告小洪不胜任工作,经转岗后仍不胜任工作为由,解除劳动合同,对此应负举证责任。根据《员工绩效管理办法》的规定,"C(C1、C2)考核等级的比例为10%",虽然小洪曾经考核结果为C2,但是C2等级并不完全等同于"不能胜任工作",某通讯公司仅凭该限定考核等级比例的考核结果,不能证明劳动者不能胜任工作,不符合据此单方解除劳动合同的法定条件。虽然2009年1月小洪从分销科转岗,但是转岗前后均从事销售工作,并存在分销科解散导致小洪转岗这一根本原因,故不能证明小洪系因不能胜任工作而转岗。因此,某通讯公司主张小洪不胜任工作,经转岗后仍然不胜任工作的依据不足,存在违法解除劳动合同的情形,应当依法向小洪支付经济补偿标准两倍的赔偿金。

末位淘汰制是绩效考核的一种制度,是指用人单位根据本单位的总体目标和具体目标,结合各个岗位的实际情况,设定一定的考核指标体系,以此指标体系为标准对劳动者进行考核,根据考核的结果对得分靠后的劳动者进行淘汰的绩效管理制度。

《劳动合同法》第40条规定:"有下列情形之一的,用人单位提前三十日以书面形式通知劳动者本人或者额外支付劳动者一个月工资后,可以解除劳动合同:……(二)劳动者不能胜任工作,经过培训或者调整工作岗位,仍不能胜任工作的……"《第八次全国法院民事商事审判工作会议(民事部分)纪要》第29条规定:"用人单位在劳动合同期限内通过'末位淘汰'或'竞争上岗'等形式单方解除劳动合同,劳动者可以用人单位违法解除劳动合同为由,请求用人单位继续履行劳动合同或者支付赔偿金。"

劳动者在用人单位等级考核中居于末位等次,不等同于"不能胜任工作",不符合单方解除劳动合同的法定条件,用人单位不能据此单方解除劳动合同。该案中,用人单位将末位等次等同于不能胜任工作,造成了违法解除的后果。

对于不胜任工作的认定,需要对员工在职期间岗位职责及对应的考核标准予以量化明确,并有效告知员工,签署岗位职责确认单或责任书。若形成了规范性的制度文件还需要履行民主公示程序。不胜任工作考核的范畴应大于绩效考核。

第三节　操作指引

【概论】

针对上述用工风险,单位解除非过错员工的劳动合同,可以根据以下流程图办理,本节对不胜任工作的解除流程及客观情况发生重大变化的解除流程制作流程图并进行说明。

【不胜任解除流程图】

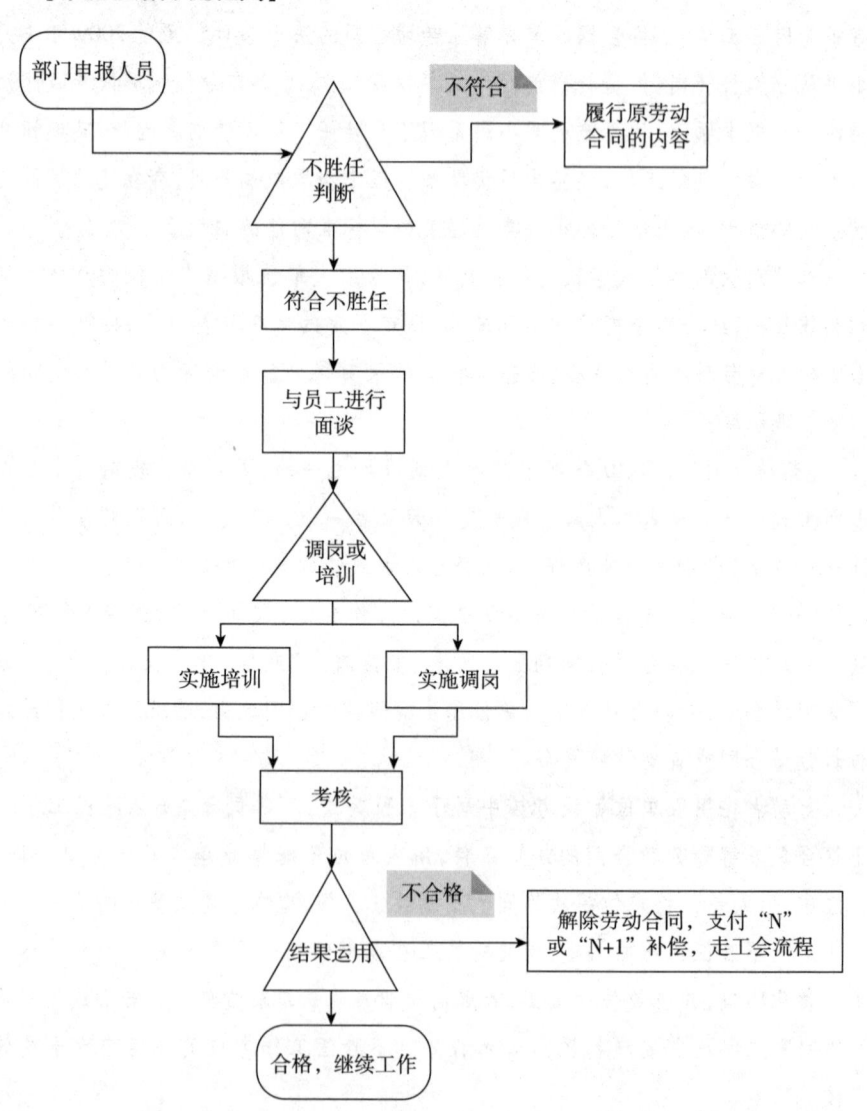

```
部门申报人员
    ↓
不胜任判断 ──不符合──→ 履行原劳动合同的内容
    ↓ 符合不胜任
与员工进行面谈
    ↓
调岗或培训
    ↓
实施培训 / 实施调岗
    ↓
考核
    ↓
结果运用 ──不合格──→ 解除劳动合同,支付"N"或"N+1"补偿,走工会流程
    ↓
合格,继续工作
```

【说明】

员工无过错解除：不胜任工作。

对于不胜任工作解除的操作，在实际过程中，操作难度较高且风险极大，主要是企业的规章制度、劳动合同及日常管理工具中缺少对"不胜任工作"的内容界定，考核结果作为是否胜任的判断依据，以及判断不胜任工作后的后续考核流程缺失所造成的风险。

根据以上流程，对于因不胜任工作解除的事实认定分为两个阶段：第一阶段，证明员工不胜任工作，在此前提下进行调岗或培训，而不是在证明不胜任之后直接解除劳动合同；第二个阶段，在培训或调岗后再次考核，如果考核结果依然为不胜任，用人单位才可以依据《劳动合同法》第40条第1款第2项解除劳动合同。

对于不胜任的判断，是该操作流程至关重要的节点，企业应当在规章制度中规定不胜任工作的客观情形，在日常管理中对员工是否为胜任或不胜任的行为进行考核，考核标准、考核过程、考核结果应当具体明确、公开公平。

如果员工的考核结果为"末位"或"业绩待改进"，与《劳动合同法》的法定表述"不胜任工作"不一致，不视为系员工不胜任工作，如果企业根据"末位"或"业绩待改进"的结果而解除与员工的劳动合同，不符合单方解除劳动合同的法定条件，则属于用人单位的违法解除。

【客观情况发生重大变化解除流程图】

```
          用人单位是否存在
       因客观情况发生重大变化      不存在      继续履行
       致使劳动合同无法履行的情形   ──────→    原劳动合同
                │
              存在
                ↓
       用人单位与劳动者就变更劳动合同进行协商
                │
                ↓
  签订变更劳    是    是否能就变更劳动合同
  动合同协议  ←────   内容达成协议
                │
              否
                ↓
       用人单位作出单方解除的决定  ─────→   通知工会，
                                          征求工会意见
                ↓
       用人单位将《解除劳动合同通知书》送达劳动者
                ↓
       出具解除或者终止劳动合同的证明，办理档案
       和社会保险关系转移手续
```

【说明】

员工无过错解除：客观情况发生重大变化。

对于客观情况发生重大变化解除的操作，在实际过程中，操作难度较高且风险极大，主要是企业的规章制度、劳动合同及日常管理工具中缺少对"客观情况发生重大变化"的内容界定作为判断依据。

根据该流程，对于客观情况发生重大变化的解除事项也分为两个阶段：第一阶段，证明客观情况发生重大变化导致原合同无法继续履行，在此前提下与劳动者就劳动合同的变更进行协商，而不是在证明客观情况发生重大变化导致原合同无法继续履行之后直接解除劳动合同；第二个阶段，与劳动者就劳动合同的变更进行协商，如果协商不成，用人单位可以依据《劳动合同法》第40条第1款第3项解除劳动合同。

第四节　实用工具

调岗调薪通知书

【说明】

员工被证明医疗期满无法从事原工作、不胜任工作，需要用人单位以书面形

式对调岗调薪的事项进行通知。

文件仅供参考,具体请以实际发生情况灵活掌握。

【适用】

医疗期满无法从事原工作以及不胜任工作的员工,企业单方解除劳动合同前。

【基本要素】

适用该工具的前提是企业有充分证据证明员工存在医疗期满后不能从事原工作以及不胜任工作的情形。

【法律风险】

①明确调岗调薪事由。

②明确调整后的岗位及薪资。

③明确不到岗的后果。

【调岗调薪通知书范本】

调岗调薪通知书

NO._____

_____(先生/女士):

经公司决定,向您发出调整工作岗位通知。

调岗理由:

□不能胜任工作岗位;

□医疗期满无法从事原工作;

□违规、违纪行为;

□本人申请;

□因生产经营状况发生较大变化;

□其他:

调整前岗位:_____ 工资待遇:_____

调整后岗位:_____ 工资待遇:_____

请于接到本通知之日起____个工作日内到岗,如届时未到岗,公司将按照相关规定予以处理。

员工签字:_____　　　　　　公司盖章:_____
　　　　　　　　　　　　　　　　　　　年　月　日

一式二份(公司和员工各留存一份)

1. 本通知书需要向员工出具,如贵司当面送达,需要求员工确认签收,可另行制作签收单,或在本通知书上手写"本人已收到本通知书,×××,年月日"等信息,由公司保存。
2. 需邮寄送达时,请确保员工提供有效送达地址并保留邮寄送达相关单据。员工当面签字确认。

针对未依规定进行调岗的结果,用人单位需要对此有规定,不能在没有依据的情况下,对员工做出处理。

不建议单位轻易以"旷工"名义对员工违规处分或以严重违纪为由解除劳动合同。

以旷工名义行使合同解除权需要基于两个重要前提:第一,岗位调整是合法合理的,有法律依据和事实依据。第二,员工的行为属于"旷工"。旷工一般是指:除有不可抗力的影响,职工无法履行请假手续外,职工不按规定履行请假手续,又不按时上下班即属于旷工。

(2019)鄂01民终6071号。

本通知书于变更工作岗位书面通知劳动者时使用。调整员工工作岗位,在法律上是有有严格的规定的,不能随意调整,如果没有合理的依据和理由,用人单位的调岗行为存在较大法律风险。

用人单位需要有具体的考核标准和考核结果,才能依据此条款调岗,并将调岗的依据留档备查。

用人单位需要证明员工无法从事原工作,以此证明员工不能胜任,否则会存在违法调岗的法律风险。

针对员工的违规、违纪行为,用人单位的规章制度应该具体明确,并对员工违规、违纪行为证据加以固定,然后依据规章制度进行调岗。

1. 符合劳动合同的约定或者用人单位规章制度的规定。
2. 符合用人单位生产经营的客观需要。
3. 调整后的工作岗位的劳动待遇水平与原岗位基本相当,但根据《劳动合同法》第40条第1项、第2项,因劳动者患病或者非因公负伤,在规定的医疗期满后不能从事原工作而被调整岗位,或者因劳动者经过培训后仍不能胜任工作而调整岗位的除外。
4. 调整工作岗位不具有歧视性、侮辱性。

需要明确调岗前后的薪资待遇,保障调岗行为的明确、公开。

实践中调岗调薪的诉点企业败诉风险很高,建议企业多从调岗的合法性及薪资安排的合理性、合理性等方面留存证据材料,并结合当地司法裁判思路谨慎操作。

员工当面领取此通知时,人力资源部需保留员工签收的证明;需邮寄送达时,请确保员工有效送达地址并保留邮寄送达相关单据。

第五节　法律法规及政策指南

《劳动法》

第二十六条　有下列情形之一的,用人单位可以解除劳动合同,但是应当提前三十日以书面形式通知劳动者本人:

(一)劳动者患病或者非因工负伤,医疗期满后,不能从事原工作也不能从事由用人单位另行安排的工作的;

(二)劳动者不能胜任工作,经过培训或者调整工作岗位,仍不能胜任工作的;

(三)劳动合同订立时所依据的客观情况发生重大变化,致使原劳动合同无法履行,经当事人协商不能就变更劳动合同达成协议的。

《劳动合同法》

第四十条　有下列情形之一的,用人单位提前三十日以书面形式通知劳动者本人或者额外支付劳动者一个月工资后,可以解除劳动合同:

(一)劳动者患病或者非因工负伤,在规定的医疗期满后不能从事原工作,也不能从事由用人单位另行安排的工作的;

(二)劳动者不能胜任工作,经过培训或者调整工作岗位,仍不能胜任工作的;

(三)劳动合同订立时所依据的客观情况发生重大变化,致使劳动合同无法履行,经用人单位与劳动者协商,未能就变更劳动合同内容达成协议的。

第四十二条　劳动者有下列情形之一的,用人单位不得依照本法第四十条、第四十一条的规定解除劳动合同:

(一)从事接触职业病危害作业的劳动者未进行离岗前职业健康检查,或者疑似职业病病人在诊断或者医学观察期间的;

(二)在本单位患职业病或者因工负伤并被确认丧失或者部分丧失劳动能力的;

(三)患病或者非因工负伤,在规定的医疗期内的;

(四)女职工在孕期、产期、哺乳期的;

(五)在本单位连续工作满十五年,且距法定退休年龄不足五年的;

(六)法律、行政法规规定的其他情形。

第四十三条　用人单位单方解除劳动合同,应当事先将理由通知工会。用人单位违反法律、行政法规规定或者劳动合同约定的,工会有权要求用人单位纠正。用人单位应当研究工会的意见,并将处理结果书面通知工会。

第六节 企业用工风险测评

企业的人力资源管理工作中存在以下常见问题:

1. 不清晰人力资源管理中的法律风险点,不清晰法律规定和实务操作之间的差别;

2. 规章制度、员工手册等陈旧,不与时俱进,合理性和合法性存在问题;

3. 人力资源管理工作没有制度化、规范化、流程化,使 HR 管理人员工作流于日常琐碎,与人力资源专员工作无异,不能将精力投放到人力资源的战略管理和企业文化的建设中;

4. 人力资源管理中一些必备的合同、协议经不起推敲,达不到明确权利义务的效果;

5. 错发、乱发通知书、证明等。

针对以上问题,结合劳动争议案件的仲裁和诉讼实务经验,通过一些简单的测评题,帮助企业更快地认识、解决人力资源管理过程中的风险。提早发现,尽早预防。

评估报告:

请根据腰封、书签指引查看"企业用工风险评估报告"。如果您不慎丢失了腰封或书签,请随时联系主编客服团队。客服人员将协助您获取评估报告。

1. 公司单方辞退员工是否事先通知工会?(　　)

A. 是　　　　B. 否

问题设计目的:

为了了解公司单方解除与员工的劳动关系时程序是否合法。

法律分析:

《劳动合同法》第 43 条规定,用人单位单方解除劳动合同,应当事先将理由通知工会。用人单位违反法律、行政法规规定或者劳动合同约定的,工会有权要求用人单位纠正。用人单位应当研究工会的意见,并将处理结果书面通知工会。

《最高人民法院关于审理劳动争议案件适用法律问题的解释(一)》第 47 条规定,"建立了工会组织的用人单位解除劳动合同符合劳动合同法第三十九条、第四十条规定,但未按照劳动合同法第四十三条规定事先通知工会,劳动者以用人单位违法解除劳动合同为由请求用人单位支付赔偿金的,人民法院应予支持,但起诉前用人单位已经补正有关程序的除外"。

2. 公司是否存在以末位淘汰为由直接辞退员工的情形?(　　)

A. 是　　　　B. 否

问题设计目的:

为了了解公司针对绩效考核排在末位的员工的处理是否存在违法解除的风险。

法律分析:

《劳动合同法》第 39 条至第 41 条明确了用人单位可以单方解除劳动合同的情形,公司直接辞退考核或业绩情况排在末位的员工,没有可适用的法律依据。唯一可能适用的法条是《劳动合同法》第 40 条第 2 项,但只是考核排在末位并不能说明员工不能胜任工作,而且公司也没有履行培训或调岗的程序,因此属于违法解除。《第八次全国法院民事商事审判工作会议(民事部分)纪要》第 29 条规定:用人单位在劳动合同期限内通过"末位淘汰"或"竞争上岗"等形式单方解除劳动合同,劳动者可以用人单位违法解除劳动合同为由,请求用人单位继续履行劳动合同或者支付赔偿金。

第六章

企业单方解除的手续

第一节 企业常见用工风险点

本节重点

- 用人单位是否要将解除理由事先通知工会?
- 解除的相关文件如何有效送达员工?

一、用人单位是否要将解除理由事先通知工会?

说明:《劳动合同法》第 43 条规定,用人单位单方解除劳动合同,应当事先将理由通知工会。用人单位违反法律、行政法规规定或者劳动合同约定的,工会有权要求用人单位纠正。用人单位应当研究工会的意见,并将处理结果书面通知工会。

因此,用人单位应在单方解除劳动合同前将解除理由通知工会,并且工会有权对用人单位违反法律或者劳动合同约定的行为进行纠正。这也是为了更好地维护劳动者的权益。

对于未建立工会的企业,是否还要通知工会,这一问题在实务中存在争议,主要有以下观点:

1. 对尚未建立工会的用人单位并无通知工会的明确要求,可以不通知。

2. 用人单位尚未建立工会的,应通知用人单位所在地工会。理由是《劳动合同法》第 43 条规定的工会并不局限于本企业工会。

3. 用人单位尚未建立基层工会,可告知并听取职工代表的意见。

综上,对于没有建立工会的用人单位,建议应选择 EMS 快递方式通知企业所在地工会(如园区工会、街道工会、区总工会等),并保留好通知的证据。只有这样，用人单位才能把解除劳动合同的风险降到最低。

二、解除的相关文件如何有效送达员工？

说明：用人单位在解除劳动合同的过程中，对于解除通知、调岗调薪通知、返岗复工通知、考评结果通知等必要告知义务的履行，均涉及通知文书送达问题，合法、有效的送达关系到最终解除结果的合法性。很多用人单位在实践操作中不重视送达的程序问题，导致关键节点的通知文件无法有效地告知员工，最终承担了违法解除的风险。送达分为直接送达、邮寄送达、公告送达、公证送达4种方式。在送达操作中，这4种送达方式并不能直接适用。关于4种送达方式的具体操作流程及关联关系，见本章第三节。

第二节 经典案例

【案例简介】

小洪1997年入职，在A公司下属工地机械队担任司机。2007年12月1日，原告、小洪双方签订《劳动合同书》，约定合同期限为固定期10年，自2007年12月1日起至2017年11月30日止。2013年6月，小洪开始待岗，A公司发放待岗工资至2013年9月。2017年3月17日，A公司向"河北省阜平县城关镇南街南206号"给小洪邮寄挂号信一封，该信在2017年4月10日被邮局以原址查无此人为由退回。2017年6月13日A公司在《中国劳动保障报》刊登公告，要求小洪到单位办理完善相关的劳动合同解除手续。

2018年3月1日，小洪提起仲裁申请，要求A公司支付违法解除劳动合同的赔偿金151,200元，待岗工资59,720元，协助办理领取失业保险金手续并补缴1997年至2017年的社会保险。

仲裁裁定：(1)A公司支付小洪2013年10月至2017年8月的生活费(待岗工资)62,040(1650×80%×47)元；(2)A公司支付小洪违约解除劳动合同赔偿金56,760(计算至2017年8月，1650×80%×21.5×2)元；(3)小洪的其他请求不予支持。

A公司不服，向法院提起诉讼，请求法院判令A公司与小洪解除劳动合同合法有效，并判令A公司不支付小洪生活费(待岗工资)及解除劳动合同经济补偿。

【争议焦点】

A公司是否需要支付违法解除劳动合同的赔偿金？

【判决结果】

法院认为，用人单位单方面提前解除劳动合同的，应当符合法定的程序与法定的情形。

A公司主张小洪自2013年6月起就不在A公司下属施工项目部上班，一直脱岗，属于双方所签订的《劳动合同书》第7条第6项规定的"未经书面申请批准而擅自离岗、经常旷工，连续旷工时间超过十五天，或者一年以内累计旷工时间超过三十天"的情形，A公司可随时解除劳动合同，小洪辩解称，其是2013年6月工地项目完工后开始在家待岗等待公司安排新活，但公司一直没有为其安排新的岗位，2014年5月，A公司安排小洪在内的多人分别与A公司签订了待岗协议。小洪当庭提供了电话录音两段、中国建设银行开户申请表一份，同时申请证人焦某、张某出庭作证，用于证实签订待岗协议的情况。A公司对上述证据不予认可，并称从未与小洪等人签订过待岗协议。法院认为，证人焦某、张某亦因解除劳动合同与A公司存在争议，与法案处理有利害关系，且电话录音的相对方未能核实，故对小洪关于2014年与A公司签订过待岗协议的主张不予认定。但A公司主张小洪擅自离岗或旷工，应就其主张提供证据加以证明。同时，用人单位单方解除劳动合同，应当事先将理由通知工会，A公司未提供证据证明其事先将单方解除职工劳动合同的理由通知工会并听取工会的意见。

A公司主张就解除劳动合同一事曾与小洪电话联系，因联系不上又按合同所载地址给小洪邮寄了挂号信，挂号信因原址查无此人被退回后，A公司遂于2017年6月13日在《中国劳动保障报》刊登公告，要求小洪到单位办理完善相关的劳动合同解除手续，A公司当庭提交了挂号信一封，该挂号信显示，收信人地址"河北省阜平县城关镇南街南206号，小洪收"，邮寄时间2017年3月17日，2017年4月10日因"原址查无此人"被退回。小洪对该挂号信不予认可，称公司人力资源部保存着其联系方式，其手机号码一直没有过变更，其从未收到过公司解除劳动合同的通知，挂号信中收信人地址"河北省阜平县城关镇南街南206号"是其原户籍所在地，其户籍所在地在入职后早已变更为"涿州市南关街259号十八局家属院1848号"，小洪还称，其与公司一直有联系，2017年9月及10月，应公司社保部补缴社保的要求，其以电子邮件方式将自己的身份证、电话、住址等信息发送给了公司社保部门，公司也未通知其回岗或解除劳动合同，小洪当庭出示了2017年9月25日及10月14日电子邮件发送记录两份。A公司对两份电子邮件发送记录的真实性无异议，但称当时社保部应该在小区内张贴了公告并在社保群内发了公告，每个人都能知道，所以不能证实小洪所说与公司一直有联系。

　　法院认为，用人单位解除与劳动者的劳动关系，应当向劳动者送达解除劳动合同的相关通知，在送达时，用人单位应遵循对劳动者负责的原则，以书面形式直接送达劳动者本人，本人不在的，交其同住成年亲属签收，直接送达有困难的可以邮寄送达。A公司未提供证据证明其曾向小洪本人直接送达，在以挂号信方式邮寄送达时，挂号信封面也未标明邮寄内容且仅向小洪原户籍地址进行了邮寄，A公司在尚未穷尽前置送达方法的情况下即采用登报通知的方式，不符合法律规定，不能证明A公司已经履行了向小洪送达解除劳动合同通知的义务。

　　综上，A公司单方提前解除劳动合同在事实与程序方面均不符合法律的规定。

　　判决：(1)A公司于判决生效后15日内支付小洪2013年10月至2017年8月待岗工资62,040元；

　　(2)A公司于判决生效后15日内支付小洪违法解除劳动合同赔偿金56,760元；

　　(3)驳回A公司的其他诉讼请求。

【律师解读】

　　在劳动争议中，经常会遇到劳动者主张的劳动关系解除时间与用人单位的主张不一致，甚至用人单位认为很久以前已经与劳动者解除劳动关系了，而劳动者却认为劳动关系仍然存续的情况。

　　此矛盾主要来源于用人单位没有正确地向劳动者送达解除通知，还有一些单位只是口头通知劳动者，没有任何其他证据，在劳动者否认劳动关系解除时间或者否认劳动关系解除时，给用人单位带来较大诉讼难度。

　　用人单位在送达解除相关的文件时，要先以书面形式直接送达劳动者本人；本人不在的，交其同住成年亲属签收。直接送达有困难的可以邮寄送达，以挂号查询回执上注明的收件日期为送达日期。只有在劳动者下落不明，或者用上述送达方式无法送达的情况下，方可公告送达。

第三节 操作指引

【概论】

用人单位送达的方式分别为：直接送达、邮寄送达、公告送达、公证送达4种。

直接送达不成功（或直接送达困难）是进行邮寄送达、公告送达的前提。应首先采用直接送达的方式，将需要送达的文书当面送交本人，若本人拒绝签收或直接送达有困难，则应将当面送达的情况作出书面说明，以保留证据。

直接送达被拒收，或者无法直接送达，应采取邮寄送达方式，最好通过邮政以特快专递的方式，向员工寄送文件。在快递单上必须写上送达的内容是什么，写明文件全称。

在快递寄出一段时间后，还需要在EMS官网对送达信息进行截图。若邮件被退回未能送达，则人力资源部应将退回的信件完整保存，这是一份十分重要的邮寄未送达的证据。

需要注意的是：若解除劳动合同通知寄往非劳动者确认的地址，则解除行为不成立。如果劳动者已经书面确认了联系地址，此时用人单位仍私自向劳动者的其他地址邮寄送达相关手续，在劳动者本人未签收的情况下，则邮寄的文件对劳动者不会发生效力，也就导致解除行为对劳动者不发生法律效力。例如：某公司并未按照员工在劳动合同中填写的住址送达解除劳动合同通知，而只向其户籍所在地邮寄，公司没有证据证明解除通知被签收，则公司送达行为并不符合法律规定，进而解除行为不发生法律效力。

只有在受送达职工下落不明，或者用直接送达、邮寄送达方式无法送达的情况下，才可公告送达。能用直接送达或者邮寄送达而未用，直接采用公告送达的，视为无效。

由于当事人下落不明或故意拒收法律文书等原因，"送达难"现象较为突出，采用公证送达可较好地解决"送达难"这一问题。

【文书通知送达流程图】

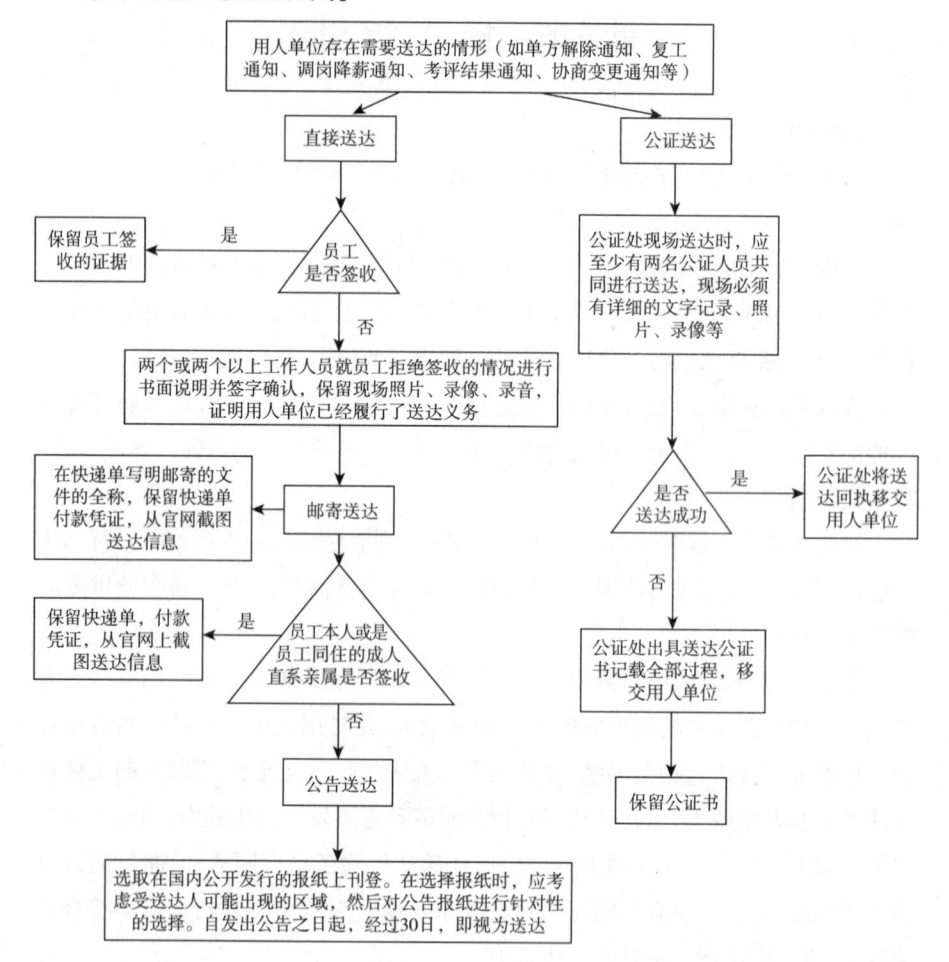

```
                用人单位存在需要送达的情形（如单方解除通知、复工
                通知、调岗降薪通知、考评结果通知、协商变更通知等）
                         │                          │
                    ┌────┴────┐              ┌──────┴──────┐
                    │ 直接送达 │              │  公证送达    │
                    └────┬────┘              └──────┬──────┘
                         │                          │
     ┌──────────┐   是   ◇员工                 ┌────────────┐
     │保留员工签 │◀──────│是否签收│            │公证处现场送达时，应│
     │收的证据   │       └───┬────┘            │至少有两名公证人员共│
     └──────────┘           │否               │同进行送达，现场必须│
                            │                 │有详细的文字记录、照│
              ┌─────────────▼──────────────┐  │片、录像等        │
              │两个或两个以上工作人员就员工 │  └──────┬──────────┘
              │拒绝签收的情况进行书面说明并 │         │
              │签字确认，保留现场照片、录像、│        │
              │录音，证明用人单位已经履行了 │         │
              │送达义务                    │         │
              └─────────────┬──────────────┘         │
                            │                        │
     ┌──────────────┐       │                   ◇是否送达 ─是─▶┌──────────┐
     │在快递单写明邮寄│      │                    成功          │公证处将送│
     │的文件的全称，保│  ┌───┴────┐                 │           │达回执移交│
     │留快递单付款凭证│  │邮寄送达│                 │否          │用人单位  │
     │，从官网截图送达│  └───┬────┘                 │           └──────────┘
     │信息           │      │                      ▼
     └──────────────┘       │              ┌────────────┐
                            │              │公证处出具送达│
     ┌──────────────┐  是   ◇员工本人或是    │公证书记载全部│
     │保留快递单，付 │◀──────│员工同住的成人│  │过程，移交用人│
     │款凭证，从官网上│      │直系亲属是否签│  │单位        │
     │截图送达信息   │       │收            │  └──────┬─────┘
     └──────────────┘       └───┬──────────┘         │
                            否  │                    ▼
                                │              ┌──────────┐
                          ┌─────┴────┐         │保留公证书│
                          │ 公告送达  │         └──────────┘
                          └─────┬────┘
                                │
              ┌─────────────────▼─────────────────┐
              │选取在国内公开发行的报纸上刊登。在选 │
              │择报纸时，应考虑受送达人可能出现的区 │
              │域，然后对公告报纸进行针对性的选择。 │
              │自发出公告之日起，经过30日，即视为送达│
              └───────────────────────────────────┘
```

第四节　实 用 工 具

解除劳动合同通知书（员工）

【说明】

　　《劳动合同法》赋予了公司在多种情形下可以单方面解除劳动合同的权利，而解除劳动合同通知书是公司行使解除权的最直接的体现，在公司人事管理工作中扮演着重要的角色。首先，公司与员工解除劳动合同时向员工出具书面解除劳动合同通知书是单位的法定义务。其次，解除劳动合同通知书也是发生劳动争议时最直接的证据，否则在产生争议时，公司将处于不利的地位。

　　文件仅供参考，具体请以实际发生情况灵活掌握。

【适用】

在公司与员工解除劳动合同时使用。

【基本要素】

①标题；

②被通知人；

③公司解除劳动合同的原因；

④公司解除劳动合同的依据；

⑤经济补偿情况；

⑥公司盖章和落款日期。

【法律风险】

①履行法律规定的程序，避免造成违法解除的风险。

②明确解除劳动关系的时间，起算申请仲裁的时效期间。

【解除劳动合同通知书（员工）范本】

解除劳动合同通知书（员工）

_____先生/女士：

　　本单位与你签订的_____期限劳动合同，由于_____原因，现根据《劳动合同法》第____条的规定和企业_____的规定，决定自_____年____月____日起，解除与你的劳动合同关系，经济补偿为下列第____种情况：

（1）无经济补偿。

（2）经济补偿_____元。

请你在接到此通知后____天内到本单位，办理终止劳动关系的相关手续。

特此通知

单位盖章：

年　　月　　日

此通知书用于公司单方面主动与员工解除劳动合同。

1. 公司与员工解除劳动合同的原因，为通知书的必备内容。
2. 原因应是具体的原因，不可写"由于员工的原因"这些抽象的原因。
3. 原因陈述要点：重点突出，全面概括，在原因陈述最后加"等"，一旦产生争议，在诉讼过程中出现对企业的不利因素，企业可以再次调整提交新的充分证据。

公司与员工解除劳动合同的依据，为通知书的必备内容。一般包括法律依据和公司规章制度的依据；法律依据一般为《劳动合同法》第39条至第41条。

一般应写明所依据的具体条款，应具体到第几条第几款。

书写方式1：根据《劳动合同法》规定和企业规章制度规定。

书写方式2：根据《劳动合同法》第几条和企业规章制度规定第几条。

根据《劳动合同法》第39条解除没有经济补偿，根据第40条、第41条解除劳动合同应支付经济补偿。

解除劳动合同通知书（工会）

【说明】

　　根据国家的相关法律规定，对于建立了工会组织的公司，在行使法律赋予公司的单方解除劳动合同的权利时，应当事先将解除的事实和理由通知工会，这是法律规定的公司在行使解除权时应履行的义务之一。如公司不履行这一义务而直接与员工解除劳动合同，则构成违法解除，将承担违法解除劳动合同的法律风险。

文件仅供参考,具体请以实际发生情况灵活掌握。

【适用】

该通知书在公司因《劳动合同法》第 39 条、第 40 条、第 41 条与员工解除劳动合同时使用。

【基本要素】

①标题;

②被通知工会;

③公司要求与员工解除劳动合同的原因;

④公司与员工解除劳动合同的依据;

⑤要求被通知人反馈意见的时间;

⑥逾期不反馈意见的后果;

⑦公司盖章和落款日期。

【法律风险】

履行法律规定的解除劳动合同的程序,避免造成违法解除劳动合同的风险。

【解除劳动合同通知书(工会)范本】

关于与_____解除劳动合同通知的函

_____工会:

  因_____出现_____的行为,公司决定根据《劳动合同法》第____条规定,及公司_____制度第____条规定,与____解除劳动合同。

  如工会认为有不妥之处,请工会在收到此函后____日内提出相关意见。如果工会在____日内没有复函,则视为工会同意公司的处理意见,公司将与____解除劳动合同。

  特此函告,盼复

公司(盖章)
年 月 日

—————— 签收回执 ——————

  我工会收到_____公司发出的《关于与_____解除劳动合同通知的函》,通知内容与上述内容一致。

工会(盖章)
工会主席签字:
年 月 日

旁注:

1. 写明公司与员工解除劳动合同的原因。
2. 原因应是具体的原因,不应写"由于员工违纪"这些抽象的原因。

---

1. 公司与员工解除劳动合同的依据,一般包括法律依据和公司规章制度的依据。
2. 一般应写明所依据的具体条款,具体到第几条第几款。

---

1. 本回执可以证明公司已经依法书面告知工会。
2. 本函及签收回执应当由公司妥善保留。

第五节　法律法规及政策指南

《劳动合同法》

第四十三条　用人单位单方解除劳动合同,应当事先将理由通知工会。用人单位违反法律、行政法规规定或者劳动合同约定的,工会有权要求用人单位纠正。用人单位应当研究工会的意见,并将处理结果书面通知工会。

《最高人民法院关于审理劳动争议案件适用法律问题的解释(一)》

第四十七条　建立了工会组织的用人单位解除劳动合同符合劳动合同法第三十九条、第四十条规定,但未按照劳动合同法第四十三条规定事先通知工会,劳动者以用人单位违法解除劳动合同为由请求用人单位支付赔偿金的,人民法院应予支持,但起诉前用人单位已经补正有关程序的除外。

第六节　企业用工风险测评

企业的人力资源管理工作中存在以下常见问题:

1.不清晰人力资源管理中的法律风险点,不清晰法律规定和实务操作之间的差别;

2.规章制度、员工手册等陈旧,不与时俱进,合理性和合法性存在问题;

3.人力资源管理工作没有制度化、规范化、流程化,使HR管理人员工作流于日常琐碎,与人力资源专员工作无异,不能将精力投放到人力资源的战略管理和企业文化的建设中;

4.人力资源管理中一些必备的合同、协议经不起推敲,达不到明确权利义务的效果;

5.错发、乱发通知书、证明等。

针对以上问题,结合劳动争议案件的仲裁和诉讼实务经验,通过一些简单的测评题,帮助企业更快地认识、解决人力资源管理过程中的风险。提早发现,尽早预防。

评估报告:

请根据腰封、书签指引查看"企业用工风险评估报告"。如果您不慎丢失了腰封或书签,请随时联系主编客服团队。客服人员将协助您获取评估报告。

公司是否不经体检即与从事接触职业病危害作业的员工办理离职手续？
（　　）

  A. 是　　　　B. 否

问题设计目的：

为了了解公司在与从事接触职业病危害作业的员工解除或终止劳动关系时是否存在违法情形。

法律分析：

根据《职业病防治法》第 35 条第 1 款的规定，对从事接触职业病危害的作业的劳动者，用人单位应当按照国务院卫生行政部门的规定组织上岗前、在岗期间和离岗时的职业健康检查。用人单位对未进行离岗前职业健康检查的劳动者不得解除或者终止与其订立的劳动合同。

第七章

劳动合同终止

第一节　企业常见用工风险点

本节重点

- 什么是劳动合同终止？
- 劳动合同到期是否需要续签？
- 劳动合同到期后，有哪些需要续延的情形？
- 劳动合同到期后应该如何操作才能降低企业风险？
- 在第一次劳动合同到期后，如企业选择终止，是否需要提前30天进行通知，如未通知，是否会产生代通知金？

一、什么是劳动合同终止？

说明： 劳动合同终止是指劳动合同因法定事由的出现而终结，导致用人单位与劳动者之间的劳动关系消灭。

根据《劳动合同法》第44条的规定，劳动合同终止的情形包括：劳动合同期满；劳动者开始依法享受基本养老保险待遇；劳动者死亡，或者被人民法院宣告死亡或者宣告失踪；用人单位被依法宣告破产；用人单位被吊销营业执照、责令关闭、撤销或者用人单位决定提前解散；法律、行政法规规定的其他情形。

劳动合同终止意味着用人单位和劳动者基于劳动合同所产生的权利和义务关系结束，双方不再受原劳动合同的约束。但在某些情况下，如存在劳动纠纷或未结清的权益问题，可能仍需要按照相关法律法规进行处理。

二、劳动合同到期是否需要续签？

说明： 劳动合同到期后，并非必然导致合同失效以及双方权利义务的终止或消灭。因此,如因劳动者符合签订无固定期限劳动合同的条件,例如在该单位连续工作满10年或连续订立2次固定期限劳动合同且劳动者无重大过错的,企业不能随意终止合同,而必须与之续订无固定期限劳动合同。

另外,从实务的角度来看,只有第一次劳动合同(劳动合同期限10年以下)到期,企业才能够行使终止的权利,且亦应按照《劳动合同法》第46条向劳动者支付经济补偿。

三、劳动合同到期后,有哪些需要续延的情形?

说明: 从《劳动合同法》第42条的规定来看,劳动合同到期后续延会分为以下几种情形:

1. 从事接触职业病危害作业的劳动者未进行离岗前职业健康检查,或者疑似职业病病人在诊断或者医学观察期间的;
2. 在本单位患职业病或者因工负伤并被确认丧失或者部分丧失劳动能力的;
3. 患病或者非因工负伤,在规定的医疗期内的;
4. 女职工在孕期、产期、哺乳期的;
5. 在本单位连续工作满15年,且距法定退休年龄不足5年的;
6. 法律、行政法规规定的其他情形。

从《工会法》第19条的规定看,基层工会专职主席、副主席或者委员自任职之日起,其劳动合同期限自动延长,延长期限相当于其任职期间;非专职主席、副主席或者委员自任职之日起,其尚未履行的劳动合同期限短于任期的,劳动合同期限自动延长至任期期满。但是,任职期间个人严重过失或者达到法定退休年龄的除外。

从企业自身的角度看,如果员工涉及因专项培训而产生的服务期(实务中一般很少发生,针对专项培训大部分企业都会在员工进行培训之前与之进行劳动合同变更以及签署服务期的专项培训协议),则劳动合同期限应当续延至该服务期满,如双方另有约定,从其约定。因此企业在签订服务期协议时,可以明确备注在合同到期时单位有单方终止的权利,以降低劳动风险。但此类约定也需符合法律规定,否则可能被认定无效。比如,若企业在服务期协议中约定的单方终止权利违反了劳动者的合法权益,或者没有明确合理的理由,在劳动争议中可能不被支持。故针对该类问题,需要企业根据目前劳动合同次数、劳动合同期限、服务协议以及该协议中需要约定的必要条款及实际情况等条件进行综合考虑。

四、劳动合同到期后应该如何操作才能降低企业风险？

说明：在实务中有很多企业都是与员工按照入职的自然日签署劳动合同的，这样的管理方式，从个人的角度来看比较清晰，但不一定适合企业的统一管理，因为员工入职日期相对分散，虽然企业具备人员的花名册或者台账，但太过分散确有被遗忘的可能。因此部分企业选择将劳动合同到期的期限统一为固定的时点，例如上半年入职的人员，其合同到期日均为 6 月 30 日，下半年入职人员均为 12 月 31 日。这样就可以集中人力资源部门的力量统一对员工的合同进行续签工作。当然，该方式也有一定的不足，因不是自然年的整年，因此在劳动合同终止之时会产生额外的经济补偿。

另外，在劳动合同管理台账中，应当有事前控制的预警，即在劳动合同到期之前 1 个月就应当对该合同进行提示，并且根据企业的考核、规划以及员工的表现决定是否要与之进行续签。同时，要对劳动合同即将到期的人员进行盘点，判断其属于第几次劳动合同到期，然后看其是否存在需要续延的法定情形，再做下一步打算。

五、在第一次劳动合同到期后，如企业选择终止，是否需要提前 30 天进行通知，如未通知，是否会产生代通知金？

说明：此问题不可一概而论，建议企业人事务必要根据所属地区进行确认，因为各地的标准不一样，例如天津的主流观点为目前针对劳动合同到期终止不用支付代通知金直接终止即可。

但是针对北京，需要提前 30 天向劳动者进行通知，否则需要支付 1 个月的工资（按照上个月的工资标准确定）作为代通知金。

第二节 经典案例

【案例简介】

2013 年 8 月 13 日，小文与某制造公司建立劳动关系，岗位为市场部内勤，双方签订劳动合同至 2017 年 8 月 12 日。2017 年 3 月 13 日，某制造公司因市场部销售业绩下滑发布岗位调整公告，将小文调至仓库，工作薪资待遇不变，小文拒绝调岗。小文在某制造公司的最后工作时间为 2017 年 3 月 30 日。

2017 年 3 月 30 日，某制造公司给小文送达《解除劳动合同通知书》，称因小文一系列违反规章制度及相关法律法规的情况,决定解除劳动合同,具体包括:拒绝执行转岗通告;擅自离岗、旷工;上班时间浏览与工作无关的网站;上班时间拒绝工作(不开办公电脑、不报日志、拒绝完成领导安排的工作);为所谓的"维权"擅自加锁封闭公司大门,使公司全体职工半天时间上不了班(有报警记录为证)。同日,小文拒收该通知书,次日,某制造公司邮寄送达但因"收件人名址有误"被退回。某制造公司为小文缴纳社会保险到2017年3月。

经查,医院的检验报告单和病历记录显示,小文末次月经时间为2017年2月8日。2017年4月26日检查记录为已停经2+月,检验报告单检查小文绒毛膜促性腺激素为125.6IU/L。2017年4月28日,检验报告单检查小文绒毛膜促性腺激素为324.4IU/L。

2017年4月1日,某制造公司作为申请人以小文为被申请人,向所属区劳动人事争议仲裁委员会申请劳动仲裁,申请事项为确认双方已解除劳动关系。同日,该仲裁委员会作出了不予受理通知书。某制造公司不服,向一审法院提起诉讼。

【争议焦点】

某制造公司能否以小文拒绝执行转岗通告;擅自离岗、旷工;上班时间浏览与工作无关的网站;上班时间拒绝工作(不开办公电脑、不报日志、拒绝完成领导安排的工作);为所谓的"维权"擅自加锁封闭公司大门,使公司全体职工半天时间上不了班(有报警记录为证)的这些违纪行为为由在劳动合同期满前合法解除劳动关系,同时小文的怀孕对劳动合同终止是否会产生影响。

【判决结果】

一审和二审均驳回了企业的诉讼请求。一审认为企业解除劳动关系的理由不成立,且小文在孕期,劳动合同应顺延至相应情形消失终止。二审维持原判,认定企业解除劳动关系理据不足,因小文怀孕,劳动合同应顺延。

【律师解读】

在该案例中,某制造公司试图在劳动合同期满前解除与小文的劳动关系。

一审法院认为,某制造公司未能提供证据证明对小文的岗位调整系工作需要,对其主张小文拒绝调岗而解除劳动关系的理由不予支持;某制造公司主张小文擅自离岗旷工的证据相互矛盾,此理由不成立;某制造公司所举证据无法确认小文上班浏览无关网站系个人所为,证据证明力有限,不予支持;某制造公司在给小文调岗后停用其电脑权限,主张小文上班拒绝工作的理由不充分;某制造公司的规章制度对小文锁门行为的对应惩罚无明确规定,以该理由解除劳动合同依据不足。

二审法院认为,某制造公司未能证明岗位调整系工作必需,小文有理由拒绝转岗,以拒绝调岗为由解除劳动关系不能成立;某制造公司未能提交充分证据证实小文上班浏览无关网站,主张其微信发布代办五险一金属于上班浏览无关网站但未在解除合同通知中涉及,不予采信;某制造公司停止小文工作账户权限致使其无法正常工作,据此主张小文拒绝工作理由不能成立;某制造公司直接解除与小文的劳动合同,理由不充分。

综上,某制造公司解除与小文劳动关系的理据均不充分,且小文已怀孕,依据法律规定,双方劳动合同应顺延。某制造公司在处理劳动关系时应严格遵循法律法规,确保解除劳动关系有合法充分的理由和证据。

第三节 操作指引

【概论】

在员工劳动合同即将到期时,企业务必关注劳动合同的期限届满时间,尽可能在合同到期前就对后续是否继续用工进行预先规划和处置。

【劳动合同到期后操作指引图】

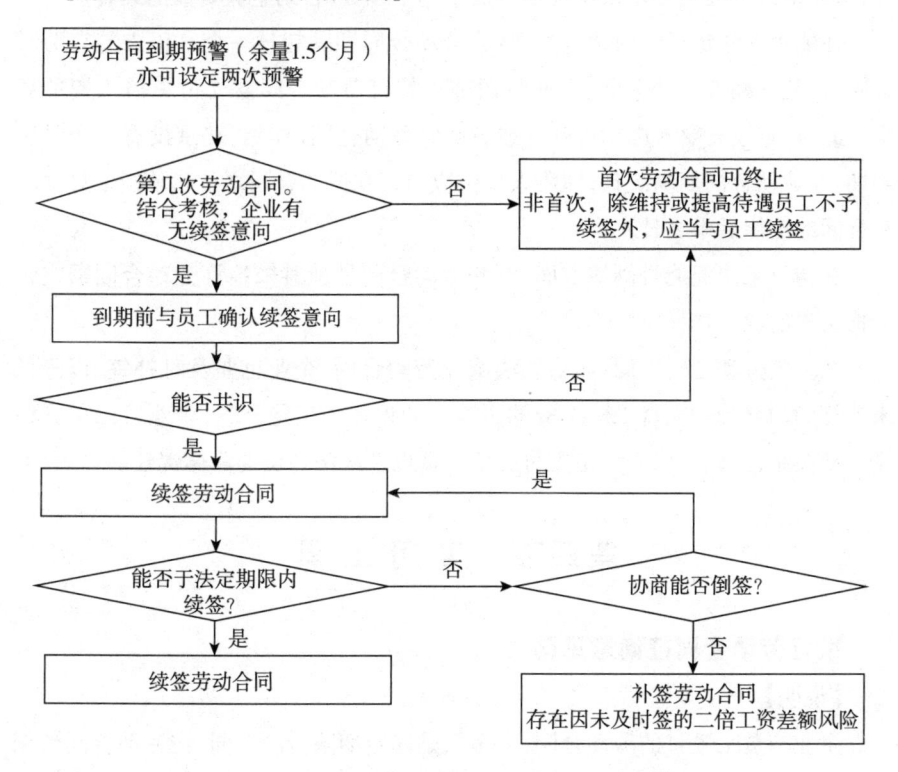

```
劳动合同到期预警(余量1.5个月)
亦可设定两次预警
        ↓
第几次劳动合同。         否    首次劳动合同可终止
结合考核,企业有 ─────→ 非首次,除维持或提高待遇员工不予
无续签意向              续签外,应当与员工续签
        ↓ 是
到期前与员工确认续签意向
        ↓
                        否
能否共识 ──────────────────┐
        ↓ 是                │
续签劳动合同 ←──── 是 ──────┤
        ↓                   │
能否于法定期限内    否     协商能否倒签?
续签?        ─────→                
        ↓ 是                ↓ 否
续签劳动合同              补签劳动合同
                          存在因未及时签的二倍工资差额风险
```

在到期前与员工沟通续签意向方面：实务中劳动合同到期未续签的情况都是因为疏忽大意所导致的，故此前文中提及可以将全员的到期日统一，或者设定两次到期前的提醒，而最早的提醒应当在1.5个月左右，可以给人力资源部门留出与员工所属部门确认其考核的余量，然后根据各地不同的情况，企业应当采用书面发函的形式询问员工的续签意向。若能够提前获取员工书面表达的不愿续签劳动合同的意向资料，那么日后企业单方终止劳动合同时，就能够不支付经济补偿了。

续签劳动合同方面：企业主动续签的时间不应超过原劳动合同期限届满日起的30天。倘若超期续签，企业将承担未及时签订劳动合同需支付二倍工资的法律责任（北京特殊规定：第一次期满次日即应续签）。

在不续签劳动合同方面：企业若决定不续签劳动合同，首先要重点考虑是否存在劳动合同顺延的情形（例如《劳动合同法》第42条和第45条的规定），以及是否存在应当签订无固定期限劳动合同的情况（比如连续订立2次以上固定期限劳动合同等），只有这样，终止劳动合同的行为才能合法且有效。如果存在劳动合同顺延的情况，要落实好续延的证据，最好能有员工的签收材料，防止主观臆断导致劳动合同出现空白期。如果存在应当签订无固定期限劳动合同的情况，除非维持或提高劳动条件待遇但员工仍不续签，否则企业要依法续签。

在能否在法定期限内续签方面：若劳动合同期满超过一个月仍未签订劳动合同，也就是漏签劳动合同，企业将面临未签订劳动合同需支付二倍工资的风险。此时，企业需要考虑能否补签或者倒签劳动合同（注意：北京没有一个月宽限期，原劳动合同期满次日，即用人单位应当订立劳动合同之日和承担未订立劳动合同的法律后果之日）。

在与员工协商能否倒签方面：倒签劳动合同是规避未签订劳动合同需支付二倍工资的优先选择。

在补签劳动合同方面：如果无法倒签劳动合同，企业也要及时补签，以降低未签订劳动合同需支付二倍工资的风险。如果员工拒绝补签，企业可以单方终止劳动关系，但此时仍需承担支付二倍工资以及经济补偿的法律责任。

第四节　实用工具

续订劳动合同征询意见函
【说明】
企业与员工签订的劳动合同，大多数是固定期限劳动合同，在劳动合同到期之前,对于劳动者和用人单位,是一个双向选择的过程,为此,用人单位应制作征询意见函,将选择权先交予劳动者,征询劳动者续订劳动合同的意见,并根据劳动者的选择进行合理合法的用工管理。

针对企业的用工管理,此意见函应为企业的重要表单之一。

文件仅供参考,具体请以实际发生情况灵活掌握。

【适用】

针对劳动合同即将到期的劳动者征询意见时使用。

【基本要素】

①标题;

②被通知人;

③劳动合同签订日期以及到期日期;

④在原内容的基础上,确定续订的标准;

⑤个人的签字、捺印及签署日期;

⑥公司盖章和落款日期。

【法律风险】

①可以因员工自愿不续订情形不予支付经济补偿,节约用工成本。

②针对法律规定必须签订无固定期限的情形,可以根据劳动者自身选择,签订固定期限劳动合同,规避法律风险。

【续订劳动合同征询意见函范本】

续订劳动合同征询意见函

_____先生/女士：

　　本公司与您于_____年___月___日签订的___期限劳动合同,将于_____年___月___日到期。根据生产、工作需要,公司向您征询续订意向,在原劳动合同条款规定的内容基础上,是否继续与公司续订劳动合同,为此,请您在接到此意见函后____天内将此份意见函反馈给公司_____部门,请您按照下列选项确定续订意向：

　　A：不同意继续与公司续订劳动合同

　　员工签字：_____

　　B：同意继续与公司续订劳动合同

　　员工签字：_____

　　特此通知

公司盖章：
年　月　日

一式二份(用人单位和职工各留存一份)

劳动者按照用人单位要求提交此意见函。用人单位可以根据劳动者提交的文件,及时作出处理,方便企业的用工管理。

1.本意见函需要向员工出具,如公司当面送达,需要求员工确认签收,可另行制作签收单,或在本通知书上手写"本人已收到本通知书,×××,年月日"等信息,由公司保存。

2.需邮寄送达时,请确保员工有效送达地址并保留邮寄送达相关单据。

此意见函为劳动合同即将到期,用人单位征询劳动者续订意见的表单。

本表单仅为参考,由于公司间存在文化、管理、组织架构等方面的巨大差异及各地方法规规定不同,建议公司根据自身特点及当地要求拟定相应表单。

注意:劳动合同签订日期以及到期日期需要明确。避免用人单位的操作时间延误造成劳动关系延续。

明确规定在原内容基础上,确定续订的标准,明确告知员工即将续订劳动合同的各项标准。

1.本意见函需要向员工出具,如公司当面送达,需要求员工确认签收,可另行制作签收单,或在本意见函上手写"本人已收到本意见函,×××,年月日"等信息,由公司保存。

2.需邮寄送达时,请确保员工提供有效送达地址并保留邮寄送达相关单据。

终止劳动合同通知书

【说明】

《劳动合同法》赋予了公司在多种情形下可以终止劳动合同的权利,而《终止劳动合同通知书》是公司行使终止权最直接的体现,在公司人事管理工作中扮演着重要的角色。同时,公司与员工终止劳动合同时向员工出具书面《终止劳动合同通知书》是用人单位的法定义务。在司法实践中存在由于企业未给合同到期的劳动者发出《终止劳动合同通知书》,造成到期未终止,劳动关系续延,员工以未签订劳动合同为由追究相关法律责任,给企业带来不必要的损失。

因此,此通知书应为公司的必备文书之一。

文件仅供参考,具体请以实际发生情况灵活掌握。

【适用】

在公司与员工终止劳动合同时使用。主要用于公司与员工劳动合同到期,公司决定不续订劳动合同,用以证明用人单位已书面通知劳动者终止劳动关系。

【基本要素】

①标题;

②被通知人;

③公司要求终止劳动关系的原因;

④公司终止劳动关系的依据;

⑤公司盖章和落款日期。

【法律风险】

①履行法律规定的程序,避免造成违法终止的风险。

②避免劳动合同到期未通知而造成合同续延的风险。

【终止劳动合同通知书范本】

终止劳动合同通知书

_____先生/女士

(身份证号:_____):

本单位与你于_____年____月____日签订的_____期限劳动合同,按照《劳动合同法》第四十四条第_____项规定,决定不再与你续订劳动合同,请按下列第____情形办理手续:

(1)请你在接到此通知后____天内到本单位,办理终止劳动合同关系的相关手续。

(2)因你现处_____,按照规定请你在该情形消失时____

旁注:

1. 针对劳动到期用人单位不续签的问题,部分地区存在须提前通知的法律义务(如北京)。建议企业实施前,结合各地规定在实践中进一步落实程序规范。此通知书用于公司与员工劳动合同到期,公司决定不续订劳动合同的情形。
2. 通知书标题为通知书的必备内容。
3. 标题应能简要概括通知书内容,不建议只是简单写明"通知"。

1. 通知书的被通知对象,应为通知书的必备内容。
2. 被通知对象的姓名应当无误,不得出现错字、别字等内容,也不建议使用繁体字等。
3. 为了避免重名的情况发生,建议将被通知对象的身份证号一并填入。

表明双方订立了劳动合同,存在劳动关系。通知书的必备内容。

原因以及法律依据,必备内容。

1. 告知员工办理终止劳动合同交接手续,为通知书的必备内容。
2. 如遇劳动合同法定续延的情况,应选择第二项。

续表

天内到本单位,办理终止劳动合同关系的相关手续。

特此通知

单位盖章:_____

年　月　日

被通知人(签字):_____

年　月　日

一式二份(用人单位和职工各留存一份)

1. 通知书的落款,为通知书的必备内容。
2. 通知人应加盖公章。
3. 应写明落款日期,日期根据实际情况确定。

---

1. 本通知书需要向员工出具,如公司当面送达,需要求员工确认签收,可另行制作签收单,或在本通知书上手写"本人已收到本通知书,×××,年月日"等信息,由公司保存。
2. 需邮寄送达时,请确保员工提供有效送达地址并保留邮寄送达相关单据。

第五节　法律法规及政策指南

《劳动合同法》

第四十四条　有下列情形之一的,劳动合同终止:

(一)劳动合同期满的;

(二)劳动者开始依法享受基本养老保险待遇的;

(三)劳动者死亡,或者被人民法院宣告死亡或者宣告失踪的;

(四)用人单位被依法宣告破产的;

(五)用人单位被吊销营业执照、责令关闭、撤销或者用人单位决定提前解散的;

(六)法律、行政法规规定的其他情形。

第四十五条　劳动合同期满,有本法第四十二条规定情形之一的,劳动合同应当续延至相应的情形消失时终止。但是,本法第四十二条第二项规定丧失或者部分丧失劳动能力劳动者的劳动合同的终止,按照国家有关工伤保险的规定执行。

第四十六条　有下列情形之一的,用人单位应当向劳动者支付经济补偿:

(一)劳动者依照本法第三十八条规定解除劳动合同的;

(二)用人单位依照本法第三十六条规定向劳动者提出解除劳动合同并与劳动者协商一致解除劳动合同的;

(三)用人单位依照本法第四十条规定解除劳动合同的;

(四)用人单位依照本法第四十一条第一款规定解除劳动合同的;

(五)除用人单位维持或者提高劳动合同约定条件续订劳动合同,劳动者不

同意续订的情形外,依照本法第四十四条第一项规定终止固定期限劳动合同的;

(六)依照本法第四十四条第四项、第五项规定终止劳动合同的;

(七)法律、行政法规规定的其他情形。

《工会法》

第十九条　基层工会专职主席、副主席或者委员自任职之日起,其劳动合同期限自动延长,延长期限相当于其任职期间;非专职主席、副主席或者委员自任职之日起,其尚未履行的劳动合同期限短于任期的,劳动合同期限自动延长至任期期满。但是,任职期间个人严重过失或者达到法定退休年龄的除外。

《北京市劳动合同规定》

第四十条　劳动合同期限届满前,用人单位应当提前30日将终止或者续订劳动合同意向以书面形式通知劳动者,经协商办理终止或者续订劳动合同手续。

《北京市高级人民法院、北京市劳动人事争议仲裁委员会关于审理劳动争议案件解答(一)》

40.劳动合同期满后未订立劳动合同,劳动者仍在原用人单位继续工作,如何处理?

劳动合同期满后未订立劳动合同,劳动者仍在原用人单位继续工作,应适用《劳动合同法》第十条、第十四条第三款、第八十二条,《劳动合同法实施条例》第六条、第七条的规定进行处理。在此情况下,因为用人单位对原劳动合同期满和继续用工的法律后果均有预期,因此不需要再给予一个月的宽限期,原劳动合同期满次日,即是用人单位应当订立劳动合同之日和承担未订立劳动合同的法律后果之日。两倍工资的计算基数应以相对应的月份的应得工资为准。

劳动合同期满后仍继续工作,经用人单位通知,劳动者不续签劳动合同的,用人单位可适用《劳动合同法实施条例》第六条终止劳动关系。

第六节　企业用工风险测评

企业的人力资源管理工作中存在以下常见问题:

1.不清晰人力资源管理中的法律风险点,不清晰法律规定和实务操作之间的差别;

2.规章制度、员工手册等陈旧,不与时俱进,合理性和合法性存在问题;

3.人力资源管理工作没有制度化、规范化、流程化,使HR管理人员工作流于日常琐碎,与人力资源专员工作无异,不能将精力投放到人力资源的战略管理和企业文化的建设中；

4.人力资源管理中一些必备的合同、协议经不起推敲,达不到明确权利义务的效果；

5.错发、乱发通知书、证明等。

针对以上问题,结合劳动争议案件的仲裁和诉讼实务经验,通过一些简单的测评题,帮助企业更快地认识、解决人力资源管理过程中的风险。提早发现,尽早预防。

评估报告：

请根据腰封、书签指引查看"企业用工风险评估报告"。如果您不慎丢失了腰封或书签,请随时联系主编客服团队。客服人员将协助您获取评估报告。

劳动合同期满,公司通知员工劳动合同终止的时间为(　　)

　　A.到期当日通知　　　B.到期之前通知　　　C.到期后再通知

问题设计目的：

为了了解公司通知员工终止劳动合同的时间选择是否存在风险。

法律分析：

根据《劳动合同法》的规定,第一次劳动合同期满,除用人单位维持或者提高劳动合同约定条件续订劳动合同,劳动者不同意续订的情形外,用人单位终止固定期限劳动合同,需要向劳动者支付经济补偿。第二次固定期限劳动合同期满,用人单位应当与员工订立无固定期限劳动合同,否则会被仲裁委或法院认定为违法解除劳动合同。

第八章

经济性裁员

第一节　企业常见用工风险点

本节重点

- 什么是经济性裁员？
- 经济性裁员是否需要经劳动行政部门审批同意才可以进行？
- 裁员是想裁谁就可以裁谁吗？优先留用是必须要留用吗？
- 经济性裁员后，若企业生产经营状况好转，需要重新招录人员，有什么特别要求？
- 经济性裁员的解除成本？

一、什么是经济性裁员？

说明："裁员"（《劳动法》第 27 条）是一种广义的概念，一切劳动合同的解除或终止都可以叫裁员。

"经济性裁员"（《企业经济性裁减人员规定》），是一种狭义的、具有特定内涵和条件的概念，"裁员"包含"经济性裁员"。本专题的经济性裁员专指企业在经营过程中出现《劳动合同法》第 41 条规定的情形之一，需要裁减 20 人以上或者裁减不足 20 人但占企业职工总数 10% 以上的人员的行为。

二、经济性裁员是否需要经劳动行政部门审批同意才可以进行？

说明：根据《劳动合同法》第 41 条的规定：用人单位确需裁减人员的应提前 30 日向工会或者全体职工说明情况，听取工会或者职工的意见后，裁减人员方案经向劳动行政部门报告，可以裁减人员。

由此可见,"报告裁减人员方案以及听取工会或者全体职工的意见"属于告知而非申请许可或要求审批,只要资料齐全,即需当场予以备案。实践中,劳动行政部门往往也只是出具一个收件回执。

三、裁员是想裁谁就可以裁谁吗?优先留用是必须要留用吗?

说明:《劳动合同法》第41条、第42条对应优先留用和限制裁减的人员有明确的规定,但是在实际操作过程中,企业常常会忽略这一限制,陷入"想裁谁就裁谁"的误区,从而导致企业承担违法解除劳动合同的赔偿责任。

有的企业忽略优先留用的限制,而有的企业却过于重视"优先留用",误以为"优先留用"等同于"必须留用",进而导致裁员计划举步维艰。实际上,"优先留用"必须是在同等条件下,且企业在一定程度上掌握着判断员工是否符合"优先留用"条件的主动权。

四、经济性裁员后,若企业生产经营状况好转,需要重新招录人员,有什么特别要求?

说明:如果用人单位经济性裁员后,在6个月内重新招用人员的,应当通知被裁减的人员,并在同等条件下优先招用被裁减的人员,还要向当地劳动行政部门报告录用人员的数量、时间、条件以及优先录用人员的情况。这里的"优先录用",是指在同等条件下的优先录用。

五、经济性裁员的解除成本?

说明:按照《劳动合同法》第46条的规定:用人单位依第41条第1款规定实施经济性裁员,用人单位应向劳动者支付经济补偿。

第二节 经 典 案 例

【案例简介】

小洪于2010年11月入职,担任物流专员一职。2018年11月25日甲公司制定裁员方案。次日,甲公司就裁员方案向工会征求意见,同月28日工会对裁员方案出具意见,次月15日劳动行政部门登记备案并出具备案回执。

甲公司以公司裁员为由通知小洪解除劳动合同的时间为2018年12月21日。

【争议焦点】

甲公司履行了向工会征求意见、向劳动行政部门报备的手续,对小洪提前实施裁员行为是否合法?

【判决结果】

根据《劳动合同法》第41条的相关规定,用人单位因生产经营状况发生严重困难,确需裁减人员的,应当提前30日向工会或者全体职工说明情况,听取工会或者职工的意见后,裁减人员方案经向劳动行政部门报告,可以裁减人员。

该案中,甲公司根据2018年度财务审计报告出台裁员方案,并将该方案交工会听取意见,在征得工会意见后将相关手续呈报劳动行政部门备案登记,履行了相关登记备案手续。

但具体到小洪,甲公司于2018年11月25日制定裁员方案到2018年12月21日作出对小洪解除劳动合同决定,其间总计时间未满30日。

据此,甲公司未按照相关法律规定办理解除手续,其以经济性裁员为由解除与小洪劳动合同的行为违法,应支付违法解除劳动合同赔偿金。

【律师解读】

裁员方案未依法征求工会或全体职工意见、未向劳动行政部门登记备案、实际裁员名单、裁员时间与裁员方案不一致,均会引发违法解除劳动合同,支付赔偿金的法律风险。用人单位应严格遵守法定程序的要求,避免经济性裁员程序违法。

第三节 操作指引

【概论】

经济性裁员实际操作,应按照劳动合同法的规定流程进行。

【经济性裁员操作流程图】

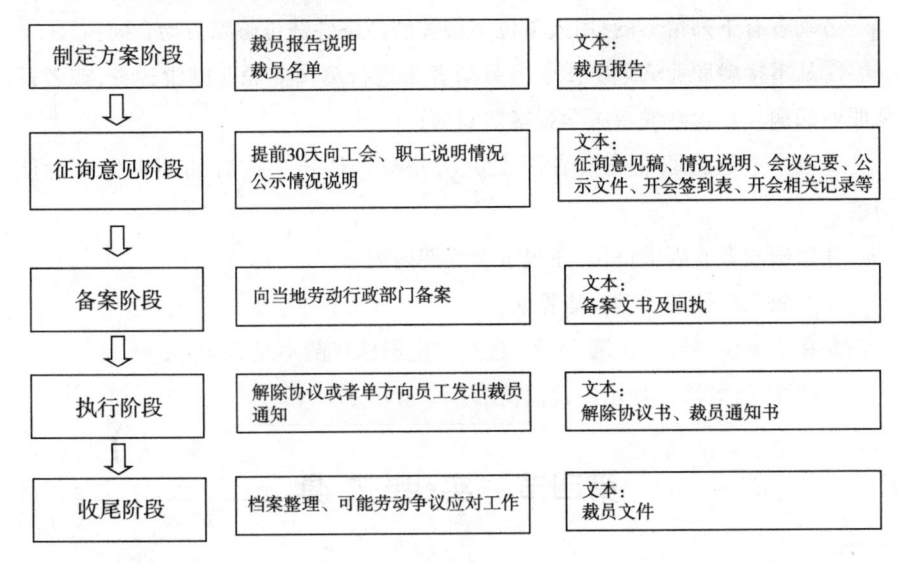

制定方案阶段	裁员报告说明 裁员名单	文本： 裁员报告
征询意见阶段	提前30天向工会、职工说明情况 公示情况说明	文本： 征询意见稿、情况说明、会议纪要、公示文件、开会签到表、开会相关记录等
备案阶段	向当地劳动行政部门备案	文本： 备案文书及回执
执行阶段	解除协议或者单方向员工发出裁员通知	文本： 解除协议书、裁员通知书
收尾阶段	档案整理、可能劳动争议应对工作	文本： 裁员文件

【说明】

1. 经济性裁员解除劳动合同的人数要求

   裁减20人以上，或者裁减不足20人但占企业职工总数10%以上的，可以适用经济性裁员。

2. 经济性裁员解除劳动合同的适用情况

   ①依照企业破产法规定进行重整的；

   ②生产经营发生严重困难的；

   ③企业转产、重大技术革新或者经营方式调整，经变更劳动合同后，仍需裁减人员的；

   ④其他因劳动合同订立时所依据客观经济情况发生重大变化，致使劳动合同无法履行。

3. 经济性裁员解除劳动合同的程序

   用人单位提前30日向工会或者全体职工说明情况，听取工会或者职工的意见后，裁减人员方案经向劳动行政部门报告，可以裁减人员。

4. 经济性裁员解除劳动合同的优先留用人员

   ①与本单位订立较长期限的固定期限劳动合同的；

   ②与本单位订立无固定期限劳动合同的；

   ③家庭无其他就业人员，有需要扶养的老人或者未成年人的。

5. 经济性裁员解除劳动合同的除外情形

劳动者有下列情形的,用人单位不得按照经济性裁员解除劳动合同:

①从事接触职业病危害作业的劳动者未进行离岗前职业健康检查,或者疑似职业病病人在诊断或者医学观察期间的;

②在本单位患职业病或者因工负伤并被确认丧失或者部分丧失劳动能力的;

③患病或者非因工负伤,在规定医疗期内的;

④女职工在孕期、产期、哺乳期的;

⑤在本单位连续工作满15年,且距法定退休年龄不足5年的;

⑥法律、行政法规规定的其他情形。

第四节 实用工具

用人单位经济性裁员情况报告表

【说明】

按照《劳动合同法》第41条的规定,用人单位经济性裁员需要向劳动行政部门进行报告,实操中用人单位如何履行报告的职责?《用人单位经济性裁员情况报告表》可作为用人单位履行了报告的证明。

文件仅供参考,具体请以实际发生情况灵活掌握。

【适用】

适用于经济性裁员的情形。

【基本要素】

①裁员人数、占比;

②裁员理由;

③职工代表或工会签字、盖章。

【法律风险】

①经济性裁员要注意法定的程序,需要向劳动行政部门报告。

②经济性裁员的理由,需要符合《劳动合同法》第41条的规定。

【用人单位经济性裁员情况报告表范本】

用人单位经济性裁员情况报告表

单位名称					
性质		现有职工人数		隶属系统	
电话联系人		地址		邮编	
拟裁员人数		其中	男性：	占职工比例	
			女性：		
单位缴纳社会保险金情况		裁员拟完成日期			
人均支付经济补偿金测算		已准备经济补偿金总额			

用人单位裁员理由：

单位代表签字：

（单位盖章）

年　月　日

工会或职工代表对裁员的协商意见：

工会或职工代表签字：

（工会盖章）

年　月　日

职工(代表)大会对裁员的意见：(建立职代会制度的企业填写此栏)

企业代表/工会主席(职工代表)签字：

（企业盖章/工会盖章）

年　月　日

> 本表单，实际使用中需结合当地的经办窗口的要求，不同地区此表格模板不一样。

第五节　法律法规及政策指南

《劳动合同法》

第四十一条　有下列情形之一,需要裁减人员二十人以上或者裁减不足二十人但占企业职工总数百分之十以上的,用人单位提前三十日向工会或者全体职工说明情况,听取工会或者职工的意见后,裁减人员方案经向劳动行政部门报告,可以裁减人员:

(一)依照企业破产法规定进行重整的;

(二)生产经营发生严重困难的;

(三)企业转产、重大技术革新或者经营方式调整,经变更劳动合同后,仍需裁减人员的;

(四)其他因劳动合同订立时所依据的客观经济情况发生重大变化,致使劳动合同无法履行的。

裁减人员时,应当优先留用下列人员:

(一)与本单位订立较长期限的固定期限劳动合同的;

(二)与本单位订立无固定期限劳动合同的;

(三)家庭无其他就业人员,有需要扶养的老人或者未成年人的。

用人单位依照本条第一款规定裁减人员,在六个月内重新招用人员的,应当通知被裁减的人员,并在同等条件下优先招用被裁减的人员。

第九章

离职交接

第一节 企业常见用工风险点

本节重点

- 如何与离职员工进行工作交接、财务交接等事项？
- 如何及时解除离职员工在职权限？
- 员工离职交接情况如何纳入离职前绩效考核？
- 如何明确员工离职后企业、员工的后续义务？
- 企业如何及时向离职员工出具《终止、解除劳动合同证明书》？
- 离职员工的工资领取、档案转移和社保转移的手续和时间等如何符合当地规定？

一、如何与离职员工进行工作交接、财务交接等事项？

说明： 离职交接是员工离开工作岗位前的最后工作时刻的职责，也是员工与企业结束劳动关系时的法定义务。每一名员工在工作过程中都积累了很多与工作有关的资料和信息，尤其是关键岗位的优秀员工更是掌握着与企业经营发展相关的重要资源，因此与离职员工办理好交接工作是保证企业有形财产和无形财产不受损失，并保证企业正常生产经营秩序的关键。

从员工离职交接的类型来看，大致可分为岗位异动交接、停职交接（因假期或违规处罚）和解除、终止劳动关系交接。工作交接内容的真实性、完整性以及员工的配合度，在很大程度上与离职类型有关，如员工因晋级晋升需要办理的交接或因自身原因主动辞职而办理的交接，因对工作尚存热情、尚有敬畏之心，因此员工愿意站好最后一班岗，完整地进行工作交接。相反，如员工因工作过错被停职,或被企业解除、终止劳动合同,抑或是因企业过错导致员工被迫离职,因本身对企业不满,其工作交接的配合度自然会降低,甚至拒不交接,一走了之。

从员工离职交接的内容来看,主要是工作交接和财务交接两大内容。

根据《劳动合同法》第50条的规定,企业与员工解除或终止劳动合同时,劳动者应当按照双方约定,办理工作交接。也就是说员工与企业结束劳动关系办理工作交接是法定义务。

在员工的实际交接过程中,有的离职员工因为对企业不满,并不积极配合企业进行工作交接,有时甚至故意删除电脑文件、销毁资料、隐瞒与工作相关的重要信息。因此,要从以下各方面办理工作交接和财务交接:

1. 公司类文件,包括培训材料、规章制度、操作手册、各类宣传材料等;
2. 在职期间的工作记录,如电子版的工作日志、记事本等;
3. 岗位所涉及的工作流程、关键控制点和注意事项;
4. 目前工作的进展,包括已完成的事项、未完成事项、待办事项的交接;
5. 合作方资料交接,主要包括客户、供应商、对外联系的部门及人员情况交接,尤其是注意档案的完整性和准确性,除联系人姓名、职务、电话、微信、电子邮箱外,还应注意合作方的交易习惯,如交易价格、交易周期、客户特殊要求等重要信息;
6. 手机、电脑(台式机、笔记本)等电子产品查看物品是否损坏;
7. 办公桌、柜子钥匙,核对钥匙数量以及钥匙对应的桌子柜子是否配套;
8. OA/电脑账号密码,所有公司内部的应用系统账号密码要全部回收,回收后及时修改密码,防止原密码外泄造成的损失;
9. 胸卡、工装、光盘、业务书籍等回收;
10. 车辆违章情况,查询员工在职期间使用公车出行是否产生违章、罚款、赔款等。

以上财产及物资交接,企业行政人员要按照"物品清单"进行逐一清点、回收、核实完整性。如出现财物损坏或丢失的现象,先确定责任人,如果确因员工的故意或过错而造成损毁或丢失,企业有权按照规章制度的规定,要求离职员工赔偿。

二、如何及时解除离职员工在职权限?

说明: 企业要根据员工离职原因(良性的离职原因有个人原因辞职、达到内退年龄、达到退休年龄,非良性的有被迫辞职、被企业单方解除、被劝退辞退等)判断该员工对公司的风险程度。对于涉及公司经营层面的重要管理平台(如OA系统、客户管理系统、钉钉群、微信群、微信公众号、网站等),确定权限回收时间并及时通知各相关部门。

　　需要特别注意的是,对于中高层管理人员,如销售总监、采购总监等,因在职期间对外影响力较大,经常代表公司洽谈业务,为防止员工离职后给公司造成不良影响,比如员工离职后继续以公司名义向客户销售货物,但在收取货款后不交付货物,或收款后截流不交回公司,或向供应商下单采买后不支付账款等,合作客户在不知情的情况下认为该员工的行为依然代表的是企业,会导致合作方向原企业要求追究赔偿责任。因此,为及时止损,企业可以安排人力资源部门对外发函,告知客户,从该员工离职提出之日起收回该人员代表公司对外开展一切邀约与承诺的权利,与此同时,将该岗位的继任人员一并告知对方。

三、员工离职交接情况如何纳入离职前绩效考核？

　　说明： 员工离职交接的完善与否,对离职员工的考核意义不大,但是对离职交接时涉及的员工所在的直接业务部门及人力资源部门意义重大,因为离职环节是劳动争议最高发的环节,根据员工的离职原因,履行不同的离职流程以及在该流程中业务部门与人力资源部门的衔接、与员工磋商离职的相关补偿、离职文书的签署等,都决定了劳动争议是否产生、员工是否走向投诉及劳动仲裁,因此,可以将上述内容列入员工所在直接业务部门及人力资源部门的考核绩效。

四、如何明确员工离职后企业、员工的后续义务？

　　说明： 根据《劳动合同法》第50条的规定,用人单位应当在解除或者终止劳动合同时出具解除或者终止劳动合同的证明,并在15日内为劳动者办理档案和社会保险关系转移手续。企业与员工解除或终止劳动合同时,劳动者应当按照双方约定,办理工作交接。

　　《工资支付暂行规定》第9条规定,劳动关系双方依法解除或终止劳动合同时,用人单位应在解除或终止劳动合同时一次付清劳动者工资。

　　根据以上法律和部门规章的规定,企业与员工解除或终止劳动合同时,劳动者应当按照双方约定,办理工作交接。因此办理工作交接是员工的法定义务。而企业的主要义务是在解除或终止劳动合同时出具解除或终止劳动合同的证明,并在15日内为劳动者办理档案和社会保险关系转移手续。

　　此外,企业在员工离职时,应及时结算并支付工资、加班费、未休年休假工资;确定社保公积金截止月份、培训服务期、竞业限制期、经济补偿、赔偿金、代通知金等。

1. 工资、劳动报酬的确认与支付

企业与员工确定最后的工作日,因最后工作日与员工的劳动报酬相关,因此离职前与员工确认最后工作日很有必要。对于离职前最后一个月的工资,很多企业规定,到下一个工资发放日期时支付,不仅企业不认为这样操作不合法,很多员工也认为到下一个工资发放日期时支付是合理合法的,但是《工资支付暂行规定》第9条规定,劳动关系双方依法解除或终止劳动合同时,用人单位应在解除或终止劳动合同时一次付清劳动者工资。这一点请企业务必注意。

2. 加班调休、年休假结算

员工离职前如存在未调休的加班时数和应休未休的年休假,通常员工会要求带薪休假后再离职,或要求企业支付相应的对价报酬,在此情况下,企业应当与员工进行确认。

从企业角度考虑,希望员工把假期休完后再离职,这样企业只需要正常支付一倍工资即可,但是如果员工不要求休假而要求折算对价报酬;那么,未调休的加班时数需要向员工支付二倍工资,未休年休假天数需要向员工额外支付二倍工资,这样企业的用工成本会明显增加。在实际操作中,企业与员工为此发生争议,企业是否有权决定员工是休假还是支付对价报酬呢?答案是有。

首先,根据《工资支付暂行规定》第13条的规定,用人单位依法安排劳动者在休息日工作,而又不能安排补休的,按照不低于劳动合同规定的劳动者本人日或小时工资标准的200%支付劳动者工资。从此条款看,员工在休息日加班的,企业有权先安排员工进行补休,不能补休的,再按照法定标准向员工支付工资,所以,企业有权决定先休假还是支付对价。

其次,根据国务院颁发的《职工带薪年休假条例》第5条的规定,单位根据生产、工作的具体情况,并考虑职工本人意愿,统筹安排职工年休假。对职工应休未休的年休假天数,单位应当按照该职工日工资收入的300%支付年休假工资报酬。由此我们得出结论,企业有权根据自身的生产工作情况安排员工休年休假,不能安排的要向员工支付300%的未休年休假工资。

3. 社保、公积金截止月份

一般情况下,员工离职当月为社保、公积金的最后缴纳月份。

4. 培训服务期、竞业限制期

如果员工在职期间签署了培训服务期协议,那么在离职时,企业应当审查离职员工是否违反了该协议的约定,是否需要向公司承担违反培训服务期的违约金;如果员工在职期间签署了保密竞业限制协议,则企业应评估是否要求员工遵守关于竞业限制的约定,如果需要,则书面告知员工离职后不能从事有竞争性的工作,企业每月支付竞业限制补偿金,如果不需要对员工的再次就业进行限制,也应书面告知不再履行原来协议约定的就业限制内容,但是其他协议约定的保密内容依然有效。

5. 经济补偿、赔偿金、代通知金

如果离职原因是通过劳资双方协商一致解除,用人单位提出的话,企业需要支付员工经济补偿,也就是常说的"N"。

如果劳资双方不能协商一致解除,而企业宁愿支付二倍补偿金也就是支付赔偿金也要解除劳动合同时,大多数员工是同意支付"2N"后解除的。

如果用人单位符合《劳动合同法》第40条规定的企业单方解除劳动合同的情形,但没有提前30天告知员工,则需要再额外支付一个月的工资,这就是代通知金。

根据解除原因或双方商定的经济补偿方案,企业可以在办结工作交接时支付经济补偿、赔偿金、代通知金。

五、企业如何及时向离职员工出具《终止、解除劳动合同证明书》?

说明: 根据《劳动合同法》第50条的规定,"用人单位应当在解除或者终止劳动合同时出具解除或者终止劳动合同的证明"。因此,企业在办结所有的交接、审核、结算、确认步骤后,应当依法向员工开具离职证明。

对于企业不为离职员工开具离职证明或者暂缓开具离职证明的,会影响员工的再次就业,因此根据《劳动合同法》第89条的规定,"用人单位违反本法规定未向劳动者出具解除或者终止劳动合同的书面证明,由劳动行政部门责令改正;给劳动者造成损害的,应当承担赔偿责任"。因此用人单位应及时向劳动者出具解除、终止劳动合同证明。

对于有的企业在员工的离职证明上添加评语的行为,是否符合法律规定呢?根据《劳动合同法实施条例》第24条的规定,"用人单位出具的解除、终止劳动合同的证明,应当写明劳动合同期限、解除或者终止劳动合同的日期、工作岗位、在本单位的工作年限"。尽管法条中并未禁止用人单位在离职证明上添加评语,但笔者认为,该评语如果给离职员工造成了实际损失,单位亦要承担相应的赔偿责任。

六、离职员工的工资领取、档案转移和社保转移的手续和时间等如何符合当地规定?

说明: 根据《劳动合同法》第50条第1款的规定,"用人单位应当在解除或者终止劳动合同时出具解除或者终止劳动合同的证明,并在十五日内为劳动者办理档案和社会保险关系转移手续"。因此,企业在办结所有的交接、审核、结算、确认步骤后,除应当依法向员工开具离职证明外,还应当在15日内办理档案和社会保险关系转移手续。

对于离职员工的工资领取,依然要遵循法定的工资支付时间,不能因为员工离职就扣发工资,但是企业可以和员工约定对劳动报酬以外的奖金、津贴、补贴、福利待遇等的发放时间和发放条件。

对于离职员工的档案转移和社会保险关系的转移,由于现在人社部门的管理与之前存在较大变化,大部分企业的员工通过社保减员、社保增员的方式就可以保障员工的重新就业以及社保缴纳,因此社保关系转移的规定对员工权益的保护的比重越来越弱,而档案关系的转移也因国企、民企等不同性质的企业存在不同的管理方式,有些民营企业尤其是中小微企业根本不建立员工档案,因此企业法定的"档案关系转移"义务也失去了执行的土壤,档案的有无对于员工权益的维护显得可有可无。

第二节 经 典 案 例

【案例简介】

2017年7月,小洪与某科技公司(已依法取得劳务派遣行政许可)订立劳动合同,被派遣至某快递公司担任配送员,月工资为基本工资加提成。小洪主张某快递公司在用工期间安排其双休日及法定节假日加班,并提交了工资表。工资表加盖有某科技公司公章,某科技公司和某快递公司均认可其真实性。该工资表显示,2017年7月至2019年10月小洪存在不同程度的双休日加班及法定节假日加班,但仅获得少则46.15元多则115.40元的出勤补款或节假日补助。2019年11月,小洪向某科技公司提出离职,当日双方签署离职申请交接表。该表"员工离职原因"一栏显示:"公司未上社会保险,工作压力大、没给加班费。""员工确认"一栏显示:"经说明,我已知悉《劳动合同法》上的权利和义务,现单位已经将我的工资、加班费、经济补偿结清,我与单位无其他任何争议。本人承诺不再以任何理由向某科技公司及用工单位主张权利。"员工签名处有小洪本人签名。小洪对离职申请交接表的真实性表示认可,但认为表中"员工确认"一栏虽系其本人签字,但并非其真实意思,若不签字,某科技公司就不让其办理工作交接,该栏内容系某科技公司逃避法律责任的一种方法。小洪不服仲裁裁决,诉至人民法院。

原告诉讼请求判决某科技公司与某快递公司支付其加班费82,261元。

【争议焦点】

小洪是否与用人单位就支付加班费达成了合法有效的协议。

【判决结果】

一审法院判决:驳回小洪加班费的诉讼请求。小洪不服,提起上诉。二审法院改判:某科技公司与某快递公司连带支付小洪加班费24,404.89元。

【律师解读】

《最高人民法院关于审理劳动争议案件适用法律问题的解释(一)》第35条第1款规定:"劳动者与用人单位就解除或者终止劳动合同办理相关手续、支付工资报酬、加班费、经济补偿或者赔偿金等达成的协议,不违反法律、行政法规的强制性规定,且不存在欺诈、胁迫或者乘人之危情形的,应当认定有效。"司法实践中,既应尊重和保障双方基于真实自愿合法原则签订的终止或解除劳动合同的协议,也应对劳动者明确持有异议的、涉及劳动者基本权益保护的协议的真实性予以审查,依法保护劳动者的合法权益。

该案中,小洪认为离职申请交接表"员工确认"一栏不是其真实意思表示,上面记载的内容也与事实不符。该表中"员工离职原因"与"员工确认"两处表述确实存在矛盾。两家公司均未提供与小洪就加班费等款项达成的协议及已向小洪支付上述款项的证据,且小洪否认双方就上述款项已达成一致并已给付。因此,离职申请交接表中员工确认的"现单位已经将我的工资、加班费、经济补偿结清,我与单位无其他任何争议"与事实不符,不能认定为小洪的真实意思表示。该案情形并不符合《最高人民法院关于审理劳动争议案件适用法律问题的解释(一)》第35条之规定,故二审法院依法支持小洪关于加班费的诉讼请求。

该案例被树立为典型的意义是,实践中,有的用人单位在终止或解除劳动合同时,会与劳动者就加班费、经济补偿或赔偿金等达成协议。部分用人单位利用其在后续工资发放、离职证明开具、档案和社会保险关系转移等方面的优势地位,借机变相迫使劳动者在用人单位提供的格式文本上签字,放弃包括加班费在内的权利,或者在未足额支付加班费的情况下让劳动者签字确认加班费已经付清的事实。劳动者往往事后反悔,提起劳动争议仲裁与诉讼。

该案中,人民法院最终依法支持劳动者关于加班费的诉讼请求,既维护了劳动者的合法权益,又对用人单位日后诚信协商、依法保护劳动者劳动报酬权有良好引导作用,有助于构建和谐稳定的劳动关系。

劳动者在签署相关协议时,亦应熟悉相关条款的含义,审慎签订协议,通过合法途径维护自身权益。

第三节 操作指引

【概论】

为应对离职员工不配合工作交接而给企业带来风险,笔者建议企业应先对员工离职流程进行梳理,指定各岗位的离职交接负责人、监交人并详细列明各岗位员工离职前应交接的内容、交接期限及注意事项,除此之外,用人单位还应制定完善的离职管理制度,并在制度中明示,离职员工不妥善交接要承担的法律后果及赔偿责任。该制度经民主议定、公示告知程序生效后,即对员工产生约束力。如果发生争议,用人单位可依据该制度主张权利。

建议企业在与员工进行离职面谈时,就要明确工作交接包括的内容及重点,并指导员工做好其工作的梳理,交接资料的整理以及交接表的填写,此外用人单位在办理员工交接过程中还应注意谈话的语气、氛围,规范自身行为,避免正常的离职交接演变为劳动争议,全面预防法律风险的产生。

第四节 实用工具

离职交接会签表

【说明】

同本篇第二章的《离职交接会签表》

解除劳动合同协议书

【说明】

同本篇第一章的《解除劳动合同协议书》

解除(终止)劳动合同证明书

【说明】

根据国家的相关法律规定,公司在与员工解除或终止劳动合同时,应向员工出具解除或终止劳动合同的证明,这是公司应当履行的法定义务。否则可能会遭受劳动行政部门的责令,如因此给员工造成损失,公司还应承担赔偿责任。

文件仅供参考,具体请以实际发生情况灵活掌握。

【适用】

在公司与员工解除(终止)劳动合同时使用。

【基本要素】

员工的身份情况、合同期限、实际履行的合同期限、离职原因、离职依据。

【法律风险】

履行出具证明的法定义务,避免产生的风险。

【解除(终止)劳动合同证明书范本】

解除(终止)劳动合同证明书

本单位与＿＿＿＿＿＿先生/女士(身份证号码或者其他有效身份证件号码：＿＿＿＿＿＿)签订的＿＿＿＿期限劳动合同,由于＿＿＿＿＿＿原因于＿＿＿年＿＿月＿＿日解除(终止)。该职工在本单位的相关工作情况：

(1)本单位与其最近一次签订的劳动合同期限为：自＿＿＿年＿＿月＿＿日起至＿＿＿年＿＿月＿＿日止。

(2)该职工在本单位所从事的工作内容或工作岗位为：＿＿＿＿＿＿＿＿＿＿＿＿＿。

(3)该职工在本单位的工作年限共计为：＿＿＿＿＿＿。

单位盖章：
　　　　年　　月　　日

一式三份(用人单位和职工各留存一份,一份存入职工个人档案)

各地对于解除(终止)劳动合同证明书的规范文本均有差异,建议参考各地劳动部门的规范文本进一步调整。

1. 此证明用于公司与员工解除(终止)劳动合同后,应给员工出具的证明文件。
2. 证明书标题为证明书的必备内容。
3. 标题应能简要概括证明书内容,不建议只是简单写"证明"。

根据《劳动合同法实施条例》第24条的规定,用人单位出具的解除、终止劳动合同证明书,应当写明劳动合同期限、解除或者终止劳动合同的日期、工作岗位、在本单位的工作年限。上述这些内容应为证明书的法定必备内容。其他内容可不在证明书中列明。

1. 证明书的落款,为证明书的必备内容。
2. 证明人应加盖公章。
3. 应写明落款日期,日期根据实际情况确定。

1. 本证明需要向员工出具,如公司当面送达,需要求员工确认签收,可另行制作签收单,或在本证明书上手写"本人已收到本证明书,×××,年月日"等信息,由公司保存。
2. 需邮寄送达时,请确保员工提供有效送达地址并保留邮寄送达相关单据。

第五节　法律法规及政策指南

《劳动合同法》

第二十三条　用人单位与劳动者可以在劳动合同中约定保守用人单位的商业秘密和与知识产权相关的保密事项。

对负有保密义务的劳动者,用人单位可以在劳动合同或者保密协议中与劳动者约定竞业限制条款,并约定在解除或者终止劳动合同后,在竞业限制期限内按月给予劳动者经济补偿。劳动者违反竞业限制约定的,应当按照约定向用人单位支付违约金。

第二十六条 下列劳动合同无效或者部分无效：

（一）以欺诈、胁迫的手段或者乘人之危，使对方在违背真实意思的情况下订立或者变更劳动合同的；

（二）用人单位免除自己的法定责任、排除劳动者权利的；

（三）违反法律、行政法规强制性规定的。

对劳动合同的无效或者部分无效有争议的，由劳动争议仲裁机构或者人民法院确认。

第四十六条 有下列情形之一的，用人单位应当向劳动者支付经济补偿：

（一）劳动者依照本法第三十八条规定解除劳动合同的；

（二）用人单位依照本法第三十六条规定向劳动者提出解除劳动合同并与劳动者协商一致解除劳动合同的；

（三）用人单位依照本法第四十条规定解除劳动合同的；

（四）用人单位依照本法第四十一条第一款规定解除劳动合同的；

（五）除用人单位维持或者提高劳动合同约定条件续订劳动合同，劳动者不同意续订的情形外，依照本法第四十四条第一项规定终止固定期限劳动合同的；

（六）依照本法第四十四条第四项、第五项规定终止劳动合同的；

（七）法律、行政法规规定的其他情形。

第四十七条 经济补偿按劳动者在本单位工作的年限，每满一年支付一个月工资的标准向劳动者支付。六个月以上不满一年的，按一年计算；不满六个月的，向劳动者支付半个月工资的经济补偿。

劳动者月工资高于用人单位所在直辖市、设区的市级人民政府公布的本地区上年度职工月平均工资三倍的，向其支付经济补偿的标准按职工月平均工资三倍的数额支付，向其支付经济补偿的年限最高不超过十二年。

本条所称月工资是指劳动者在劳动合同解除或者终止前十二个月的平均工资。

第五十条第一款、第二款 用人单位应当在解除或者终止劳动合同时出具解除或者终止劳动合同的证明，并在十五日内为劳动者办理档案和社会保险关系转移手续。

劳动者应当按照双方约定，办理工作交接。用人单位依照本法有关规定应当向劳动者支付经济补偿的，在办结工作交接时支付。

第八十九条 用人单位违反本法规定未向劳动者出具解除或者终止劳动合同的书面证明，由劳动行政部门责令改正；给劳动者造成损害的，应当承担赔偿责任。

《劳动合同法实施条例》

第二十四条　用人单位出具的解除、终止劳动合同的证明,应当写明劳动合同期限、解除或者终止劳动合同的日期、工作岗位、在本单位的工作年限。

《工资支付暂行规定》

第九条　劳动关系双方依法解除或终止劳动合同时,用人单位应在解除或终止劳动合同时一次付清劳动者工资。

第六节　企业用工风险测评

企业的人力资源管理工作中存在以下常见问题:

1. 不清晰人力资源管理中的法律风险点,不清晰法律规定和实务操作之间的差别;

2. 规章制度、员工手册等陈旧,不与时俱进,合理性和合法性存在问题;

3. 人力资源管理工作没有制度化、规范化、流程化,使HR管理人员工作流于日常琐碎,与人力资源专员工作无异,不能将精力投放到人力资源的战略管理和企业文化的建设中;

4. 人力资源管理中一些必备的合同、协议经不起推敲,达不到明确权利义务的效果;

5. 错发、乱发通知书、证明等。

针对以上问题,结合劳动争议案件的仲裁和诉讼实务经验,通过一些简单的测评题,帮助企业更快地认识、解决人力资源管理过程中的风险。提早发现,尽早预防。

评估报告:

请根据腰封、书签指引查看"企业用工风险评估报告"。如果您不慎丢失了腰封或书签,请随时联系主编客服团队。客服人员将协助您获取评估报告。

1. 员工离职交接手续是否有对劳动争议问题予以说明?(　　　)

　A. 是　　　　B. 否

问题设计目的:

为了了解企业在离职交接过程中是否对离职争议问题进行了风险防控。

法律分析:

《劳动合同法》第50条规定,用人单位应当在解除或者终止劳动合同时出具解除或者终止劳动合同的证明,并在 15 日内为劳动者办理档案和社会保险关系转移手续。劳动者应当按照双方约定,办理工作交接。用人单位依照本法有关规定应当向劳动者支付经济补偿的,在办结工作交接时支付。

2. 员工离职手续由公司哪个部门或人员办理?(   )

A. 员工所属部门负责人或员工直属领导负责

B. 人事部门负责

C. 无具体负责部门和人员

问题设计目的:

为了了解企业在办理离职手续时是否专人专办,是否存在无人事任免权的人员对员工进行人事任免,从而给企业带来不必要的人事纠纷。

法律分析:

《劳动合同法》第四章"劳动合同的解除和终止"全章通过法律条款规范了离职(解除或终止劳动关系)的全部形式。

第九篇

新用工环境 多元用工形态

- 第一章 退休返聘用工
- 第二章 在校实习生用工
- 第三章 非全日制用工
- 第四章 劳务外包与劳务派遣

PART 09

第一章

退休返聘用工

第一节 企业常见用工风险点

本节重点

- 员工达到法定退休年龄企业就可以与员工签订《退休返聘协议》吗？
- 企业是否有必要与符合条件的员工签订书面《退休返聘协议》？
- 退休返聘人员是否享受工伤保险待遇？
- 用人单位与退休返聘人员约定的发生伤害由退休返聘人员自行承担的免责条款是否有效？
- 退休返聘人员的收入是否需要缴纳个税？
- 解除或终止合同时是否需要向退休返聘人员支付经济补偿？

一、员工达到法定退休年龄企业就可以与员工签订《退休返聘协议》吗？

说明：根据《劳动合同法实施条例》第 21 条的规定，劳动者达到法定退休年龄的，劳动合同终止。但当劳动者达到退休年龄后未能享受养老保险待遇继续工作的，是否必然转为劳务关系仍有争议。因为《劳动合同法》第 44 条规定："有下列情形之一的，劳动合同终止：……（二）劳动者开始依法享受基本养老保险待遇的……"；《最高人民法院关于审理劳动争议案件适用法律问题的解释（一）》第 32 条第 1 款规定："用人单位与其招用的已经依法享受养老保险待遇或者领取退休金的人员发生用工争议而提起诉讼的，人民法院应当按劳务关系处理。"所以，如达到法定退休年龄的人员已开始享受基本养老保险待遇或领取退休金，则其与用人单位之间成立劳务关系，企业可以与返聘人员签订退休返聘协议；但只达到法定退休年龄尚未开始享受养老保险待遇的人员与用人单位之间的法律关系,司法实践中各地的裁判观点并不一致。多地裁审观点认为,劳动者未能依法享受基本养老保险待遇,在劳动合同期内达到退休年龄的,劳动合同不必然终止,劳动者继续为用人单位工作的,双方应当按劳动关系处理。裁审机关重点审查方向在于劳动者不能享受基本养老保险待遇的原因是否与用人单位有关。若确因用人单位原因导致员工达到法定退休年龄却不能享受养老保险待遇,双方仍应继续履行劳动合同关系。但若员工入职时已超过法定退休年龄,则一般认为不再符合劳动法律、法规规定的主体资格,与用人单位间不存在劳动关系。个别地方的裁判观点认为达到法定退休年龄的劳动者与用人单位之间构成劳务关系,例如《浙江省高级人民法院民事审判第一庭、浙江省劳动人事争议仲裁院关于审理劳动争议案件若干问题的解答(二)》第14条:"超过法定退休年龄的劳动者在工作中受事故伤害或者患职业病,其向聘用单位主张工伤保险待遇的,应否支持?答:劳动者超过法定退休年龄,仍接受单位聘用的,其与聘用单位之间构成劳务关系,劳动者因工伤亡或者患职业病而向聘用单位主张工伤保险待遇的,不予支持。但劳动者尚未享受基本养老保险待遇或者领取退休金,且聘用单位已为其缴纳工伤保险费的,其工伤保险待遇应予支持"。

因此,企业在招用退休返聘人员时,要严格审查员工是否已达法定退休年龄并是否享受了养老保险待遇,保存好劳动者退休证复印件,并让其在退休证复印件上签字确认。

二、企业是否有必要与符合条件的员工签订书面《退休返聘协议》?

说明:有些企业认为既然与已退休人员不属于劳动关系,就可以不遵守《劳动合同法》必须和劳动者签订书面合同的规定。《劳动部关于实行劳动合同制度若干问题的通知》第13条规定,已享受养老保险待遇的离退休人员被再次聘用时,用人单位应与其签订书面协议,明确聘用期内的工作内容、报酬、医疗、劳动待遇等权利和义务。用人单位与退休返聘人员签订书面协议具有其必要性,即使退休返聘人员与用人单位构成劳务关系,适用《民法典》调整规制,但通过退休返聘协议可以对退休人员进行身份确认;对劳务关系进行明确定性;对雇佣期限、薪酬、待遇提前协商确定;对雇主责任风险进行提示;对劳务关系的解除与终止进行限定等。以便在发生纠纷时更好地解决。

三、退休返聘人员是否享受工伤保险待遇?

说明:根据《人力资源社会保障部关于执行〈工伤保险条例〉若干问题的意

见(二)》第 2 条第 1 款的规定:达到或超过法定退休年龄,但未办理退休手续或者未依法享受城镇职工基本养老保险待遇,继续在原用人单位工作期间受到事故伤害或患职业病的,用人单位依法承担工伤保险责任。也就是说,对超过法定退休年龄未享受养老保险待遇或未领取养老保险金的员工,用人单位要按照《工伤保险条例》的相关规定来承担工伤赔偿责任。对于已经依法享受养老保险待遇或领取养老保险金的退休返聘人员,在认定其与用人单位不成立劳动关系的前提条件下,适用《民法典》第1165条的规定,根据过错大小承担相应的雇主赔偿责任。因此,如果用人单位无法实际为其缴纳工伤保险,可以为此类退休返聘人员购买人身意外险或雇主责任险等商业性保险,以降低用人单位的赔偿成本。

四、用人单位与退休返聘人员约定的发生伤害由退休返聘人员自行承担的免责条款是否有效?

说明:虽然已经依法享受养老保险待遇或领取养老保险金的退休返聘人员与用人单位之间不构成劳动关系。但公民的人身健康权受法律保护,根据《民法典》第506条的规定,合同中的下列免责条款无效:(1)造成对方人身损害的;(2)因故意或者重大过失造成对方财产损失的。也就是说,用人单位通过协议免除其应承担的法律责任的条款属于无效条款。退休返聘人员因提供劳务而受伤的,一般也需要根据用人单位过错的程度来判断其承担责任的比例。用人单位的过错主要表现为未尽到安全培训义务、未提供安全防护措施等方面。因此建议企业为返聘的退休人员购买工伤保险,或为其购买雇主责任险,以便发生事故时填补企业赔偿费用损失。

五、退休返聘人员的收入是否需要缴纳个税?

说明:根据《国家税务总局关于个人兼职和退休人员再任职取得收入如何计算征收个人所得税问题的批复》的规定:"个人兼职取得的收入应按照'劳务报酬所得'应税项目缴纳个人所得税;退休人员再任职取得的收入,在减除按个人所得税法规定的费用扣除标准后,按'工资、薪金所得'应税项目缴纳个人所得税。"退休人员通过再任职获得的收入,应按"工资、薪金所得"应税项目缴纳个人所得税。

退休返聘人员以兼职方式取得的收入按"劳务报酬所得"缴纳个税(非雇佣关系);以专职方式取得的收入按"工资、薪金所得"缴纳个税(雇佣关系,签订专职合同再任职)。

六、解除或终止合同时是否需要向退休返聘人员支付经济补偿?

说明:根据《最高人民法院关于审理劳动争议案件适用法律问题的解释(一)》第32条第1款"用人单位与其招用的已经依法享受养老保险待遇或者领取退休金的人员发生用工争议而提起诉讼的,人民法院应当按劳务关系处理"的规定,退休返聘人员与用人单位建立劳务关系的,不再适用《劳动法》和《劳动合同法》的相关规定。同时用人单位要通过书面《退休返聘协议》明确双方解除的条件、违约责任等内容,若协议中未约定相关补偿金事项则用人单位无须支付经济补偿。

第二节 经 典 案 例

【案例简介】

老洪(女)于1962年10月10日出生,2020年5月20日(已超50周岁)入职某物业公司,从事保洁工作,工作地点为某小区,工资约定为每月2600元,双方未签订劳动合同。老洪因受伤在2020年11月23日后再未给某物业公司提供劳动,老洪参加了城乡居民基本养老保险,但尚未享受养老待遇。老洪入职某物业公司之前并无固定职业,其自行参加了城乡居民基本养老保险,目前未能享受养老保险待遇的原因在于其缴费未满15年。

【争议焦点】

已经达到法定退休年龄但未享受养老保险待遇的职工是否与用人单位构成劳动关系。

【判决结果】

一审和二审法院判决:确认老洪与某物业公司在2020年5月20日至2020年11月23日存在劳动关系。

再审法院认为,已达到法定退休年龄的劳动者与用工单位是否成立劳动关系,不以劳动者年龄为标准,而是以劳动者是否享受基本养老保险待遇或领取退休金为准。老洪在被招用时已达到法定退休年龄,不再符合劳动法律、法规规定的主体资格,同时老洪在入职某物业公司之前无固定职业,并未以某物业公司支付的报酬作为主要经济收入来源,该案中老洪实际工作6个月,该工作持续时间较短,可见老洪对某物业公司该份工作的依赖性较低,物业公司招录老洪时亦未有建立长期的固定的劳动关系的意思表示,故虽然老洪从事的工作属于物业公司的业务组成部分,接受物业公司的安排,并由物业公司支付相应报酬,但是双方之间并不具备建立劳动关系的条件。再审撤销一审和二审判决,改判老洪与某物业公司在2020年5月20日至2020年11月23日不存在劳动关系。

【律师解读】

对于已达到法定退休年龄但未享受养老保险待遇或领取退休金的人员与用人单位之间是否构成劳动关系的问题,裁审机关不是从劳动者年龄标准方面作形式审查,而是具体审查劳动者不能享受基本养老保险待遇的原因是否与用人单位有关。如果劳动者非因用人单位原因不能享受基本养老保险待遇,用人单位有权依据《劳动合同法实施条例》第21条的规定终止双方的劳动关系。若劳动者因用人单位原因不能享受基本养老保险待遇,则会以劳动者享受基本养老保险待遇时为劳动合同终止的条件。该案也是据此认定劳动者与用人单位之间不形成劳动关系。

第三节 操 作 指 引

【概论】

企业如果使用退休返聘的用工模式,务必要从以下几个方向进行注意。

1.用工前严格审查劳动者资质。包括退休返聘人员退休手续办理事宜和退休返聘人员的身体健康状况,可以要求其提供体检报告,并根据退休返聘人员的身体健康状况决定是否予以聘用并安排在合适的岗位上工作。

2.用工时订立书面退休返聘协议。在协议中明确双方不构成劳动关系,并对聘用期限、劳务报酬等进行约定。虽然退休返聘人员不强制适用带薪年休假、婚假、丧假、法定节假日等待遇,但用人单位可以在退休返聘合同中与退休返聘人员自行达成相关约定。

3.为退休返聘人员购买雇主责任保险。雇主责任保险的被保险人为用人单位,受益人也是用人单位,退休返聘人员在工作过程中受伤的,用人单位承担赔偿责任后,可以通过雇主责任保险获取一定的补偿,从而转嫁一部分赔偿责任成本。而团体意外伤害保险的被保险人是员工本人,受益人是员工本人或其家属,用人单位可能无法通过团体意外险的保险金抵偿自身的赔偿责任。

用人单位可通过表9-1对比雇主责任险和团体意外险的区别,结合自身的实际情况和需求进行选择,为员工提供适当的保障。

表9-1 雇主责任险与团体意外险

比较项目	雇主责任险	团体意外险
保险标的	承保雇主对所雇佣的员工在受雇期间，因发生意外事故或因职业病而造成的人身伤残或死亡时，依法应承担的经济赔偿责任的保险（用人单位依法承担的工伤责任）	团体成员（如企业员工、学校学生）从事工作、学习和活动过程中，因意外事故导致人身伤害或死亡时，由保险公司承担相应的赔偿责任的保险（员工的生命和身体健康）
投保人（交钱人）	用人单位	用人单位
被保人	用人单位	员工
理赔款收款人	用人单位	员工或家属
功能	保障雇主利益、转嫁用人单位风险	类似于员工福利。保险公司赔付给员工后，员工仍可向用人单位主张工伤赔偿责任

第四节 实用工具

退休返聘协议

【说明】

退休返聘用工属于用人单位复合用工的模式之一。但实务中，由于劳动关系、劳务关系、退休人员身份等概念模糊往往导致不必要的争议，因此，通过《退休返聘协议》可以明确法律适用、双方权利义务等内容，降低争议发生的概率。

文件仅供参考，具体请以实际发生情况灵活掌握。

【适用】

用人单位与适格的退休人员建立劳务关系。

【基本要素】

①双方基本信息；

②退休返聘人员身份确认；

③合作期限；

④工作岗位；

⑤工作时间；

⑥工作地点；

⑦用工管理；

⑧协议解除；

⑨争议解决；

⑩保密条款。

【法律风险】

①防止未签订协议，发生争议时无法明确处理依据。

②防止返聘人员主体不适格，导致事实劳动关系。

③为伤害索赔等提供处理依据。

【退休返聘协议范本】

退休返聘协议

甲方(雇佣方)：_____

　　　　法定代表人(负责人)：_____　　职务：_____

　　　　住所地：_____　　邮编：_____

乙方(受雇方)：姓名_____　性别_____　年龄_____　民族_____

　　　　电话：_____　　身份证号：_____

　　　　地址：_____　　邮编：_____

甲乙双方经友好协商，根据《中华人民共和国民法典》等法规政策的规定，就乙方向甲方提供劳务事宜签订如下协议，以资共同遵守。

1. 乙方基本信息

1.1 乙方已经达到退休年龄且已经领取退休金或者虽未达到退休年龄但已经享受退休待遇；

1.2 乙方离退休单位：_____

1.3 乙方承诺无_____等慢性病史；

1.4 乙方结合自身身体健康情况认可甲方的工作内容、工作时间、劳务报酬、伤害赔偿等事宜，并愿意为甲方提供相应劳务工作。

2. 劳务期限

劳务期限为___个月，自___年___月___日起至___年___月___日止。协议期满双方劳务关系终止。

3. 工作岗位

3.1 乙方工作岗位为：_____。

3.2 甲方根据工作需要，考虑乙方身体情况及乙方业务、工作能力和表现，可以调整乙方的工作岗位，重新签订本协议或补充协议。乙方应予以遵守，否则甲方有权直接解除本协议且无须承担任何违约责任。

4. 工作地点

乙方工作地点为_____，甲方根据工作实际情况有权调整乙方工作地点，乙方应予以遵守，否则甲方有权直接解除本协议且无须承担任何违约责任。

本协议仅为参考，由于公司间存在文化、管理、组织架构等方面的巨大差异及各地方法规规定不同，建议公司根据自身特点及当地要求拟定相应具体条款。

提示：雇佣达到法定退休年龄但未领取基本养老保险待遇的人员的司法实践中对此问题的裁判口径并不统一：浙江、北京等地认为成立劳务关系；山东等地认为构成劳动关系；江苏等地认为是一种介于劳动关系与劳务关系之间的特殊情形。企业在招用此类群体时要注意当地的裁判口径，不能认为只要是"退休返聘"就一定是劳务关系，应结合地方规定妥善处理退休返聘合同的相关内容。建议通过本协议明确雇佣期限、不构成劳动关系等。这样，即使在被认定为劳动关系的情况下，该合同可作为已签订书面劳动合同的抗辩使用，但仍提示企业谨慎操作。

续表

5. 工作时间
正常作息情况下，乙方每日工作____小时，每周工作____日。

6. 劳务报酬

6.1 双方约定的劳务报酬以月为单位进行结算，每月_____元，该费用已经包括超时劳动补偿，甲方于每月____日之前向乙方支付劳务报酬。根据税务机关的相关规定，上述劳务报酬按月由甲方代扣代缴所得税（如有）。

即使双方不属于劳动关系，也不排除法院适当支持超时劳动报酬。为避免员工索赔"加班费"，可以约定"双方约定的劳务报酬标准中已经包括超时劳动补偿"，或者在劳务报酬标准中划出一部分"超时劳动补偿"。该约定有部分无效的风险，法律规定雇员在从事雇佣活动中遭受人身损害，雇主应当承担赔偿责任，受害人有重大过失的，可以减轻赔偿义务人的赔偿责任。

6.2 因乙方原因造成甲方损失或对外承担责任的，甲方有权用与乙方未结算的报酬进行冲抵。

6.3 乙方因请假或假期未为甲方提供劳务的，甲方有权不支付乙方请假或假期期间的劳务报酬。

7. 用工管理
乙方应遵守甲方的各项规章制度、操作规程、决定、签呈等用工管理制度。甲方有权按照其用工管理制度对乙方进行处理（用工管理制度已于本协议签订之时向乙方公示）。

8. 因公赔偿

8.1 乙方因从事劳务活动负伤，甲方应向乙方承担赔偿责任。从事劳务活动，是指从事甲方授权或者指示范围内的生产经营活动或者其他劳务活动。

8.2 下列情形之一，甲方不承担赔偿责任：
8.2.1 乙方在上下班途中发生交通事故的；
8.2.2 乙方因自身过错造成在工作中受到伤害的；
8.2.3 乙方因第三方原因受到伤害的；
8.2.4 其他非因从事劳务活动受到伤害的情形。

1. 如果招用的退休返聘人员因执行工作任务受到伤害，应按照人身损害赔偿的规定处理。
2. 如果招用的退休返聘人员不能依法领取基本养老保险待遇，或者双方构成劳动关系、具有劳动关系特征的，仍有可能按照工伤标准执行。

8.3 如乙方受到人身损害造成损失，先由侵权方向乙方承担赔偿责任，如侵权方无法确定或赔偿不足以弥补乙方损失，甲方依法承担补充责任。

8.4 乙方在从事劳务活动期间超越工作范围或因过错造成他人伤害的，自行承担赔偿责任。如因此导致甲方对第三方承担赔偿责任，甲方有权向乙方予以追偿。

9. 知识产权及商业秘密

9.1 乙方为完成甲方的工作任务，或者利用甲方设备、资料、时间、场地等完成的发明创造，开发的技术成果，发展的业务渠道，建立的商业信誉等，都属于甲方的知识产权和无形资产，乙方并不因其曾付出了劳务而取得占有、转让、披露以及利用其为自己或其他人谋取利益的权利。

9.2 乙方对在甲方工作期间所获悉的甲方商业秘密负有保密义务，非经甲方书面许可，不得擅自披露或许可他人使用，一经发现，乙方应向甲方承担赔偿责任。具体赔偿数额以甲方提报的损失数据为准。

9.3 乙方应当于协议解除或终止时或者甲方提出要求时，将其持有或保管的一切保密信息及载体交付给甲方，并不得私自留存任何上述信息的复制品、复印件等。

10. 协议解除
出现下列情形之一，本协议解除且甲方不承担赔偿责任：
10.1 甲方提前15日书面通知乙方的；
10.2 乙方提前15日书面通知甲方的；

续表

10.3 乙方患病或非因工负伤导致本协议无法继续履行的； 10.4 甲方因客观情况发生变化，导致本协议无法履行或已经无履行必要的； 10.5 乙方行为符合甲方用工制度的辞退情形的； 10.6 协议中约定的其他解除情形。 11. 争议解决 因本协议发生争议，甲乙双方应友好协商，协商不成，提交甲方住所地有管辖权的人民法院诉讼解决，甲方住所地为：_____。 12. 信息送达 甲乙双方共同确认如下送达信息： 甲方：_____ 乙方：_____ 如上述送达信息发生变更，变更方应于发生变更情形3个工作日内书面通知对方，未予通知或逾期通知的，对方以原信息送达相关资料的，视为有效。 13. 法律关系确认 甲乙双方为劳务关系，双方不适用劳动关系相关的法规政策的调整。 14. 协议生效 14.1 本协议自双方签订之日起生效； 14.2 本协议壹式贰份，甲乙双方各持一份，具有同等法律效力。 甲方（盖章）：　　　　　　　　　　　　乙方（签字）： 　年　月　日　　　　　　　　　　　　　　年　月　日

> 确保乙方本人面签，且与身份证姓名一致，不得出现错字、别字，也不建议填写繁体字。其他页空白处也建议员工签字确认，双页以上文件建议压骑缝章。

第五节　法律法规及政策指南

《最高人民法院关于审理劳动争议案件适用法律问题的解释（一）》

第三十二条第一款　用人单位与其招用的已经依法享受养老保险待遇或者领取退休金的人员发生用工争议而提起诉讼的，人民法院应当按劳务关系处理。

《最高人民法院关于审理劳动争议案件适用法律问题的解释（二）（征求意见稿）》

第六条　【达到法定退休年龄但是尚未享受基本养老保险待遇的劳动者的权益保护】达到法定退休年龄但是尚未享受基本养老保险待遇的劳动者为用人单位提供劳动，劳动者请求参照适用劳动法律法规处理劳动报酬、工作时间、休息休假、劳动保护、职业危害防护以及工伤保险待遇等争议的，人民法院应予支持。

《劳动部关于实行劳动合同制度若干问题的通知》

第十三条 已享受养老保险待遇的离退休人员被再次聘用时,用人单位应与其签订书面协议,明确聘用期内的工作内容、报酬、医疗、劳动待遇等权利和义务。

第六节 企业用工风险测评

企业的人力资源管理工作中存在以下常见问题:

1. 不清晰人力资源管理中的法律风险点,不清晰法律规定和实务操作之间的差别;

2. 规章制度、员工手册等陈旧,不与时俱进,合理性和合法性存在问题;

3. 人力资源管理工作没有制度化、规范化、流程化,使 HR 管理人员工作流于日常琐碎,与人力资源专员工作无异,不能将精力投放到人力资源的战略管理和企业文化的建设中;

4. 人力资源管理中一些必备的合同、协议经不起推敲,达不到明确权利义务的效果;

5. 错发、乱发通知书、证明等。

针对以上问题,结合劳动争议案件的仲裁和诉讼实务经验,通过一些简单的测评题,帮助企业更快地认识、解决人力资源管理过程中的风险。提早发现,尽早预防。

评估报告:

请根据腰封、书签指引查看"企业用工风险评估报告"。如果您不慎丢失了腰封或书签,请随时联系主编客服团队。客服人员将协助您获取评估报告。

公司是否为聘用的退休返聘人员或在校实习生购买了商业保险?(　　)

A. 否

B. 购买了商业保险中的人身意外险

C. 购买了商业保险中的雇主责任险

问题设计目的:

为了了解单位对退休返聘人员或在校实习生在工作中发生事故是否提前进行风险防范。

法律分析:

《民法典》第 1192 条规定,个人之间形成劳务关系,提供劳务一方因劳务造成他人损害的,由接受劳务一方承担侵权责任。接受劳务一方承担侵权责任后,可以向有故意或者重大过失的提供劳务一方追偿。提供劳务一方因劳务受到损害的,根据双方各自的过错承担相应的责任。提供劳务期间,因第三人的行为造成提供劳务一方损害的,提供劳务一方有权请求第三人承担侵权责任,也有权请求接受劳务一方给予补偿。接受劳务一方补偿后,可以向第三人追偿。

第二章 在校实习生用工

第一节 企业常见用工风险点

本节重点

- 企业雇佣实习生是否应区分实习的性质?
- 实习生用工管理是否应区别于正式员工?
- 企业雇佣在校实习生是否应当签订书面实习协议?
- 企业是否为在校实习生缴纳工伤保险或购买雇主责任险?

一、企业雇佣实习生是否应区分实习的性质?

说明:根据《职业学校学生实习管理规定》第2条的规定,学生实习包括认识实习和岗位实习。

认识实习指学生由职业学校组织到实习单位参观、观摩和体验,形成对实习单位和相关岗位的初步认识的活动。岗位实习指具备一定实践岗位工作能力的学生,在专业人员指导下,辅助或相对独立地参与实际工作的活动。这种学生实习的本质是教学活动,是实践教学的重要环节,不以获取劳动报酬为目的,因而不构成劳动关系。就业实习则是指在未取得毕业证书之前,以就业为目的为用人单位提供劳动,用人单位对其进行了用工管理的活动,双方可以形成事实劳动关系。如《内蒙古自治区高级人民法院、内蒙古自治区劳动人事争议仲裁委员会关于劳动人事争议案件适用法律若干问题的指导意见》第6条规定,在校学生在用人单位进行实习,应当根据具体事实进行判断,对完成学校的社会实习安排或自行从事社会实践活动的实习,不认定劳动关系。但用人单位与在校学生之间名为实习,实为劳动关系的除外。一旦被认定构成劳动关系,用人单位就应当履行《劳动法》及《劳动合同法》中规定的用人单位依法签订书面劳动合同,缴纳五险一金,在符合法定情形下支付经济补偿、赔偿金等相关的法定义务。因此建议企业在聘用实习生之前,通过查验有效的学生证、学校出具的在读证明或者与学校进行核实等方式明确其在校学生的身份,从而确认其实习性质。

二、实习生用工管理是否应区别于正式员工?

说明:非劳动关系的在校实习生受到学校和企业的双重管理,企业应与学校充分沟通共同制定实习计划和实习管理制度。工作内容与正式员工进行区别安排,尽量不安排实习生从事高空、井下、放射性、有毒、易燃易爆等具有较高安全风险的实习工作内容;工作时间与正式员工要有所区别,尽量不安排实习生在法定节假日工作,不安排实习生加班和夜班,且要保障实习生享受正式员工享有的休息休假权利;此外,报酬的发放与正式员工也要有区别,实习生的报酬表述为实习津贴或补贴在银行转账中备注,一般实习津贴或补贴按日结算。密切关注实习生的毕业时间,了解其学业进展和毕业时间的变化,以便用人单位有足够的时间作好人员调整和工作安排,避免因实习生突然毕业而导致工作中断。同时,提前决定是否录用该实习生,如决定录用,按照正式员工的招聘流程重新办理入职手续,签订劳动合同、缴纳社会保险。

三、企业雇佣在校实习生是否应当签订书面实习协议?

说明:根据《关于贯彻执行〈中华人民共和国劳动法〉若干问题的意见》第12条的规定,在校生利用业余时间勤工助学,不视为就业,未建立劳动关系,可以不签订劳动合同。但签订书面协议明确约定实习工作内容、实习目标、考核办法、工作时间、指导老师、责任保险与伤亡事故处理、实习补助、违约责任等内容有利于确认双方的权利义务,可以作为解决实习纠纷的重要依据,保障双方的合法权益,因此签订实习协议对双方都很重要。例如,在裁审机关认定用人单位与实习生为劳动关系的前提下,特别是在实习生取得毕业证之后,用人单位未与实习生签订劳动合同,将可能因未签书面劳动合同而承担二倍工资差额的责任。

因此,建议用人单位在招聘在校生时,尽量与学校直接联系签订三方实习协议。如果只与学生签订两方协议,提示企业务必提前查验在校生的身份、了解在校生的应聘目的,是以求职就业为目的还是为完成教学任务或改善生活需要而进行的勤工助学,并以书面形式进行明确,尽量避免发生劳动争议。

四、企业是否为在校实习生缴纳工伤保险或购买雇主责任险？

说明： 无论在校实习生与企业之间是劳动关系还是劳务关系，都建议企业提前为在校实习生购买商业保险。因为实习生在工作过程中发生伤害事故，若被认定为劳动关系，用人单位需要按照《工伤保险条例》第 62 条第 2 款规定的"应当参加工伤保险而未参加工伤保险的用人单位职工发生工伤的，由该用人单位按照本条例规定的工伤保险待遇项目和标准支付费用"承担全部的工伤赔偿责任。即使未被认定为劳动关系，企业仍需要按照《民法典》第 1192 条第 1 款规定的"提供劳务一方因劳务受到损害的，根据双方各自的过错承担相应的责任"按照企业过错大小承担赔偿责任。

因此建议用人单位为在校实习生购买保险，有效分担或减轻企业的经济赔偿责任。签订三方协议的企业可以与学校约定好相关的伤害事故责任承担问题，确认学校是否已经为学生购买了意外险。对于直接与学生签订实习协议的企业，企业可结合各地区政策优先缴纳单工伤保险，在无单工伤保险的情况下考虑购买雇主责任险，因为雇主责任险的受益人是企业。而意外险的受益人是学生本人，并不能替代单位的赔偿责任，即用人单位进行相关赔付后学生还是有权要求用人单位承担雇主责任的。而雇主责任险在用人单位赔付员工后，由保险公司理赔给用人单位相应金额以填补损失。另提示企业保留好在校实习生入职时所做的安全生产流程培训及操作规程进行告知、提供劳动保护措施、安全标语以及操作指示等证据材料，以便在后期赔偿责任认定时适当降低责任承担的比例。

第二节 经典案例

案例一

【案例简介】

小洪于 2021 年 7 月 23 日进入某装饰公司工作，双方签订《实习协议书》，内容载有：甲方（某装饰公司）同意接收乙方（小洪）到公司实习，乙方实习周期为 2021 年 7 月 23 日至 2022 年 7 月 22 日（以拿到毕业证时间为准）；甲方每月向乙方支付基本月报酬 1200 元到 1500 元（视能力而定），实习期间乙方的食宿及医疗费自理；乙方不得无故中止实习，如确实有特殊情况必须中断实习，需提前 7 天向甲方提交书面申请，甲方视情况审批；乙方必须遵守甲方员工管理的各项规章制度，服从甲方的管理；实习期满后，甲方视乙方的实习表现决定是否聘用为正式员工……

  2022年8月1日,某装饰公司(甲方)与小洪(乙方)签订《劳动合同》,内容载有:合同期限三年,自2022年8月1日至2025年7月31日,乙方的工作内容与职责为设计师;工资计发形式为计时形式+计件形式,计时形式乙方的月工资为1500元,计件形式计件方式为按公司财务制度,甲方每月20日之前以货币形式足额支付乙方前一个自然月的工资;甲乙双方对工资的其他约定为综合薪资不低于北京市最低工资标准……

  2022年8月8日,某装饰公司向小洪送达《解除劳动关系确认书》,载明"您于2022年8月8日向公司书面提出辞职请求,经公司领导讨论决定:1.同意您的辞职请求;2.您在公司的最后工作日为2022年8月8日止,双方的劳动关系也于该日终止,并即时解除双方的劳动合同;3.工资核发至2022年8月7日,公司将最晚于2022年9月25日与您结清……",确认人签字处有小洪签名及日期。

【争议焦点】

在校实习生与用人单位是否构成劳动关系,构成劳动关系的时间节点。

【判决结果】

  一审二审均认定小洪与某装饰公司于2021年7月23日至2022年8月7日存在劳动关系。

  用人单位自用工之日起即与劳动者建立劳动关系。小洪在校学习结束,于2021年7月23日到某装饰公司从事劳动工作。小洪在某装饰公司所提供的劳动是该公司业务的组成部分,小洪提供劳动的过程中接受某装饰公司的各项制度管理,小洪以其从事劳动工作获取劳动报酬,故某装饰公司自用工之日与小洪建立劳动关系。虽装饰公司以小洪尚未提供毕业证书为由与其签署《实习协议书》,但某装饰公司主张小洪系以学生身份到其公司从事社会实践实习活动,并无相应事实依据。小洪尚未实际取得毕业证书并不影响小洪为某装饰公司提供实际劳动,某装饰公司以双方约定以"拿到毕业证书"界定实习关系与劳动关系,并无法律依据,法院不予采纳。

【律师解读】

  劳动者的合法权益受法律保护。在校学生到用人单位实习,是否构成劳动关系应当根据具体事实进行判断。一般对完成学校的社会实习安排或自行从事的社会实践活动的实习,不认定劳动关系。但用人单位与在校学生以实习为名,实为劳动关系的除外。尤其对于即将毕业的大学生(就业为目的),在用人单位知晓该大学生即将毕业的情况下,向用人单位持续提供劳动,用人单位亦对该大学生进行劳动管理并支付劳动报酬的,可以认定构成劳动关系。

案例二
【案例简介】

小洪系小文之子,生前在某学校就读。某纺织公司与某学校签订《联合办学实习协议》,安排包括小洪在内的多名学生自2017年2月起到某纺织公司实习。后小洪于2017年7月10日因交通事故死亡。小文向人社部门申请认定小洪为工伤,人社部门未予认定工伤。小文申请劳动仲裁,劳动仲裁部门不予受理。后小文提起诉讼,请求确认小文与用人单位之间存在劳动关系。

【争议焦点】

在校实习生与用人单位是否构成劳动关系。

【判决结果】

法院认为:小洪在某纺织公司实习期间是否与某纺织公司成立劳动关系,应考查小洪与某纺织公司是否存在成立劳动关系的合意。从小洪到某纺织公司实习的经过看,其系某学校根据与某纺织公司的《联合办学实习协议》实施教学计划安排到某纺织公司参加生产实习的一批学生之一,小洪到某纺织公司实习系为完成其学习计划,即完成某纺织公司的实习系小洪在某学校的实践学习内容之一。虽然小洪到某纺织公司实习时已年满16周岁且实习期间某纺织公司向其发放了一定的报酬、其受到某纺织公司一定管理制度的制约,但是其获得报酬和受某纺织公司管理制约仍系根据某纺织公司与某学校的前述协议约定。此外,根据某学校和某纺织公司的前述协议,某学校在小洪实习期间仍然对其按照学籍管理规定、学校管理制度进行管理包括作出处分,小洪需要按照某学校的要求缴纳学籍管理费;某纺织公司向小洪按照标准日薪发放生活费用,某纺织公司学生实习报酬管理规定中学生实习津贴亦是根据日津贴和学生实际实习天数确定,即双方并未明确相应岗位工资报酬、福利待遇和劳动期限。

综上,小洪在某纺织公司实习并非系其与某纺织公司之间成立劳动合同法律关系合意的结果。因此,小洪与某纺织公司不形成事实上的劳动关系。

【律师解读】

在校实习生是否被认定为劳动关系,主要基于实习的性质、学校或学生的安排以及是否存在就业目的等因素。该案中小洪的实习是由学校统一安排的,这种实习通常被视为学校教学内容的延伸,而且并非用人单位的正常业务组成部分。因此这种情况下实习生与用人单位之间不形成劳动关系。

第三节　操 作 指 引

【概论】

企业如果雇佣在校实习生,务必从以下几个方向进行注意。

1. 用工前区别实习性质签订书面协议。要通过实习生的来源、实习的目的角度区分实习生的性质,是勤工助学,教学实习还是以就业为目的的实习,综合决策是否继续录用或合作,对继续录用的实习生通过签署书面协议,明确双方关系。

2. 用工中管理区别于正式员工。用人单位应结合学校的教学计划和实习生的实际情况和实习协议约定合理安排工作时间,确保实习活动不影响实习生的学业,并根据实习生的劳动成果发放"实习津贴"。用人单位应为在校实习生购买合适的保险,降低可能产生的"工伤"成本。

【实习生用工管理流程图】

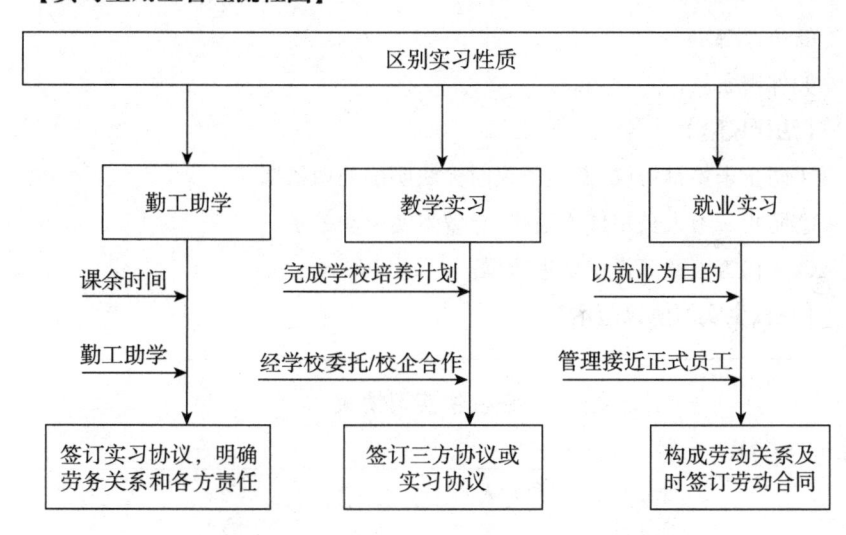

```
                    区别实习性质
         ┌──────────────┼──────────────┐
      勤工助学         教学实习         就业实习
         │              │               │
      课余时间      完成学校培养计划    以就业为目的
         │              │               │
      勤工助学     经学校委托/校企合作  管理接近正式员工
         │              │               │
   签订实习协议,     签订三方协议或    构成劳动关系及
   明确劳务关系       实习协议         时签订劳动合同
   和各方责任
```

第四节　实 用 工 具

在校生实习协议

【说明】

在校生实习用工属于用人单位复合用工的模式之一。但实务中,由于劳动关系、劳务关系、在校生身份等概念模糊往往导致不必要的争议,因此,通过《在

校生实习协议》可以明确法律适用、双方权利义务等内容，降低争议发生的概率。

文件仅供参考，具体请以实际发生情况灵活掌握。

【适用】

用人单位与适格的在校实习生。

【基本要素】

①双方基本信息；

②实习生身份确认；

③实习期限；

④实习岗位；

⑤实习时间；

⑥实习地点；

⑦实习管理；

⑧协议解除；

⑨争议解决；

⑩保密条款。

【法律风险】

①防止未签订协议，发生争议时无法明确处理依据。

②防止实习人员主体不适格，导致事实劳动关系。

③为伤害索赔等提供处理依据。

【在校生实习协议范本】

> 本协议仅作参考，由于公司间存在文化、管理、组织架构等方面的巨大差异及各地方法规规定不同，建议公司根据自身特点及当地要求拟定相应具体条款。建议企业签订与校方的三方实习协议。

在校生实习协议

甲方（实习单位）：_____

　　　法定代表人（负责人）：_____ 职务：_____

　　　住所地：_____ 邮编_____

乙方（实习生）：姓名：_____ 性别：_____ 年龄：_____ 民族：_____

　　　电话：_____ 身份证号：_____

　　　地址：_____ 邮编_____

　　甲乙双方经友好协商，根据《中华人民共和国民法典》等法规政策的规定，就乙方在甲方处实习事宜签订如下协议，以资共同遵守。

1. 乙方基本信息

> 建议要求在校实习生提供学生证复印件或学校出具的在校生证明。

1.1　乙方为16周岁以上的全日制在校学生，学生证号：_____

续表

1.2 乙方所在学校名称：_____
2. 实习目的
乙方利用业余时间勤工助学、社会实践，不视为就业，双方未建立劳动关系。 ——— 明确企业与学生之间达成的是一次性劳动服务，属于劳务关系。
3. 实习期限
　3.1 实习期限为____个月，自____年___月___日起至_____年____月____日止。 ——— 如果企业想留用该学生，建议双方协商建立劳动关系的。
　3.2 如实习期满前，乙方已取得学历毕业证书，本协议于乙方取得毕业证书之日终止。
4. 实习岗位
甲方安排乙方在_____部门_____岗位实习，乙方应按照甲方的实习要求，努力完成实习任务。根据甲方业务的实际情况和具体安排以及乙方的实习表现，甲方可以自行调整乙方的实习岗位。
5. 实习补贴
　5.1 在实习期内，根据乙方实到天数，乙方的实习补贴为人民币_____元/天。根据税务机关的相关规定，上述补贴按月由甲方代扣代缴所得税（如有）。
　5.2 如甲方实行新的薪资制度，调整薪资水平，或乙方实习岗位、职务发生变化，甲方可对乙方的实习补贴予以适当的调整。
　5.3 甲方每月____日前将向乙方支付上月的实习补贴。
6. 实习时间
乙方实习时间由甲乙双方协商决定，正常作息情况下，乙方每日工作____小时，每周工作____日。实习时间可以根据实际情况由甲方安排变动。如果乙方因学校学习原因需改变实习工作日，应事先向甲方说明情况。 ——— 直接参照劳动关系员工工作时间存在被认定劳动关系的风险。
7. 实习地点
乙方实习地点为_____，甲方根据工作实际情况有权调整乙方实习地点，乙方应予以遵守，否则甲方有权直接解除本协议。
8. 工作保护
甲方为乙方提供符合法律规定的安全卫生的实习环境。
9. 实习管理
　9.1 自本协议生效之日起7天内，乙方需向甲方提供乙方所在学校的在校证明。如乙方逾期未能提供，甲方可与其解除本协议。 ——— 该约定有部分无效的风险，法律规定雇员在从事雇佣活动中遭受人身损害，雇主应当承担赔偿责任，受害人有重大过失的，可以减轻赔偿义务人的赔偿责任。
　9.2 乙方未经甲方允许，不得擅自脱离实习岗位。
10. 伤害赔偿
　10.1 乙方因从事实习活动负伤，甲方应向乙方承担赔偿责任。从事实习活动，是指从事甲方授权或者指示范围内的生产经营活动或者其他劳务活动。
　10.2 下列行为之一，甲方不承担赔偿责任：
　　10.2.1 乙方在上下班途中发生交通事故的；
　　10.2.2 乙方因自身过错造成在工作中受到伤害的； ——— 1. 如果招用的退休返聘人员因执行工作任务受到伤害，应按照人身损害赔偿的规定处理。
2. 如果招用的退休返聘人员不能依法领取基本养老保险待遇，或者双方构成劳动关系、具有劳动关系特征的，仍有可能按照工伤标准执行。
　　10.2.3 乙方因第三方原因受到伤害的；
　　10.2.4 其他非因从事劳务活动受到伤害的情形。
　10.3 如乙方受到人身损害造成损失，先由侵权方向乙方承担赔偿责任，如侵权

续表

方无法确定或赔偿不足以弥补乙方损失,甲方依法承担补充赔偿责任。

10.4 乙方在从事实习活动期间超越工作范围或因过错造成他人伤害的,自行承担赔偿责任。如因此导致甲方对第三方承担赔偿责任,甲方有权向乙方予以追偿。

11. 协议解除

出现下列情形之一,本协议解除且甲方不承担赔偿责任:

11.1 协议一方提前7天通知另一方的;

11.2 乙方患病或非因工负伤导致本协议无法继续履行的;

11.3 乙方已落实工作单位本协议已经无履行必要的(此种情形乙方须提前15天书面通知甲方);

11.4 甲方因客观情况发生变化,导致本协议无法履行或已经无履行必要的;

11.5 乙方不遵守实习纪律的;

11.6 乙方原因造成甲方1000元以上损失的;

11.7 乙方提供的身份证、体检证明等资料有弄虚作假或欺骗甲方之事实;

11.8 协议中约定的其他解除情形。

12. 知识产权及商业秘密

12.1 乙方为完成甲方的工作任务,或者利用甲方设备、资料、时间、场地等完成的发明创造,开发的技术成果,发展的业务渠道,建立的商业信誉等,都属于甲方的知识产权和无形资产,乙方并不因为其曾付出了劳务而取得占有、转让、披露以及利用其为自己或其他人谋取利益的权利。

12.2 乙方对在甲方工作期间所获悉的甲方商业秘密负有保密义务,非经甲方许可,不得擅自披露或许可他人使用,一经发现,乙方应向甲方承担赔偿责任。具体赔偿数额以甲方提报的损失数据为准。

12.3 乙方应当于协议解除或终止或者于甲方提出要求时,将其持有或保管的一切保密信息及载体交付给甲方,并不得私自留存任何上述信息的复制品、复印件等。

13. 争议解决

<u>可能产生劳动争议前置程序,提示注意。</u>

因本协议发生争议,甲乙双方应友好协商,协商不成,提交甲方住所地有管辖权的人民法院诉讼解决,甲方住所地为:_____。

14. 信息送达

甲乙双方共同确认如下送达信息:

甲方:_____

乙方:_____

如上述送达信息发生变更,变更方应于发生变更情形3个工作日内书面通知对方,未予通知或逾期通知的,对方以原信息送达相关资料,视为有效。

15. 法律关系确认

甲乙双方为劳务关系,双方不适用劳动关系相关的法规政策的调整。

16. 协议生效

16.1 本协议自双方签订之日起生效;

16.2 本协议壹式贰份,甲乙双方各持一份,具有同等法律效力。

<u>确保乙方本人面签,且与身份证姓名一致,不得出现错字、别字,也不建议填写繁体字。其他页空白处也建议本人签字确认,双页以上文件建议压骑缝章。</u>

甲方(盖章): 　　　　　　　　　　乙方(签字):
　　年　　月　　日　　　　　　　　　年　　月　　日

第五节　法律法规及政策指南

《北京市高级人民法院、北京市劳动人事争议仲裁委员会关于审理劳动争议案件解答（一）》

35. 在校学生在用人单位进行实习，是否应认定劳动关系？

在校学生在用人单位进行实习，应当根据具体事实进行判断，对完成学校的社会实习安排或自行从事社会实践活动的实习，不认定劳动关系。但用人单位与在校学生之间名为实习，实为劳动关系的除外。

《关于贯彻执行〈中华人民共和国劳动法〉若干问题的意见》

12. 在校生利用业余时间勤工助学，不视为就业，未建立劳动关系，可以不签订劳动合同。

第六节　企业用工风险测评

企业的人力资源管理工作中存在以下常见问题：

1. 不清晰人力资源管理中的法律风险点，不清晰法律规定和实务操作之间的差别；

2. 规章制度、员工手册等陈旧，不与时俱进，合理性和合法性存在问题；

3. 人力资源管理工作没有制度化、规范化、流程化，使 HR 管理人员工作流于日常琐碎，与人力资源专员工作无异，不能将精力投放到人力资源的战略管理和企业文化的建设中；

4. 人力资源管理中一些必备的合同、协议经不起推敲，达不到明确权利义务的效果；

5. 错发、乱发通知书、证明等。

针对以上问题，结合劳动争议案件的仲裁和诉讼实务经验，通过一些简单的测评题，帮助企业更快地认识、解决人力资源管理过程中的风险。提早发现，尽早预防。

评估报告：

请根据腰封、书签指引查看"企业用工风险评估报告"。如果您不慎丢失了腰封或书签，请随时联系主编客服团队。客服人员将协助您获取评估报告。

企业与在校生用工过程中是否签订书面协议？（　　）

A. 是　　　　B. 否

问题设计目的：

为了了解企业是否与在校生签订书面协议，明确双方的法律关系。

法律分析：

《关于贯彻执行〈中华人民共和国劳动法〉若干问题的意见》第12条规定，在校生利用业余时间勤工助学，不视为就业，未建立劳动关系，可以不签订劳动合同。

根据《关于贯彻执行〈中华人民共和国劳动法〉若干问题的意见》以及《高等学校学生勤工助学管理办法》的相关规定，实习用工主要针对全日制在校就读且尚未毕业的学生，为完成实习任务，经所属院校委托，或者在校生自行与用人单位协商一致，到用人单位提供的岗位进行实践教育教学活动的过程，包括认识实习、跟岗实习等形式。

第三章

非全日制用工

第一节 企业常见用工风险点

本节重点

- 非全日制用工超时是否会被认定为全日制用工？
- 非全日制用工被认定为全日制用工的后果是什么？
- 非全日制用工是否应当签订书面合同？
- 企业是否要为非全日制员工购买工伤保险？

一、非全日制用工超时是否会被认定为全日制用工？

说明： 非全日制用工模式，作为灵活用工的形式之一，为企业提供了灵活调配人力的便利，降低了企业的用工成本。根据《劳动合同法》第68条的规定，非全日制用工，是指以小时计酬为主，劳动者在同一用人单位一般平均每日工作时间不超过4小时，每周工作时间累计不超过24小时的用工形式。《劳动合同法》第72条第2款规定，非全日制用工劳动报酬结算支付周期最长不得超过15日。企业与员工约定了非全日制用工，但实际用工时间超过法律规定是按照全日制劳动关系处理还是按加班处理，实践中有不同的观点。一种主流观点认为非全日制用工超过最长时间范围的按全日制劳动关系处理，如《江苏省高级人民法院劳动争议案件审理指南》规定：劳动者从事非全日制工作的，无论是法定休息日，还是法定节假日工作的，均不认定是加班。对于每周超过24小时的非全日制用工，不是支付加班费的问题，而是认定为非全日制用工不成立，认定为全日制用工，按全日制用工适用《劳动法》《劳动合同法》的有关权利和义务。另一种观点认为在双方具有建立非全日制用工合意的基础上，超出规定的时间应当按加班处理,如《湖北省高级人民法院民事审判工作座谈会会议纪要》(2013)第24条规定,考虑到非全日制用工和不定时工作制的特殊性,原则上非全日制用工和不定时工作制不宜认定存在加班费,但双方当事人在劳动合同中对支付加班费有约定的,依照当事人的约定处理。

因此,建议企业在使用非全日制用工时尽量避免经常性、持续性的超时用工,以免被认定为非全日制用工,同时承担相应的风险或成本。

二、非全日制用工被认定为全日制用工的后果是什么?

说明: 非全日制用工具有灵活性有余,稳定性不足的特点,更适合安排在非核心、临时性、可替代的岗位。企业使用非全日制用工一旦因超时等原因被认定为全日制用工,如果未与劳动者签订书面劳动合同,那么根据《劳动合同法》第82条的规定,用人单位自用工之日起超过1个月不满1年未与劳动者订立书面劳动合同的,应当向劳动者每月支付二倍的工资。被认定为全日制用工后,用人单位无法随意解除劳动关系,否则可能因此支付经济补偿或赔偿金。非全日制用工的情况下,用人单位只需为员工缴纳工伤保险,但如果被认定为全日制用工,则可能需要为员工缴纳更全面的社会保险,如养老保险、医疗保险等。

因此,为了避免非全日制用工被认定成全日制用工,建议企业做好考勤管理工作并保存近两年考勤记录,同时制作并保存近两年的非全日制用工工资台账,保证非全日制员工的工资支付周期不长于15日以及工资标准不得低于用人单位所在地人民政府规定的最低小时工资标准。一旦双方出现纠纷,上述证据可以证明用人单位已经严格执行了非全日制用工的法律规定,从而规避相应的法律风险。

三、非全日制用工是否应当签订书面合同?

说明: 根据《劳动合同法》第69条的规定,非全日制用工双方当事人可以订立口头协议。从事非全日制用工的劳动者可以与一个或者一个以上用人单位订立劳动合同;但是,后订立的劳动合同不得影响先订立的劳动合同的履行。法律并未强制要求用人单位与非全日制员工签订书面劳动合同,其目的是更好地保持非全日制用工的灵活性,正因如此,用人单位也无须支付非全日制员工未签订书面劳动合同的二倍工资。非全日制用工关系中任何一方都可以随时通知对方终止用工;用人单位也无须因终止用工向劳动者支付经济补偿或赔偿金,解除可以书面也可以口头通知,且无须提前通知。但为了保证双方的权益以及避免未来可能产生的法律纠纷，无论全日制用工还是非全日制用工，用人单位都应当与劳动者签订书面的合同，对劳动合同期限、工作内容、工作地点、工作时间、劳动报酬、社会保险等事项作出明确约定。防止因双方权利义务不明而承担不利后果。

四、企业是否要为非全日制员工购买工伤保险？

说明：非全日制用工属于劳动关系，适用《劳动合同法》的相关规定。根据《实施〈中华人民共和国社会保险法〉若干规定》第9条的规定，职工（包括非全日制从业人员）在两个或者两个以上用人单位同时就业的，各用人单位应当分别为职工缴纳工伤保险费。职工发生工伤，由职工受到伤害时工作的单位依法承担工伤保险责任。非全日制用工模式下，用人单位具有为非全日制劳动者缴纳工伤保险的法定义务，但由于非全日制员工流动性较大，员工为多获得报酬不要求用人单位缴纳社保，或是当地社保政策限制，不能单独缴纳工伤保险，可能导致用人单位未能履行工伤保险缴纳义务。一旦非全日制员工发生工伤事故，用人单位需按照工伤保险相关规定的标准向员工支付相应的工伤保险待遇。

因此建议用人单位积极为员工办理用工登记并缴纳工伤保险，若确因当地政策等原因导致无法为非全日制员工单独缴纳工伤保险，可考虑为员工购买雇主责任险等商业保险以适度降低公司的工伤赔偿成本。

第二节 经典案例

【案例简介】

小洪与某酒楼公司于2012年1月26日及2015年1月25日两次签订《非全日制劳动合同》，均约定工作时间为每天4小时，劳动报酬支付周期不得超过15日。小洪主张双方虽签订《非全日制劳动合同》，但实质上建立的是全日制劳动关系，故起诉要求确认与某酒楼公司之间形成全日制劳动合同关系，并要求某酒楼公司支付加班工资、未休年休假工资、解除劳动合同经济补偿等。为此小洪提交了银行对账单证明某酒楼公司于每月20日左右支付上个自然月工资；部分小时工签到表、报班表证明小洪日工作小时数（均超过了8小时），每日用餐0.5小时。某酒楼公司提交考勤表，每月分上半月和下半月各一张考勤表，其上显示小洪每日出勤4小时，每周至少休息1天，有小洪本人签字，以证明小洪的出勤符合非全日制用工的规定。

【争议焦点】

双方是否存在全日制劳动关系。

【判决结果】

确认小洪与某酒楼公司存在全日制劳动关系；某酒楼公司支付小洪未休年休假工资及解除劳动合同经济补偿。

从银行对账单反映的某酒楼公司劳动报酬结算支付周期可知，2010年12月至2014年3月某酒楼公司月仅支付1次工资、与双方合同关于支付周期不超过15日的约定不符；另外，2014年4月至2019年5月，某酒楼公司于每月中旬分两次支付上个自然月工资，仅说明某酒楼公司在每月相近的两天内将上月工资拆分成两笔分别支付，与法律所要求的"结算支付周期最长不得超过15日"的要求不符。

【律师解读】

对非全日制用工是否会被认定为全日制劳动关系，裁审机关主要从工作性质、工作时间、工作内容、工作特点等方面进行审查。用人单位在使用非全日制用工时，应严格控制劳动者的工作时间，确保签订书面有效的非全日制劳动合同，按照法定周期结算报酬，并及时为劳动者缴纳相应的社会保险。

第三节 操作指引

【概论】

企业如果使用非全日制用工模式，务必要从以下几个方面进行注意。

1.用工前签订书面非全日制劳动合同，明确用工性质及双方的权利义务关系。

2.用工过程中，加强对非全日制用工考勤和付薪周期的管理。用人单位须严格执行每周24小时的工作时间上限，同时要避免与非全日制员工约定试用期。加强考勤管理并保存好出勤记录，同时制作非全日制用工工资表，保留支付、签收凭证，工资支付周期不得长于15日以及工资标准不得低于当地最低标准。一旦双方出现纠纷，可以证明企业严格执行了非全日制用工劳动的法规规定。

3.及时为非全日制员工缴纳工伤保险。用人单位有义务为非全日制员工缴纳工伤保险费，如未缴纳工伤保险费，则相应的损失将由用人单位自行承担。若确因当地政策因素导致无法为非全日制员工单独缴纳工伤保险，可考虑为非全日制员工购买雇主责任险等商业保险以适度降低公司的风险。

企业可以通过对比非全日制用工与全日制用工的不同,审慎操作非全日制用工管理,见表9-2。

表9-2 非全日制用工与全日制用工比较

比较项目	非全日制用工	全日制用工
是否签订书面劳动合同	非要式合同,可以书面形式也可以口头形式(建议书面)	应当订立书面劳动合同
试用期规定	不得约定试用期	除以完成一定工作任务为期限的劳动合同和3个月以下固定期限劳动合同外,其他劳动合同可以依法约定试用期
劳动关系唯一性要求	劳动者可以与一个或者一个以上用人单位订立劳动合同,但后订立的劳动合同不得影响先订立的劳动合同的履行	劳动者通常只能与一个用人单位订立劳动合同。若劳动者同时与其他用人单位建立劳动关系,对完成本单位工作任务造成严重影响或经用人单位提出,拒不改正的,用人单位可以解除劳动关系
法定工作时间的规定	一般平均每日工作时间不超过4小时,每周工作时间累计不超过24小时,工作时间根据与用人单位协商,灵活安排	标准工时制:每天工作不超过8小时,每周不超过40小时的标准工时制度;综合计算工时制:分别以周、月、季、年等为周期,综合计算工作时间,但其平均日工作时间和平均周工作时间应与法定标准工作时间基本相同,即平均日工作时间不超过8小时和平均周工作时间不超过40小时;不定时工时制:因工作性质和工作职责的限制,劳动者的工作时间不能受固定时数限制,而直接确定职工劳动量的工作制度
终止或解除劳动合同程序	用人单位可与劳动者随时终止非全日制用工的劳动关系,且无须支付经济补偿	劳动合同终止或解除有着严格的规定,如解除或终止劳动合同的事由符合法律法规规定的需支付经济补偿的情形,则需支付相应补偿
劳动报酬支付方式	以小时为主计劳动者报酬,劳动报酬结算周期最长不得超过15日。最低小时工资不低于当地最低小时工资标准	计酬方式双方当事人可约定,可采用月薪制,最低月工资标准不低于当地最低月工资标准

续表

比较项目	非全日制用工	全日制用工
保险的缴纳种类	强制缴纳工伤保险：职工（包括非全日制从业人员）在两个或者两个以上用人单位同时就业的，各用人单位应当分别为职工缴纳工伤保险费	应当缴纳基本养老保险、基本医疗保险、失业保险、工伤保险及生育保险

第四节　实用工具

非全日制劳动合同

【说明】

《劳动合同法》中规定非全日制用工可以订立口头协议，但是由于口头协议存在证据固定的困难，同时也为避免双重劳动关系对企业造成的风险，针对此种用工模式，签订劳动合同就显得尤其重要。

非全日制用工的劳动合同的签订，可以确定企业与该员工的劳动关系，同时可以在合同中约定企业所预期达到用工的最大效益，因此，签订《非全日制劳动合同》应为企业聘用非全日制员工的必要协议之一。

文件仅供参考，具体请以实际发生情况灵活掌握。

【适用】

非全日制劳动用工，方便用人单位有效规范非全日制用工管理。

【基本要素】

①合同期限；

②工作地点；

③岗位职责；

④工作时间；

⑤劳动报酬；

⑥社会保险；

⑦劳动保护和劳动条件；

⑧劳动合同的变更、解除和终止；

⑨劳动争议的处理；

⑩生效。

【法律风险】

①口头约定证据未固定的风险。

②确定其与用人单位确实存在非全日制劳动关系的证明。

【非全日制劳动合同范本】

非全日制劳动合同

甲方：＿＿＿＿＿＿＿＿＿＿＿＿ 法定代表人：＿＿＿＿＿

住所：＿＿＿＿＿＿＿＿＿＿＿＿＿＿＿＿＿＿＿＿＿＿＿

乙方：＿＿＿＿＿＿＿＿＿＿＿＿ 身份证号：＿＿＿＿＿＿

地址：＿＿＿＿＿＿＿＿＿＿＿＿ 联系电话：＿＿＿＿＿＿

紧急联系人：＿＿＿＿＿＿＿＿ 电话：＿＿＿＿＿＿＿＿

甲乙双方根据《中华人民共和国劳动法》《中华人民共和国劳动合同法》及有关法律、法规的规定，在平等自愿、协商一致、公正公平、诚实信用的基础上，达成如下协议，以资共同恪守。

第一条 本合同期限采用下列第（ ）种方式

（一）合同期限自 年 月 日起至 年 月 日止。

（二）自 年 月 日起开始履行。

第二条 工作地点

甲乙双方约定劳动合同履行地为：＿＿＿＿＿＿＿＿＿＿，根据甲方的工作需要，经甲乙双方协商一致，可以变更工作地点。

第三条 岗位职责

甲方安排乙方从事＿＿＿＿＿＿＿＿＿＿＿＿＿＿工作。

具体工作内容和岗位职责为：＿＿＿＿＿＿＿＿＿＿＿＿

乙方应当按岗位要求完成工作任务。

第四条 工作时间为下列第（ ）种方式

（一）每周工作 日，每日平均工作 小时。

（二）每周工作 日，每日具体工作时间为：＿＿＿＿

（三）＿＿＿＿＿＿＿＿＿＿

第五条 劳动报酬

（一）乙方完成本合同约定的工作内容后，甲方应当以货币形式向乙方支付劳动报酬，劳动报酬标准为每小时＿＿＿元。甲方向乙方支付劳动报酬的周期不得超过15日。

（二）支付劳动报酬的其他约定：＿＿＿＿＿＿＿＿＿＿

第六条 社会保险

（一）乙方采用下列第（ ）种方式参加基本养老保险和基本医疗保险。

1．以自由职业者身份参加社会保险。

2．委托第三方代办社会保险。

1．此协议在用人单位招用非全日制劳动者时使用。

2．协议名称，协议的必备内容，也可以简单称之为"协议书""合同书"等。

提示企业签订该协议的必要性：对非全日制用工的界定应综合考量用人单位的用工目的、劳动者的工作量与工作时间。裁审机关一旦认定双方实际建立的是全日制劳动关系，则企业需要按照全日制用工关系承担法律责任，比如向劳动者支付未签劳动合同双倍工资、解除/终止经济补偿、加班费、未休年假工资、补缴各项社会保险等。

参见(2019) 沪01民终10891号；(2014) 沪二中民三(民) 终字第342号。

本协议仅作参考，由于公司间存在文化、管理、组织架构等方面的巨大差异及各地方法规规定不同，建议公司根据自身特点及当地要求拟定相应具体条款。

【风险提示】 如补充协议内容在用人单位规章制度或员工手册已进行规定，建议以制度类文件为准。当协议内容与制度内容冲突，司法实践将认定以双方协商内容为准，协议内容变更需双方协商一致，而制度内规定的变更属于公司单方行为，难度小、风险低。

1．用人单位信息，协议的必备内容。

2．一般至少应包括用人单位的名称、住所和法定代表人信息。

用人单位与一个劳动者只能建立一个非全日制劳动关系。

1．鉴于部分，协议的必备内容。

2．一般阐述订立协议所依据的事实和法律、协议双方订立协议时的意思表示，以及协议所要解决的问题。

协议期限，一般为协议的必备内容。

提示：非全日制用工不得约定试用期，企业对劳动者表现不满意，可以随时终止用工关系。

1．工作地点，应为协议的必备内容。

2．工作地点应具体到点，而不应约定为"××省"等区域。

3．可以约定多个地点。

1．工作时间，应为协议的必备内容。

2．根据规定，非全日制用工工作时间每天不应超过4小时，每周不超过24小时。

若长期安排非全日制员工加班，每天工作时间达到8小时甚至更多，可能会被认定为全日制用工。

1．劳动报酬，应为协议的必备内容。

2．根据规定，非全日制用工的工资结算周期不能超过15日。

裁审机关审查的重点为两方面：1．双方是否签订非全日制劳动合同及工作时间的约定。2．核心问题为工资结算是否符合非全日制用工要求。

1．社会保险，一般应为协议的必备内容。

2．根据规定，非全日制用工应当缴纳工伤保险。

续表

劳动保护和劳动条件,一般应为协议的必备内容。	（二）甲方应当按本市相关规定为乙方缴纳工伤保险费,乙方发生工伤,依法享受工伤保险待遇。 第七条　劳动保护和劳动条件 （一）甲方应提供必要的劳动保护条件和劳动防护用品,乙方应遵守安全操作规程。 （二）甲方必须执行国家关于女职工和未成年工特殊保护的规定。 （三）发生工伤事故,甲方应负责及时救治,并在规定时间内,为乙方申请工伤认定、办理伤残鉴定,为伤残职工享受工伤待遇提供条件。
1. 合同的变更、解除和终止,一般应为协议的必备内容。 2. 主要约定合同的变更、解除和终止的情形。	第八条　劳动合同的变更、解除和终止 （一）经双方当事人协商一致,本合同可以变更。 （二）以本合同第一条第一项方式签订的合同终止,一方希望续订劳动合同的,应在本合同期限届满前（　　）日与对方协商续订劳动合同。 （三）甲乙双方任何一方都可以随时以书面形式通知对方终止用工。终止用工,甲方不向乙方支付经济补偿。
1. 劳动争议的处理,一般应为协议的必备内容; 2. 主要约定解决劳动争议的途径和方式。	第九条　劳动争议的处理 甲乙双方因履行本合同所发生的劳动争议,可以向甲方劳动争议调解委员会申请调解;调解不成的,可以向有管辖权的劳动争议仲裁委员会申请仲裁。甲乙双方也可以直接向劳动争议仲裁委员会申请仲裁。
用人单位履行告知义务的条款,一般应为协议的必备内容。 生效条款,一般为协议的必备内容。 劳动者当面签字,并落款日期。 确保员工本人面签,且与身份证签名一致,不得出现错字、别字,也不建议填写繁体字。其他页空白处也建议员工签字确认;双页以上文件建议压骑缝章。 加盖公章,并落款日期。	第十条　其他 （一）甲方招用乙方时,已如实告知乙方工作内容、工作条件、工作地点、职业危害、安全生产状况、劳动报酬,以及乙方要求了解的其他情况。 （二）本合同未尽事宜,均按国家有关规定执行。国家没有规定的,由甲乙双方平等协商解决。在合同履行期间,所定条款与国家新颁布的法律、法规不符,应按国家新规定执行。 （三）其他约定:＿＿＿＿＿＿＿＿＿＿＿＿＿＿＿＿＿＿＿＿＿＿＿＿＿＿＿。 第十一条　生效 本协议自双方签字或盖章之日起生效。协议一式二份,甲乙双方各持一份。 甲方:＿＿＿＿＿＿＿　　　　　　　乙方:＿＿＿＿＿＿＿ ＿＿＿年＿＿月＿＿日　　　　　　　＿＿＿年＿＿月＿＿日

第五节　法律法规及政策指南

《劳动合同法》

第六十八条　非全日制用工,是指以小时计酬为主,劳动者在同一用人单位一般平均每日工作时间不超过四小时,每周工作时间累计不超过二十四小时的用工形式。

《实施〈中华人民共和国社会保险法〉若干规定》

第九条 职工（包括非全日制从业人员）在两个或者两个以上用人单位同时就业的，各用人单位应当分别为职工缴纳工伤保险费。职工发生工伤，由职工受到伤害时工作的单位依法承担工伤保险责任。

《劳动和社会保障部关于非全日制用工若干问题的意见》

12. 用人单位应当按照国家有关规定为建立劳动关系的非全日制劳动者缴纳工伤保险费……

第六节　企业用工风险测评

企业的人力资源管理工作中存在以下常见问题：

1. 不清晰人力资源管理中的法律风险点，不清晰法律规定和实务操作之间的差别；

2. 规章制度、员工手册等陈旧，不与时俱进，合理性和合法性存在问题；

3. 人力资源管理工作没有制度化、规范化、流程化，使 HR 管理人员工作流于日常琐碎，与人力资源专员工作无异，不能将精力投放到人力资源的战略管理和企业文化的建设中；

4. 人力资源管理中一些必备的合同、协议经不起推敲，达不到明确权利义务的效果；

5. 错发、乱发通知书、证明等。

针对以上问题，结合劳动争议案件的仲裁和诉讼实务经验，通过一些简单的测评题，帮助企业更快地认识、解决人力资源管理过程中的风险。提早发现，尽早预防。

评估报告：

请根据腰封、书签指引查看"企业用工风险评估报告"。如果您不慎丢失了腰封或书签，请随时联系主编客服团队。客服人员将协助您获取评估报告。

企业对非全日制用工是否严格控制平均每日不超 4 小时、每周累计不超过 24 小时的工作时间？（　　）

　　A. 是　　　　B. 否

问题设计目的：

为了了解企业对非全日制用工是否严格把控出勤时长，避免被认定为全日制用工。

法律分析：

根据《劳动合同法》第 68 条的规定，非全日制用工形式的本质特征在于劳动者在同一个用人单位的工作时间一般平均每日不超过 4 个小时、每周累计不超过 24 个小时。

第四章

劳务外包与劳务派遣

第一节 企业常见用工风险点

本节重点

- 劳务派遣与劳务外包的区别是什么？
- 劳务派遣与劳务外包法律性质的差异是什么？
- 非劳动关系如何从管理权限进行界分？
- 非劳动关系风险承担的差异是什么？
- 劳务派遣用工关系是否存在一定的限制？
- 劳务派遣的连带责任判定是什么？
- 外包员工如被认定为直接用工关系，其风险和后果是什么？

一、劳务派遣与劳务外包的区别是什么？

说明：在当今复杂多变的企业用工环境中，劳务派遣与劳务外包作为两种常见的三方劳务模式，虽看似相似，实则在法律性质、管理权限及风险承担等方面存在着根本性的差异。正确理解和区分这两种模式，对于企业而言至关重要，可以避免潜在的法律风险和管理难题。

二、劳务派遣与劳务外包法律性质的差异是什么？

说明：劳务派遣的核心在于"派"，即劳动者与劳务派遣单位建立正式的劳动关系，并依据劳务派遣协议被派遣至用工单位工作。这种模式下，用工单位与劳动者之间虽无直接劳动合同，但通过劳务派遣协议形成了间接的管理与被管理关系。

相比之下，劳务外包则侧重于"包"，即企业将特定的业务或工作项目整体外包给承包单位，双方基于业务合同关系展开合作。在此模式下，承包单位自行招聘劳动者，与其建立劳动关系，并负责具体的工作安排与管理，而企业与外包员工之间不存在直接的劳动关系。

三、非劳动关系如何从管理权限进行界分？

说明：管理权限的不同是区分劳务派遣与劳务外包的又一关键要素。劳务派遣中，用工单位虽不直接与劳动者签订劳动合同，但仍保留对其工作内容、工作时间、工作地点等方面的一定指挥和管理权，体现了用工单位对派遣员工的间接管理。

而劳务外包模式下，企业通常不介入承包单位对劳动者的日常管理，而是将注意力集中在业务成果的验收上。这种"买服务"而非"雇人"的方式，使得企业在管理权限上更为超脱，可以专注于自身核心业务的发展。

四、非劳动关系风险承担的差异是什么？

说明：在风险承担方面，两种模式也表现出显著的不同。劳务派遣模式下，用工单位给被派遣劳动者造成损害的，劳务派遣单位与用工单位承担连带赔偿责任。这种连带责任的设置，旨在保护劳动者的合法权益，同时也对用工单位提出了更高的管理要求。

劳务外包模式下，由于企业与外包员工之间不存在劳动关系，因此原则上不承担劳动法律风险。

综上，劳务派遣与劳务外包虽同为三方劳务模式，但在法律性质、管理权限及风险承担等方面存在显著差异。企业在选择用工方式时，应充分考虑自身实际情况，明确各方权利义务，以规避潜在的法律风险，实现企业的稳健发展。

五、劳务派遣用工关系是否存在一定的限制？

说明：劳务派遣依据《劳务派遣暂行规定》第3条以及第4条的内容，需要符合"三性"，以及满足被派遣劳动者数量不得超过其用工总量的10%。一般在临时性、辅助性或者替代性的工作岗位上实施。具体为：

（1）临时性工作岗位是指存续时间不超过6个月的岗位；

（2）辅助性工作岗位是指为主营业务岗位提供服务的非主营业务岗位；

（3）替代性工作岗位是指用工单位的劳动者因脱产学习、休假等原因无法工作的一定期间内,可以由其他劳动者替代工作的岗位。

六、劳务派遣的连带责任判定是什么?

说明:尽管 2012 年修改后的《劳动合同法》第 92 条第 2 款改变了原来当劳务派遣单位违反法律规定,给被派遣劳动者造成损害时,用工单位可能会被判定承担连带责任的规定,但用工单位在其对劳动者造成损害有过错的前提下仍应承担相应责任。只有用工单位在其对劳动者造成损害无过错时不承担连带赔偿责任。如果企业使用派遣员工被认定承担连带责任,可能面临以下风险和后果:

(1)经济赔偿责任。需要与劳务派遣单位共同承担对派遣员工的经济赔偿,包括但不限于未支付的工资、加班费、经济补偿、赔偿金、社会保险费用等。

(2)行政处罚。可能受到劳动行政部门的行政处罚,如罚款等。

(3)法律纠纷成本。卷入劳动纠纷的法律诉讼过程,需要投入大量的时间、人力和财力资源来应对。

七、外包员工如被认定为直接用工关系,其风险和后果是什么?

说明:如果企业具备防范风险的手段,一般外包员工很少会发生被认定为直接用工关系,但是由于外包公司的"不专业"或者"不配合"则会引发外包人员与企业直接产生用工风险的可能,那么就会给企业带来如下的代价:

(1)劳动法律法规的全面适用。企业需要按照劳动法律法规对这些员工承担全部的用人单位责任,包括但不限于签订劳动合同、缴纳社会保险、支付最低工资、保障休息休假权利等。

(2)潜在的劳动纠纷增加。员工可能基于劳动关系主张更多的权益,如未签订劳动合同的双倍工资赔偿、违法解除劳动合同的赔偿金以及其他员工可能会产生效仿行为等。

第二节 经典案例

【案例简介】

2017 年 8 月,某服务公司(已依法取得劳务派遣行政许可)与某传媒公司签订劳务派遣协议,约定某服务公司为某传媒公司提供派遣人员,每天工作 11 小时,每人每月最低保底工时 286 小时。2017 年 9 月,某服务公司招用小洪并派遣至某传媒公司工作,未为小洪缴纳工伤保险。2018 年 8 月、9 月、11 月,小洪月工时分别为 319 小时、293 小时、322.5 小时,每月休息日不超过 3 日。2018 年 11 月 30 日,小洪工作时间为当日晚 8 时 30 分至 12 月 1 日上午 8 时 30 分。小洪于 12 月 1 日凌晨 5 时 30 分晕倒在单位卫生间,经抢救无效于当日死亡,死亡原因为心肌梗死等。2018 年 12 月,某传媒公司与小洪近亲属小文等签订赔偿协议,约定某传媒公司支付小文等工亡待遇 42 万元,小文等不得再就小洪工亡赔偿事宜或在派遣工作期间享有的权利,向某传媒公司提出任何形式的赔偿要求。上述协议签订后,某传媒公司实际支付小文等各项费用计 423,497.80 元。此后,小洪所受伤害被社会保险行政部门认定为工伤。某服务公司、小文等不服仲裁裁决,诉至人民法院。

原告小文等诉讼请求,判决某服务公司与某传媒公司连带支付医疗费、一次性工亡补助金、丧葬补助金、供养亲属抚恤金,共计 119,3821 元。

某服务公司请求判决不应支付供养亲属抚恤金;应支付的各项赔偿中应扣除某传媒公司已支付款项;某传媒公司承担连带责任。

【争议焦点】

小洪超时加班发生工伤,用工单位与劳务派遣单位是否应承担连带赔偿责任。

【判决结果】

按照《工伤保险条例》的规定,因用人单位未为小洪参加工伤保险,其工亡待遇由用人单位全部赔偿。某服务公司和某传媒公司连带赔偿小文等医疗费、一次性工亡补助金、丧葬补助金、供养亲属抚恤金合计 766,911.55 元。某传媒公司不服,提起上诉。二审法院判决:驳回上诉,维持原判。

【律师解读】

该案例来自最高法第二批劳动争议典型案例的第 7 个案例,《劳动法》第 38 条规定:"用人单位应当保证劳动者每周至少休息一日。"第 41 条规定:"用人单位由于生产经营需要,经与工会和劳动者协商后可以延长工作时间,一般每日不得超过一小时;因特殊原因需要延长工作时间的,在保障劳动者身体健康的条件下延长工作时间每日不得超过三小时,但是每月不得超过三十六小时。"《劳动合同法》第 92 条第 2 款规定:"用工单位给被派遣劳动者造成损害的,劳务派遣单位与用工单位承担连带赔偿责任。"《国务院关于职工工作时间的规定》第 3 条规定:"职工每日工作 8 小时、每周工作 40 小时。"休息权是劳动者的基本劳动权利,即使在支付劳动者加班费的情况下,劳动者的工作时间仍然受到法定延长工作时间上限的制约。

劳务派遣用工中,劳动者超时加班发生工伤,用工单位和劳务派遣单位对劳动者的损失均负有责任,应承担连带赔偿责任。劳动者与用工单位、劳务派遣单位达成赔偿协议的,当赔偿协议存在违反法律、行政法规的强制性规定,欺诈、胁迫或者乘人之危情形时,不应认定赔偿协议有效;当赔偿协议存在重大误解或者显失公平情形时,应当支持劳动者依法行使撤销权。

该案中,某服务公司和某传媒公司协议约定的被派遣劳动者每天工作时间及每月工作保底工时,均严重超过法定标准。小洪工亡前每月休息时间不超过3日,每日工作时间基本超过11小时,每月延长工作时间超过36小时数倍,其依法享有的休息权受到严重侵害。某传媒公司作为用工单位长期安排小洪超时加班,存在过错,对小洪在工作期间突发疾病死亡负有不可推卸的责任。小文等主张某传媒公司与某服务公司就小洪工伤的相关待遇承担连带赔偿责任,应予支持。小文等虽与某传媒公司达成了赔偿协议,但赔偿协议是在劳动者未经社会保险行政部门认定工伤的情形下签订的,且赔偿协议约定的补偿数额明显低于法定工伤保险待遇标准,某服务公司和某传媒公司应对差额部分予以补足。

该案例被树立为典型的意义是面对激烈的市场竞争环境,个别用人单位为降低用工成本、追求利润最大化,长期安排劳动者超时加班,对劳动者的身心健康、家庭和睦、参与社会生活等造成了严重影响,极端情况下会威胁劳动者的生命安全。该案系劳动者超时加班发生工伤而引发的工伤保险待遇纠纷,是超时劳动严重损害劳动者健康权的缩影。该案裁判明确了此种情况下用工单位、劳务派遣单位承担连带赔偿责任,可以有效避免劳务派遣用工中出现责任真空的现象,实现对劳动者合法权益的充分保障。

同时,用人单位应依法为职工参加工伤保险,保障职工的工伤权益,也能分散自身风险。

如用人单位未为职工参加工伤保险,工伤职工工伤保险待遇将全部由用人单位支付。

第三节 操 作 指 引

【概论】

企业如果希望使用三方的用工模式,务必要从以下几个方向进行注意。

1.事前合作方向。要让三方公司证明他们具备能够应对以及处理相应的劳动风险的能力。

事前合作方向：企业在使用外包公司及三方派遣公司时，应当要求外包公司或三方派遣公司具备相应资质，并应对其资格进行审查，以降低潜在风险。具体可从表9-3所示内容进行审查：

表9-3 第三方单位选择对照

审查事项	注意事项
营业执照和经营范围	确认其具备合法的经营资格，且经营范围涵盖劳务派遣或劳务外包业务
行政许可	劳务派遣公司需要具备劳务派遣经营许可证，审查许可证的有效期、许可的业务范围等
注册资本	充足的注册资本是否实缴，通常是公司实力和承担责任能力的体现
过往业绩和信誉	了解其在行业内的口碑、过往服务客户的评价，有无劳动纠纷或违法违规记录
财务状况	审查其财务报表，评估其经营稳定性和持续服务能力
公司续存年限以及过往争议数据	公司续存的时间是重要衡量标准，因为一个公司续存时间的长短，代表其对应部门以及流程是否完备，同时可以从大数据的角度对其主体公司以及落地执行公司进行核实，看其是否存在过多的劳动争议，以及胜诉败诉的比例，从而判断该公司是否在具备上述资格的前提下，具备解决实务的能力。实务中，笔者也见过三方公司因大额争议选择注销进而使用工单位（发包方）受损的情况
管理制度和流程	了解该公司在人员招聘、培训、管理、薪酬发放等方面的制度和流程是否规范、合法

通过对以上资质的审查，可以在一定程度上筛选出合规、专业、可靠的合作对象，为企业的三方劳务用工提供保障。

2.事中合作方向。企业要建立管理三方派遣人员与外包人员手段以及制度，区别进行对待，进而降低自己的风险，同时也要留存与自己公司无关的证据，以便在仲裁诉讼的过程中进行脱责。

事中合作方向，针对三方的派遣人员与外包人员的管理策略见表9-4：

表9-4 第三方单位人员管理重点指南

管理人员类型	注意事项
派遣人员	明确派遣岗位和职责，按照劳务派遣协议约定的工作内容和要求安排工作
	遵守劳务派遣相关法律法规，保障派遣员工的合法权益，如提供必要的劳动保护条件、支付加班工资等

续表

管理人员类型	注意事项
派遣人员	在涉及需要企业发放工服、门卡、考勤等物品的发放和使用规定中明确表明其与劳动关系的区别,且对于派遣人员和外包人员的工服、门卡等进行特殊标识或与正式员工有所区分。也可在相关文件中注明"仅作为工作便利,不代表劳动关系的建立"。定期对工服、门卡等的使用情况进行记录和审查,确保其使用符合企业的规定和目的
	建立与劳务派遣单位的沟通机制,及时反馈派遣员工的工作表现和问题
外包人员	与承包单位签订详细的业务外包合同,明确业务范围、工作标准、交付成果、违约责任等
	监督外包单位组织制定设计安全生产、客户服务等规章制度和操作规程并且将该部分通过教育以及培训落到实处
	需要让外包单位组织制订并实施相关事故应急救援预案,并督促其及时、如实报告各类安全隐患
	按照合同约定对承包单位的工作成果进行验收,并依据合同明确外包管理的责任人员,明确其责任范围,考核标准、失职处理,避免对承包单位的员工进行直接管理
	企业要有外包公司和服务人员的书面劳动合同备份,并做好记录
	针对无劳动合同者(外包人员的新入职员工),未经过培训以及签订入职手续之前企业需要要求外包公司不得让其上岗,并将该条内容作为严格的考核要素,并且要求外包公司建立花名册。因为在实务中确实见到过,第一天上班,外包单位未和职工签订劳动合同,服务人员受伤,后期三方公司不认可与此职工存在劳动关系,最后依据事实劳动关系判定与发包方成立劳动关系,故而使发包方承担赔偿责任的情况

第四节 实 用 工 具

派驻人员身份确认单

【说明】

企业从成本控制角度考虑,往往在劳动用工的模式下,另行开辟新的用工模式,以使自身免除因用人单位的身份所承担的相关劳动法义务。此种方法在法律的框架内可行,但由于事前缺少确认程序,往往导致发生争议后,劳动者将实际用工单位作为用人单位来主张相关劳动权利。届时,如果用人单位逃避或消失,实际用工单位又无法就非劳动关系进行举证,则势必承担法律风险。因此,在非劳动关系人员入职伊始,应当通过此工具资料确认其身份(或由委派单位出具由派驻人员签字的介绍函等身份介绍文件)。

文件仅供参考,具体请以实际发生情况灵活掌握。

【适用】

非劳动关系的全部用工人员(劳务派遣、关联公司借调、在校生实习、退休返聘、业务外包、合作、承揽、代理、居间等关系)。

【基本要素】

①派驻人员的用工关系确认;

②派驻人员与接收单位非劳动关系声明;

③派驻人员接受用工单位管理的承诺。

【法律风险】

①明确用工关系,避免实际用工单位承担劳动法责任。

②明确员工身份,为实际用工单位的管理提供便捷。

【派驻人员身份确认单范本】

派驻人员身份确认单

派驻单位 (用人单位)			接收单位 (用工单位)		
派驻人员姓名	性别		民族		年龄
联系电话			身份证号		
地址				邮编	
工作岗位/内容					
派驻类型	□劳务派遣 □合作单位借调 □民事承揽	□业务外包 □退休返聘 □其他:		□关联企业借调 □在校生实习	
派驻期限	年 月 日至 年 月 日				

写明用人单位信息,包括名称、法人、文书送达地址、联系方式。

建议最好让被派驻人员留下肯定能够收到快递邮件的地址。

依据三方的商业合同选择对应的选项,如派遣则需要额外提供派遣资格留档备查。

依据商业合同有效期限进行填写。

续表

说明	①派驻人员与接收单位无劳动关系,派驻人员已与派驻单位签订劳动合同,派驻人员不得基于劳动关系向接收单位主张任何权利; ②派驻单位已为派驻人员缴纳社会保险; ③派驻人员须遵守接收单位的各项管理制度,如有违反,接收单位有权参照管理制度对派驻人员进行处理; ④派驻人员预留地址须为有效送达地址,如发生变更,派驻人员须在变更后3个工作日内书面通知接收单位,未予通知或逾期通知的,接收单位以原信息送达相关资料的,视为有效送达。
派驻单位	接收单位　　　　　　　　派驻人员

建议要求涉及的三方公司或被派驻人员提供其劳动合同复印件,并要求该被派驻人员在此复印件上签字及捺印,用以确保其真实性。

建议让涉及的三方公司或被派驻人员提供其社会保险参保凭证(打印版或复印件),并要求该被派驻人员在此复印件上签字及捺印,用以确保其真实性。

此处可让三方公司加盖公章,或商务合同中约定的对应联系人员进行签字。

被派驻人员需签名及捺印,签名时应当对照其身份证进行查验,使用繁体、别字、简写名字均不推荐。

第五节　法律法规及政策指南

《劳务派遣暂行规定》

第三条　用工单位只能在临时性、辅助性或者替代性的工作岗位上使用被派遣劳动者。

前款规定的临时性工作岗位是指存续时间不超过 6 个月的岗位;辅助性工作岗位是指为主营业务岗位提供服务的非主营业务岗位;替代性工作岗位是指用工单位的劳动者因脱产学习、休假等原因无法工作的一定期间内,可以由其他劳动者替代工作的岗位。

用工单位决定使用被派遣劳动者的辅助性岗位,应当经职工代表大会或者全体职工讨论,提出方案和意见,与工会或者职工代表平等协商确定,并在用工单位内公示。

第四条　用工单位应当严格控制劳务派遣用工数量,使用的被派遣劳动者数量不得超过其用工总量的 10%。

前款所称用工总量是指用工单位订立劳动合同人数与使用的被派遣劳动者人数之和。

计算劳务派遣用工比例的用工单位是指依照劳动合同法和劳动合同法实施条例可以与劳动者订立劳动合同的用人单位。

第六节　企业用工风险测评

企业的人力资源管理工作中存在以下常见问题:

1. 不清晰人力资源管理中的法律风险点，不清晰法律规定和实务操作之间的差别；

2. 规章制度、员工手册等陈旧，不与时俱进，合理性和合法性存在问题；

3. 人力资源管理工作没有制度化、规范化、流程化，使HR管理人员工作流于日常琐碎，与人力资源专员工作无异，不能将精力投放到人力资源的战略管理和企业文化的建设中；

4. 人力资源管理中一些必备的合同、协议经不起推敲，达不到明确权利义务的效果；

5. 错发、乱发通知书、证明等。

针对以上问题，结合劳动争议案件的仲裁和诉讼实务经验，通过一些简单的测评题，帮助企业更快地认识、解决人力资源管理过程中的风险。提早发现，尽早预防。

评估报告：

请根据腰封、书签指引查看"企业用工风险评估报告"。如果您不慎丢失了腰封或书签，请随时联系主编客服团队。客服人员将协助您获取评估报告。

1. 公司是否留存有与派遣、外包等人员不存在劳动关系的证明材料？（　　）

A. 留存外派人员身份确认单

B. 留存派遣、外包单位为员工缴纳社保的缴费证明

C. 留存派遣、外包单位营业执照复印件

D. 留存派遣、外包单位与员工的劳动合同

E. 没有以上材料

问题设计目的：

为了了解单位是否与派遣单位、外包单位签订了《劳务派遣协议》或《外包协议》，是否以书面形式对派遣员工、外包人员身份进行了确认，避免形成劳动关系。

法律分析：

《劳动和社会保障部关于确立劳动关系有关事项的通知》第1条规定用人单位招用劳动者未订立书面劳动合同，但同时具备下列情形的，劳动关系成立：(1)用人单位和劳动者符合法律、法规规定的主体资格；(2)用人单位依法制定的各项劳动规章制度适用于劳动者，劳动者受用人单位的劳动管理，从事用人单位安排的有报酬的劳动；(3)劳动者提供的劳动是用人单位业务的组成部分。

2. 公司曾以哪些理由将派遣员工退回派遣单位？（　　）

A. 派遣员工严重违反单位规章制度

B. 劳务派遣协议到期且不续签

C. 派遣员工怀孕

D. 派遣员工经常请病假进入医疗期

E. 派遣员工所在岗位被撤销

F. 其他：_____

G. 还未退回过派遣员工

问题设计目的：

为了了解单位是否知晓在何种情况下才可以退回派遣员工，避免违法退回产生劳动争议及承担赔偿责任。

法律分析：

不得退回的情形：

《劳务派遣暂行规定》第13条规定，被派遣劳动者有《劳动合同法》第42条规定情形的，在派遣期限届满前，用工单位不得依据本规定第12条第1款第1项规定将被派遣劳动者退回劳务派遣单位；派遣期限届满的，应当延续至相应情形消失时方可退回。

《劳动合同法》第42条规定，劳动者有下列情形之一的，用人单位不得依照本法第40条、第41条的规定解除劳动合同：

（1）从事接触职业病危害作业的劳动者未进行离岗前职业健康检查，或者疑似职业病病人在诊断或者医学观察期间的；

（2）在本单位患职业病或者因工负伤并被确认丧失或者部分丧失劳动能力的；

（3）患病或者非因工负伤，在规定的医疗期内的；

（4）女职工在孕期、产期、哺乳期的；

（5）在本单位连续工作满15年，且距法定退休年龄不足5年的；

（6）法律、行政法规规定的其他情形。

应当注意的是，上述禁止退回仅针对的是单方退回的情形，也就是说，即便被派遣劳动者属于《劳动合同法》第42条规定的解雇保护的特殊群体，但只要其符合《劳动合同法》第39条和第40条第1项及第2项情形，用工单位仍然有权依法退回。只不过，对于用工单位退回的这部分特殊群体员工，派遣单位作为法律上的用人单位，不得依据《劳动合同法》第40条的规定与派遣员工解除劳动合同。

法律规定的退回情形：

《劳动合同法》第65条规定,被派遣劳动者可以依照本法第36条、第38条的规定与劳务派遣单位解除劳动合同。被派遣劳动者有本法第39条和第40条第1项、第2项规定情形的,用工单位可以将劳动者退回劳务派遣单位,劳务派遣单位依照本法有关规定,可以与劳动者解除劳动合同。

《劳务派遣暂行规定》第12条规定,有下列情形之一的,用工单位可以将被派遣劳动者退回劳务派遣单位:(1)用工单位有劳动合同法第40条第3项、第41条规定情形的;(2)用工单位被依法宣告破产、吊销营业执照、责令关闭、撤销、决定提前解散或者经营期限届满不再继续经营的;(3)劳务派遣协议期满终止的。被派遣劳动者退回后在无工作期间,劳务派遣单位应当按照不低于所在地人民政府规定的最低工资标准,向其按月支付报酬。

3.公司对现有的异地劳务派遣员工,采用下列哪种方式为其缴纳社会保险？（　　）

A. 劳务派遣公司缴纳

B. 劳务派遣公司在用工单位所在地的分支机构缴纳

C. 用工单位缴纳

D. 未为派遣员工缴纳社会保险且不知派遣单位是否缴纳

问题设计目的：

为了了解单位选择异地派遣机构时如何解决派遣员工社会保险缴纳问题,是否按照法律要求进行处理。

法律分析：

《劳务派遣暂行规定》第18条规定,劳务派遣单位跨地区派遣劳动者的,应当在用工单位所在地为被派遣劳动者参加社会保险,按照用工单位所在地的规定缴纳社会保险费,被派遣劳动者按照国家规定享受社会保险待遇。

第19条规定,劳务派遣单位在用工单位所在地设立分支机构的,由分支机构为被派遣劳动者办理参保手续,缴纳社会保险费。劳务派遣单位未在用工单位所在地设立分支机构的,由用工单位代劳务派遣单位为被派遣劳动者办理参保手续,缴纳社会保险费。

《劳动合同法》第92条第2款规定,劳务派遣单位、用工单位违反本法有关劳务派遣规定的,由劳动行政部门责令限期改正;逾期不改正的,以每人5000元以上10,000元以下的标准处以罚款,对劳务派遣单位,吊销其劳务派遣业务经营许可证。用工单位给被派遣劳动者造成损害的,劳务派遣单位与用工单位承担连带赔偿责任。

附 录

HR能力评估调查问卷

1. 以下哪种情况一定属于劳动关系？（　　）
A. 已满18岁在校大学生从事兼职工作
B. 达到法定退休年龄但不符合领取养老保险条件的员工继续在单位工作
C. 聘用其他单位下岗待岗人员
D. 聘用已经享受养老保险待遇的人员

2. 劳动关系与劳务关系最主要的区别是（　　）
A. 主体不同　　　　　　B. 管理方式不同
C. 待遇结算时间不同　　D. 以上选项都正确

3. 企业使用劳务派遣工，比较好操作的岗位是（　　）
A. 临时性　　B. 辅助性　　C. 替代性　　D. 核心岗位

4. 从实践中，外包员工在工作中受伤，承担责任的主体是（　　）
A. 发包单位　　　　　　　　　　　B. 外包单位
C. 发包单位和外包单位承担连带责任　　D. 以上三种情况均有可能

5. 试用期用工，公司可采用下列哪种最相近的用工方式替代？（　　）
A. 非全日制方式　　B. 派遣方式　　C. 外包方式　　D. 兼职方式

6. 关于发给员工的录用通知书表述正确的是（　　）
A. 录用通知书对公司没有约束力　　B. 录用通知书对员工没有约束力
C. 公司发出录用通知书后可以撤销　　D. 录用通知书是劳动合同的一部分

7. 公司与劳动者签订书面劳动合同的最佳时间是什么时候？（　　）
A. 用工之日　　　　　　　B. 用工之日起第三周
C. 用工之日起第30日　　　D. 试用期满转正后

8. 劳动合同签订生效时间是（　　）
A. 员工签字之日生效　　　　B. 企业签字之日生效
C. 以最后签订之日为生效日　　D. 以实际用工之日为劳动合同生效日

9. 劳动合同工资约定每月5000元,试用期每月工资如何支付符合法律规定？（   ）

　　A. 最低工资　　　　B. 4000元　　　　C. 3000元　　　　D. 以上均有可能

10. 满足下面哪种条件可以解除与试用期怀孕的女工的劳动合同？（   ）

　　A. 违反录用条件中规定"迟到三次以上"单位可以解雇的条款

　　B. 保胎休息过长,超过医疗期,单位有权解雇

　　C. 因妊娠反应不能从事原工作,调岗后仍不能从事

　　D. 以上均不能解除

11. 下列人员中不得安排其加班的是（   ）

　　A. 怀孕的女职工　　　　　　B. 哺乳期的女职工

　　C. 工伤上班的员工　　　　　D. 以上均不得安排加班

12. 加班争议中最主要的要素是（   ）

　　A. 加班基数　　　B. 加班时数　　　C. 加班费　　　D. 打卡记录

13. 员工享受年休假的条件是什么？（   ）

　　A. 员工入职新公司1年之后享受

　　B. 公司老员工被公司安排入职新公司,工作6个月后

　　C. 连续工龄满10年

　　D. 员工请事假2个月以上

14. 女员工怀孕,因先兆流产需休保胎假的,用人单位可以（   ）

　　A. 准予怀孕女职工休假,按照原待遇发放,保留劳动关系至医疗期满

　　B. 按照病假待遇发放,并计入医疗期

　　C. 准予怀孕女职工休假,不发放任何待遇,仅保留劳动关系

　　D. 按照病假待遇发放,不计入医疗期

15. 关于竞业限制,下列说法中正确的是（   ）

　　A. 员工离职时与员工签订竞业限制协议

　　B. 公司与全体员工签订竞业限制协议

　　C. 员工在入职或升职时签订竞业限制协议

　　D. 员工无权解除竞业限制协议

16. 关于社会保险,下列说法中正确的是（   ）

　　A. 非全日制用工不需要缴纳社保

　　B. 试用期员工不缴纳社保

　　C. 派遣员工不需要缴纳社保

D. 外包员工发包方不缴纳社保

17. 下列选项中可以依据《劳动合同法》第 39 条解除劳动合同的情形包括（　　）

　　A. 医疗期的员工　　　　　　B. 女工三期员工

　　C. 工伤员工　　　　　　　　D. 上述员工均可解除

18. 医疗期满，下列选项中哪个是用人单位可以单方解除劳动合同的情形？（　　）

　　A. 员工继续请病假，交病假条　　B. 员工要求回原岗位工作

　　C. 员工联系不上　　　　　　　　D. 员工请事假

19. 在实践中公司裁员的核心点是（　　）

　　A. 法律依据　　B. 补偿标准　　C. 裁员对象选择　　D. 政府支持

20. 规章制度要经过民主程序才能生效，如何理解有效的民主程序？（　　）

　　A. 规章制度需经全员大会同意才有效

　　B. 规章制度需经职代会同意才有效

　　C. 规章制度需经工会同意才有效

　　D. 不需以上 3 个主体同意即可生效

21. 关于公司单方调岗操作的正确表述是（　　）

　　A. 调岗要经双方协商一致

　　B. 公司可以在规章制度中规定公司根据需要有单方调岗权

　　C. 医疗期满不需调岗可直接解除

　　D. 调岗员工在新岗位工作一个月以后不能再反悔

后　记

在编写这本书的过程中,我们回顾了过去二十年在劳动法领域的耕耘与探索,更深刻体会到企业用工管理所面临的挑战。本书不仅仅是一本工具书,更凝聚了"劳动法讲习所"团队的心血,以及百余位资深律师和人力资源专家的智慧结晶。通过系统的梳理和深入的研究,我们将实践经验转化为理论知识,旨在为企业提供更加全面、深入的指导。

每一个案例分析、每一张图表设计,都是为了帮助读者更好地理解和应用复杂的劳动法规范。通过系统化的测评工具,企业可以快速评估自身的风险状况,并采取相应的预防措施。我们相信,这样的前瞻性思维将有助于企业在未来的竞争中占据优势。

最后,感谢所有参与本书编写的同仁,是你们的专业精神和无私奉献让这一切成为可能。更要感谢每一位读者的信任与支持,您的反馈是我们前进的动力。愿我们在未来的日子里继续携手共进,共创更加美好的未来。

劳动法讲习所创作团队

2025 年 4 月